사랑의 원자탄

사랑의 原子彈

안 용 준 지 음

성광문화사

■머리말

이십 세기의 이대 경이(驚異; 놀라움)가 있다면, 파괴 면에 있어서 원자탄의
출현이요, 건설 면에 있어서 인류애의 재현이다.

수천 명의 과학자가 수십 억불의 재물과 오랜 시일을 소비해서 되어진 결
정이 이 경이적 파괴물이라면, 이 인류애의 재현이야말로 수천 년의 시일
과 수십 년의 신앙생활이 낳은 위대한 건설의 면류관이라고 할 수 있지 않
겠는가!

로마는 하루아침에 되어진 것이 아니라고 했다.

내가 미국에서 이 희보를 듣고 기뻐한 것은 한국이 세계 평화에, 아니 장차
임할 하나님 나라에 공헌할 바가 클 것을 믿었기 때문이다. 그래서 귀국 후
전적으로 이를 탐문 연구해 본 결과 되어진 것이 이 작은 책자이다.

이 글을 쓰는 도중에 나를 격려해준 세 가지가 있다.

첫째, 이승택(李承澤) 씨가 번역한 나가이(永井隆) 씨의 저서 「장기의 종」이
다. 저자는 이 책의 끝에서 말하기를 "원자탄이란 물건이 있는 이상 전쟁은
인류의 자멸행위 밖에는 아무것도 아닌 것이다. 원자야(原子野)에 울고 있
는 포상(蒲上) 사람들은 세계를 향해 부르짖는다. 전쟁을 그만두어라! 오직
사랑을 가지고 서로 협조하라! 포상 사람들은 재 속에서 엎드려 신에게 빈
다. 원컨대 이 포상으로 하여금 지구상 최후의 원자야가 되게 해주십사
고…운운."

이 말은 붙는 불에 기름이 되었다.

둘째는 '세계의 모든 문제는 신앙으로 해결' 이란 미국 대통령 트루만 씨의 종교생활을 강조한 신문기사이다. 그는 말하기를 "오늘 세계의 모든 문제는 만약 사람이 고대 예언자의 원칙과 산상보훈을 준봉(遵奉)한다면 해결할 수 있을 것이라고 생각한다. 만약 우리 국민의 종교생활에 위험이 있다면 이는 우리가 종교적 유산을 너무나 당연시 하는 데 있다. 종교는 정체적인 것이 아니며, 건물 속에 존재하는 것이 아니고, 인간의 심중에 존재하는 것이다. 인간의 신앙과 신앙의 실천으로 생활하지 않으면 종교는 생생한 생활력이 되지 못하는 것이다.… 운운."

이 말은 비단 위에 꽃이 되었다.

셋째는 국민보도연맹 최고위원회에서 실시하는 전향공작과 국방부의 귀순 공작이다. 모름지기 안 할 수 없어 마지못해서 하는 외식적 전향이나 사세 불리의 기만적 귀순이 되지 않기를 바라며, 한편 그들을 지도할 수 있는 정의와 사랑이 있기를 바라는 바이다.

이것들은 달리는 말에 매질이 되었다.

이 글은 전기는 아니다. 전기는 후일을 약속한다.

이 글은 소설도 아니다. 소설이라기에는 너무나 사실에 근거한 글이다.

이 글은 신앙생활을 쓴 감상문이라고나 할까?

이 글은 죄악 세상에 울리는 정의의 한 큰 경종으로 마국귀가(魔國鬼家)*에 던지는 선전포고가 되기를!

이 글을 쓰는 것은 과거 일정시대에 순교를 당한 우리 선배들의 행적을 찾아보려는 첫 출발이다. 이 산 역사적 사실을 아는 자는 그 누구든지 상세히 기록해서 연락해주기를 바란다.

또 과거에 옥중에서 순교를 기다리다가 하나님께서 아직도 이 땅에서 할 일을 주셨기에 아직 순교를 당하지 않으신 산 순교자들에게와, 또 세상에서 버림받은 기도의 투사인 여수 애양원 성도들에게와, 깊은 산간에 꽃같이 숨은 성도들에게 적으나마 위로가 될까 하여서이다.

그것은 그들을 인간적으로 숭배한다거나 그들 중심의 편당을 짓는다거나 하는 것이 아니다. 다만 그들을 통해서 역사하신 하나님의 은혜와 섭리를 묻어둘 수가 없어서이다.

예수께서 말씀하시기를, "너희는 세상의 소금이니 소금이 만일 그 맛을 잃으면 무엇으로 짜게 하리요 후에는 아무 쓸데없어 다만 밖에 버리워 사람에게 밟힐 뿐이니라" 하셨고, 또 말씀하시기를, "너희는 세상의 빛이라 산

---

* −마국귀가(魔國鬼家): 악마의 나라, 귀신의 집이라는 말로 죄에 빠진 세계를 뜻한다.

위에 있는 동네가 숨기우지 못할 것이요 사람이 등불을 켜서 말 아래 두지 아니하고 등경 위에 두나니 이러므로 집안 모든 사람에게 비취느니라 이같이 너희 빛을 사람 앞에 비취게 하여 저희로 너희 착한 행실을 보고 하늘에 계신 너희 아버지께 영광을 돌리게 하라" 하셨음이다(마 5:13-16).

나는 이 글을 쓰는 동안 눈물을 몇 번이나 흘렸는지 모른다. 눈물로 시작해서 눈물로 마쳤다고 해도 과언이 아니다.

이 글을 쓰기 위해서 내가 돕던 장로회 대한신학교를 중지하는 바람에 그 주무야학(晝務夜學)*의 신앙 투사들에게 폐를 끼친 것은 내 가슴을 아프게 하는 바이다. 그러나 후일을 약속하고 단행을 했다.

모름지기 이 졸필을 주께서 축복해 주시어서 원자탄의 위력이 보도되어진 곳이면 이 사랑의 원자탄의 애력(愛力; 사랑의 힘)도 알려지기를 바랄 뿐이다.

저자 씀

---

* -주무야학(晝務夜學): 낮에는 일하고 밤에는 공부한다는 말로 어려운 여건 속에서도 열심히 공부함을 뜻한다.

제 3 판을 내면서

역사는 세월과 함께 흘렀다.

한국 전쟁이 일어난 후 수 많은 세계 젊은이들이 한국 강산에서 그 피를 쏟는 동안 아이젠 하우워 대통령은 트르만 씨의 자리를 차지했고, 불가닌 수상은 스타린 씨와 마렌코푸 씨의 뒤를 이어 올라 섰다.

세계는 일촉즉발(一觸卽發)의 위기에 박도(迫到)했다고 할는지, 아ー 니 벌써 돌입(突入)했다고 할는지? 비록 평화를 부르짖기는 하여도.

한편, 공산군이 남한 천지를 뒤흔들 때에 사랑의 사도 손양원 목사님은 평생 소원이던 순교의 제물이 되셨다. 세상에서 버림 받은 양떼 한센 신도들의 영혼을 사수하시다가.

저들은 남을 넘어뜨리려다가 넘어지고 빼앗겼고, 그는 남을 살리려다가 자기 생명까지 내어 주고 말았으니 아ー 손 목사님의 신앙과 소망과 사랑, 아ー 니

영원불멸이신 우리 주 예수 그리스도의 개선가여!

항구불멸이신 여호와 하나님의 영광이여!

인간은 저래도 가야하고 이렇게 하고도 떠날 수밖에 없으니 진정한 세계 평화의 소유자는 그 누구이겠느냐?

영생 복락 천국의 소속자는 그 어떤 사람이겠느냐?

칼은 십자가를 베지 못하였느니라!

초(初) 재(再)판이 나온 지 벌써 육년

38선은 굳게 다시 막혀버리고, 한국 교계는 완전히 3분이 된 후에, 셋째 판을 내어 놓는 것이 좀 늦은 감이 없지 않으나, 이 역시 크신 섭리의 때가 이

제 이른 줄로 알 뿐이다. 다소 내용의 수정과 보충이 있었음은 신앙적 견지에서 되어진 일이요.

다음의 신문 보도는 달리는 말에 채찍질 된 것을 말해 둔다.

世界(세계) 自滅(자멸)의 날 迫頭(박두)

미 원자력 위원회「토－마스트 머레이」씨 담(談)

「1952년 11월 「에니웨록」 환초(環礁)에서 실시한 수소탄 폭발시험은 그 결과 태평양 해저에 거대한 혈구를 뚫어 놓았다 한다. 뿐만 아니라 세계는 또한 수천평방리(數千平方里)의 지구 표면이 생명을 파괴하는 원자방사능 미립자에 의하여 오염됨으로서 이미 커다란 위협을 받고 있다.

우리는 이제 원자화의 칼날 위에 서 있다. 과거 오개년 간에 걸친 세계의 원자 위기를 고찰해서 말할 때 결코 나의 발언은 과장이 아니라는 것을 보증할 수 있다.

현재 인간의 파괴력은 십년 전에 원자탄이 처음으로 지구상에서 폭발하였을 때 보다 수만 배로 증강되었다. 그 당시 일부 사람들은 실용적인 수소탄이란 거의 불가능할 것이라고 생각하였던 것이다.」

한글 교정에 송재응 선생, 전체출판에 변순재 군의 애고를 주께서 갚으시기를 바라면서

1955년 5월 5일 어린이 날에

제 5 판을 내면서

1949년 12월에 사랑의 원자탄 전편 초판을 출판하고, 1952년 9월에 그 속편 초판을 간행했다. 그 후 세월이 흐르는 동안에 전편이 4판, 속편이 3판까지 나왔다. 거기에 이 책에 보충이 되는 「산돌 손양원 목사 설교집」상·하를 출판했다.

한편 전편을 축소시킨 영문판이 영국 런던에 있는 영국 IVF 본부의 주선으로 "The Seed Must Die"(씨앗은 죽어서)라는 제목으로 1965년 4월에 출판이 되었다.

또 소년 전부터 미국에서는 전편, 속편을 번역해 보겠다고 해서 진행 중이고 금년(1966년)에 들어서서 이를 일본어로 번역하겠다고 해서 허락을 했다. 다시 이 내용의 영화를 제작하겠다고 착수해서 방금 진행 중이기도 하다. 이처럼 순교자 손양원 목사님을 위시한 그 가족들의 신앙 실화가 구체적으로 점점 세계화 되어가고 있다.

그러나 세계와 한국 기독교계는 형형색색의 변화를 일으키고 있다. 세계적으로 일어나는 급격한 변화의 파도가 밀물 같이 밀려들어 한국 기독교계를 뒤흔들고 있는 것이다.

소위 에큐메니칼 운동이니 종교대화의 광장이니 해서 기독교의 초점을 흐리게 만들고, 기독교 토착화, 비종교화, 세속화, 사신론 같은 불가해의 사상 체계를 세워 도성인신하신 그리스도의 속죄 구령(救靈)의 대사업을 오유화(烏有化; 있던 것이 없게 되는 일) 시키려고까지 하고 있다.

따라서 교회는 격동하는 정치, 경제, 사회, 문화 등 현대화 속에 휩쓸려 들어가서 정신적 지도역량을 잃고 우왕좌왕하는 무위한 집단이 되어가고 있다.

이와 같은 변전 무쌍하게 격동하는 시대와 환경속일지라도 진리와 정의는 여전히 불변일 것이니, 주의 십자가의 후계자인 순교자의 이야기는 역시 필요한 것으로 믿고 제5판을 내어 놓는 것이다. 이단자, 배신자, 무신론자는 어느 시대에든지 있었던 까닭이다.

이 책을 출판하기에 적극적으로 협조 해주신 양재열 장로님을 위시한 여러 성도들에게 감사하며, 특히 한글 교정과 전체 출판에 수고한 김충남 군과 영덕 군에게 주의 축복이 있기를 바란다.

1966년 성탄절에

제 8 판을 내면서

1949년 12월에 사랑의 원자탄 전편 초판을 출판하고, 1952년 9월에 그 속편 초판을 간행했다. 그 후에 시간이 흐르는 동안에 전편이 4판, 속편이 3판까지 나왔다. 다시 제 5판을 낼 때 전편과 속편 합본으로 해서 냈고, 1971년 10월에 제 6판을 냈다.

이 책에 보충이 되는 「산돌 손양원 목사 설교집」상·하를 재판까지 출판했다.

한편 전편을 축소시킨 영문판이 영국 런던에 있는 영국 IVF 본부의 주선으로 "The Seed Must Die"(씨앗은 죽어서)라는 제목으로 1965년 4월에 출판이 되었다.

그 뒤를 이어 1967년 2월에 영문판을 번역해서 독일어판이 나오고, 또 동년 7월에 화란어 번역판이 나오고, 1970년 6월에는 인도네시아어로 번역이 되어 출판되었고, 다시 1971년 10월에 태국어로 번역되어서 출판이 되었다.

지금 또 파키스탄어로 번역 중이라는 말이 들려오기도 한다. 한편 속편을 축소시켜서 번역 출판의 계획 중이기도 하고 다시 전편과 속편을 한데 묶어서 중·고등학생들에게 읽히려고 「씨앗은 죽어서」를 출판하였다.

이처럼 국제적으로나 국내적으로 순교자 손양원 목사님을 위시한 그 가족들의 신앙실화가 구체적으로 점점 세계화 되어가고 있다.

그러나 세계와 한국 기독교계는 형형색색의 변화를 일으키고 있다. 세계적으로 일어나는 급격한 변화의 파도가 밀물같이 몰려들어 한국 기독교를 뒤흔들고 있는 것이다.

소위 에큐메니칼 운동이니 종교 대화의 광장이니 해서 기독교의 초점을 흐리게 만들고 있는 기독교 토착화, 비종교화, 세속화, 사실론 같은 불가해의 사상 체계를 세워 도성인신(道成人身; 말씀이 육신이 됨)하신 그리스도의 속죄구령(救靈)의 대 사업을 오유화 시키려고까지 하고 있다.

그러나 아무리 변화가 많아도 순교자로서의 그 가치는 날이 갈수록 빛나는 것인지 이제 8판을 또 내놓게 되어서 마음이 흐뭇함을 느낀다. 바라건대 이 실화가 우리 신앙생활에 도움이 되어 세계 복음화 운동에 뒷받침이 되어지기를 바랄 뿐이다.

1974년 10월
저자 씀

제 11 판을 내면서

1948년 10월 21일에 故 손동인 군과 故 손동신 군이 순교의 제물이 되었다.
1950년 9월 28일에 故 손양원 목사님은 일천 백명 나환 성도들의 영혼을 사수하시다가 두 아들의 뒤를 이어 다시 순교의 제물이 되시었다.

그날 아침에 애양원 사택에서는 유복자 동길 아기가 세상에 태어났었다. 실로 문자 그대로 기상천외의 섭리의 사역이었다.

이러한 신앙실화를 묻어 둘 수가 없어서 출판된 이 책이 사랑의 원자탄 전편이요, 속편이요, 간추려서 9개 국어로 출판되어 순교자의 정신을 소개했다.

한편 이 산 순교실화를 영화화 시켜서 시청각 방법으로 복음 전하는데 도움이 될까하고 손을 댄 사람이 4~5차례나 있었다. 그러나 성공을 못했다. 심지어 촬영을 다 해놓고 녹음만 남겨놓은 채 중단된 일도 있었다.

1972년 5월에 길이 열려서 필자는 미국으로 이민을 왔다. 그 후에 기회 있는 대로 사랑의 원자탄 환등화[*]를 계획해 왔다. 그러다가 「한국 초대교회 약사와 사랑의 원자탄」을 소개하는 환등을 제작, 1977년 8월 7일 로스앤젤레스 한인 침례교회에서 공개하였다.

한편 우리 고국에서는 천대성 목사님의 수고로 십자성 선교회에서 사랑의 원자탄 영화화에 성공을 하였다.

이 때에 사랑의 원자탄 제11판을 내면서 무슨 글을 써달라고 한다. 그 동안 몇 번에 할말을 다한 셈이다.

할 말이 있다고 하면 사랑의 원자탄 216면에

---

* –환등화(幻燈畵): 그림, 사진 등에 불빛을 비추어 그 반사광을 렌즈에 의하여 확대하여서 영사(映射)하는 조명 기구를 '환등'이라고 함. 환등화는 환등기에 넣어 영사(映射)할 수 있게 만든 필름.

「애양원에서 던진 사랑의 원자탄은

순천 팔왕 카페 앞에 떨어졌고

삼천리 방방곡곡에 떨어지고 있고

세계를 향하여 떨어지기를 바란다.」

라고 한 말이 계속 실현되고 있다는 감사와 기쁨을 표현하는 말이요, 험난한 시대에 하나님이 무엇을 원하시는가를 알고 결코 한 때의 구경거리로만 그치지 않기를 바란다는 말이다.

순교의 피는 교회의 씨앗이라고 말하지 않는가?

1977년 9월
미국 싼호제에서 저자 씀

1977년 9월 25일에 제11판을 출판했는데 또 12판을 내겠다고 하니 불과 6개월 만에 내는 일이니 무슨 특별한 일은 없을 것 같으나 꼭 해야 할 말이 몇 가지 있어서 이 기회에 하고저 한다.

첫째는, 두 아들 순교자 故 동인, 동신 군의 어머니로서, 故 손양원 목사님의 부인으로 우여곡절이 많은 일생을 살으신 정양순 여사의 별세 소천보이다. 모 주간지 보도에 의하면 1977년 11월 26일에 부산시의 장기려 박사가 경영하시는 청십자 의원에서 치료를 받으시다가 운명하시었다는 보도다.

이에 대한 좀더 구체적인 소식이 왔는데 객년 11월 중순 그 전에 애양원에서 생활하다가 병이 완치돼, 어떤 집사님이 세운 교회가 너무 퇴락해지니까 그 교회를 위해서 건축모금 하기로 나가셨다가 때마침 내리는 낮 비를 4일간이나 맞으시고 병환이 나셔서 급하게 부산으로 가셔서 입원치료를 받으시는 중 링거 주사를 맞으시다가 운명하셨다는 소식이다. 다시 말하면 교회건축을 위해서 수고하시다가 득병, 향년 71세로 별세하셨으니 역시 그 아들들의 그 어머니시오, 그 남편의 그 아내로서의 참으로 아름답고 깨끗한 임종이었다고 아니 느낄 수가 없다. 오랫동안 그의 자손들에게나 이웃에게 걱정 끼치지 않고 본고향 가셨으니 앞서간 식구들 만나는 기쁨이 넘치는 천국탄생을 하신 셈이다. 더구나 「사랑의 원자탄」이 영화화 된 것까지도 보셨고, 운명 후에 청십자 의원 앰불런스로 애양원까지 운구가 되어서 3부자 누운 자리에 안장을 하였다고 하니 온 가족이 한 자리에 눕는 축복을 받으셨다고 느껴질 때 감개가 무량하다. 할렐루야!

둘째로 하고 싶은 말은, 또 다른 주간지나 일간신문에 보도된 바에 의하면 우리 조국 교계에서는 개신교 선교 100주년 기념행사를 준비하는데 대단히 분망한 모양이다. 통일찬송가를 발행하려고 하고, 기념관을 건립하고, 또 한편 한국의 주요 교단이라고 자타가 공인하는 장·감·성 교단의 일부 지도자들이 한 교단이 되는 통합운동을 추진하는 것을 목표로 한 한국복음화 운동을 전개하려는 움직임이 있다는 소식이다.

듣기에 반가운 소식인 것도 있으나 좀더 신중을 필요로 하는 일이 아닌가 싶다.

「일본제국주의 시대」에 종교법안을 통과시켜 일본적 기독교단을 창설하고 조선기독교단을 지부처럼 만들어 놓고 종교보국을 시키게 하는 의미에서 신사참배를 강요하므로 무수한 순교자를 냈을 뿐 아니라 일부 지도층 인사들이 거기에 발맞추어 춤춤으로 교회를 잘못 이끌어 가려던 슬픈 역사를 우리는 기억하는 것이다.

이같은 정신으로 「대한민국 시대」에는 자진해서 종교보국을 하자는 심사인가?

신앙의 분열을 조장하는 의미에서 하는 말이 아니다. 그러나 복음화운동이라는 간판을 내세우고, 만의 하나라도 어떤 규제를 만들어서 통합을 강조하는 사례가 생긴다면 이것은 정단한 신앙인의 사고방식이라고 볼 수 없기 때문에 나의 뜻을 한마디 밝히고 싶은 것이다.

신앙은 자유다. 언론자유, 출판자유와 함께 복음화운동도 자유에서 성장되어야지 그렇지 않으면 제2개신교적 구교출발이 될 것이다. 누가 개신교 교황이 되고저 하는 것일까? 깊이 생각하고 이 일을 추진해야 할 것이다. 나의 생각이 한낱 기우로 그쳐지기를 바라는 것이다. 교회 역사가들은 주후 313년 로마 콘스탄틴 대제가 신교자유를 주면서 로마의 국교를 기독교로 삼은 시대를 최악의 재화의 시대라고 한다. 인조복음화운동을 하나님의 역사라 생각하는 것은 착각이다. 복음화운동은 인위적이거나 근시안적으로 이루어진다고 착각하는 것은 마귀의 앞잡이가 된다는 것을 깨닫기 바란다.

제12판을 내기에 수고하는 변순재 목사나 이승하 장로에게 하나님의 축복이 있으시기를 기도할 뿐이다.

1978년 2월
미국 싼호제에서 저자 씀

■차례

제1장

바람 불기 전

"너희 집에서는 무엇을 장만했니?"

"우리? 우리 집에서는 김밥하고 멸치 볶은 것 하고, 찰떡도 하고, 그런데 어제 트럭 타고 나가는 박 운전수에게 사과를 열 개 사다 달랬는데 참 비싸드라 얘!"

"얼마?"

"열 개 일원."

"아이고!"

이렇게 묻고 대답하는 것은 옥순이와 예순이다. 이 애들은 여수 애양원에 있는 부속국민학교(현재 초등학교)인 성산소학교 여자부 제 사학년인데 모레 가기로 한 소풍을, 날 받은 신부들처럼 빨리 가고 싶어하는 기분으로 기다리는 것이다.

"그런데 손 목사님 내일 오신다고 했는데 꼭 오실까 몰라."

"글쎄?"

"안 오시면 우리 소풍도 재미없을 거야."

"그래, 참 작년 가을에도, 호호호호… 재미있었지."

"응, 호호호호… 재미있었지. 머리털 없는 목사님 머리 위에 밤송이가 뚝 떨어지니 깜짝 놀라시면서 펄쩍펄쩍 뛰시던 걸."

이야기 하며 둘이 자지러지게 웃는다.

그것은 작년 가을에 소풍 갔을 때의 일이다. 여수 애양원의 소속인 개미실산 밑에 있는 밤나무가 많은 곳에 다다른 후 밤을 따서 먹는데 손 목사님이 모자도 안 쓰시고 나무 밑에 서셨다가 잘 익은 밤 하나가 머리숱도 적은 목사님 머리 위에 정통으로 떨어져 맞으니 펄쩍펄쩍 뛰시면서, '아이고, 아이고, 나 죽겠다!'고 애들처럼 우는 흉내를 내시던 것이 생각나서 웃는 것이었다.

손 목사님은 이런 행사 때에 될 수 있는 대로 참석해서 여러 가지 장난을 통해 그 애들을 기쁘고 즐겁게 해주는 것이었다. 이때도 일부러 그런듯 싶은데, 밤송이가 머리에 떨어지자 애들처럼 머리를 움켜쥐고 앉았다, 섰다, 뛰었다 하면서 '아이고, 아이고' 우는 소리를 내고 대성통곡하는 흉내를 내서 일동을 배를 움켜쥐고 웃게 만든 것이었다.

"난 목사님이 안 오시면 안 갈란다." 하며 우울한 빛을 띠는 예순이. 이 예순이는 네 살 때 한센병 들린 어머니와 함께 그 집안에서 쫓겨나 이 여수 애양원에 들어왔었다. 그의 어머니는 얼마 있다가 죽었으나 자신에게는 아무 병이 없음에도 불구하고 이곳에 팔 년째 있게 된 것은, 예순이 아버지가 벌써 새어머니를 얻어 살고 있어서 이제는 그 아버지에게도 아주 잊어버림을 받았기 때문이었다. 그래서 다음과 같은 노래를 자신이 지었는지 선생님께 배웠는지 가끔 불러서 사람들을 울리며 저도 위로를 받는 것이었다.

1. 아마득한 먼 바다에 해 떨어지니
   조개 줍던 아이들은 집 찾아가고

물결 위에 춤을 추던 어린 물새도

십리 길 섬 속 집을 찾아가건만

2. 바닷가에 밤바람은 쓸쓸도 하고

어여쁜 초생달도 집 찾아 드는데

팔년 전에 고향 떠난 어린 이 몸은

언제나 고향집을 찾아갈까요

이런 남모르는 형편, 말 못할 사정으로 해서 마음에 쓸쓸함을 느끼며 사는 이 애양원 식구들처럼 이 어린 학생도 그 중의 하나였다. 몸에 병이 없으면서도 이곳에서 살아야 하는 예순이의 신세가 손 목사님에게는 더욱 안타깝게 생각되었다.

"어젯밤에 꼭 오시라고 기도하고 잤는데 꿈에 웃으시면서 오신 것을 보니까 아마도 오실 거야." 하고 빙긋이 웃자 예순이의 침울했던 얼굴에 빛이 돌기 시작하였다.

"예순아, 저녁 먹어라" 하고 부르는 이는 옥순이 어머니다.

"네." 하고 얼른 "우리도 기도해, 목사님이 꼭 오시라고." 하면서 반 달음질 쳐 가는 예순이를 바라보는 옥순이도, "방 치워라 옥순아." 하는 소리에 돌아섰다.

이 어머니들은 모두 생모는 아니었다. 애양원에서 사랑으로 맺어진, 호적이 다른 천국 가족의 어머니들이었다.

1. 푸른 바다 흰 모래밭 아름답게 둘러있는

미묘한 동산에 있어 하나님이 복 주셨네

좌수영 승지에 솟는 해가 장엄쿠나

씩씩한 우리 기상 용감쿠나 성산학교

2. 산과 섬 수평선 너머 희망의 포구 찾는 배에
  시온성산 저 종소리 우리들은 성산학도
  아득한 대양에 나침반은 귀하구나
  우리는 전진한다 진리의 별 성산학교

3. 지식넓혀 바다같이 마음 정결 백사같이
  동무여 나아가자 앞으로 앞으로
  험악한 항로에 등대는 반짝인다
  아- 아 빛나거라 성산 성산 성산학교

이렇게 목이 터지게 부르면서 여학생이 앞에 서고 남학생이 뒤를 이어 수직 막문(守直幕門)*을 나서서 내를 건너 '닭머리'를 지나 철둑을 넘어가는 이 장사진(長蛇陳)**의 일행은 여수 애양원 부속국민학교인 성산 소학교 학생 일동으로, 지금 소풍을 가는 길이었다. 울긋불긋 새옷을 입고 점심을 싸들고 물통을 매고 걸어가는 일행 중에는 얼굴이 정상 아닌 애도 있었고, 절뚝거리는 아이, 팔이 하나 없는 아이들도 있었다. 이들을 머리 벗겨진 선생님이 데리고 가는 모습이 보통 사람이 보기에는 참으로 우습기 짝이 없었다. 남선생님도 여선생님도 있으나 제일 뒤를 따르는 이는 이 학교 교장이신, 학생보다 조금 큰 손 목사님이셨다. 모자는 중절모자를 쓰셨고, 양복은 보통 양복을 입으셨는데 거기에다가 물통을 하나 매시고 양말목을 양복바지 위에까지 올려 입은 차림새이다. 물론 학부형들도 따라가는 것이었다.

---

* ─수직막문(守直幕門): 수직으로 세워진 장막 문.
** ─장사진(長蛇陳): 많은 사람이 줄을 지어 길게 늘어서 있는 모양을 뱀에 빗대어 표현.

이 행렬을 부럽다기보다는 우습게 보면서 구경 나온 동리 사람들 중에는 지게를 진 채 선 어른도 있고, 어린애를 업은 계집아이도 있다. 또 먼 데서 이삭을 줍던 아이들도 물끄러미 쳐다보고, 기차를 기다리는 신풍역전의 손님들도 바라본다.

높은 하늘은 개미실산 봉에서 끝이 나고, 들판에는 가을바람이 불었다. 단풍이 든 잎들은 새소리에 놀라 떨어지고, 몇 개 안 남은 감들이 겨울을 재촉하듯 붉다. 이런 경치를 보면서 가는 이 무리들에게는 오늘 같은 날이야말로 세상이 모를 기쁜 날이었으니 소위 '사회에 나가보는 날' 이라는 것이었다.

일년 열두 달 삼백육십오일 중에 어떤 날이 해 안 뜨고 별 안 나는 날이 있으랴마는 비 오는 낮, 바람 부는 밤은 싫고, 꽃피는 아침, 달 뜨는 저녁이 좋듯이, 일년 열두 달 하루하루가 다 같건만 이렇게 사회에 나가보는 날이야말로 이 애들에게는 둘도 없이 즐거운 날이었다. 병이 발견되던 날이 저주의 날이라면, 집 떠나던 날이 방랑의 첫날이라면, 이 날은 고향을 다시 한 번 되찾는 날이다. 저주의 그날이 복스러웠던 날이요, 방랑의 그날이 구원의 첫날이었지만 그래도 그 옛날이 그리운 마음을 그 누가 억지로 막을 수 있겠는가! 선생님도 학생들도 남자도 여자도 얼굴과 사지가 다 다르고 형편과 처지가 다 다르면서도…….

"우리 '참 아름다워라' 부릅시다." 하면서 앞선 어떤 여선생이 말을 내니 같이 부르기 시작했다. 이 노래 저 찬송을 불러가면서 가는 이 학생들 중에는, '하, 우리 목사님이 오셨다. 내가 기도했더니, 목사님이 따라오신다. 또 재미있겠지' 하면서 따르는 학생들이 한 둘이 아니었다. 가는 도중에 가끔 뒤를 휘―휘―, 돌아보는 것은 목사님이 행여나 안 따라오실까 해서 돌아다보는 것일까?

저 태산준령 넘어서 어머니 뵌다면

두 활개 훨훨 날라서 찾아를 가련만

어머니 계신 곳에는 태산은 없어도

이 원수 같은 한센병이 막는 탓이라

저 강과 바다 건너서 어머니 뵌다면

내 힘껏 헤엄쳐서도 찾아를 가련만

어머니 계신 곳에는 강, 바다 없어도

이 원수 같은 한센병이 막는 탓이라

벌써 앞서 올라온 몇 아이가 앞에 산과 바다가 보이는 바윗돌에 둘러앉아서 항상 부르는 노래의 하나를 함께 부르자, 눈에서는 자신들도 모르게 눈물이 흐르는 것이었다.

이곳은 개미실산 꼭대기다. 아침 아홉시에 떠난 이 학생들은 십리길을 두 시간이나 걸어서 왔다. 산 밑에까지는 열을 지어서 왔으나 밤 따먹고 좀 노느라고 시간이 지났고, 이 꼭대기까지 오르는 데 몇 번인가 미끄러지고 넘어져 가면서 올라왔다. 어떤 애는 미끄러지는 바람에 옷에 흙도 묻고 신발 끈도 끊어졌다.

손 목사님은 애들과 섞여서 애들이 손 잡기 꺼려하는 것을 억지로 잡고는 밀고 끌고 올라왔다. 그것은 그들이 자신들을 아는 데서 오는 미안한 생각에서이다. 그럴수록 손 목사님은 더욱 굳게 손을 잡아주니 잡히는 순간에 그 아이들은 저희들을 낳은 아버지, 어머니의 손을 붙잡는 것 같은 애정을 느끼는 것이었다. 친부모라도 한센병이 든 애들은 기르기 싫어서 이리로 보내는데 하물며 자신들을 낳지도 않은 손 목사이며 손 목사가 낳지도 않은 아이들임에랴!

"자, 이제 점심을 먹읍시다. 다 각기 좋은 자리를 찾아가서 먹는데 이제 점심식사를 위해서 교장 선생님께서 기도하시겠습니다."

참새가 되었던 일동은 바위가 되었다. 들리는 기도의 음성은 제각기 저에게만 들려주는 기도소리 같았다.

"아버지 하나님, 천지를 창조하시고 산천초목을 주시고 춘하추동을 만들어 인간들로 하여금 아버지께 감사하며 살게 하셨건만 죄값으로 오는 인간의 무지가 오늘의 사회일진대, 주여! 우리를 다시 한 번 이 기회에 신령한 눈을 뜨게 하여 주시옵소서. 이 기회에 거룩한 주의 음성을 듣게 하여 주시옵소서. 우리를 부족함이 없게 하시는 목자여, 우리를 푸른 풀밭에 눕게 하소서. 잔잔한 물가로 인도하소서. 우리 영혼을 소생케 하셔서 당신의 이름을 위하여 의의 길로 인도하심을 감사하오며 바라건대 사망의 음침한 골짜기에서도 해를 입지 않게 하시옵소서. 우리 원수 앞에서 우리가 상을 받게 하시옵소서. 이 시간 우리를 당신의 놀라운 손바닥 위에 놓으시니 보이는 것, 들리는 것, 느끼는 것이 감사와 찬송과 기쁨밖에는 없나이다. 오, 주여 다시금 감사하옵기는 이곳에서 허락하신 육신의 양식을 취할 터인데, 이 양식이 몸을 위해서나 입맛을 위해서나 배를 위해서 취하는 양식이 되지 말게 하옵시고, 주의 영광을 위해서 그 나라와 그 의를 구하고 생활하는데 쓰는 신령한 능력 얻기 위하여 취하는 음식 되게 하시옵소서. 오늘 이곳에 올라온 우리가 한 사람도 특별한 이상 없이 지내다가 다시 우리 애양원에 돌아가게 하시옵소서. 예수 그리스도의 거룩하신 이름 받들어 감사하옵고 간구하옵나이다. 아멘"

아이들은 거미떼처럼 빨리, 개미떼처럼 뿔뿔이 흩어졌다.

"아, 그런데 나 밥 안 가져 왔는데, 누가 나 밥 좀 줄까?"

이렇게 걱정을 하시는 이는 방금 감사의 기도를 드린 이 학교 교장이신 손 목사님이다. 그러나 누구 하나 '이리 오세요.' '우리 것 같이 잡수세요.' 하는 이가 없다. 없어서 그럴까, 혼자 먹으려는 욕심으로 그럴까, 아니다. 그들은 각기 자기가 가지고 온 것을 송두리째라도 드리고 싶다. 그러나 잡수시라고 말을 못하는 것은 자기들이 자기들을 아는 까닭이었다. 그러나 누가 어떻게 생각했든 간에 손 목사님은 그중에서도 제일 험상궂은 환자가 가지고 온 음식을 향해서 쫓아가신다. 그래서 그이가 안 주려고 하는 것을 억지로라도 빼앗아서 함께 잡수시고 자기가 가지고 온 물병의 물을 나눠주시는 것이었다.

'아이고, 우리 목사님이 저러시다가 병이라도 옮으시면 어떻게 하나.' 하는 이도 있는가 하면, '저것쯤이야 보통이시지. 그야말로 중환자 방에 들어가서 병 때문에 진물이 난 자리를 만지시면서 머리에 손을 얹고 기도하시는데 뭐.' 하고 얼마 전에 죽은 왕 선생 방에 들어가서 하시던 일을 생각하는 이도 있다. 또 '아이고 이렇게 잡숴주시니 내 이제 죽어도 한이 없다.' 는 이는 손 목사를 천사처럼 생각해서 천사 대접을 한 것같이 만족을 느끼는 이다. 일동은 이렇게 경탄과 환희 속에서 점심을 먹는 것이었다.

남쪽은 활짝 트인 바다를 건너 남해도가 멀리 방파제처럼 보이고, 바다 위를 달리는 범선이 두엇, 섬 사이로 고요히 흘러간다. 맑게 개인 하늘에 갈매기가 몇 마리 배 뒤를 따르고, 끊임없이 불어오는 서늘한 가을바람이 황금물결을 몰아 멀리 뵈는 뱃전을 씻는 듯싶다. 이 애양원 뒤에 보이는 바다는 바로 마당 앞같이 보인다.

"목사님, 진지 잡수시면서 애들 독창 하나 안 들으시겠습니까?" 하면서 권하는 이는 성악가 이 선생이다.

"응, 왜 – 안 들어요. 누가 할래? 얼른 해봐." 하면서 독촉이시다. "그래, 저 복순이 해 보아라." 하면서 부르시니, "난 못 해요." 하고 사양을 하던 아이가 목사님도 계시고 또 소풍 온 데서 못 하면 이다음에 후회할 것이라고 하니 마지못해 일어선다.

"삼천리 반도 금수강산 하나님 주신 동산" 하고 힘껏 불렀다. 끝나자마자 일동은 박수를 쳤다. 이 소리에 좀 떨어진 곳에서 음식을 먹던 선생님들도 학생들과 함께 모두들 이곳으로 몰려왔다.

이 복순이는 작년 봄에 애양원에 들어온 아이다. 국민학교 사학년까지 다니다가 한센병이 있는 것이 판명되자 그의 부모가 이곳에 입원시켜서 치료를 받는 중이나 그리 심하지 않아서 얼른 보기에는 모를 정도였다. 목소리도 고울 뿐 아니라 얼굴도 탐스럽게 생기고 공부도 잘하는 아이였다. 안 믿는 가정에서 자랐기 때문에 처음에는 예수교에 대한 것을 잘 몰랐으나 요즘은 성경도 많이 외우고, 기도도 드리고, 찬송가도 잘 불러서 여러 동무들과 선생님들에게 귀염을 받는 소녀였다.

"아, 그런데 참, 목사님, 들으니 사회에서는 이 삼천리 반도 금수강산을 못 부른다지요?"

언제 이리로 왔는지 목사님 곁에서 음악가 조 선생이 궁금하다는 듯 묻는다.

"네, 못 부르고말고요. 그 외에도 찬송가 중에서 못 부르게 하는 것이 많지요. 204장(내 주는 강한 성이요), 224장(믿는 사람들은 군병 같으니) 같은 것은 못 부르지요."

"참 별 세상도 다 되었습니다."

이것은 중일사변(中日事變)*이 생긴 후 승리에 승리를 거듭하던 일본이 일본 신도(神道)**를 한국에 수립시켜서 한국 민족을 소위 황민화(皇民化)***시키려고 애쓰는 한 방법이었다. 특히 기독교에 대해

---

* ─중일사변(中日事變): 1937년 7월 일본군이 노구교사건을 빌미로 일으킨 전쟁이다. 노구교사건이란 북경 남서부에 위치한 노구교에서 일본군이 중국측으로부터 먼저 공격을 받았다고 하여 중국에 전쟁을 선포했던 사건이다. 나중에 이 노구교사건은 일본군의 자작극이었음이 밝혀졌다.

서 강경하게 나가다가 급기야는 신사참배를 한국 교계의 최고봉인 총회에서까지 가결하도록 강요했던 것이다. 1938년 제27회 총회 회의록 9면에 보면,

〈평양 평서 안주 3노회 연합대표 박리(利) 씨의 신사참배 결의 급 성명서 발표의 제안건은 채용하기로 가결하다.

성 명 서

우리들은 신사는 종교가 아니요, 기독교 교리에 위반되지 않는 본의를 이해하고 신사참배가 애국적 국가 의식임을 자각하여 또 이에 신사참배를 솔선 이행하고 따라서 국민정신 총동원에 참가하여 비상 시국하에서 총후 황국신민으로서 적성(赤誠)을 다하기로 기함.

우 성명함

쇼와 13년(1938년) 9월 10일

조선 예수교 장로회 총회장 홍택기〉

이러한 기록대로, 그들은 기독교인들이 신사참배를 하게 하는 일에 성공을 했을 뿐 아니라 한 걸음 더 나가서 성경도 고쳐라, 찬송가도 빼어라 해서 적극적으로 박해의 손길을 편 것이었다.

** −신도(神道) · 신사참배

신도란 일본 고유의 종교이고, 신사참배란 그 종교의식이다. 일제시대 일본은 황민화 정책의 일환으로 조선인의 종교의 자유를 억압하며 신사참배를 강요하였다. 당시 많은 기독교인들이 신사참배 반대 운동을 전개하다가 감옥에 갇히고 희생되기도 했다.

*** −황민화(皇民化): 일제시대 조선민족 말살정책의 하나로 조선인에게 일본제국의 신민(臣民)이 될 것과 더 나아가 일본 천황에게 충성을 강요한 정책이다. 당시 일본제국은 조선인에게 조선어 사용을 금지시켰고, 신사참배를 강요했다.

그런 중에도 더욱 한심한 것은 이 정책에 아첨해서 자진하여 성경을 고치고 찬송가를 빼겠다고 하는 소위 지도자들의 꼴이었다. 그들은 하나님보다도 일본인들을 더 무서워하는 지도자들이었다. 그러나 아직도 그런 제한을 받지 않는 곳이 있다면 이 애양원밖에 없을 것이다.

이곳 애양원이란 남장로교 선교단의 전도사업의 일부로서 1909년에 광주 양림에서 시작된 한센환자 수용소가 1925년에 이곳으로 이전해 온 것이었다. 처음에는 아홉 명으로 시작된 것이 현재는 근 천명의 환자를 수용해서 그들의 생활을 도울 뿐 아니라 신앙적으로 인도하기 때문에 모두가 신앙적으로 살려는 데에는 여간 놀라지 않을 수 없었다. 그중에 더러는 치료를 받아 다시 사회로 나가서 생활하는 이도 있었지만, 대개는 일생을 이곳에서 보내는 이들이 많았다. 부모를 떠난 어린애, 동기와 친척을 떠난 불행한 사람들, 사회에서 버림을 받고 증오와 멸시의 대상이 된 산 송장들, 얼굴에 팔에 다리에 여러 가지 모양의 병 자리를 가졌다는 까닭으로 그들은 모두가 인연 없는 동기요, 부모 다른 형제요, 호적 없는 가족들이었다. 신앙에서 하나가 된 큰 가족이었다. 억지로 모여진 총회나 노회나 교회와 같지 않았다. 그들은 새벽기도회, 각 가정 기도회, 각 직장 기도회를 갖는 것은 물론이거니와 철야기도 하는 이들도 상당히 많았다.

성경 읽기와 기도하는 것, 그들에게 이 신앙생활은 음식이나 약 이상의 그 무엇을 주는 것이었다. 기도 가운데 살고, 기도 가운데에서 죽으려는 것이었다. 눈을 떠도 기도요, 눈을 감아도 기도였다. 그 기도 중에는 자기들의 불운을 통해서 죄인됨을 깨닫고 회개의 눈물을 흘리는 기도도 있었지만, 그들은 자기네들을 버린 가족, 친척, 사회의 구원을 위해서도 성심 성의껏 울면서 기도하는 것이었다.

근일에는 신사참배로 해서 넘어져가는 조선교회를 위해서 침식을 잊고 기도하는 것이었다. 더구나 처음부터 일생을 이 사업에 바친 월손 박사와 이 수용소 교회 담당 선교사인 원가리 목사는 참된 신앙의 인도자들이기 때문에, 신사불참배로 문제가 되어 경남 노회에서 문제 중인 손 목사님을 맞이해서 이 교회 식구들을 철저히 기도하게 하는 것이었다.

신사참배 문제로 해서 1937년에는 일제히 그 경영하던 교육기관인 학교를 폐쇄당했던 남장로교 선교사들의 신앙 역시 같은 지도 원리였을 것이다.

"목사님, 그런데 이번 부흥회에는 어땠습니까?"

여자선생인 김 선생이 물었다.

"네, 참 재미있었습니다. 특히 감사한 것은 강대상 뒤에다 붙여놓은 일장기를 집회 시작하기 전에 떼어버렸는데 이것이 문제가 되어 경찰서에 몇 번 불려갔으나 결국은 내 이론이 맞아서 저희들 맘대로 못 한 것입니다."

"무엇이라고 하셨습니까?"

"국기라는 것은 집 앞에나 달아서 국민의 국가에 대한 경의를 표하거나, 외국에 다니는 선박이 자기 국적을 알리는 데 쓰는 것이지 교회 안에 붙여놓고 절하기 위한 것은 아니다. 이는 마치 자기 이름을 써놓은 문패를 보고 절하라는 것이나 똑같다. 만일 국기 경배만이 애국지사의 할 짓일진대 장터 술주정뱅이도 애국지사가 될 수 있고, 악질 경제범도 우국지사 노릇을 할 수 있고, 축첩(蓄妾; 첩을 둠)을 일삼는 색국마가(色國魔家)도 혁명가 노릇을 할 수 있다. 그러니 그런 짓은 아예 시키지 말라고, 그러다가는 일본이 불원 망하리라고, 더구나 다른 사회는 몰라도 기독교에서는 그것이 우상숭배화 할 염려가 있는 것으로 십계명에 위반되는 것이니 집회를 못 할

망정 그렇게 할 수는 없다고 했지요. 그랬더니 아마도 시골 경찰서라 그랬는지, 또 교회 장로가 서장과 친분이 있어서 그랬는지는 모르나 나는 하나님께서 역사하신 줄로 믿는데, 예정대로 집회는 하게 하고는 하는 말이, 이 다음부터는 저런 목사 절대로 청해서 집회하지 말라고 하더라나요? 하하…."

일동은 뱃살을 쥐고 웃으시는 목사님의 어린애 같은 태도에 역시 우스워서 함께 웃었다. 그러나 한편으로 그들은 불구자인고로 나가서 전도하지 못하는 대신에 손 목사에게 전도를 해 달라는 입장인 만큼, 마음에 느끼는 기쁨은 자기네들이 올리는 기도의 응답으로 이 일이 되어진 것으로 믿고 감사함을 하나님께 돌리는 것이었다.

"우리 다같이 '삼천리 반도' 한 번 힘 있게 불러 봅시다."

손 목사님 말씀에 용기를 얻은 김 선생이 이렇게 제의를 하자, 힘차게 다같이 불렀다.

"삼천리 반도 금수강산/ 하나님 주신 동산/
삼천리 반도 금수강산/ 하나님 주신 동산/
이 동산에 할 일 많아/ 사방에 일꾼을 부르네/
곧 금일에 일 가려고/ 누구가 대답을 할까/
일하러 가세 일하러 가/ 삼천리 강산 위해/
하나님 명령 받았으니/ 반도 강산에 일하러 가세"

참으로 일꾼을 기다리는 삼천리 반도 금수강산을 향하여, 앞에 뵈는 바다를 향하여 외치는 이 불구자들의 찬송가는 찬송이라기보다는 호소였다.

남선생도 느꼈다. 여선생도 느꼈다. 학생들도 느꼈다. 모두들 느껐다. 그러나 이 호소의 노랫소리가 바람을 일으켜 한국을 향하여, 세계를 향하여, 바다 물결을 일으킬 줄 홀로 하나이신 하나님 이외에 그 누가 알았으랴!

바람에서 바람에

따뜻한 봄바람
무더운 여름바람
신선한 가을바람
코를 베는 겨울바람은
춘하추동 대표 바람이구요.

솔솔 부는 봄바람
몰아치는 비바람
잎 떠는 가을바람
눈 내리는 겨울바람은
춘하추동의 일꾼 바람이래요.

동에서 부는 바람
서에서 이는 바람
남에서 생긴 바람
북에서 오는 바람은
동서남북의 자랑 바람이구요.

아침에 이는 바람
저녁에 쉬는 바람

대낮에 성난 바람
한밤에 자는 바람은
조석으로 변하는 인심 바람이라구요.

위에서 내리는 바람
밑에서 오르는 바람
육지에서 오는 바람
바다에서 주는 바람은
천지수류의 도와주는 바람이랄까요?

그러니 바람이면 다같은 바람으로 알아서는
큰일 나실 줄 아십시오.

♥   ♥   ♥

그릇된 민주주의 바람에 천국 망신하구요
잘못된 신학교 바람에 붉은 수령 생기구요
김빠진 교리싸움 바람에 어린 양 꼴 못 먹구요
얼빠진 신학자 바람에 양떼들 방황합니다.
신사참배 해석 바람에 뻔뻔한 목자들 살아있구요
양의 탈 쓴 목자 바람에 지옥 간 양떼들 늘었대요.
교권행사 쓰는 바람에 능력 잃은 대한 교회
적산접수 교회 바람에 땅에 묻힌 예수 이름
생명 없는 기독교 정치가 바람에 녹슬은 하나님 영광
회개 대신 출세 바람에 옥중 성도 땅에 묻히고요
성령 없는 설교 바람에 양떼들 굶어 죽습니다.

비판 없는 유행 바람에 썩어지는 여성들
각성 없는 자유 바람에 무너지는 옛 도덕
모리배* 치부(致富) 바람에 담배 장수 늘구요
부족한 취조 바람에 열차 속 싸전 되구요
눈 멀은 욕심 바람에 공산주의자 생기구요
가치 없는 교만 바람에 동족 원수 많이 생긴답니다.

이 모든 남한 북한의 현실이 무엇 때문에 이런지
아십니까, 모르십니까?
하나님은 안 속으시는 바람이구요
예수께서는 살아 계신 바람이구요
성령께서는 한탄하시는 바람이랍니다.

---

* -모리배(謀利輩): 수단과 방법을 가리지 않고 자신의 이익만을 꾀하는 사람 혹은 그런 무리.

제2장

아내의 권고

"여보 조 선생, 글쎄 불원간 모든 것을 해결 짓게 될 것이니 조금만 더 참아주시오."

"글쎄요. 전들 모르는 것은 아니지만 원장이 가서 말씀드리라고 하니 이러지 않습니까?"

"그러나 조 선생이 잘 말하면 되지 않겠습니까?"

"저도 말은 늘 합니다마는…."

이렇게 문답하는 것은 안도(安藤) 원장의 심부름을 온 조 선생이라는 이와 손 목사 부인이시다. 안도 원장은 간접으로 주재소를 통해서 주택 명도를 요구하는 한편, 이 조 씨를 통해서 직접 교섭을 하는 것이었다. 그러나 사실은 상주보다 복자리가 더 서러워한다더니, 주장하는 안도 원장보다도 이 심부름꾼 격인 조 씨가 더 손 목사 가족을 미워하는 것이었다.

'제까짓 것들이 무엇을 알고 무슨 힘이 있어. 전에 미국 목사나 있을 때는 제 고집도 부릴 수 있었고, 또 그 고집을 받아주었지만 지금이야말로 어림이나 있나. 일본이 지금 어떤 시절인데….' 하면서 손 목사와 또 그의 가정, 애양원 성도들 할 것 없이 모두 합쳐도 두 푼어치도 못 되는 것처럼 여기면서 갖가지 수단을 쓰는데, 노골적으로 하지는 않고 교활한 수단 방법을 쓰는 것이었다.

그중에도 이 손 목사 집에 오면 자기더러 꼭 조 선생이라고 부르지, 하야마(巴山)라고 부르지 않는 것이 미웠다. 조 선생보다도 하야마가 더 기분이 좋은데, 손 목사 저희네도 오무라(大村)라고 해놓고도 손 목사라고 하고 자기보고도 조 선생이라고 하니, 마음 좋게 해주려고 하다가도 조 선생이라고 부르는 소리에는 정이 떨어지는 것이었다.

또 언젠가 안도에게 너는 꼭 내지인(內地人)*같이 국어를 잘 한다고 칭찬 받은 일이 있었던 하야마는 이 손 목사 집에 오면 국어(일본어) 상용에도 전혀 힘쓰는 것 같지 않는 점이 아니꼬웠다. 그렇지만 그것은 목사 부인이 무식해서 일본어를 할 수 없을지도 모른다고 이해를 했다. 그러나 아무래도 이해 못할 것은 그 신사참배를 못하겠다는 것이다. 하라는 대로만 하면 아무 일 없이 이 애양원에서 편히 지낼 터인데 못 하겠다고 버티는 것이다. 더구나 국기 경배나 동방요배**는, 호흡을 못 하고 사는 방법이 있다면 몰라도 이 의식을 않고는 못 살 터인데 쓸데없는 어리석은 고집을 부리고 있는 것이 아닌가. 글쎄 그것은 종교의식이 아니고 국민의식이라고 늘 귀에 공이가 생기도록 말히지 않았는가, 자기도 오년간이나 교회생활을 했지만 결국 기분 문제인데 왜 그러는지, 또 좀 다소 싫더라도

---

* ─내지인(內地人): 일제시대 일본 본토를 내지(內地), 한빈도처럼 일부의 시민지를 외지(外地)라고 불렀다. 내지인은 일본 본토 사람, 곧 일본인을 말한다.
** ─동방요배: 궁성요배라고도 한다. 일본 천황이 거주하고 있는 궁성을 향해서 천황의 은덕으로 살게 함을 감사하는 예의의 표시이다. 신사참배 등과 함께 일제시대 대표적인 황민화 정책 중의 하나이다.

슬쩍슬쩍 우물쭈물 하면 될 텐데, 구태여 콩이야 팥이야 하니 자기로서는 이해 못할 일이었다. 그러면야 오늘 나에게 이렇게 빌지 않아도 될 터인데 하고 이런 생각, 저런 생각을 하니 조 선생 자신이야말로 가장 영리하고 지혜 있는 사람의 하나라고 여겨졌다. 그 외에는 모두가 시국 인식을 못하는 멍텅구리요, 제 무덤을 제가 파고 들어가는 사람이요, 섶을 지고 불 속에 들어가는 사람들 같았다.

"좌우간 저도 잘 말씀은 드려보겠으나 댁에서도 얼른 해결 짓도록 해주십시오." 하면서 그는 인정 있는 사람처럼 해 놓고는 가는 것이었다.

'우리들 황국신민이 되어 충성으로써 군국에 보답하자(俄等 皇國臣民ナリ 忠誠以君國報ビン)'를 입으로 외우면서 애양원 쪽으로 가던 조 씨는 '저 멍텅구리들은 이 국민서사도 못 외우겠지' 생각하며 휘파람을 불면서 하늘을 쳐다보니 맑은 하늘에 구름 하나 없는 것이 '닛뽄바레'(日本晴; 쾌청한 날씨)같지 않은가!

그러나 이렇게 기분 좋게 돌아가는 하야마를 멀리 바라보시던 사모님은 만사가 다 귀찮게 느껴졌다. 독촉당하는 것도 하루 이틀이 아니고 한 두 번이 아니었다. 그때마다 하고 싶은 말도 많았지만 그만두었다. 다만 이곳을 떠나는 것이 제일 상책이라고 생각하면서. 하지만 떠났댔자 오라는 곳이 없으니 갈 곳조차 없었다. 신사참배 문제로 해서 쫓기고 쫓겨서 들어온 곳이 이 애양원인데 어디에 이 애양원보다 더 나은 곳이 있을까?

"동인아 다들 깨워라, 기도회 하자." 하며 다른 날보다 일찍이 일어나신 사모님은 아이들을 깨워서 기도회를 마친 후, 여수 가는 첫차를 타려고 신풍역에서 기차를 기다리고 있었다. '꿈도 이상하지, 무슨 일이 있으려나 보다!' 하면서 사모님은 하얀 옷을 입은 손 목사님이 깨끗한 곳에 계시던 어젯밤 꿈을 다시 회상하면서 벌써 환하게 밝은 부근을 바라보는 것이었다. 애양원 식구들은 벌써 새벽 기도회를 마쳤는지 아침밥 짓는 연기가 집집마다 올라 왔다. 등에 업힌 동수는 다시 잠이 들었는지 아무 말이 없다.

때는 1941년 7월 20일 아침이었다. 1940년 9월 25일 삼일기도회를 애양원 교회에서 마치고 귀가하시자마자 벌써 여수 경찰서에서 와서 기다리던 형사들에게 검속되어 가신 후 오늘까지 아무런 기별이 없는 손 목사님이시니 궁금하기 짝이 없었다. 특별한 죄가 없으니 경찰서에서 곧 석방이 될 것이라고 하는 이도 있어서 그런 말을 들을 때에는 좀 마음이 놓였다. 그러나 어떤 이는, 기소되지 석방되기는 쉽지 않다고 하면서, 그 이유가 시국이 차차 긴박해가는 까닭이라는 것이었다.

처음에는 기소가 무엇인지도 몰랐으나 그것이 재판받으러 간다는 뜻임을 알고 난 후에는 '기소'라는 소리만 들어도 소름이 끼쳤다. 우리 목사님이 세상 사람에게 재판받을 무슨 죄가 있다는 말인가! 그럴 때는 어쩐지 마음이 갑갑하여 어쩔 줄 몰랐다. 이러나저러나 벌써 열 달이 지났으니 가부간 결정이 났어야 할 터인데 소식이 없어서 궁금하기 짝이 없던 차에 그런 꿈을 꾸었으니 반드시 무슨 이상이 있다 싶어서 이렇게 나선 것이다.

'어디 가서 물어볼까, 누구를 찾아볼까!'

기차를 타고 나니 이제는 그것이 걱정이 되었다. 벌써 열 달 전에 검속된 이후 여수 경찰서에 계시는 줄 알면서도 오랫동안 만나보지 못했을 뿐 아니라 전라남도 경찰부의 사건이라고 일체 비밀로 되어 있어서 한 가지도 그의 생활을 알 길이 없었다. 다만 가끔 새 옷을 갖다 드리고 대신 나오는 이 투성이의 옷을 보아 생존해 계시다고 느낄 뿐이었다. 그러니 무슨 일이 있는가 싶어서 여수로 가기는 하면서도 어디 가서 물어 보아야 할지, 또 누구를 찾아야 할지 몰랐다.

'유치장 밥을 해 나르는 집에 가볼까, 송 형사를 찾아가 볼까, 박 순사 집에 가 볼까? 여수교회 목사님 댁으로 찾아가서 알아볼까? 양 장로 댁으로 가볼까? 아니면 경찰서 고등계로 직접 가볼까, 송 형사 집에도 가본 일은 있으나 친절하지 않았었고, 유치장에 밥해 들이는 집에 가 보아도 될 것 같지 않고, 목사님 댁이나 양 장로 댁을 찾아 간댔자 그들 역시 딱한 처지에 있으리니 힘써 줄 것 같지 않았다. 더구나 경찰서 고등계는 무섭게만 구는 곳이다. 내가 일본 말이나 잘 한다면 고등계 주임과 담판을 해 보고 싶으나 원수의 말인 일본말은 알지도 못하니 할 수도 없다.'

이런 생각 저런 생각을 하는 중에 차는 벌써 미평(美坪)에 도착하였다. 앞으로 한 정거장 남았다. 그러나 어떻게 해야 할지 결정지어지지 않으니 마음이 초조했다. 이렇게 초조하게 손 목사를 만나보려고 하는 것은 그의 생활, 그의 건강, 그의 장래에 대한 인간적 애정도 있었지만, 더욱 큰 문제는 그의 신앙상태에 관한 염려 때문이었다.

수일 전인가 순천 다니러 갔을 때 누군가 말하기를, 손 목사가 신사참배를 용인해서 불원 석방될 것이라는 말을 들은 사모님은 밤을 새워 뒷골방에서 기도했던 것이다.

'정말 그이가 그랬을까, 혹은 나를 속이는 소리일까, 무슨 말이 잘못 전해졌음일까, 기소가 되는 것은 말할 것도 없이 기막히는 소리였지만 석방이 된다는 것도 기쁘지 않은 소리였다.'

이런 저런 생각에 빠져있을 동안 기차는 여수역에 도착되어 사모님도 많은 장사꾼들 사이에 휩쓸려 내렸다. 그래서 대뜸 발길 가는 대로 송 형사 집으로 갔다. 그러나 상상했던 대로 불친절하여 자세히 모른다는 것이다. 할 수 없이 유치장 밥 지어주는 집으로 갔다. 그 집 역시 알 수 없다고 하면서 다만 십사일 전부터 사식(私食)을 드린다는 말을 해주었다.

사실 구개월 이상을 사식을 드리려고 애썼으나 받지 않았었는데 어떤 까닭에 사식을 받게 되었을까? 필연코 신앙의 절개를 굽혀 호감을 사서 사식이 허락되었나 싶으니 반가우면서도 기가 막힌다. 그 이상은 밥 지어주는 집에서도 모른다는 것이다.

　그래서 사모님은 경찰서에 가서 송 형사를 찾았다.

　"사식을 받는다는데 어떻게 된 까닭입니까?"

　"그 사식을 받으니 당신 소원대로 되지 않았소."

　"글쎄, 원하는 바이나 어떠한 이유로 해서 허락이 되었습니까?"

　"건강도 많이 쇠약해지고 또 곧 끝이 날 것이어서 허락이 되었소."

　'약해졌다, 끝나 간다.' 하기로 다시 묻기를, "언제나 끝나겠습니까?" 하고 물으니 또 대답이 없다. 묻는 말에 대답 있기를 기다리는데 동수가 배가 고픈지 등에서 칭얼거린다. 얼른 동수를 돌려서 젖을 먹였다. 한참 생각하던 송 형사는 "저 사식집에 가서 식비 회계나 하시오."라고 해서 금명간 무슨 결정이 나는가 싶어 더 묻지도 않고 유치장 밥 짓는 집에 사식비를 회계하러 갔다.

　"이렇게 회계하면 언제쯤 결정됩니까?" 하고 사식집 주인에게 물으니 내일이나 늦어도 모레는 결정될 것이라고 했다. 식대 십사 원을 치르고 있을 때 밥 심부름하는 아이가 손 목사 부인인 줄 알고 몰래 자기를 따라서 조용한 곳으로 가자고 하더니 귓속에다 대고 하는 말이, 내일 여수 경찰서에서 떠나신다고 새 옷을 갖다 달라고 하시더라고 한다. 그러니 내일은 결정이 나는구나 싶어서 좋기는 하면서도 석방인지 기소인지는 아직도 모르는 상태였다.

　'아이고, 하나님 뜻대로 되겠지.' 싶어서 단념을 하고 그 길로 신풍 애양원 집으로 돌아왔다. 돌아와 들으니 조 선생이 두 번이나 만나러 왔다는 것이었다.

1941년 7월 21일 아침 순천발 열차는 여전히 여수역에 도착했다. 여수에 생선 사러 오는 이들은 여전히 많았다. 왼편 여수항 쪽으로 바다는 여전히 푸르고, 역 앞에 종고산은 여전히 높아 보인다. 그러나 어머니는 젖먹이를 업고, 두 아들은 두 동생을 데리고, 차에서 내렸는지 차를 타려는지 역전에서 서성거리는 일행이 보따리를 들고 누구를 기다리는 것 같았다. 이들은 손 목사 부인을 위시한 온 식구들이었다. 어제 애양원으로 돌아갔던 사모님이 손 목사님이 어떻게 되는지 몰라서 오늘은 온 식구가 만나보러 온 것이었다. 때는 일곱시 경이라 아직도 관청 출근하는 이들이 그리 많지 않았다. 그래서 한참 머뭇거리던 이 식구들은 한 걸음 두 걸음 걸어들어 간다는 것이 경찰서 앞에까지 갔다. 그러나 아직도 경찰서는 닫혀 있었다.

"어머니, 아버지는 언제 나와?" 하면서 묻는 아이는 동장이다.

"곧 나오신다." 하면서 말도 미처 못 마치고 눈물이 핑 도는 것을 억지로 참았다. 한 십분 지났을까, 양 장로 부인이 쫓아 왔다. 아까 양 장로가 사모님을 뵀다고 하면서 무엇인지 먹을 것을 가지고 왔다. 고맙다고 인사를 하고 주는 것을 받으면서 문득 쳐다보니 송 형사가 온다. 손 목사 부인이 인사를 했다.

"어제 식비 회계했소?"

"네."

"잘했소." 한다. 그리고는 경찰서 안으로 들어가려는 것을 보고, "이 옷 좀 전해주세요." 하니 그러마고 얼른 받아 가지고 가면서 역전에 가서 기다리라는 것이다. 좀 더 무엇을 물어볼 것을 그랬나 싶어서 좀 섭섭했다. 그러나 가라고 하니 슬슬 뒤를 돌아다보면서 역에 가서 기다리는데 왜 그리 시간은 안 가는지 지루하기만 했다.

오전 열시 목포행 열차를 기다리는 사람은 많기도 하다. '무슨 일로 이 하기 어려운 여행을 저렇게 하는지 원 나 같으면 철도국 파리나 날릴 텐데….' 하면서 여수로 물건이나 좀 사러 올 때에 기차를 타보는 사모님은 완행열차를 기다리는 손님이 많은 데 놀랐다. 제일 먼 기차여행은 부산을 떠나서 대전서 바꿔타고 순천에서 내렸다가 다시 신풍까지 올 때였는데 머리도 아프고 이삿짐 챙기느라고 한참 정신없던 생각이 나서, '아이고 나 같으면 돈 주면서 타라고 해도 못 타겠더라' 하고 생각 할 때에, "아이고 저기!" 하는 동인이 소리에 고개를 돌리니 뚱뚱한 형사들과 결박되지 않은 손 목사가 이쪽으로 오지 않는가.

'결박도 안 했다. 집으로 보내는 것일까, 그렇다면 왜 형사가 따를까?'

머리는 애들처럼 박박 막 깎은 것 같았다. 깎은 머리라 그런지 키가 더 작아 보여서 크고 뚱뚱한 형사와 함께 걸어오는 것이 어른과 애 같다. 아까 들여보낸 새로 세탁한 셔츠를 입고 흰 양복바지를 입은 손 목사의 얼굴은 옷빛보다도 더 희고, 본시 깐깐하게 마른 목사님은 문자 그대로 중병을 앓고 나서 피골이 상접한 모양새였다. 걸어오시는 모양이 걷는다기 보다도 비틀비틀 쓰러지지 않으려고 움직이는 것 같았다.

'저이가 열 달 전에 말도 변변히 못 하고 간 목사님인가?' 싶으니 체면 불구하고 울음이 툭 터져 나오려는 것을 사모님은 꾹 눌러 참으면서 곁을 보니 벌써 동인이, 동신이는 고개를 숙이고 울고, 동희는 손수건을 꺼낸다.

'아니다. 울 때가 아니다. 죽이느냐, 살리느냐 하는 때다. 그렇다. 울기 전에 살려야 한다. 그 영혼을, 그 영혼을, 그 영혼을' 하면서 이를 악물었다. 손을 잡은 동장이는 아버지가 온다고 좋아라고 어머니를 끈다. 동수만은 업힌 채 잠이 들었다.

여행하려고 바쁜 사람들은 형사에게 끌려오는 죄수를 보자 못볼 것을 보았다는 듯 힐끔힐끔 쳐다보면서 지나가 버렸다. 그러나 그 것도 다 사모님에게는 문제가 아니다. 그 형사에게 호위된 손 목사를 얼른 가서 맘대로 만날 수도 없었으니, 만나게 할 것인지 못 만나게 할 것인지도 아직 모르는 까닭이었다.

'그렇다. 살려야 한다. 그 영혼을! 그 영혼을!' 하면서 손 목사가 섰는 쪽으로 갔을 때에 마침 한 형사가 차표를 사러 가고, 아까 옷을 받아준 송 형사는 무슨 눈치를 챘는지 곁에 어떤 아는 사람을 부르더니 이야기를 한다.

'옳다. 하나님이 주신 기회이다. 살려야 한다. 그 영혼을!' 하고 앞서는 눈물을 속으로 몰아넣고 물었다.

"어디로 갑니까?"

"광주로….."

'광주로' 소리에 사모님의 손은 얼른 어린애 업은 띠 속으로 쑥 들어가더니 적을 쏘는 피스톨을 꺼내는 장교의 손보다도 더 빨리 꺼낸 것은 성경책이다. 성경을 꺼내며 같은 순간,

"목사님, 여기 아시지요?" 하면서 목사님이 보실 새도 없이,

"주 목사 부인의 말씀을 아시지요? 목사님, 신사참배에 실패하면 내 남편될 자격 없습니다. 아니 영혼 구원 못 받으십니다." 하는 소리를 들으시면서 목사님께서 펼쳐진 성경을 보니 계시록 2장 10절이 아닌가. 손 목사님의 창백한 얼굴에는 웃음이 피었고, 그 눈에서는 눈물이 솟았다.

"염려마오. 기도해주구려." 하는 말은 분명히 그 입에서 나온 소리이다. 그 말을 들은 사모님은 그제서야 눈물이 나왔다. 안심의 눈물이다. 언제 쫓아왔는지 이 광경을 곁에서 본 양 장로 부인의 눈에도 눈물이 고여 있다. 양 장로 부인도 그 전에 늘 외던 성경 말씀이었다.

"네가 죽도록 충성하라 그리하면 내가 생명의 면류관을 네게 주리라"

신부인 대한 교회여

누이들이여 어머니들이시여 이 땅의 여성들이시여
얼굴 누런 양키 - 부인들이시여

꽃 없는 이 땅 꾸밈없는 이 나라에
꽃처럼 어여쁘게 그림처럼 아름답게
연지 찍고 곤지 찍은 신부 같은 선녀들이시여

쟌다크가 댄스를 잘해서
위기의 불란서를 구해냈으며
모니카가 머리를 잘 지져서
어거스틴을 회개시킨 줄 아십니까?

맹자가 어머님의 입술연지를 보고
공부를 했으며
백범 선생이 어머니와 부인의 빨간 손톱을 보고
독립 운동을 희 신 줄 아십니까?

누이들이여 어머니들이시여 이 땅의 여성들이시여
참 진정한 남녀동등을 원하십니까?
첩 노릇 하려는 준비하지 말아라
사설 유곽 개업할 공부 집어치워라
그대들이 현모로 양처로 순진한 처녀로 나아갈진대
그 누가 천시하며 학대하며 멸시하랴

♥ ♥ ♥
머리를 지져도 좋다
산란한 허영에 뜬 머리 속 정리한다면

입술연지를 발라도 좋으리라
얼빠진 놈 빨아먹는 핏빛이 아니라면

손톱을 장식해도 죄는 안 되리라
본처에게 가는 영감 가슴 긁는 손톱 아니라면

연지를 찍고 분도 발라라
색마를 흥분시키는 마취제 아니라면

댄스도 실컷 추어라
정신 이상 들린 놈의 맞장구 아니라면

누이들이여 어머니들이시여 이 땅의 여성들이시여
그 민족의 흥망은 그 여성을 보아 안다구요?
그대들의 개성을 십이분 발휘하십시오.
그렇다고 해서 몹쓸 일은 일분도 하지 맙시다.

배 타고 온 유행이면 다 좋은 줄 아십니까?
재래의 코리안 것은 다 나쁜 것인 줄 아십니까?

♥ ♥ ♥
예수의 신부이신 대한 교회여!
현모이십니까, 계모이십니까?
양처이십니까, 음부이십니까?
소녀이십니까, 불량소녀이십니까?
룻이십니까, 사마리아 여인이십니까?

게다 신은 남편 떠난 다음에
구두 신은 남편 모시기에 얼마나 힘이 드십니까?

과거에는 대한 교회가
스탠리 존스 선생님이 없어서 넘어간 줄 아십니까?
왜 마기노(牧野) 총장도 있지 않았습니까?
맥카이 박사가 없어서 실패한 줄 아십니까?
왜 도미다(富田滿) 선생님도 있지 않았습니까?
부른너 학자님이 안 오셔서 모른 줄 아십니까?
왜 가가와(賀川豊彦) 선생님도 오지 않으셨습니까?

술 취한 아버지 자식 훈계하기나
담배 물은 선생님 학생 교훈하기나
요리집에 앉아서 민족 걱정하기나
첩의 집에 누워서 나라 걱정하기나
성령 떠난 교회서 양떼 인도하기나
그 어떤 것이 다른 줄 아십니까?

회개하라 대한 교회여!
교회 분열이, 분쟁이, 무능력함이, 아니
대구 사건, 제주도 사건, 여순 사건이,
그리고 삼팔선 문제가
배달민족의 흥망의 책임이
너에게 지워진 것을 아느냐, 모르느냐?

인위공작을 걷어치워라
니느웨성 되기를 바라거든 요나가 되어라
소돔 고모라가 두렵거든
네가 먼저 진정한 의인이 되어라.

제3장

지옥된 낙원

저녁밥을 먹은 후 조금 한적한 곳에 떨어져 있는 박춘갑 장로님 집에 몇 사람이 모였다. 별만이 높이 보이는 이른 봄 조용한 밤이다. 멀리서 들려오는 것은 가끔 짖는 먼 동리의 개소리뿐이다. 무덤 속 같이 고요한 이 곳에 넓지도 못한 이 방에 불빛을 가리고 이 사람들은 몰래 모인 것이다.

일본사람 안도 원장이 윌손 박사와 원가리 목사가 떠난 후에 들어오더니, 애양원 사무실의 외부 직원도 여럿이 바뀌었다. 물론 그들은 기독교인이 아니었다. 따라서 애양원은 이미 신앙의 자유를 유지할 수 있는 낙원이 아니었다. 몇 번인가 예배나 기도회 때마다 소위 국민의식을 행하고 하는 것을 반대해 보았으나 그 의식을 빼놓고는 예배를 못 보게 하는고로 하는 수 없이 그렇게 하기로 했다. 그러나 교회 제직 중 일곱 사람은 그렇다고 그냥 복종할 수는 없었다.

한번은 이런 일도 있었다. 손 목사가 구속당한 후 그의 설교 기타 내면 조사차로 여수 경찰서 형사 몇 사람이 애양원에 와서 그의 신앙을 알아보기 위하여 지도받은 애양원교회 직원 몇 사람을 불러다가 손 목사가 그동안 한 설교 등을 물은 다음에 "당신들은 어떻게 믿소?" 하고 그들의 신앙을 물어보니 말하기를, "우리도 손 목사님의 신앙이나 똑같습니다." 했다. 그래서 여러 가지 문답을 하는데 말세관, 재림관, 심판관을 물어가던 중에 다시 "그러면 일본도 불의 심판을 받겠는가?" 하고 물으니, "그럼요. 받고말고요." 하고 조금도 주저하지 않는다. "그러면 천황도 그 심판을 받을 것인가?" 하고 가장 최후적인 또 최고적인 질문을 했더니, "그렇고말고요. 천황도 예수를 안 믿으면 바싹 타겠지요." 하고 정기재 장로가 서슴지 않고 대답했다.

"뭐?" 하고 대답이 끝나기도 전에 소리를 지르는 형사들은 말할 것도 없지만, 곁에 섰던 제직과 직원들의 등에서도 진땀이 나는 것 같았다. 형사들은 금방 무엇이든지 있으면 들어서 때릴 것 같았다. 그러나 차마 손으로 때리거나 발길로 못 차는 것은 그가 한센병자라는 것이기 때문이리라. 그 대신 팔딱팔딱 뛸 것처럼 얼굴이 빨개지면서 발을 구르며 야단들이다.

"저런 불경스런 놈이 있나, 천황폐하에게!"

"여보, 불경스러우면 아예 묻는 것이 틀리지 않았소?" 하고 쳐다보는 얼굴은 정상 아닌 정색한 얼굴이다. 입은 비뚤어졌어도 말은 바로 했다는 격인가.

좌우산 이렇게까지도 굳은 신앙의 생활을 하는 이들이니 원장의 요구쯤이야 문제도 안 삼았다. 그래서 지금은 일본 사람 원장 몰래 비밀히 제직회를 열었던 것이다. 기도를 마친 다음에 박 장로가 입을 뗀다.

"첫째로, 우리가 급히 생각할 것은 손 목사님의 가정에 대한 문제입니다. 들으니 검속된 목사님은 기어코 기소가 될 모양이고, 한편 안도는 주재소를 통해서 사모님께 주택 명도를 강요하는 모양이니 아시다시피 그 가족의 형편이 딱합니다. 어떻게 하는 것이 좋을런지요?"라고 하니 아무도 이에 대한 대답을 하는 이가 없다.

"우리가 만일 재산이 있다거나 또는 다른 사람들처럼 몸이 성하면 좋겠으나 그렇지 못하여 어떻게 할 수 없으니 여러 교우가 허락만 한다면 그동안 연보 중에서 남은 돈 칠백 원이 있으니 그 돈을 사모님께 드리기로 하는 것이 좋겠습니다." 하는 이는 회계를 맡아보는 김 집사였다.

"그것 참 좋은 의견인데요, 그러나 교회에 통과시키려면 쉽게 되겠어요? 그럴 게 아니라 급하니 얼른 우리가 드려놓고 천천히 교우들에게 이해를 시킵시다. 누가 잘못했다는 사람은 없을 것이외다." 이것은 신 장로의 말이다.

"그 돈을 그렇게 쉽게 찾아낼 수 있습니까?" 하고 누가 물으니,

"어렵지 않습니다. 신 장로 이름으로 예금이 되어 있고, 아직 교회에 관한 것이 보고되어 있지 않으니 빨리 서두르면 될 것입니다." 하며 회계 집사는 자신 있게 말했다.

"그러면 내일 그것을 찾아서 사모님에게 드리기로 합시다."

이렇게 아무 이의도 없이 결정을 지었다.

그때이다. 가만가만 이 집 앞으로 오는 인기척이 들리는 듯 싶었다. 모두들 깜짝 놀랐다. 그중에 제일 담대한 김 집사가 일부러 밖에 나가 보았다. 그러나 아무도 보이지 않았다. 다시 돌아온 김 집사를 보고는 "누구요?" 하고 물으니, "아무도 없소." 하여 안심을 했다는 듯이 다시 회의는 계속되었다.

"그런데 요새 시키는 국민의식인지 무엇인지는 어떻게 해서 면할 수 없을까?"라고 묻는 것은 김봉임 집사다. 그이는 먼젓번 동방요배 때에 꼭 나가야 되겠으나 나가기 싫어서 인두로 자기 다리를 지져서 화상을 입게 하고 핑계를 대고 나가기를 면한 이였다.

"글쎄요, 아무래도 예배를 못 보게 하니 예배를 보려면 그 짓을 안할 수도 없고…" 하면서 박 장로의 결정 없는 것 같은 걱정에,

"아, 그러면 우리가 이대로 당하며 신앙을 굽히고 가치 없이 사는 것이 옳을까요?" 하는 다소 흥분한 김 집사의 반문이다. 이 말에 일동은 아무 말도, 대답도, 위로도 줄 수 없었다. 다 같은 기분이기 때문이다. 잠깐 침묵이 계속되었다. 멀리서 떠들썩한 소리는 밤새워 기도하러 가는 교우들이 교회로 모이는 소리이다.

"그런데 사모님께 칠백 원 드린다 해도 광주로 이사하는 비용과 또 방 두엇 얻는 비용들을 쓰고 나면 얼마 안 가고 나서 다 없어질 텐데 그 다음에는 어떻게 할까요?"

신 장로는 이렇게 화제를 돌렸다. 동방요배니 신사참배니 소위 국민의식을 면할 수 없는 이들은 잠깐만이라도 생각을 돌려 하자는 것이었다.

"그런 생각이 나도 있었지만 그 역시 계속하기는 어렵소. 그것은 우리들이 사회에 나간댔자 수입은 있을 수도 없는 까닭이오."

한숨을 쉬며 대답하는 이는 장 집사이다.

"우리 이렇게 합시다." 하면서 김수남 집사가 작은 목소리로 소곤소곤 이야기를 한참 할 때이다. 밖에서 또 무슨 발자국 소리가 났다. 일동은 다시 깜짝 놀랐다. 김 집사가 쏜살같이 나가보았다. 캄캄해서 확실히 안 보이지만 그러나 멀리서 누구인지 저리로 가는 것 같았다.

'누굴까?' 이렇게 생각하면서 가까운 부근을 다시 자세히 돌아보았다. 아무도 없었다. 김 집사가 들어오니, "누구요?" 하고 묻는다. "글쎄, 누가 멀리 사라진 것 같은데 모르겠습니다." "그 조가 아닐까?" 누구의 입에선지 나오자, "글쎄요?" 하면서 의문의 대답이다.

♥ ♥ ♥

조반을 마친 후 환자 격리 사무실에 불려 온 교회 직원들은 마치 죄수들처럼 섰다.

"어젯밤에 무슨 회의를 했소?"

"회의는 무슨 회의요!"

"바른대로 말해요. 얼른 말하면 다 용서해줄 테니."

"……"

그래도 대답이 없으니,

"말 안 하면 모를 줄 알고?"

크게 소리를 벌컥 지르는 사람은 안도 원장이었다. 전에 어떤 경찰서 서장을 지낸 경험까지 있는지라 꼭 죄수 잡듯 하였다.

"어제 박가 집에 왜 모였어?"

이 말에 일동은 깜짝 놀랐다. 정말 아는 모양이다. 박 장로는 하는 수 없다는 듯이 대답했다.

"교회 일로 좀 모였습니다."

"교회 일로? 무슨 일이었소?"

"앞으로 할 일에 대한 것이었습니다."

"앞으로 할 일이란?"

"어떻게 교회를 지도하느냐 하는 것입니다. 손 목사님도 안 계신 지 오래니 교회를 인도할 일이 걱정이 되어서 모였습니다."

"무엇! 손 목사가 없으니, 그래 내가 일전에 말하지 않았소. 손 목사 대신 두 주일 후면 허 목사라는 이가 온다고! 그뿐이오?"

이럴 때 사무실 문이 열리면서 성국이라는 사무원이 손님의 명함을 가지고 와서 원장에게 보이면서 면회를 말한다. 일동은 그 조 (趙) 가를 쳐다보았다. 명함을 본 원장은 일동에게 그대로 앉아서 좀 더 생각해 보라고 이르고 자기 사무실로 갔다. 조 가도 따라 나갔다.

"다 아는 모양이지?" 정 장로의 소리다.

"글쎄, 아마 어젯밤에 누가 듣고 가서 이른 모양이오."

"이르나마나 어제도 우리가 이야기 했지만 해 보고 싶은 말이나 하고 어디 봅시다." 신 장로의 말이다.

일동은 결심을 다시 한 듯싶었다. 한 이십 분 후에 다시 들어온 원장을 향하여, "원장님, 몇 가지 묻고 싶습니다."고 박 장로가 물었다.

"무슨 말이오?" 원장의 멸시에 가까운 반문이다.

"다른 게 아니라 예배 시나 기도회 시에 시키는 국민의식 대신에 다른 방법으로 국민의식을 고취하도록 할 수는 없습니까?"

이 말을 들은 원장은 화를 벌컥 내면서 말한다.

"또 그 말이요? 아직도 못 깨달았소? 벌써 두 달째 두고 설명한 바요. 두 주일 전에 벌써 결정된 것이니 이제는 다시 더 이야기를 반복하지 맙시다. 만일에 우리 방침대로 복종하기 싫으면 당신들이 이곳을 떠나가면 그만이 아니겠소."

박 장로 이외 모두들 이 말에는 더 할 말이 없었다. 애양원을 떠나가라는 말이다. 누가 이곳에서 일생을 보내고 싶으랴만 불우의 사람으로 이 곳에 온지 벌써 십년 이상씩 되는 이들이다. 그들에게는 둘도 없는 집이요, 고향이요, 낙원이다. 그러나 신앙의 자유를 잃은 오늘날에는 웬만하면 떠나고 싶은 지옥과 같은 곳이다. 그래서 떠나기는 어렵지 않다. 그러나 나오기를 기다리는 사람도 없으니 나가는 날은 문제없이 걸인 행세를 해야 하기 때문이다. '신앙의 자유를 찾아서 걸인 생활이냐? 생활의 안정을 위하여서 지옥의 생활이냐?' 이것은 이들 앞에 놓여진 큰 시련의 과제였다.

♥　♥　♥

봄도 지났다. 꽃들도 대개는 졌다. 보리밭에 보리가 한 치 더 자라고 나뭇잎도 파란 빛이 짙어서 초록색으로 물들기 시작한 때다. 어제까지 내리던 봄비가 오늘은 그쳤으나 활짝 개이지 못해서 그런지 마음에 답답함을 느끼는 이른 아침이다. 약간 춥다. 나무도 많지 않은 산과 물결 같은 보리밭과 보리밭 사이로 길게 꼬리를 감춘 철도 선로가에 대합실도 없는 신풍역전에서 기차 오기를 기다리는 무리들, 그 누가 보내는 사람들이며, 누가 가는 사람인가?

"사모님, 너무 염려 마십시오."

"네."

이렇게 대답하는 이는 젖먹이 어린애를 업고 어린아이 둘을 데리고 서 있는 중년 부인이다.

"벌써 이 집사에게는 연락을 했으니 집을 구해놓았을 겁니다. 또 광주역에도 나올 것입니다."

"네, 감사합니다." 무거운 대답이다.

"또 동인이도 와서 함께 모시고 가니까 더욱 안심이 됩니다."

이러한 이야기를 주고받는 한편에서 동인이는 여러 사람들에게 여러 가지로 말을 주고받는다. 말하는 중 이런 말도 있었다.

"내가 어젯밤에도 여러분께 말씀드렸지만 내가 이후에 아버지 대신 목사가 되어 다시 와서 여러분을 위해서 일하겠습니다." 하면서 그 넓은 얼굴에 결심이 굳어지는 것 같았다.

"아이 그렇고 말고, 그러나 나는 나이가 많으니 자네 올 때까지 살아있을지 몰라." 하는 이는 나이가 많은 이 집사였다.

이 일행은 말할 것 없이 광주로 이사하는 손 목사의 남은 가족들이요, 또 그 가족을 환송 나온 애양원 식구들이었다. 그러나 애양원 성도들 중에는 벌써 자기네들 갈 곳을 다 정하고 있는 이들도 있었다.

그때 여수 쪽에서 '뛰-' 하고 산 사이로 통해 들려오는 기적소리가 났다. 일동은 그 편을 향해 쳐다보았다.

"사모님, 저도 일간 광주로 만나 뵈러 가겠어요."라고 하는 이는 황 선생으로 손 목사님의 신앙의 누이였다. 그럴 때 누가 불렀는지 모르나 찬송소리가 들린다.

"우리 다시 만나 볼 동안/ 하나님이 함께 계셔/
훈계로써 인도하며/ 도와주시기를 바라네/
다시 만날 때 다시 만날 때/ 예수 앞에 만날 때/
다시 만날 때 다시 만날 때/ 그때까지 계심 바라네"

찬송을 부르며 일동은 눈물로써 기차를 맞이했다.

지옥 된 낙원을 돌이켜라

범죄한 천사가 사탄이라니
범죄한 낙원은 지옥이겠지요
범죄한 천국은 마국이겠지요

천국은 네 마음속에 있다고 하셨으니
범죄하는 심령은 뱀의 마음이요
범죄하는 예배당은 마귀당이라고 해도 과언이 아니요
범죄하는 목자를 독사의 종류라고 해도 할 말이 없겠지요
자고이래로 자진해서 나는 이단이라고
나선 신학자 있는 것을 보았습니까?
진부(眞否)는 박해라는 연단을 통해서야 나타났답니다.
터진 입으로 열린 목구멍으로야
정통 아닌 신학자 있는 줄 아십니까?

초대교회는 박해를 통해서 예수의 피를 씻어버리려고 했구요
현대교회는 소위 신신학 자유주의 세계 학자가
예수를 다시 못 박지 않습니까?
그래도 정통이라니 양떼들이 알 수가 있어야지요
그러나 주의 성령까지 속이지는 못하겠지요
둔갑한 여우도 꼬리는 뵌다더군요.

의사 잃고 약병 위하는 눈먼 환자들아!
네 진정한 천국 건설이냐, 가증한 마국 확장이냐?
어찌 세계주의 부르짖는 소리가 이리떼 소리처럼 들리느냐?
네 자신이 독사들이냐, 그렇지 않으면
에덴에서 쫓겨난 아담 하와냐?
바벨탑을 쌓아볼 계획이냐?
어디 네 하고 싶은 대로 쌓아보아라
모모 세계대회 좇아 다니면서
살아 계신 하나님이 내려다보시리라.

그러니 대한 교회여!
오늘 대한 교회가 참된 하나님의 교회냐?
범죄를 일삼는 마귀당이냐?
재건파 하는 소리 욕하기 전에
네 자신 다시 한번 반성을 하고
이교파 분열을 부르짖기 전에
네 교파 행로를 살펴보고
세계주의 내세우고 춤추기 전에
네 먼저 정신병원에 입원을 해라

신사참배 때에 든 병이 아직도 안 나았느니라
시국 인식에 깊어진 고질이 아직도 깨끗지 않으니라.

대한 교회에 복음이 들어올 때
예수를 버리고 물고기 잡으러 갈
소위 민족주의자가 그림자처럼 들어왔구요
지도자 양성 위해 신학교 세울 때
무신론자 틈을 타서 들어왔으니
붉은 수령 가르치던 신학교가 대한에 있다면
대한 교회가 거짓말이라고 웃겠지요
그러나 오늘 붉은 수령 아닌 붉은 수령 목자들이
그 얼마나 많은지 아십니까?
신신학 자유주의자, 세계 학자하고, 붉은 수령하고는
이웃사촌이랍니다.

왜국신도(倭國神道) 옷 벗은 마귀가 이제는
세계주의 옷으로 바꿔 입었습니다.
무신론자가 차라리 인간적으로는 솔직할지도 모르지요.

회개하라! 범죄를 떠나라
뱀에게 다시 속지 말아라
지옥된 낙원을 돌이켜라
하루 바삐
한 사람이라도 더
주의 성령은 기다리신다.

제4장

옥중서한

"여보, 손 목사, 여기 있는 이 조서(調書)는 당신과 나와 문답한 사실인데 내가 읽을 테니 한 번 들어보시오." 하면서 전라남도 경찰부에서 내려온 가루베(輕邊) 형사는 한참 신이 나서 조서를 읽는다.

하루 읽고, 이틀 읽고, 읽다가 다시 고치고 하면서 팔 일 만에 겨우 끝이 났다. 이것은 손 목사님을 기소할 오백여 면이나 되는 조서였다. 팔 일 만에 끝마친 형사는 큰 짐을 벗었다는 듯이 담배를 하나 꺼내 물더니 불을 붙인 후, "아이고, 손 목사 참 수고했소. 그런데 이제는 다 끝났으니 당신 이제 지장이나 찍구려." 했다. 손 목사님은 이 지장 찍으란 말에, "무슨 뜻으로 찍습니까?" 하고 물으니, "이것이 다 당신의 말이 분명하다고 찍는 것이오." 이 말에 손 목사님은 깜짝 놀라시며, "그렇습니까? 그러면 나 지장 못 찍겠습니다." 한다. 더 놀란 사람은 형사다.

"뭣?" 하며 소리를 왈칵 지른다. 입에 물었던 담배가 뚝 떨어진다.

"그것은 내 말이 아니오." 하고 대답하니 형사는 벌떡 일어선다.

"이 – 손 목산가 발 목산가 정신이 있나 없나? 열 달 동안 유치장에 있더니 정신이 돌았나?" 하더니, "그럼, 이게 내 말이란 말이야?" 하면서 금방 때릴 기세다.

"아닙니다. 그것은 내 말도 아니지만 당신 말도 아닐 것이오." 대답하니 눈을 똑바로 뜨고 쳐다보던 형사는 책상을 탁 치면서, "이런 정신 빠진 사람 봤나. 말을 하나, 말을 먹나?" 하며, "그래 그럼 누구 말이란 말이야?" 하고 상당히 흥분된 얼굴이다. 어떤 쪽이 정신이 있는지 모르겠다. 그러나 조금도 얼굴빛 하나 변하지 않고 바라보는 손 목사님은 발길로 차면 십 리 밖에 떨어질 것같이 작고 파리해 보인다. 머리는 더벅머리처럼 길고, 수염은 왕 서방처럼 자랐다.

"네, 그것은 전부가 하나님의 말씀입니다." 하면서 냉정하다.

'딱' 손이 올라갔다.

"그래, 이 자식아. 그러면 네가 하나님이란 말이냐?" 하면서 다시 또 때리려는 것을 여전히 꼼짝 안 하시니 차마 때리지 못한다. 저쪽에 앉은 다른 형사들도 이쪽을 쳐다본다.

"내가 하나님이란 말이 아니라 나는 하나님의 말씀을 대변했을 뿐입니다. 너무 흥분하지 마시고 성경을 갖다 주시오. 내가 가르쳐 드릴 게요."

온유한 손 목사님의 말이다.

"그래, 어디 말 좀 해봐라." 하면서 전부터 늘 필요할 때 갖다 주던 성경을 갖다 주니 손 목사님은 일일이 찾아서 읽어주는 것이었다.

서기 1910년 합방이라는 미명 아래 국치민욕(國恥民辱)의 식민지가 된 이래로 삼천만 민족은 내 나라 내 집안에서도 일체의 자유를 빼앗기고 말았다. 왜정의 악독한 정치와 식민지 교육은 세계 어느 민족도 경험하지 못하고 어느 국가도 치르지 못한 착취와 탄압과 투옥과 살육을 감행하였으니, 민족의 문화와 재산은 물론 생명까지 모조리 말살시키려 든 것이었다. 그러던 중 최후의 발악으로 신앙의 자유까지 여지없이 짓밟히게 되었던 것이다.

일본은 신국(神國)이니, 천황은 현인신(現人神)이니, 신사참배는 국민의식이니 해서, 민족을 달래고 속이고 위협하였다. 신앙 위기가 박도함을 본 양심적인 신앙 선배들은 신앙 사수의 제물이 될 것을 결심하고 정의의 진리운동을 전개했다. 어떤 조직적 운동도 있었겠지만 그보다도 개인 신앙으로 하는 투쟁이 더 열렬하였던 것이다.

그중의 한 사람인 손 목사님은 이 애양원에 와서 기회 있는 대로 모든 집회를 통해서 반대를 하며, 한편 이 불우의 애양원 식구들에게 그 신앙력을 주입하기에 여념이 없었던 것이다. 여수 애양원에서 1940년 9월 25일에 여수 경찰서 형사를 대동한 전라남도 경찰부 가루베 형사에게 검속되어 온 후 열 달 동안을 시달리면서 조서 작성에 크게 협력했다.

그것은 손 목사님 자신이 지금껏 예수 믿지 않는 사람들에게 공석이나 사석을 막론하고 전도할 기회가 많았으나 경찰서나 검사국이나 형무소 관리들을 상대로 하는 전도는 없었음을 심히 유감으로 생각한 바 있었다. 그래서 이 기회를 이용하여 전도할 결심을 하고 그의 형사와의 문답은 전부 기도하는 마음으로 그들이 잘 모르는 것도 가르쳐주면서 기독교 성서관, 신관, 세계관, 국가관, 말세관, 재림관 등을 기록해서 조서를 만들었던 것이다.

그러므로 손 목사님 자신의 죄목과 죄 재료 구성에 불리한 조문일지라도 진리 해명과 복음 전도에 유익한 것이면 그대로 다 인정했던 것이다. 그래서 가루베 형사는 손 목사님이 부족한 사람이거나 아니면 자기의 취조 방법이 우수함인 줄로 알고 기뻐 신이 나서는 팔 일간을 허비해서 그동안 문답한 것을 모두 정리하여 끝마치려고 하는데, "하나님의 말씀이니 지장 못 찍겠소." 하니 화가 머리

털끝까지 난 것도 무리는 아니었다. 그러나 결국 법은 멀고 주먹이 가까운 일제시대요, 이론이 쓸데없는 경찰서인지라 죄는 성립이 되어 기소를 당했던 것이다.

마침내는 극도로 쇠약해진 건강으로 해서 감사의 동정을 받아 보석을 받을 수 있는 기회가 있었으나 신앙에 조금도 굽힘이 없어서 일년 반의 언도를 받아 복역케 되었던 것이다.

"저 사람의 사상이 개전(改悛)될 희망이 있소? 요사이는 그 사람의 태도가 어떠하오? 신사참배도 잘하오?"

이렇게 손 목사님을 호송해 온 간수에게 요다(依田) 검사가 물을 때 간수는 "네. 신사참배도 할 뿐 아니라 요사이는 성적이 대단히 양호합니다." 하고 대답을 했다.

이 문답을 듣던 손 목사님은 곁에서 얼른 말하기를, "아니오. 신사참배는 해 본 일이 없습니다." 하고 간수의 대답을 부정해 버렸다.

이 말을 들은 요다 검사는 간수와 손 목사님을 번갈아 보았다. 생각하기를 방정맞게 저런 못난 고집쟁이가 있나 싶어서이리라. 간수의 말이 거짓말이라고 하자, 그래도 저에게는 유리한 대답일 터인데 저렇게 부인을 하니 저런 인간이 도대체 어디 있나 싶어서이다. 간수는 손 목사님을 기막히다는 듯이 한 번 쳐다보고는 무슨 말을 해야 할지 몰라서 얼굴이 붉어졌다. 손 목사님만은 태연한 모양이시다.

광주 형무소에서 복역한 후 세월은 흘러서 일년 반 형기는 가까워오게 되었으며, 집을 떠난 지 삼십 개월이 거의 되어가는 때이다. 팔십 노부의 안후가 어떠하며, 만기를 고대하는 처자와 형제인들 오죽 보고 싶었겠는가! 이렇게 되어가는 때, 요다 검사는 그의 신앙 사상을 타진해 보려고 와서 그 강경한 태도만 좀 꺾이었으면 출옥시키려고 했던 것인데 대뜸 이 문답에 기분이 상해, 기가 막힌다는 듯이 가져왔던 서류쪽만 뒤적거리다가 다시 생각을 고쳐서 말해본다.

"당신, 집을 떠난 지 벌써 삼년 째 되니 부모 형제 처자인들 오죽이나 보고 싶겠으며, 집엔들 얼마나 돌아가고 싶겠소? 이제는 만기도 다 되어가고 일단락 끝난 셈이니 앞으로 사회에 나가면 과거에 가졌던 쓸데없는 고집을 청산하고 종교보국에 힘써주기 바라오."

이런 동정의 설유(說論; 설교)를 했다. 그러나 손 목사의 귀에는 들어오지 않았다.

"고맙습니다. 여러 가지로 염려해 주시니. 그러나 과거에 가졌던 쓸데없는 고집을 청산하란 말씀은 좀 과하신 말씀인가 합니다."

그 얼굴은 약간 흥분된 듯싶다. 요다 검사는 '허허허허…' 하면서 멸시하는 어조로 대꾸한다.

"당신 삼년간 헛고생 했구려."

"네, 그래서 일년 반 전에 당신과 문답할 때 말하지 않았습니까? 기독교 신앙은 고난을 통해서만 밝아져 간다고 말입니다. 그러니 나를 옥중에 가둔 내게는 유익이오, 내게는 큰 축복이니, 내가 헛고생한 것이 아니라 나를 가둔 당신네들이 헛수고한 것입니다."

이 말을 들은 검사는 어이가 없다는 듯 "잔소리 마시오. 그렇게 방정스런 소리하면 만기되어도 출옥은 고사하고 구금소(拘禁所) 신세를 지게 될 것이니." 하면서 일종 설유라기보다도 위협이다.

"'뎅고'(전향; 轉向)해야지 나간단 말이야." 하면서 빈정대는 어조이다.

"검사는 '뎅고'가 문제지만 나는 '신고'(신앙; 信仰)가 문제이외다." 하고 자기도 재미있는 말을 비교시켜 한 것이 우스워서 웃음이 나오는 것을 꾹 눌러 참고 시침을 뚝 떼는 것이었다.

"당신, 그만 종알거리시오. 말이면 다 하는 것인 줄 아오? 당신 그러면 정말 구금소행이오." 하면서 위협한다.

"네, 좋습니다. 집에 가도 예수와 같이 살 것이요, 구금소에 가도 예수와 함께 살 것이요, 예수와 함께 살 바에야 아무런들 상관있겠습니까?"

"당신은 보기에는 곧 죽을 것같이 보이는데 말은 어디서 그렇게 나오는 것이오."

이렇게 조롱하듯 말을 하고는 그만 들어가라는 것이었다. 요다 검사는 그렇게 해서 손 목사님을 구금소행 시키는 것이 제일 상책이라고 내정을 해놓았던 것이다. 구금소란 사상 전환이 될 때까지 두는 일종의 종신 형무소인 것이다.

'될 대로 될 것이니 오직 주께 영광되는 일이라면 따르리이다.'

이렇게 결심을 하고 자기 감방으로 돌아가는 길에 간수에게 사과 겸 설명의 말을 한다.

"여보 간수님, 검사 앞에서 당신은 나를 위해서 인정적으로 말씀해주신 데 대해서는 무한한 감사를 드립니다. 그러나 그 말이 내게는 가장 중대한 문제이기 때문에 그렇게 한 것이니 양해해주시기 바랍니다. 내게는 출입이 문제가 아니라 신앙이 문제이기 때문입니다. 내가 그때 묵인한다는 것은 일종의 시험일 것이니까요."

"내 보기에는 당신 같은 성자가 옥중에서 고생하는 것을 차마 볼 수 없어 그랬던 것이오. 당신의 입으로 그런 대답을 못할 줄 알았기 때문에 내가 대신해서 출옥하실 수 있도록 할 수 있을까 해서였는데 당신의 사활문제라고 하니 내가 검사 앞에서 미안한 것쯤이야 문제되시 않겠지요."

간수는 오히려 미안했던 것처럼 말을 한다. 그것은 간수들도 이 손 목사님에게 많은 존경을 표하는 것이었던 까닭이다.

결국 1943년 5월 17일은 손 목사님의 만기 출옥일이었으나, 이날은 경성 구금소로 다시 가기로 된 날이 되었다. 여수 경찰서에서 광주 형무소로, 광주 형무소에서 경성 구금소로, 경성 구금소에서 청주 구금소로 이렇게 전전하여 해방 때까지 6년간(만 5년간)을 가정과 사회를 떠난 영어(囹圄; 감옥)의 생활을 하셨다.

그러나 그 생활이 결코 구속받은 부자유의 생활이나 고난 받는 속박의 생활로 여기지 않으시고 감사와 기도와 전도의 생활로 일관하셨으니 그의 옥중 생활의 일면을 그의 서한 중에서 엿보기로 하자.

1. 서기 1942년 6월 13일(쇼와* 17년)

동인(東印) 군에게 (부산 범일정에)

여전히 건전하다니 천은을 감행 불이며, 박 집사님도 안녕하시다니 더욱 기쁘다. 문안까지 살펴다고. 네 일행의 동무와 같은 네가 옮기게 된 것도 이 역시 신의(神意)인 줄 알고 범사에 감사한다.

그러나 학교에 입학을 못하고 공장에 들어가 돈을 번다는 것이 좋기도 하고, 고마운 말이나 너의 연령을 생각한다면 돈보다도 공부할 시기임을 잊어서는 안 된다. 돈은 다음에도 벌 수 있으나 공부할 때를 놓치면 나이를 먹은 후는 공부하기 어렵다. 만사 다 때를 놓치면 못 쓰는 법이니라. 그러나 기왕 늦었으니 내년을 기약하고 그간 일하고 남은 틈에도 공부를 부지런히 하여라.

옛날에 유명한 대 선생님들도 빈곤하여 공부할 수가 없어서 주경야독하여, 즉 낮에는 밭을 갈고, 밤에는 글을 읽어서 출세 입신한 유명한 사람이 많이 있었으니 너도 근본은 기도, 성경이나 다음에

---

* −쇼와(昭和): 1926년 12월 25일부터 1989년 1월 7일 사이의 일본의 연호(年號), 곧 쇼와(昭和) 천황 때의 연호를 말한다.

는 좋은 책을 구하여 자습을 하게 하라. 공부하기 좋은 시기를 놓치지 말 것을 꼭 잊지 말아라. 만약 때를 놓친다면 후회는 불급이다.

그리고 무엇보다도 좋은 것은 신앙의 위대한 인격생활을 힘쓰라. 죄를 범치 않아야 되나니 죄를 지으면 죄의 종이 되는 법이다. 범죄하고는 신앙의 위대한 인격자가 못 되는 것이다. 죄는 어릴 적부터 절대로 시작, 계속되지 않아야 되니 어릴 때 배우게 된 죄의 버릇은 장성한 후에는 도저히 고쳐지지 않게 되느니라. 아버지 말을 잘 듣고 깨달아 꼭 삼가 수양하기를 아버지는 간절히 기도하면서 바라고 있으니, 동인아, 부디 아버지가 고대하고 있는 좋은 사람이 되도록 크게 힘써라. 네가 장래에 부모에게 호의호식으로 잘 공양하는 것보다도 네가 훌륭한 사람 되기를 아버지는 고대 천만 한다.…운운.

2. 서기 1942년 8월 13일(쇼와 17년)
동인 군에게 (부산 범일정에)

상략… 너의 종종 보내주는 편지로써 많은 위로를 받게 되어 감사하다. 그런데 네가 한 달에 이십삼 원을 받아 가지고 이십 원을 집에 보낸다니 너는 어떻게 먹고 입게 되는가, 너무도 무리의 경제를 하지 말게 하라. 너는 한창 잘 먹고 발육할 시기니까 배불리 잘 먹어야 건강한 몸이 되는 것이니 지혜 있게 하라.…운운.

3. 서기 1942년 11월 5일(쇼와 17년)
부주전 상백서 (만주에)

일엽 닉지 천하추(一葉落知天下秋)-한 잎사귀 오동잎 떨어짐을 보아 천하에 가을이 온 줄을 안다고 하며, 사소한 것을 미루어 대사까지 알 수 있다는 것은 옛 성인의 시구이오나, 과연 가을도 이미 늦어 엄동설한이 이르기 전에 추수 동장에 분망 노력할 차시로소이다. 복

불심차시에도 천부 홍은중 부주 기체 일향 만강하심을 앙소구구차 축불이(仰素區區且祝不已)하나이다.* 말제(末弟; 막내 동생) 의원(議源)의 가솔 등도 동은중 균길하온지 알고자 원문이오며, 중제(中弟; 둘째 동생) 문준(汶俊)의 내신에 중수(仲嫂; 둘째 동생의 부인) 씨의 병세에 대한 쾌효를 말함은 하나님께서 소자의 근심 중에서 근심을 덜게 해주심인 줄 알고 감사하오며, 또는 중제가 내년 1월 4일에 만나겠다는 소식은 그 얼마나 기쁜지 과연 괄목상대(括目相對)**요, 굴지대망(屈指大望)***이외다.

지나간 세월은 천년도 하루같사오나, 기다리는 세월은 일각이 여삼추 격이올시다. 아버님 불초자 양원을 위하여서는 조금도 하렴치 말아주소서. 편부(片父)형제 처자의 간절하온 기도가 하나님의 응답으로 동은 중에서 면식이 여전하오며 한 덩어리의 주먹밥 한 잔의 소금국의 그 진미는 그야말로 선인(仙人; 신선)요리요, 천사의 떡맛이올시다. 세상에 제일미(第一味)는 구미인가 보이다. 부모형제들은 기한(飢寒; 춥고 배고픔)을 염려하시나 들의 백합화를 곱게 입히시고 공중의 참새를 잘 먹이시는 아버지 되신 하나님께서 당신의 아들이요, 하물며 일하는 일꾼 안 먹이겠나이까. 보다도 소자

---

* −천부(天父) 홍은중(鴻恩中) 부주(父主) 기체(氣體) 일향(一向) 만강(萬康)하심을 앙소구구차축불이(仰素區區且祝不已): 하나님의 큰 은혜로 아버님의 몸과 마음이 모두 건강하시기를 진심으로 간절히 빕니다.

** −괄목상대(刮目相對): 눈을 비비고 다시 보며 상대를 대한다는 뜻으로, 다른 사람의 학식이나 업적이 크게 진보한 것을 일컫는 말로『삼국지』에서 유래한다. 오나라 손권의 부하 중에 여몽(呂蒙)이라는 무식한 장수가 있었는데, 손권은 그가 병법까지 알기를 원해 학문에 힘쓰라고 충고를 했다. 이때부터 여몽은 싸움터에서도 책을 놓지 않고 열심히 공부했다. 이후 뛰어난 학식을 가진 노숙이 여몽의 박식함에 깜짝 놀라면서, "이 사람 언제 그렇게 공부했나?" 그러자 여몽은 이렇게 대꾸했다고 한다. "선비가 헤어진 지 사흘이 지나면 눈을 비비고 다시 대해야 할 정도로 달라져 있어야 하는 법이라네."

*** −굴지대망(屈指大望): 손가락을 꼽아 헤아리며 간절히 기다림.

는 본래 식량이 적은 사람이오니 이 밥도 만족이었사옵고, 또는 키가 작은 자이오니 이 이불이 발등을 덮으니 총후 국민으로서 이만하면 자족자만 이외다.

아버님과 형제 처자 가족들을 향하여 간절히 바라옵기는, 자족지 대복을 깨달으시기를 바라나이다. 소자 몽중에 아버님과 가족이 근심과 고난으로 종종 병색으로 보이오니 도리어 근심이외다. 운등치우(雲騰致雨)하고, 노결위상(露結爲霜)이겠지요. 구름이 올라 비를 이루는 법이요, 이슬이 맺히면 서리가 되는 것처럼, 육적 생각은 근심을 이루고 근심이 맺히면 병이 되는 것이오며, 영적 생각은 자족을 이루고, 자족의 생활은 일대 만족을 이루게 되는 것이외다. 근심은 병중 근원이요, 죄중 대죄이외다. 그러나 인생은 이를 깨닫지 못하더이다. 그래서 자족보다 더 큰 부호자를 아직 저는 못 보았나이다. 고로 소자는 옥고 중에서 의식(衣食)을 대할 때마다 감사의 눈물을 불금한 때가 한두 번 뿐 아니었나이다. 제일선에 나간 장병 고난에 헤매는 자 얼마나 많습니까?

여러 가지 심고(心苦; 마음의 고통) 육고(肉苦; 육신의 고통)에서 고난이 다대하오나 다 인내로써 감수하나이다. 내려오는 속담에 '사람은 마음 가질 탓이요, 양류는 바람을 거스리지 않고 남에게는 질지나 자기는 이길 것, 용단자의 앞길엔 대적이 없다.' 더니 과연이외다.

사람의 마음은 자기가 가지는 대로 변해지오며, 양류와 같이 모든 역경을 온유함으로 받아들이고, 자기의 정욕을 쳐서 이기고 용감히 나아가면 아무리 어려운 중에서라도 잘 진행되는 법이외다. 그래서 인생관에 있어서 낙관적, 비관적으로 양극으로 치우치게 보는 자 있사오나 낙관적으로 혹은 비관적으로 양극에 치우칠 게 아니오라, 사시절후가 각각 다르고 인간 칠정의 희로애락이 다 각각 구유(具有)하여 나누어져 있는 것같이, 인생의 앞길에도 희시(喜時; 기쁨), 애시(哀時; 슬픔), 누소(淚笑; 눈물과 웃음)는 없을 수 없는 필연의 사실이오, 진리이오니 운우시(雲雨時; 흐린날)에는 광명의 날이 있을 것을 생각할 것이오며, 암흑한 밤중에는 광명한 아침을 바라며 기다림이 마땅하겠나이다.

아버님이여, 형제분이여, 무엇보다도 귀하고 필요한 것은 인내이외다. 세상에 만물 만사가 다 고난을 겪지 않고 되는 그 아무것도 없겠지요. 우리만이 아니요, 우리나라 전 국민이 다 그러하고, 아니 우리나라뿐 이리요. 온 세계 대세가 고난 중이오니 그야말로 대동지고로소이다. 고로 우리만 빠져서 공중누각 백일몽의 향락을 꿈꾸리이까.

아버님과 가족들은 부디 모든 것 주께 맡기시고 안심하사이다. …운운.

4. 서기 1943년 2월 15일(쇼와 18년)

옥종산(玉宗山) 신도들에게

상략… 밤이 지나면 낮이 오는 법이요, 겨울이 지나면 따뜻한 봄이 오게 되는 것이오니 광명한 낮을 맞이하기 위하여 어두운 밤을 겪지 않을 수 없는 것이요, 양춘가절을 위하여 엄동설한의 고생을 참고 견디지 않을 수 없겠지요… 불만한 자는 천하를 다 얻어도 오히려 불평할 것이요, 자족을 느끼는 자는 한 줌의 밥과 한 잔의 물에도 자족의 기쁨이 있으리라…. 고로 모든 염려를 주께 맡기고 범사에 기뻐하며 항상 즐거워하사이다. 근심은 만병의 근원이오나 즐거움은 백병의 양약입니다.

누이 양선의 말이 사월 경에 면회오고자 한다고 하오나 물론 이유를 말하면 면회할 수 있겠으나 오월 십칠일이 출옥하는 날이니

한 달만 더 기다렸다가 오월 십칠일에 바로 옥문 밖에서 반갑게 만나게 될 터이니 공연히 시간과 돈이 허비되겠으니까 그만 두시고 그저 기도로 믿고 구하면 될 것뿐이외다.…운운.

5. 서기 1943년 6월 8일(쇼와 18년)
아버님 전상서 (부산 범일정에)
상략… 세월을 주름잡아 굴지대망(屈指大望)하시던 5월 17일에 얼마나 놀라시며 근심하셨나이까. 불초 양원은 무슨 말로써 어떻게 위로를 드리리오. 아무 도리 없사옵고 다만 믿기는 아브라함과 욥 같으신 반석같은 그 신앙으로서 위안과 복을 받으소서.

5월 20일에 예방 구금소로 갈 결정 언도를 받았습니다. 그것은 성경 교리 그대로 절대 신앙한다고 한 까닭입니다. 그래서 6월 2일에 소송할 수속으로 항고서를 복심 법원에 수속을 하였습니다. 이는 불평의 감정이나 고를 면해 보려는 것보다도 성경 교리를 증거하려는 것뿐이올시다. 아마 이달 20일 경이나 그믐 안으로 대구에 가면 8월 중으로 끝이 나서 경성 구금소로 가게 되겠습니다.…운운.

6. 서기 1943년 7월 9일(쇼와 18년)
동인이에게 (부산 범일정에)
아버지를 대신하여 위로 할아버지를 모시고 어머님과 어린 동생들을 거느리고 가정의 중한 책임에 연약한 어깨는 얼마나 무거우냐? 낮에는 나무하고, 밤에는 신을 삼아 부모에게 효도를 하고, 형제간 우애하던 니노미야 킨지로(二宮金次郎)*에게 복을 주신 하나님께서

---

* −니노미야 킨지로(二宮金次郎): 니노미야 킨지로(1787–1856)는 '보덕(報德)사상'을 주창하면서 농촌진흥운동에 앞장섰던 유명한 인물이었다. 그는 비록 가난한 농부의 아들로 태어났지만

하물며 네게랴. 네 편지에 아버지에게 종종 상서치 못한 죄과를 말했으나, 네 공장생활이 얼마나 분망하면 추신무가(抽身無暇)**한 사정을 잘 이해한다기 보다도 밤 12시에 쓴 편지가 증거요, 효심의 성력은 오히려 감사에 넘친다. 아버지를 생각하여 눈물로써 쓴 편지는 또한 감격의 눈물로써 애독하였다.

　나의 간절한 부탁은 할아버지를 부디 잘 위로하고 날마다 혼정신성지성(昏定晨省之誠)과 사계(四季)의 정성온정지도(定省溫情之道)***를 잘 행하여 아버지가 못한 일을 너는 잘 할 줄 믿는다. 나의 부탁 이상으로 더 할 것을 믿고 안심한다. 너는 일급을 2원 20전이나 받는다니 네가 일을 얼마나 잘함을 짐작하여 감사 천만…운운.

7. 서기 1943년 8월 18일(소화 18년)
동인 모친 전 (부산 범일정에)
병고 중에서 얼마나 신음하십니까? 이같은 염천에 고열도 심한데 가중 병고하니 설상가상이외다. 그러나 신애(神愛: 신의 사랑)와 진리는 기후와 환경을 초월하니 안심하소서. 꽃피고 새 우는 양춘 가절에만 신애가 있을 뿐 아니라, 백설이 분분한 엄동혹한 중에도 하나님의 사랑은 여전하며, 오곡백과가 성숙하는 가을 구월에만 하나님의 사랑이 있을 뿐만 아니라 한천출배(汗泉出盃)****를 이루는 이

늘 책을 보며 열심히 공부했다고 한다. 그래서 일본에서는 니노미야 킨지로를 근면성실함의 대명사로 부르고 있으며, 지금도 그가 지게를 지고 걸어가면서 책을 읽고 있는 모습의 동상을 일본 어디서나 쉽게 찾아 볼 수 있다.

** −추신무가(抽身無暇): 몸을 빼낼 틈도 없다는 말로 몹시 바쁨을 일컫는 말.

*** −혼정신성지성(昏定晨省之誠)과 사계(四季)의 정성온정지도(定省溫情之道): 저녁에는 잠자리를 보아 드리고 아침에는 문안을 드리며, 겨울은 따뜻하게 여름은 시원하게 해 드린다는 뜻으로 부모를 섬기는 도리를 일컫는 말이다.

**** −한천출배(汗泉出盃): 땀이 한 잔 가득 나올 정도로 무더움.

같은 염천에도 하나님의 사랑은 여전하며, 금전옥루에서 산해진미를 먹어 하나님의 사랑을 찬미할 뿐 아니라, 수간두옥(數間斗屋)* 속에 기한 질고 중에서도 신의 사랑을 찬양할지니 항상 기뻐하시고, 범사에 감사하소서. 당신의 신앙이 능히 병고를 극복할 것을 믿고 나는 안심합니다.

여보시오. 나는 솔로몬의 부귀보다도 욥의 고난이 더욱 귀하고, 솔로몬의 지혜보다도 욥의 인내가 더욱 아름다워 보입니다. 그것은 솔로몬의 부와 지혜는 나중에 타락의 매개가 되었으나 욥의 고와 인내는 최후에 영화가 된 까닭이외다. 사람의 영화는 최후를 보아서 알고, 참다운 지혜는 죄악을 떠남이 참다운 지혜이겠나이다.

안심과 희락은 만병의 보약이오니 모든 염려는 주께 맡기시고 부디 병석을 떠나소서.…운운.

8. 서기 1943년 9월 25일(쇼와 18년)
아버님 전 (만 3주년 부산 범일정에)
천부 홍은중 백수(白首; 하얗게 센 머리 나이 많은 사람을 일컬음) 노부님의 기후 안강하심과 만수무강하심을 복축 불이하오며 또한 처자가솔 균안도 주께 안탁하나이다. 소자도 하기지덕(下祈之德; 기도의 힘)으로 철창 생활이나마 오늘 꼭 만 3년 되는 날까지 주의 품에서 영육이 은혜 중에 안강하옴을 감사 천민합니다.

아버님이시여, 오늘은 때마침 9월 25일을 당하였습니다. 지금부터 사년 전 이날 밤 9시에 본집을 떠나 여수 유치장에 들어가니 영시 사십분이었습니다. 그래서 오늘까지 영어지수인(囹圄之囚人; 감옥에 갇힌 사람)이 되었습니다. 또한 이제는 구금소로 갈 결정서를

---

* −수간두옥(數間斗屋): 두서너 칸밖에 안 되는 아주 작은 집.

받아 수일간에 광주를 떠나게 되겠습니다. 그러나 주 안에서 안심을 바라나이다.

遠離本家入獄中하니　夜深獄深滿愁深

夜深獄深人愁深이나　與主同居恒喜滿

獄苦四年多多日이나　與主同樂如一日

過去四年安保主는　未來確信亦然主(해석은 332쪽 참조)

옛날 요셉과 바울과 함께 하신 하나님은 오늘에 소자와 함께 하시며, 나를 안보하신 주는 또한 부주와 처자와 함께 하실 것을 믿고 안심하고 경성으로 향하나이다. 불초 양원은 무엇보다도 부주님의 학발백수(鶴髮白鬚; 학털처럼 흰 머리)를 탄식하나이다. 금년 1월 4일에 3년 만에 부주님을 뵈옵는데 갑자기 백수를 뵈올 때 소자는 참으로 비감하였나이다. 이 웬일인가, 죄악세상의 탓인가, 세월의 탓인가 생각다가 소자의 탓으로 반성하였나이다. '소자를 교양하시기에 진액이 마르셨고, 옥중 불효자를 위하심이로소이다' 라고 깨달았나이다. 아버님 불초의 죄는 해서복걸(海恕伏乞)*이옵고, 주께 염려 맡기시어 안심을 또한 복걸하나이다. 소자는 하나님께 이렇게 빌기를 마지않나이다.

'하나님이시여, 나의 육신의 아버지는 비록 죄악 세상을 보는 눈은 어두워졌을지언정 하늘의 영광을 보는 눈 더욱 명료케 하옵시고, 또는 인간의 음성 소리는 멀어졌을지로되 주의 음성 듣는 귀는 밝게 하여 주시고, 다니는 다리는 연약하여졌으나 날마다 에덴 낙원의 걸음에서 기뻐하게 하소서. 그래서 인간 교제 대신에 하나님으로 더불어 영교생활을 하게 하시어 지상에서부터 천국생활자가 되게 하여 주시옵기 간절히 비옵나이다.' 라고 날마다 주께 간구하

---

* －해서복걸(海恕伏乞): 바다 같은 넓은 마음으로 용서해주길 바란다는 뜻이다.

오니 부주님께서도 남은 생활에 영적 생활로 해서 만족을 누리소서. 대성 공자님께서도 칠십에 도덕생활에 자유의 인이 되지 않았습니까. 엎드려 비나이다.…운운.

9. 서기 1945년 7월 27일(쇼와 20년)

동인 군에게 (부산 범일정에)

먹고, 입을 것이 귀해졌다 하여 마음까지 잃지 않아야 하고, 음식을 잘 먹는 것보다 마음을 잘 먹는 것이 낮고, 의복으로 몸단장하는 것보다 선행을 옷 입듯 할지니라. 돈에 설움을 당하고 먹을 것이 없다 하여 돈과 밥을 더 가까이 할 것이 아니라 더욱 더 청렴하는 것이 도인의 태도니라. 그래서 모든 만물은 다 볼 탓이요, 마음 가질 탓에 호 불호가 있을 뿐이니라. 물질이 귀함을 탄식치 말라. 물극도통(物極道通)이라 물질이 극하여 도통하는 이치요, 포만안일(飽滿安逸)*에는 음란과 모든 죄가 자출하되 기한곤고(飢寒困苦)**에는 회개와 도심이 발케 되는 것이니라. 또는 지금 물질이 귀하다 함은 너와 나뿐이 아니라 전 세국(全世局; 온 세상)의 환란이니 단념함보다도, 이 중에서 번뇌, 근심의 우울에 빠짐보다도 생명의 성장 진리의 도를 구할 뿐이라.

물(物)은 욕구(慾求)하되 구지부득(求之不得)***이요, 사람의 생사는 인의로 좌우됨이 아닌즉 범사를 주께 맡겨 자연히 대연히 걷는 걸음에서 주의 섭리에 권고가 있을지니 너희들은 항상 기뻐 범사에 감사의 생애를 보내라. 이것이 기독자니라.

---

* ‒포만안일(飽滿安逸): 배가 부르고, 편안하며 한가함.
** ‒기한곤고(飢寒困苦): 춥고, 배고프고, 고통스러움.
*** ‒구지부득(求之不得): 구하여도 얻지 못함.

평시 범상시에는 누가 기뻐 안 하리오. 고난 도경에 감사 기뻐함이 신앙생활이다. 고난을 피하려고 염려하지 말고 도리어 감수하고 극복하라. 피하려 애쓰는 자는 근심이 더해지고 감수하는 자는 진리 발견의 기쁨이 충만! 고난을 감수하니 심중이 낙원이요, 만사를 극복하니 용사보다 강하도다. …운운.

제5장

어린 전도자

"아이고, 얼른 올라오십시오, 서 집사님."

"안녕하십니까, 사모님."

"혼자 오십니까, 영해는 안 옵니까?"

"네. 좀 늦겠다고 나더러 먼저 가라고 해서 왔습니다."

이 말을 주고 받는 이는 손 목사 부인과 서 집사이다. 동인이, 동신 군도 함께 따라나와서 인사를 했다. 오늘 서 집사가 이 집에 찾아오는 것은 주일예배를 드리려고 오는 것이었다.

서 집사는 신사참배를 하기 싫어서 자기가 크게 경영하고 있던 큰 가구점 등을 그만두고 늘 입산기도를 하러 다니던 눈물의 사도인 신앙의 소유자였다.

그래서 손 목사 부인께서 동인이, 동신이를 따라서 부산으로 떠나오신 후 소위 교회에는 벌써 성령이 떠난 지 오랜 것 같아서 나가기 싫으나 그렇다고 주일예배는 그만둘 수 없어서 몇 신앙의 동지들이 이 집에 모여서 주일예배를 보는데 이곳에 가끔 참석하는 것이었다. 방안에 들어앉은 서 집사는 묵도를 마친 후 다시 말을 꺼낸다.

"그런데 손 목사님께는 무슨 편지 왔습니까?"

"네, 그저께 한 장 왔습니다."

"안녕하시답니까?"

"네…."

사모님이 성경책 틈에서 꺼낸 것은 검자인(檢字印) 맞은 엽서였다. 서 집사는 사모님이 주는 편지를 받아들고 읽기 시작했다.

「화개(花開; 꽃이 피다)의 가절(佳節; 아름다운 계절)이 안계에는 섬미하나 춘곤(春困; 봄날에 느끼는 나른한 기운)의 괴로움이야말로 고양이 앞에서 쥐가 장난하나 고양이는 일어나 쥐 잡기도 싫다는 춘곤—더구나, 당신의 춘곤증을 잘 아는 나로서 산상급수지고(山上汲水之苦)*의 소식이야말로 나의 가슴이 답답합니다. 그런데 나를 유독히 사랑하시던 주기(桂基) 형님의 부음(訃音; 사망 소식)을 듣는 나로서는 천지가 황혼하고 수족이 경전(驚顫; 놀라서 떨림)하나이다. 노모님과 아주머니께 조문과 위안을 간절히 부탁하나이다. 그런데 병명은 무엇이었으며 별세는 자택인지요, 큰댁에서 인지요, 알려주소서. 애송하신 물건은 양말 외에는 다 잘 받았습니다. 양말은 불허합니다. 나머지 비누는 집에서 잘 쓰소서. 이만 하면 넉넉합니다. 문준 동생이 아버님께 맞춰드리고 간 구두는 잘 신으시는지요? 부디 잘 봉양하소서. 부모에게 효라는 것은 이해타산격의 복을 탐함보다도 내 부모를 내가 공양치 않으면 어느 누가 높이며, 공양할까? 하는 마땅한 자식된 도리요, 또한 의무가 되나이다. 집이 불편하여 무일불풍(無日不風)에 무일감기라시니 미안 천만. 만약 몸이 불안하시면 동인이를 대표하여 곧 회답해 주소서. 불비서.」

---

* ─산상급수지고(山上汲水之苦): 산 위에서 물 긷는 고통이라는 말로, 몹시 괴로운 심정이나 상황을 뜻한다.

이를 다 읽고 난 서 집사는 사모님을 슬쩍 보고 편지를 돌리면서 묻는다.

"주기(柱基)형님이란 누구시지요?"

"얼른 모르시겠습니까?"

"무슨 말씀이십니까?"

"아, 글쎄 모르시겠습니까?"

"글쎄요, 손 목사님 사촌이십니까?"

"하하하하, 하나님 아버지 앞에 사촌이십니다."

"오, 주기철* 목사십니까?"

"네, 하하하하…."

"하하하하…."

마주보고 웃더니 다시 편지를 달랜다. 밖에서 아직 안 들어오고 섰던 동인, 동신 군도 이 웃음소리에 들어왔다. 아이들은 어떤 영문 인지 몰랐다.

"옳아, 나를 유독 사랑하시던 주기철 형님의 부음을 듣는 나로서 는 천지가 황혼(黃昏)하고, 수족이 경전하나이다. 노모님과 아주머

---

* ―주기철(朱基徹, 1897-1944): 경상남도 웅천 출신의 장로교 목사이다. 웅천교회에서 집사로 봉직하던 어느 날, 김익두(金益斗) 목사의 설교를 듣고, 성령체험을 했다. 그래서 1921년 평양 의 장로회신학교에 입학하여 1926년에 졸업하였다. 1926년 부산 초량교회의 목사로 부임했 고, 경남성경학원을 세워 후진교육에 힘썼다. 1931년 9월 마산 문창교회의 위임목사로 부임하 면서 전국에 그 이름이 알려지기 시작했다. 1936년 송창근(宋昌根) 목사의 후임으로 평양의 산 정현교회에 부임했다. 그는 부임하자마자 교회당 건축에 착수하여 1938년 3월 헌당식을 가졌 다. 그러나 신사참배 반대로 헌당식 직전에 경찰에 검속되었다. 신사참배를 강하게 반대했던 주기철 목사는 1939년 7월 경상북도 의성의 농우회사건(農友會事件)에 연루되어 다시 검속되 었다가 1940년 2월에 석방되어 평양으로 돌아왔다. 이후 산정현교회에서 '다섯 종목의 나의 기도' 라는 제목의 설교가 빌미가 되어 경찰에 다시 검거되었다. 그리고 산정현교회도 동시에 폐쇄되었다. 감옥에서 갖은 고생을 다 하다가 1944년 4월 20일경 병으로 사망하였다.

니께 조문과 위안을 간절히 부탁하나이다. 그런데 병명은 무엇이었으며, 별세는 자택인지, 큰댁에서인지 알려 주소서."

큰소리로 재독을 했다.

"큰댁에 계신 손 목사님이 큰댁에서 돌아가신 주 목사님을 모르신다."

이렇게 말하면서 서 집사님 눈에는 눈물이 핑 돌았다. 사모님도 눈물이 나왔다. 그것은 현재도 현재려니와 장차 자기도 그 아주머니같이 되지 말라는 법이 없으니 말이다.

"아니, 그런데 어떻게 아셨을까요?"

"글쎄요?"

이를 이상하게 여기는 것이었으나 손 목사님으로서는 벌써 알 수 있었으니 그 이유는 이렇다.

신사참배 문제가 처음 생기자, 주기철 목사와 한상동* 목사와 손양원 목사 삼인은 함께 기도하고 결정하기를 각기 남선 북선을 맡아서 이 신앙투쟁을 하기로 했었는데, 일년을 전후해서 모두들 검

---

* —한상동(韓尙東, 1901-1976): 경상남도 김해 출신의 장로교 목사이다. 모교인 다대포실용학교(多大浦實用學校)에서 교사로 재직하던 중, 1924년 교인 박창근(朴昌根)의 전도를 받고 기독교인이 되었다. 기독교인이 되었다는 이유로 가문에서 추방되었다. 1928년 목회자가 될 것을 결심하고 피어선기념성서학원에서 1년간 신학수업을 하고 나서 1933년 평양장로회신학교에 입학하여 1937년에 졸업하였다. 1938년 10월 24일 부산 초량교회에서 "현정부는 정의 및 신의에 위반한 우상인 신사참배를 강요하니 오등(吾等)은 굴하지 말고 이것에 절대로 참배해서는 못 쓴다."라는 신사참배 반대 설교를 하였다. 1939년 1월 마산 문창교회로 전임하여 신사참배 반대운동을 계속하던 중 마산경찰서의 압력으로 1939년 3월 교회를 떠나 무임(無任)목사가 되었다. 이후 경남지역 목회자들과 함께 신사참배 반대운동을 조직적으로 전개하다가 1940년 7월 전국적으로 신사참배 반대운동자들이 검속을 당할 때 체포되어 옥고를 치렀다. 해방 후 신학교 설립에 착수하였는데, 이것이 오늘이 고신대학(高神大學)의 시작이 되었다. 1969년 고려신학교 제9대 교장으로 취임하였고, 1970년 고려신학대학으로 승격되었을 당시 초대 학장에 취임하였다. 1974년 1월 은퇴하여 명예 학장으로 추대되어 일선에서 물러날 때까지 신학교 및 교단 발전에 진력하였다. 저서로는 『주님의 사랑』과 설교집인 『신앙세계와 천국』이 있다.

거된지라, 서로 그들의 자취를 알 길이 없던 중 손 장로님에게서 다음과 같은 편지가 왔다.

「전략… 여숙(汝叔) 최권능 씨는 4월 19일 본 고향 가고, 여형(汝兄) 주기는 4월 20일 오후 9시에 본 고향에 갔다. 모주 향년(母主享年)이 82세, 사자(四子) 미성이란다. 운운.」

최권능 씨는 최봉석* 목사님을 이름이고, 주기는 주기철 목사를 이름이며, 본 고향 갔다는 것은 순교했다는 말이었다. 이를 얼른 알아들은 손 목사님은 얼른 답장을 썼으니 이것이 먼저 읽은 편지였다.

곁방에서 가끔 쿨룩쿨룩 하고 들려오는 기침소리는 천장에 줄을 매놓고 옥중의 아들과 고생하는 가족의 신앙을 위해서 기도드리는 한편, 이 소식을 편지로 가르쳐주신 손 장로님의 소리이리라.

이때, "동인 군." 하고 들어오면서, "아이 이 집에 오려면 등산하는 폭은 되더라!" 하는 것은 영해 군이었다. "운동 대신 좋지 않은가?" 하고 동인 군이 반문을 했다. 주영해 군이 들어서자 서 집사는 조용히 편지를 다시 들고, "손 목사님께서는 너의 아버님의 부음을 듣고 이 편지를 보내셨다." 하면서 주니 한 줄 한 줄 내려 읽던 영해

---

* -최봉석(崔鳳錫, 1869-1944): 평양 출신의 개신교 목사이다. 1902년 삭주교회 설립자인 백유계(白留溪)의 전도를 받아 기독교인이 되었다. 1903년 감리교의 노블(Noble, W.A.) 선교사에게서 세례를 받았다. 1913년 신학교를 졸업하고, 그 해에 평북노회에서 목사안수를 받았다. 1914년 장로교 평북노회에서 만주지방 전도목사로 임명되어 14년 동안 만주에서 전도활동을 하다가 1926년 귀국하였다. 그 해에 평안남도 강동교회(江東教會)에 부임하였고, 다음해부터 산정현교회의 전도목사가 되어 평양을 중심으로 전도활동을 계속하였다. 그가 전도를 하여 세운 교회의 수는 무려 74개나 되었다. 이후 신사참배 반대운동을 하다가 1939년 5월 일본 경찰에 체포되었다. 1944년 3월 1일을 기하여 40일 금식기도를 시작하였고 4월 15일 병보석으로 풀려났지만 얼마 뒤 사망하였다.

군의 눈에서는 눈물이 뚝뚝 떨어졌다. 돌아가신 아버지, 살아 계신 팔십이 넘으신 할머니, 친자식같이 사랑해주시던 어머니, 통공장의 신세를 지고 있는 자기, 휙휙 주마등같이 머리를 스쳐가는 것이었다.

이 주영해 군은 주기철 목사님의 셋째 아들로 동인, 동신 군과 함께 통공장에서 일을 해서 그날 그날을 지내는 중 아버님이 돌아가신 소식을 들었을 때 밤을 새워 기도하면서 울었는데 지금 또 이 편지를 대하니 새삼스럽게 다시 회고되면서 눈물이 쏟아지는 것이었다. 곁에 섰던 동인, 동신이도 눈물을 머금었다. 동희, 동장이, 동수는 멍하니 앉아 있었다.

오늘 주일도 이복동이는 지난 주일에 나온 사람까지 도합 15명을 합쳐 범냇골 산 속에 모여서 어린 전도자를 기다리는 것이었다. 주일날이면 예배를 보기로 시작한 지도 벌써 십여 주일이 되고 보니 이제는 본격적으로 예배당 주일학교 같은 기분이 들어서 아침을 마친 후면 집에서 어른들이 보는 예배에 참석하고 나서 점심 후 바로 이 범냇골 산중으로 찾아오는 이 어린 전도자는 손동신 군이었다.

어렸을 때부터 산 기도 가시는 할머니와 같이 가고 싶어서 할머니 저고리 고름에다 제 옷고름을 매기까지 하며 깨워 달래면서 기도하러 가는 할머니를 따라가려고 했다더니, 조금 자란 후에도 역시 같은 신앙이어서 공립 국민학교 다닐 때 동방요배나 신사참배를 안 하니 그 학교 선생과 교장이 불러다 놓고 일러도 말을 안 듣는지라 최후에는 동인이와 함께 퇴학을 시킨 일이 있었다.

지금도 역시 같은 신앙으로 신사참배로 실패한 조선교회를 생각할 때, 옥에 가신 아버지나 고생하는 가족들도 물론이려니와 자기 자신도 신앙을 잃을까봐 교회에 출석하고 싶지 않은 것은 성령 떠난 교회같이 느껴진 까닭이었다.

그러나 집에서만 예배를 보고 싶지 않고 또 전도는 하고 싶은지라 생각난 것이 범냇골 산중예배였다. 여기 모이는 사람들은 주로 통공장에서 일하는 아이들이었는데, 그러나 동신이는 집에 말도 안 하고 이 집회를 시작한 것이었다.

"아이 저기 동신이 온다."고 하면서 반가워하는 아이들은 찬송가를 부르다가 옆으로 통한 산을 넘어오는 길을 쳐다 보는 것이었다.

"넌 지난 주일에 가르쳐준 성경 다 외웠냐?" 하면서 복동이가 수남이에게 슬쩍 물으니, "응. 좀 더듬거려도 외우기는 외워." 한다. "나도 겨우 다 외웠어." 하면서 다시, "심령이 가난한 자는 복이 있나니 천국이 저의 것임이요…." 하고 외워본다. 이러는 동안에 동신 군은 아이들을 향해서 고개를 숙이고 이 산꼭대기까지 올라왔다.

♥　♥　♥

"우리 다같이 기도하자."

예배를 시작한 동신 군은 다음과 같이 기도를 했다.

"하늘에 계신 아버지시여, 오늘 거룩한 안식일을 우리에게 허락하사 우리들로 하여금 하나님 앞에서 예배하게 하신 은혜를 감사합니다. 우리들을 이 험악한 세상, 고해 같은 세상에 있게 하시는 것은 우리들로 주님께 영광을 돌리게 하려 함이나, 우리는 하나님을 배로 삼고 자기를 하나님보다 더 귀중히 여기어서 하나님을 떠난 생활을 하는 우리들입니다. 불쌍히 여기사 주 예수의 피를 보시고 다시 사하여 주시옵기를 간절히 바랍니다…. 특히 우리들은 성령 떠난 조선교회를 위하여 기도합니다. 이 받는 벌이 어디서 왔으며, 이 우상 섬기는 죄값이 어떻게 되겠습니까? 주여, 다시 불쌍히 여기사 하루바삐 신앙의 자유를 얻게 하여 주시옵소서. 따라서 주께서 세상을 이기신 것같이 우리도 세상을 이길 수 있는 은혜를 오늘 주시옵소서. 예수 이름으로 기도합니다."

어린 아이로서는 너무 지나친 기도였으나, 사실이 그 이상이었으니 그 당시의 정세로 좀 뜻이 있는 신앙자로는 그렇게 느끼지 않을 수 없었다.

"자, 오늘 성경말씀은 마태복음 5장 13절로 16절까지 읽자."

"너희는 세상의 소금이니 소금이 만일 그 맛을 잃으면 무엇으로 짜게 하리요 후에는 아무 쓸데 없어 다만 밖에 버리워 사람에게 밟힐 뿐이니라 너희는 세상의 빛이라 산 위에 있는 동네가 숨기우지 못할 것이요 사람이 등불을 켜서 말 아래 두지 아니하고 등경 위에 두나니 이러므로 집안 모든 사람에게 비취느니라 이같이 너희 빛을 사람 앞에 비취게 하여 저희로 너희 착한 행실을 보고 하늘에 계신 너희 아버지께 영광을 돌리게 하라"

짧지 않은 주절을 서슴지 않고 외운다. 그러니 오늘 처음 나온 길수에게는 놀라울 만한 기억력이라고 생각되었으나, 벌써 여러 주일 나오는 아이들에게는 동신이는 성경 다 외우는 사람으로 치고 있어서 신기할 것이 없다는 기분이었다.

이 성경구절을 외우면서 동신이에게 생각난 것은 두 주일 전엔가 황 선생이 집에 와서 아침예배를 볼 적에, "너 매 주일 오후에 어디 가느냐?"고 물으니 대답을 안 할 수 없어서, "범냇골 산 속에서 아이들을 모아놓고 성경 가르치러 갑니다."고 하니, "네까짓 것이 어떻게 가르치느냐?"고 묻기로, "외운 성경 함께 외우도록 하면 되지." 하고 대답을 하니 곁에 앉았던 서 집사가, "그래, 네 말이 옳다." 하던 생각이 났다.

"우리 오늘 성경말씀을 외우기 전에 먼저 주일에 외운 성경을 함께 복습한 후에 하자."고 한 후에 합성(合聲)해서 외우는 것이었다.

"심령이 가난한 자는 복이 있나니 천국이 저희 것임이요 애통하는 자는 복이 있나니 저희가 위로를 받을 것임이요 온유한 자는 복이 있나니 저희가 땅을 기업으로 받을 것임이요 의에 주리고 목마른 자는 복이 있나니 저희가 배부를 것임이요 긍휼히 여기는 자는 복이 있나니 저희가 긍휼히 여김을 받을 것임이요 마음이 청결한 자는 복이 있나니 저희가 하나님을 볼 것임이요 화평케 하는 자는 복이 있나니 저희가 하나님의 아들이라 일컬음을 받을 것임이요 의를 위하여 핍박을 받은 자는 복이 있나니 천국이 저희 것임이라 나를 인하여 너희를 욕하고 핍박하고 거짓으로 너희를 거스려 모든 악한 말을 할 때에는 너희에게 복이 있나니 기뻐하고 즐거워하라 하늘에서 너희의 상이 큼이라 너희 전에 있던 선지자들을 이같이 핍박하였느니라"

이 성경구절을 외우는 중 동신이 머리 속에는 옥중에 계신 아버지 손 목사님은 물론 벌써 순교당하신 최권능 목사님, 주기철 목사님들도 머리에 떠오르는 것이었다. 특히, "의를 위하여 핍박을 받은 자는 복이 있나니 천국이 저희 것임이라 나를 인하여 너희를 욕하고 핍박하고 거짓으로 너희를 거스려 모든 악한 말을 할 때에는 너희에게 복이 있나니 기뻐하고 즐거워하라 하늘에서 너희의 상이 큼이라 너희 전에 있던 선지자들을 이같이 핍박하였느니라"는 말씀은 적절한 현실 교회와 신앙 투사의 사실을 가리키시는 말씀이 아닌가? 이렇게 몇 번인가 되풀이 하고는 오늘 배운 것을 또 외우라는 것이다.

이렇게 해서 설교 없는 예배를 보는 순서지만 헌금순서도 있어서 헌금을 거뒀다. "오늘 걷은 헌금은 어떻게 쓸까?" 하고 동신이가 예배 끝난 다음에 물으니, "우리 지난 주일에 갔다 준 걸인에게 또 갔다 주자." 하고 이복동이가 말하니, "한 사람에게만 주지 말자." 고 반대하는 아이는 수남이었다. "그러나 이 사람 저 사람 주어보니 그 사람들이 무슨 까닭인지를 모르니 기왕이면 우리가 전도하는 의미에서 제일 어려운 그이에게 얼마 동안 계속해서 주고, 전도하는 것이 좋을까 한다."고 말을 하니, "글쎄, 그럴 필요도 있겠으나 하나님께 영광을 돌리기 위해서는 은밀한 데서 보시는 하나님께 드리는 헌금이니 우리 딴 생각은 말고 우리가 첫 번 만나는 불쌍한 이에게 주자." 하는 수남이의 설명에도 일리가 있었다.

동신이에게는 이 모두 다 일리가 있으니 누구 편을 들을 수 없어서, "우리 손 들어서 다수로 정해서 많은 사람의 의견대로 하자." 하니, "그러자."한다.

손을 들으니 이복동이 편이 6명이고, 수남이 편이 8명이고, 오늘 처음 나온 길수는 이 편도 저 편도 안 들었다. 그래서 수남이 하자는 대로 했다. 이복동이는 머리를 벅벅 긁으면서, "내가 졌다." 하고 "하하하하하." 웃어버렸다.

민주주의 세상이 오기 전 민주주의라고 할까, 민주주의 이상의 신주(神主)주의라고 할까?, 벌써 저녁 때가 되었다. 산에서 내려다보이는 동네에서도 저녁 짓는 연기가 올라온다.

제6장

제2 해산

44년 1월 말경 경부선 열차에 몸을 실은 동인 군은 천천히 회오리 바람처럼 돌아가는 산과 들을 바라보면서 청주 구금소에서 만나 뵌 창백하고 파리해진 붉은 옷 입은 아버지를 한순간도 잊지 못했다.

'아버지 – 과연 우리 아버지시다. 여수 경찰서와, 광주 형무소에서 3년간이나 복역을 하셨으니 웬만하면 석방되실 것이로되 일호도 신앙을 굽히지 않고, 이러다가는 일본이 망할 것이라고까지 자꾸 예언을 하시고 전도를 하시며 회개를 부르짖으시니, 출옥시킬 수 없다고 하여 이 청주 구금소에 오신 지도 벌써 일년이 넘는 아버지이신데, 어제 뵐 때에도 조금도 비통한 빛 없이 집안 식구와 나의 신앙 생활을 위하여 격려해주시지 않던가! 이 아버지를 이 세상에서 못 만나게 되면 하나님 보좌 앞에서 만나자고 하시던 그 말씀!'

동인 군은 그의 아버지 손 목사님을 마음에 그린다. 그 아버지는 과연 평상시 애양원에 계실 때, 교회나 집에서 만나 뵙던 아버지와는 아주 다른 성스러운 아버지 같았다.

'아버지! 그런데 나는? 그런데 나는? 그런데 나는?' 생각을 할 때에는 눈물이 쏟아졌다.

'어제 저지른 잘못, 아니 받은 유혹, 아니 그보다도 내가 한 짓이 우리 성스러운 아버지를 얼마나 괴롭힐까? 아니, 하나님 아버지께서는 얼마나 슬퍼하실까? 나는 예수를 다시 못박지 않았나?'

생각을 하니 눈물은 그칠 줄을 모른다.

'아무리 하라고 해서 하고, 또 아버지를 만나고 싶어서 그랬다고 해도 그것은 모두가 마귀의 꾀임이었으니… 아이고'

동인 군은 당장에 지옥이 눈앞에 있는 것 같고, 기차가 달리는 덜그럭거리는 소리가 몸을 두들기는 몽둥이 소리 같았다. 여기에는 이러한 이유가 있었다.

벌써 5년째 편지만 받았지 한 번도 뵙지 못하던 아버지를 만나러 제 백사하고 청주까지 와 보니 아버지 만날 일이 가슴이 두근거리도록 반갑게 느껴지는데 보도과 과장이 부르더니 여러 가지 친절을 베풀어 준 다음에, 말을 한다.

"신사참배 하겠나?"

"못 하겠습니다."

"하하하하" 하고 한참 웃더니, 훈계 비슷이 말한다.

"네 아버지 같은 완고한 이는 구식 사람이 되어서 못하지만, 너 같은 훌륭한 청년이 될 젊은 사람이 어찌 그렇게 인식이 부족하냐? 생각해 보아라. 너희 아버지만 그랬는데 사실은 너의 아버지도 어느 정도 겉으로는 반대하는 것 같아도 실상은 인식이 되어져 간다. 몰라도 반년 이내에 깨달을 것 같다. 그것은 가끔 구금소에서 감상문을 쓰게 하는데 점점 달라져 간다. 예를 들면 우리 황군의 그 악전고투하는 것을 극구(極口) 찬양하고, 그들이 그렇게 하는 것은, 대일본 제국의 국책에 순응하는 데서 생기는데 이것이 모두 황군의 원동력이 된다고 했다. 그것은 즉 신사참배나, 동방요배 등은 종교의

식이 아니고, 국민의식으로서 애국심, 용기, 인내 등이 생기는 것이라는 의미의 글일 것이다. 그런데 너는 밖에서 보면서 아직도 그러느냐? 이것은 정부에서도 문교부에서 취급하는 것이지 내무부 종교국에서 시키는 것이 아니라는 것으로 보아서도 알 수 있다. 또 모(某) 총회장 모 노회장 모모(某某) 목사도 하면서 교회도 잘 해 나가고, 노회도 총회도 잘 해 나가지 않느냐? 내 생각에 네가 반대하는 것은 아버지가 잘못 가르쳤거나, 네 맘속에 민족의식이 강해서 우리 일본에 협력하고 싶지 않은 어리석은 마음에서 나오는 것이라고 보고 싶다. 그러나 지금 이 시국에서는 그런 가면을 쓰고 종교를 이용해서 민족운동을 하는 자를 결단코 용인할 수 없는 때다. 어른이고 아이고 남자고 여자고를 불구하고 다 처단을 해야 할 때이다. 그러니 얕은 생각하지 말고 시국 인식을 하는 것이 제일 좋을 줄 안다. 그래서 일심 합력해서 이 시국을 돌파하겠다는 의미에서 한 번만 해 보라는 것이다. 결코 깊은 의미로 생각하지 말고 또 한 번 해 보고 하기 싫거든 안 해도 좋다. 다만 이 시국을 국민으로서 협력한다는 의미에서 해 보라는 것이다."

긴 설유를 하고 담배를 피운다. 그리고는 또 말한다.

"참 내가 너에게 부끄러운 것은 이 담배를 못 끊는 것이다. 너의 기독교인들이 담배는 몸에 해롭다고 해서 담배를 피우지 않는 것은 참 좋은 일이다. 그런데 담배 피우지 말라는 말이 이마 성경에는 없다지?"

"네, 없습니다."

"없더라도 피우는 것은 해로우니까 그럴 것이야. 나도 사실은 그 전에는 하루에 두 갑씩 피웠는데 이제는 한 갑을 가지고 이틀씩 피운다. 예수는 안 믿어 보았지만 나도 예수교인들처럼 담배를 끊어야겠어."

그러면서 담배 토막을 던지더니 싹싹 비벼 버렸다. 그리고는 무엇인지 쓸 것을 찾는 것 같더니 "어떻게 해볼 테야?"고 물었다.

"……"

가부간 답이 없으니, 다시 한번 물어본다.

"하― 참 사람이 그렇게 말귀를 못알아 들어? 한 번만 하고 그만 두어도 좋다니까. 다만 일심 합력해서 이 시국을 돌파하겠다는 의미에서 해 보라니까?" 하면서 또 설명을 하더니 끝으로 "그렇게 내 말을 믿지 못한다면 오늘 아버지 면회 온 것을 나도 못 시키겠다." 하였다. 이 말은 동인에게 청천벽력 같았다. 그래서 아버지 면회하고 싶은 욕심에 시키는 대로 따라서 신사 앞에까지 가서 함께 최경례를 하자는 데 우물쭈물해서 그로 하여금 동인이가 한 것처럼 알게 했다. 그러나 동인이는 마음에 없는 일이라 최경례도 않고 어물어물 해 버렸다. 그랬더니 이상하게 왜 더 안 숙이냐고 책망을 하지 않고 그 대신 칭찬을 하면서, 말을 한다.

"인제 네 사상을 알았으니 아버지 면회시키겠다."

'네가 나에게 속았다.'

이런 생각하고 있는데 도로 데리고 사무실로 가서 아까 꺼낸 종이에다가 무엇을 쓰더니 다 쓴 다음에 "너 이대로 베껴라"고 한다. "무엇 때문에 그럽니까?"고 물으니 "별 것 아니고 네가 시국을 인식했다는 것을 적어 두었다가 혹 네 아버지가 이 다음에 시국 인식을 하고 나갈 때에라도 보여주면서 여보 당신 아들은 당신보다 먼저 했다고 하고 싶어서 그러는 것이다"라는 것이었다. 그래서 한참 망설이다가 '에라 그것도 우물우물 해 두자.' 하고 썼다.

「아버지 신사참배를 해 보니, 보도과장의 말대로 국민의식인 것 같습니다. 이 시국에서 일심합력한다는 의미에서 마땅히 해야 할 것인 줄 알았습니다.」

이렇게 해서 아버님을 뵌 동인이는 아버님이 주신 편지를 받아 보니, 얼굴과 몸이 온 땅에 불이 확 붙는 것 같이 느껴지고, 사지가 떨리지 않는가?

'아이고 내가 왜 이 얕은 꾀를 내서 아버지를 만났던가, 또 하나님을 속이고 그이를 속였던고, 아이고 내가 어쩌다가 마귀의 시험에 빠졌던가, 아이고 아이고……'

이제는 할아버지 아버지 어머니를 만나 뵐 수 없을 것 같고, 그보다도 천국에 가서 하나님을 어떻게 대하며 예수님을 어떻게 만날까 하니, 수천 척, 수만 척 낭떠러지에서 떨어지는 것같이 아찔하면서 눈물과 함께 고개가 수그러진다.

곁에 앉았던 일본 노인이, "애 어디 아프냐? 약을 줄까? 혹은 무슨 슬픈 일을 당했나?"라고 자꾸 이상해서 묻고 위로를 해주나, 이렇다 저렇다 대답할 용기가 없어서 그대로 있으니 기분 나쁘다는 듯이 그만두려는데 별안간 옆에서 "어디 가는 사람이야?" 하면서 제법 딱딱한 소리다. 획 돌아다 보니 경부선 열차 이동 경관이다. 이 경관은 일본 사람 같다. 어제 보도과장에게 속은 것을 생각하면 대들어 한 번 싸움이라도 하고 싶은 것을 꾹 참고 눈물을 흘리니 "왜 우는 것이야?" 하면서 딱딱하게 다시 묻는다. 반항적 기분으로 대답을 안 하니 곁에 있던 일본 노인이 자기도 물어 보았으나 대답이 없어서 불쾌했다는 듯이 "운도모 슨도모 이완데스요(일체 말이 없습니다.)" 하고 이 편을 드는 것인지 저 편을 드는 것인지 모를 소리를 한다.

"야, 야 어디가는 사람이야?" 하고 상당히 딱딱한 소리와 함께 "차표 좀 봐?" 하고 차표를 내란다. 포켓에서 차표를 꺼내다가 귀찮아서 차표 대신 입을 열었다. "부산 갑니다." 하고 억지 힘을 다 들여서 말했다. "뭐라고 안 들려 똑똑히 말해봐, 차표 좀 봐" 하면서 크

게 소리를 지르면서 차표를 또 독촉한다. 정신을 바짝 차리고 다시

"부산에 갑니다." 하니

"무슨 일로 가?" 하고 다시 묻는다.

"집에 돌아갑니다." 한참 만에 한 대답이다.

"어디 갔다가?" 또 묻는다.

"청주 갔다가 갑니다."

"청주는 무슨 일이 있어서 갔다 오는 것이야?" 쉴 줄 모르는 질문
이다.

"아버지 만나뵙고 갑니다."

대답과 함께 눈물이 솟는다.

"울기는 왜 울어 그래 아버지는 무엇을 하는 사람이야?"

'이 대답이야말로 내가 해야 할 대답이냐, 속여야 할 대답이냐?'

얼른 생각이 들면서 '또 시험에 들고 싶으냐?' 하는 책망 소리가
들리자 정신이 번쩍 든다.

"청주 구금소에 계십니다." 하고 똑똑히 대답을 했다. 신사참배
한 것처럼 보도과장을 속인, 아니 나를 속이고 하나님을 속인 죄를
회개하는 첫 걸음이다.

"응 그래서 그렇게 우는군. 그래 좋은 데 계신 아버님 뵙고 오는
군!" 하고 빈정대니 곁에 있는 노인을 위시하여 모두들 그제야 말
안하는 청년의 정체를 알았다는 듯이 서로 얼굴을 마주보고 눈으
로 이야기한다.

"잠깐 이리와."

차장실로 데리고 가더니 다시 문답이 시작되었다.

"네 직업이 무엇이지?"

"부산 범일정 통 만드는 공장의 직공입니다."

"아버지는 무슨 일로 구금소에 있는 것이야? 쓸데없이 사상운동

했으면 안 될 텐데, 그런 사람은 소련으로 보내 버려야 돼."

질문 반(半) 설유 반이다.

"아닙니다 공산주의자가 아닙니다. 목사입니다." 목사라는 소리에 경관이 놀란다. 그러더니 썩 돌려서 이야기한다.

"목사 중에는 공산주의자가 없나 왜?"

"신사 불참배로 입니다."

동인이는 마음에 시원함을 느꼈다. 이 소리에 싱겁게도 놀라는 것은 형사다.

"아 지금도 신사참배를 안 하는 목사가 있어? 거 참 좋은 아버지인데… 두었다가 약에 쓸 아버지구면."

"그것은 죄입니다. 분명히 죄입니다. 우리 아버지는…" 하는 소리를 듣더니 형사는 끝까지 듣지도 않고 대답한다.

"아 그렇고 말고 시국인식 못하는 게 죄 아니고 무엇이야."

"아니오. 신사참배 하는 것이 하나님께 죄란 말입니다."

"무엇이? 다시 말을 해 봐!"

"신사참배는 종교의식으로 우리 하나님께 죄되는 일입니다. 아무리 국민의식이라고 떠들어도……."

이제는 흥분한 기분이다. 동시에 눈물이 또 솟는다.

"이 사람 초상집에 왔나, 울기는 또 왜 울어. 좌우간 소지품을 볼까?"

그러면서 봇짐을 가져오기 전에 몸 수색을 하는 능글능글한 형사의 속은 '난다 고노 아오니사이가(머리에 피도 안 마른 것이)' 하는 기분이리라. 그러자 몸 속에 간직하고 있던 편지가 드러났다. 아버지가 면회시에 주신 편지는 다음의 내용이었다.

「동방요배, 신사참배는 하나님 앞에 죄가 되며 제일 계명 제이 계명을 범하는 것이니 절대로 하지 말 것, 주일을 거룩하게 지킬 것,

가정 기도회, 새벽 기도회 꼭 볼 것, 성경 읽기 힘쓸 것, 십일조 실행할 것, 연로하신 할아버지 봉양하고 말씀 잘 복종 할 것」 등의 부탁이었다. 다 읽어 보고 난 경관은, "좋은 아버지를 두었구먼" 하면서 다시 빈정대더니, "시국 인식을 해야 살 수 있는 것이야" 하면서 무슨 생각이 났는지 몇 마디 훈계를 하고, 주소 성명을 자세히 적더니 편지는 압수해 버리고 돌아가라는 것이었다. 무슨 큰 보물을 빼앗긴 것 같으면서도 마음에 일종의 기쁨을 느끼면서 먼저 자리로 돌아왔다. 차는 여전히 달려갈 길을 달리고 있다. 눈물이 조금 진정되는 것 같았다.

"너 징병 가겠느냐?"
"네! 국민된 이상 가야 하지요."
"너 그러면 신사참배를 하게 될 것인데 그래도 입대해서 복종하겠느냐?"
동인 군을 똑바로 쳐다보는 사람은 형사였다. 이곳은 북부산경찰서인데 동인 군이 청주를 다녀온 후 얼마 있다가 이곳으로 호출당해 온 것이다. 슬쩍 바라보니 고등계 주임 책상 위에 낯익은 종이가 있다. 자세히 보니 그것은 아버님의 부탁 편지로 경부선 열차에서 압수를 당한 것이었다.
"그것은 못 합니다."
"왜 못 해?"
말이 대단히 거칠다.
"하나님의 계명을 범하게 되니까 못 합니다."
"그런 어리석은 소리 하지 마라. 황국 신민으로는 다 해야 하는 것이야. 너는 일본 국민이 아니냐?"
"일본 국민이라도 하나님의 명령을 범할 수는 없습니다."

이렇게 문답을 하는 중에 주임이 눈짓을 해서 형사를 불러내더니 조금 있다가 다시 들어와서는 말한다.

"조금 더 생각 잘 해봐. 그렇게 세상 일이 단순한 법이 아니야……."

여러 가지로 한참 설유하고 나더니 다시 부를 때까지 가서 있으라는 것이었다.

처음 호출장을 받았을 때는 무슨 큰 일이나 난 것처럼 긴장되어 온 집안 식구가 금식기도를 하면서 동인 군을 북부산서에 보냈던 것이다. 그런데 의외로 일찍 나오게 된 것은 고등계 주임의 생각에 징병에 뽑혀 가면 신사참배는 별 수 없이 행하게 될 것이니 이말 저말 할 것 없이 징병에나 뽑도록 하자는 약은 생각을 했던 것이었다. 좌우간 그날 온 집안 식구들은 옥에서 살아나온 베드로를 만나던 신자들 같이 감사하면서 기도하고 기뻐했다.

'하나님, 우리 동인이가 징병에 나감으로 범죄케 될진대 차라리 문둥병에 걸려서라도 범죄하는 기회를 면케 해주시옵소서.'

이것은 징병을 위한 신체검사 통지서를 받은 동인이 집안 식구들의 간절한 기도 제목이었다. 그러나 다행인지 불행인지 동인 군은 갑종 합격이 되었다. 옹기종기 모여 들어선 부산 시내의 가옥들, 그 앞으로 바라 보이는 바다에 뜬 배들, 아침 저녁으로 공장에 오갈 때 형제가 바라보던 같은 경치였건만! 갑종 합격이 되고 보니 어쩐지 달라 보인다.

갑종 합격을 무슨 영광스러운 일인 것처럼 생각하는 이도 있겠지만 동인 군에게는 일종의 사형선고였다. 그러나 이제는 받아놓은 밥상이다. 안 나갈 수도 없다. 차라리 독한 병에라도 걸렸으면 싶었다. 그러나 그것도 마음대로 안 된다. 차라리 자살이라도 했으면 싶었다. 그것도 죄 되는 일이다. 도피하는 것이 어떨까? 그러나 그것도 동인이는 피해도 남은 식구들이 괴로움을 당할 것이다. 경찰서에서는 동인이를 찾아 내라고 어머니나 그의 식구들을 괴롭힐 것이다. 어떻게 할까? 어떻게 할까?

더구나 이 전쟁은 불의로 시작한 침략의 전쟁이다. 의를 위하여 일어선 연합군을 향해서 싸울 일본 군인이 되겠느냐? 그러나 벌써 합격이 되었으니 일본 군인이 된 셈이 아니냐? 또 군대에 들어가서 신사참배를 안 하고 견디겠느냐? 또 시험에 들 수는 없지 않은가? 이런 순서없는 번민이 동인 군을 괴롭혔다.

때는 1945년 7월 조용하던 부산에도 폭탄이 떨어지기 시작했다. 이처럼 시국이 급박하니 징병은 불일 내로 될 것 같다. 하루가 지났다. 또 하루가 지났다. 그 하루 하루가 일 년씩은 되는 것 같았다. 합격의 비보를 들은 그 집 식구들은 모두가 대성통곡을 하였다. 그래 동인이는 집에다 말을 일러 놓고 제 백사하고 남해 산중으로 들어가 금식기도를 하면서 하나님의 지시하심을 받으려 했다.

"어머니……"

동인 군은 말이 계속되지 않았다.

"무엇이냐?" 하시면서 묻는 사모님은 곁에 앉은 동수의 코를 씻어주신다. 동신이는 형을 쳐다 보았다. 그러나 동인이가 불러만 놓고 다음 말이 없으니 다시 사모님은 "왜 그러니? 참 너 기도하고 와서 아무말도 없으니 웬일이냐?" 하시면서 물으신다.

동인이는 삼일간 기도를 하면서 하나님께 지시를 받기는 받았으나 좀더 생각한다는 것보다도, 이 말을 어떻게 어머니와 동생들에게 할 것인가를 몰라서, 다녀온 다음날 밤에도 동인이가 저녁 기도회를 마치고 최후의 결심으로 말을 꺼내려고 어머니를 불렀으나, 그 뒷 말이 계속이 안 되는 것이어서 고개만 숙이고 있었다.

"너 왜 할 말 있는 것 같은데 안 하니? 네 어미에게 못할 말 있느냐?"

"아닙니다. 못 할 말이 아니라 좀 실행하기 어려운 말이 되어서 그럽니다."

"어렵든지 쉽든지 간에 내게 못할 말이 무엇이냐? 어려울수록 내게 말을 해야 하지 않느냐?"

그러자 동인이는 고개를 들고 "하나님께 기도한 결과 식구들을……"까지 해놓고는 말이 또 뚝 그치자마자 눈물이 푹 쏟아져 내렸다.

"응 그래, 네 말 알았다. 식구들을 해산시키자는 말이구나!" 사모님은 의외로 천연하시다.

동인이는 "네." 한 마디 해놓고는 "내가 신사참배에 안 속아 보았으면 모르지만……"

이렇게 말하고 더 크게 소리를 내면서 울었다. 동신이도 울고 동희도 울었다. 철모르는 동장이 동수는 영문도 모르고 따라서 울었다. 어머니는 반짝거리는 석유 등잔불을 쳐다만 보신다. 그 눈에 고인 눈물 한 방울이 등잔 불에 반짝하고 떨어진다.

여수에서 사택을 내 놓으라고 해서 옥중에 계신 아버님 뒷바라지나 할까 하고 광주로 이사하신 어머니, 그 후에 가미다나(神棚)*를 방에 두라는 것을 반대하시다가 광주에도 못 계시게 되어 옥중에다 아버님을 두시고 부산으로 떠나오신 어머니신데, 또 이 식구가 징병 문제를 통하여 당할 신사참배 문제로 해서 다시 헤어지자니 그것이 될 수 있는 일이냐? 더구나 때는 더욱 험악해져서 매일 같이 공습 경보가 나지 않는가. 헤어지면 갈 데는 그 어디? 그래서 말은

---

* –가미다나(神棚): 일본 신도(神道)에서 가정이나 상점에 꾸며놓고 참배하는 작은 제단을 말한다. 가미다나는 보통 작은 찬장이나 선반으로 이루어지며 숭배물을 올려놓거나 매일 제물을 갈아 놓는다.

겨우 냈으나 눈물밖에 안 나오는 것이었다. 갈수록 태산이라더니 이를 두고 한 말인지!

이때에 별안간 "동인이 자네 집에서 불빛 비치네!" 하면서 밖에서 주의를 시킨다. 이는 이 반의 반장 최 서방이다.

"네?" 하고 동인이가 보니 문에 친 커텐이 좀 들렸다. 매일 매일 등화관제*가 계속되는 것이었다. 휘장을 꽉 쳐놓은 다음에 어머니는 말씀하신다.

"얘 동신아 동희야, 너희들도 동인이 말을 들었을 줄 안다. 그러나 내가 맘대로 하기 보다도 너희들도 이제는 철이 났으니 동인이 말대로 하는 것이 어떨지 생각해 보아라."

이때 별안간 곁에 앉았던 동장이가 "내 주여 뜻대로 행하시옵소서……" 하면서 이 집안 식구들이 늘 잘 부르는 찬송가를 군소리처럼 부른다. 가끔 기도회 볼 때 울면서 기도하고 울고나서 이 찬송가를 잘 부르는 까닭이리라.

"글쎄요, 형님이 징병 나가면 신사참배 당해야 할 터이니 그것은 하나님의 뜻이 아닐 것이라고 생각합니다." 하면서 흩어지는 일에 대답은 안 하고 신사참배 피하기가 어렵다고 걱정이다. 동희는 가만히 있다.

"그래 그러면 우리 흩어지기로 하자."

이렇게 사모님은 결론적으로 말씀하였다.

'내 이미 주 위해서 남편도 바쳤다. 광주에서도 떠났다. 육신생활 위해서 범죄할 수 없다. 범죄하는 내 자식은 내 자식 아니다. 여수역에서 목사님에게 신사참배하면 내 남편 아니라고 한 내가 아닌가!

---

* ―등화관제(燈火管制): 적의 야간 공습이나 혹은 그에 대비하여 일정한 지역에서 등불을 모두 가리거나 끄는 것.

자식들에게 늘 가르치는 말을 실행할 때가 아닌가! 하나님이 지키시리라.'

이때다.

"아이고 힘든다. 동희야." 하면서 황 선생이 뛰어 들었다. 이는 동인 군이 「갑종 합격이 되었으니 하나님이 나의 기도를 더 요구하시는가 봅니다.」 하고 보낸 편지를 받고 온 것이다.

"아이고 이게 웬일이오. 우리는 기왕 부산에 살지만 이 공습이 잦은데 왜 부산으로 왔소?"

반가우면서도 이상해서 묻는 이는 사모님이시다.

"아이고 혼났네. 도중에 막 못 가게 붙들어서……. 아이고 그런데 동인아, 네 편지 잘 보았다. 너 기도하고 왔니?"

사모님의 말에 대답 대신 동인 군에게 묻는다.

"아이 글쎄 왜 왔어, 이 공습 중에?" 하고 사모님의 재촉하는 소리에 황 선생니 대답한다.

"죽어도 함께 죽고 싶어서요. 동인이의 편지 받고 곧 오고 싶었는데, 어제 누구더러 물으니 부산이 공습을 당한다 하여 떨어져 있어 마음이 답답해서 죽을 지경이기에, 에라 죽어도 함께 죽자 하고 오늘 아침에 떠나서 지금 들어 오는…."

이 말을 들은 이 집 식구는 또 눈물이다.

「죽어도 같이 죽자.」

남들은 소개(疎開)*니 피난이니 해서 같이 있다가도 부산을 떠나가는 중인데 이 공습중인 부산을 찾아 오다니!

그런데 황 선생이 오니 전 같으면 동장이가 쫓아와서 다리에 앉고 할

---

* -소개(疎開): 공습이나 화재 등에 대비하여 도시 또는 인구가 밀집하고 있는 지역의 주민이나 시설 등을 분산시키는 것.

텐데 그러지를 않는다. 암만해도 무슨 일이 있나 싶어서 묻는다.

"왜 무슨 문제가 생겼습니까?"

모두들 아무 말이 없다가, 사모님이 설명을 하였다.

"그런데 참 황 선생 잘 왔소. 다른 게 아니라 동인이가 갑종 합격이 되었으니 어떻게 할까? 하다가 동인이가 남해로 가서 기도한 결과 집안 식구를 해산 하라는 하나님의 지시를 받았다고 해서 방금 이야기를 하는 중이오."

"네?"

황 선생은 이 집의 기분을 알았다. 그러나 자기로서는 뜻밖의 소리였다. 집안을 흩는다. 여수 애양원에서 흩어진 식구를 위해서 광주로, 부산으로, 옥종면 북방리 산중으로 혹은 여수 애양원으로 돌아다니면서 몰래 몰래 모아주는 양식 기타를 운반해다가 몇 번이나 곤경에 빠진 이 가정을 돌보기에 노력을 다 해온 자기지만, 이 흩는다는 말에 놀라지 않을 수 없었다. 그것은 어른이나 동인이 동신이는 어디 가서 일이라도 하고 얻어 먹겠지만 그 아래로 삼 남매는 떼거지가 날 터이니 말이다.

"그래 사모님은 흩으기로 했습니까?"

"네 –"

"어떻게요?"

"글쎄 아직 그것은 결정 없소."

"나는 무슨 방도나 선줄 알았더니…"

그러나 이렇게 저렇게 이야기하고 상의한 결과, 먼저 동희 동장이는 구포 고아원으로 보내기로 하고, 동인이와 어머니와 젖먹이 동수는 남해 산중으로 다시 들어가기로 했으나 동신이 갈 곳이 없다. 고아원에 가기는 나이가 많고 그렇다고 어머니를 따라서 가기는 식구가 많다.

"나? 나는 통공장에 그대로 다닐까요?" 하니 어머니 말씀이 "글쎄 그것도 좋지만 너를 여기다 남겨두고 싶지 않다. 다른 데로 옮겨가야지…." 하신다. 그래서 다시 생각하던 동신이는 "북방리로나 가볼까? 형님처럼" 하면서 무심코 나오는 소리 같다. 그것은 그전에 동인이가 가서 한 달이나 지낸 일이 있던 까닭이다. "북방리?" 하면서 놀라는 사람은 황 선생이다. 그곳은 순 한센 환자들만이 사는 곳이기 때문이다. "그러나 가기만 하면야 잘 숨을 수 있지만……." 하고 다시 생각을 고친다.

이렇게 지나는 말처럼 나온 것이지만 아무리 생각해 봐야 적당한 갈 곳이 없어서 하는 수 없이 동신이는 북방리에 가기로 했다. 이 최후의 결정은 온 식구가 제일 무거운 기분으로 했다.

침묵은 한참 계속되었다. 멀리 불빛이 비친다고 떠들썩하는 소리는 게이보당잉(警防團員)* 소리인지!

기류계는 그대로 두었지만 쌀표는 찢었다. 범죄하고서 회개한 표라고 할까!

회개

회개의 눈물은 성령의 단비구요
참회의 한숨은 성령의 불 바람이구요

---

* ─게이보당잉(警防團團): 게이보당의 멤버를 말하는데, 게이보당은 1939년 화재 방지 및 소방 활동을 위해 조직되었다. 게이보당은 일제가 유사시에 방공의 완벽을 기하여 치안을 확보하려는 데 있었다. 또한 게이보당 설치와 동시에 방공설비의 강화와 방공사상의 철저한 보급 등을 위해 조선방공협회(朝鮮防共協會)가 설립되었고, 게이보당의 제복도 제정되었다. 게이보당은 일제 말기 전쟁이 확대됨에 따라 소방의 임무 외에도 한국인의 동향을 파악하고 감시하며 전쟁에 한국인을 동원시키는 역할도 담당했다.

중생한 기도는 성령의 역사랄까요

회개하라 천국이 가까우니라 고는
세례 요한의 광야의 첫 소리구요
우리 주 예수의 시험 후 첫 말씀이구요
거듭난 베드로의 불붙는 첫 설교랍니다.

회개 없는 믿음은 가증한 심령이구요
회개 안한 소망은 무너질 바벨탑이구요
회개 못한 사랑은 제가 속는 외식이랍니다.

♥ ♥ ♥

회개 없는 천국 건설은 지옥 탈 쓴 낙원이구요
회개 안한 목자떼들은 양의 탈 쓴 이리떼구요
회개 못한 양의 무리는 교회탈 쓴 로마병정이랍니다.

회개 없는 신학교는 이단학설 제조소구요
회개 안한 신학박사는 마귀나라 오열분자이구요
회개 못한 신학생들은 무신론자 출발이랍니다.

회개 없는 교회 설립은 마귀떼 양성소구요
회개 안한 주일예배는 마귀약에 살찌구요
회개 못한 조직 행정은 마귀장난 역사랍니다.

회개하라 천국이 가까우니라 한국 교회여

세례 요한은 옛날 사람이구요
사도 베드로는 죽은 지 오래이언만
예수 그리스도는 지금도 살아 계시니
그 음성이 고요히 들릴 터인데
네 어찌 눈을 감고 귀를 막고 입만 여느냐

♥　♥　♥

믿음 믿음 믿음 믿음이라구만
글쎄 회개 없는 믿음은 가증한 심령이라니까요
소망 소망 소망 소망이라구만
글쎄 회개 안한 소망은 무너진 바벨탑이라니까요
사랑 사랑 사랑 사랑이라구만
글쎄 회개 못한 사랑은 제가 속는 외식이라니까요

회개하라 천국이 가까우니라 한국 교회 지도자들이여
마귀장난 버려라
마귀 약(藥)에서 깨어라
양성소를 고쳐라
무신론을 막아라
오열분자 치워라
이단학설 태워라
교회탈을 무너뜨려라
양의 탈을 벗어라
지옥 탈을 깨뜨려라

신령한 눈을 뜨고 거룩한 귀를 열고
차라리 벙어리가 되어라
눈물을 흘리면서
한숨을 쉬이면서
기도를 드리면서

네 아직도 깨닫지 못하겠거든
골방으로 가거라
아라비아로 가거라
산 속으로 가거라

회개하라 천국이 가까우니라
주의 성령은 안 속으신다.

제7장

한센환자의 종

"진주역에서 황 선생과 함께 내린 동신이는 역에서 사십리나 되는 하동군 옥종면 북방리 산중까지 걸어야 한다. 교통이 불편할 뿐 아니라 인가도 없는 산 속 단 한집 한센환자들 사는 집으로 찾아가는 길이니 어렵기 짝이 없다. 해는 벌써 지고 사방에 보이는 산에 나무들이 모두 하나로 되어져 간다. 몇 번이나 고개를 넘고, 넘을 때마다 쉬어 가고 싶은 것을 억지로 참고 간다.

그러나 갈수록, 만날 사람들이 자기를 반갑게 맞아줄 것은 생각이 되나, '그들을 내가 어떻게 맞아야 할까?' 하는 두려움이 동신이의 마음을 무겁게 했다. 멀리 캄캄해져 가는 하늘에 분명히 나타나는 별들이 비춰주는 어슴푸레한 길을 말없이 한참 걷다가 황 선생과 함께 길가에 있는 바위에 털썩 주저 앉았다. 아마 반 길은 왔을 터이니 조금 쉬어도 좋을 듯 싶어서이다. 아침에 싸가지고 온 점심을 기차 안에서 먹고, 저녁도 먹고 걸어왔다.

"고모, 지금 몇 시나 되었을까?"

동신이가 물었다. 아이들은 황 선생을 고모라고 부른다.

"아마 아홉시는 되었겠지."

"한 시간 반이면 다 가겠지?"

"그 만큼도 안 걸릴 것이다."

황 선생은 15세밖에 안된 어린 몸으로 이렇게 걸어서 오는 것도 불쌍하거니와 아버지 어머니 형님 동생들이 다 있으면서도 오직 신앙을 지키기 위하여 걸인, 걸인 아닌 걸인 중 걸인, 한센환자 아닌 한센환자, 아니 한센환자의 종으로 가는 동신이가 안타까워서 될 수 있는 대로 위로와 도움을 주기 위하여 애를 쓰는 것이었다.

"고모, 그런데 그이들이 내가 온다는 것을 모르겠지?"

"모르지, 내가 다니러 올 줄은 대개 짐작하지만 너야 꿈엔들 생각 이나 하겠니?"

"그러면 다들 나를 아는 사람일까?"

"그럼 다들 알고 말고, 애양원에서 나온 사람들인데, 모르겠느 냐? 너도 보면 알는 지 모르지."

황 선생이 이름을 죽 부르니 그중에 두어 사람은 생각이 나는데 나머지는 잘 모르겠다. 그러나 좌우간 모르든 알든 다 만나야 한다. 실제로 만나기만 하는 게 아니라 이젠 함께 살아야 한다. 물론 동신 이는 어머니와 황 선생과 동인이와 함께 상의하고 이곳으로 오기 로 했을 때는 그들을 위해서 아버지 대신 봉사를 해야겠다고 생각 했었다. 그러나 점점 가까워질수록 어쩐지 좀 꺼림직하였다.

"고모, 내가 가서 할 일은 무엇이지?"

"별것 있느냐? 불이나 좀 때주고, 장작이나 가끔 쪼개주면 되지."

한참 있다가 다시 물었다.

"때로는 내가 바가지들고 밥도 얻으러 나가야 하나?"

"아니다. 그런 것은 네가 안 해도 좋고 또 나갈 필요도 없다."

이렇게 힘 있게 대답을 했다. 그 대답을 듣자 또 물었다.

"그 외에는 없나?"

"그 외에는 없다."

'그 외에는 없다'는 말에 동신이가 좀 위로를 느낀 것은 그러면 기도할 시간과 성경 읽을 시간이 있을 수 있는 까닭이었다. 그러면 내가 또 할 일은 하면서 머리에 떠오르는 것은 '옥중에 계신 아버지, 남해 산중으로 기도하러 가신 어머니와 형과 동수, 구포 고아원으로 간 동희 동장이들을 위하여 쉬지 않고 하나님께 기도하는 일이 제일 큰 일이다.' 하면서 생각하는 중에 멀리 기차소리가 들렸다. 저 차는 진주에서 마산으로 가는 막차인데 아마 아홉 시에 진주를 떠났으리라 싶으니 거의 아홉 시 반은 되었으리라 싶다.

"얼른 가자." 하면서 황 선생이 일어서자 동신이도 일어났다.

언제쯤 올는지 모르나 가끔 연락차 오는 황 선생을 기다리는 이 집 식구들은 오늘도 안 오는구나 싶어서 자기 전에 기도회까지 보았다. 그러나 기도회를 마쳤다고 어디 또 자라는 법도 없으니 각자 자유로 자기도 하고, 눕기도 하고, 반짝거리는 등불 밑에서 성경을 읽기도 하면서 밤을 보내곤 한다. 밤이면 자고 낮이면 일하고, 이것이 인간의 상습이라면 이들은 이 상습을 떠난 사람들이었다. 밤을 새워서 성경을 읽거나 밤을 새워서 기도를 하거나 그들에게는 아무 구속도 제한도 없었다. 밤도 낮같고 낮도 밤같은 그들의 생활이었다.

"다들 주무시오?" 하는 뜻밖의 소리에 반갑게 쫓아 나온 이는 나이가 제일 적고 병도 좀 경하여 황 선생이 오면 한 방에서 지내는 김 집사였다.

"아이고 이게 누구요?" 하고 동신이를 보면서 물었다. 황 선생은 "우리 동신이" 하고 대답을 했다. '우리 동신이' 하는 말에 누웠던 사람은 물론 잠들었던 사람들까지 모두 깨어 일어났다.

"동신이가 웬일이오?" 하고 다시 묻는 사람은 신 장로였다.

"여러분 만나고 싶어서 왔대요."

황 선생이 들어서고 동신이는 그 뒤를 이어서 들어 앉았다. 잠깐 동안 묵도를 하였다. 그러나 누가 이 기도를 하라는 것도 아니지만 두어 사람이 작은 소리로 울면서 기도를 드리는 것이었다. 동신이도 어쩐지 눈물이 나왔다. 벌써 애양원에서 작별한 지 오년의 세월이 지났으니 8, 9세 때 보던 어린애 동신이를 만나는 반가움도 있거니와 아버지 닮은 동신이가 차차 아버지 모습에 가까워져서 자기네들을 찾아주니 마치 신앙의 아버지 손 목사를 만나는 것 같기도해서 눈물이 앞서는 것이었다.

신앙을 지키기 위해서 신사참배를 반대하여 지금은 벌써 6년째 감옥 생활을 보내는 그 목사님도 목사님이려니와 그로 인해서 사방으로 흩어져서까지 죽도록 고생을 하는 식구들이나 또한 같은 신앙을 지키기 위하여 동방요배, 신사참배를 거부하다가 축출 당해서 애양원을 떠나 유리걸식하면서 지내는 자기들의 신세를 생각할 때에 오직 하나님께 호소할 수밖에는 다른 길이 없었으니 눈물이 앞서는 것이었다.

기도를 마치자 눈을 뜬 동신에게는 반갑게 맞아주는 그들이 고마우면서도 정상이 아닌 얼굴과 손을 차례로 보게 되니 좀 이상한 기분이 드는 것 같았다.

"어머님 안녕하시냐?"

"네 –."

"동인이도 잘 있느냐?"

"네 –."

"동생들도?"

"네 –."

"너 참 많이 컸구나. 인제 어른 같은데!"

이렇게 신 장로가 감격해 하면서 대화하는데 황 선생이 "얼마나 고생하십니까?" 하니 "고생은 무슨 고생이오. 황 선생이 고생하지." 하면서 황 선생을 위로해준다.

"그런데 동신이가 여기를 왜 왔소?"

다시 묻는 것은 김 집사이다.

"아, 여러분이 이곳에서 고생하신다니까 아버지 대신 여러분을 돕고자 왔다니까요."

황 선생은 간단하게 대답을 해버린다. 그러나 그들은 그것이 곧이 들리지 않았다. 그것은 자기네들이 어떻다는 것을 잘 아는 까닭이다. 자기네들은 불구자들이다. 그것도 보통 불구자가 아니다. 세상에서 버림받은 한센병으로 된 불구자이다. 손 목사는 자기네들을 친 형제같이 부모같이 위해서 노력한다기보다도 주를 위해서 자기들에게 죽도록 충성하는 목사님이시니 자기네들에게 봉사를 했지만, 동신이는 아직도 나이 어린애가 아니냐. 그러면서 자기네들을 돕고자 왔다는 것은 믿어지지 않는 일이었다. 그러나 그들이 어떻게 추측하든 간에 동신이에게는 뜻이 있어서 오늘 온 것만은 사실이다. 좌우간 서로 묻고 대답하는 동안에 동신이도 피곤해져서 졸기 시작했다. 그래서 황 선생이 늘 올 때 유숙하는 방에 가서 황 선생과 함께 잠이 들었다.

황 선생이 깜짝 놀라 깼을 때는 몇 시인지 모르나 분명히 곁에서 자던 동신이가 보이지 않는다. 황 선생은 얼른 일어나 밖으로 나갔다. 그러니 아직도 밝지 않은 밤중이다. 별만이 총총한 밤이다. 어디로 갔나 싶어서 부엌에 가 보았다. 거기에 없다. 집 뒤로 돌아가 보았다. 거기에도 없었다. 집 뒤에서 산으로 통하는 조그만 길이 있는 것을 아는 황 선생은 그 길을 더듬어 올라가면서 가만 가만히 "동신아 동신아-" 하고 불러 보았다. 아무 대답이 없다. 한참 올라가다가 멀리서 고요한 밤 적막을 깨뜨리고 들려오는 기도 소리를 듣게 되었다.

'아- 기도하러 갔구나?' 하면서 처음 온 산 속에 무서움없이 간 것이 놀라워서 황 선생은 가만 가만 그리로 가깝게 가 보았다. 기도 소리가 다는 안 들려도 이런 말이 들려왔다.

"아버지, 나에게 지워진 십자가가 이것이라면 이 죄인은 즐거이 지겠습니다. 아버지가 섬기던 그들이요, 주를 위해서 이 고생들을 하는 성도들이오니 이들을 도울 수 있을진대 주께서 기뻐하실 줄 믿습니다. 한센환자의 종도 좋습니다. 한센환자가 되어도 좋습니다. 부족한 마음 씻어 주시고 기쁨으로 섬기게 하여 주시옵소서……."

황 선생은 눈물로 이 기도 소리를 들었다.

제8장

추 모 의 밤

"일본이 손을 들었단다."

"정말이냐?"

"일본이 망했단다."

"참 말이냐?"

"조선이 독립이 된단다."

"아— 그 참 정말이냐?"

해방의 종, 자유의 나팔이 드높이 삼천리 반도에 들려온 8월 15일—

조국 광복에 일생을 바쳐 천신만고 싸우던 자 그 누가 이 날에 감격의 눈물을 흘리지 않았으며 이국(異國) 학정(虐政; 포악한 정치) 밑에서 36년간 신음하던 자 그 누가 뛰지 않았으랴마는 그 중에도 가장 기뻐 울고 뛰고 싶은 이들은 일생을 영어(囹圄)의 몸으로 보낼 줄 알았던 소위 사상범 죄수들일 것이요, 주를 위하여 신앙의 자유를 위하여 풍비백산(風飛百散; 사방으로 흩어짐) 했던 가족들을 다시 만나는 옥중 성도들일 것이다.

역사는 흐른다. 물결처럼 흐른다.

역사는 변한다. 구름처럼 변한다.

역사는 되풀이 한다. 흐르면서 변하면서!

시일은 가고 역사는 지나서 벌써 6년이 지나서 해방이 되었다.

한 살이던 동수는 여섯 살이 되고, 다섯 살이던 동장이는 열 살이 되고, 동희는 벌써 여학생 같이 보이고, 동인이는 어른처럼 자랐다.

지나간 6년간 감개무량한 6년간이다.

압박의 6년간이나 성장의 6년간이었다.

고난의 6년간이나 승리의 6년간이었다.

오늘은 1946년 4월 13일 밤이다.

동희 동장이는 구포 고아원에서 찾아 오고,

동신이는 옥종산 북방리 산중에서 돌아 오고,

동인이와 어머니는 남해 산에서 기도하다 걸어 나오시고,

아버지는 청주 구금소에서 살아 나오시고, 전쟁 전에 울면서 떠나 갔던 월슨 박사도 다시 찾아오고,

안도 원장에게 쫓겨갔던 불구의 투사들도 돌아오고,

이렇게 신앙을 위하여 싸우다가 뿔뿔이 헤어졌던 모든 식구들과 친구들이 다시 옛 집 옛 고향을 찾아든 지 9개월이 되었건만 75세의 고령으로 옥중에 있는 아들을 위하여 기도를 끊이시지 않고 격려의 편지를 쉬시지 않으시던 할아버지 손 장로님은 만리 이역 할빈에서 고혼(孤魂)이 되시었으니 돌아오실 수 없는 할아버지이시다. 그 때는 해방의 기쁜 소식이 들려오기 조금 전 1945년 4월 13일이었으니, 오늘은 일주년을 맞는 추모의 밤이다.

♥   ♥   ♥

만물은 봄을 맞이해서 소생한다.

뜰 앞에 늙은 소나무 속에서도 새 순이 돋는다.

강남 갔던 제비들도 옛 집을 찾아 든다.

그러나 다시 돌아오실 줄 모르는 할아버지!

뒷뜰의 꽃밭 앞뜰의 닭장은 지난 날 할아버지의 일거리였고, 뒷산의 소나무 밑, 방 안의 책상 앞은 지난 날 할아버지의 기도의 장소였다. 그 동네, 그 집, 그 방안, 그 책상 앞에서 머리 깎고 찍으신 할아버지 사진을 구경하며 옛날을 추모하고자 둘러앉은 무리들이 석유등잔불 밑에 반씩만 보인다.

이 집안 식구 외에 몇 사람과 이 식구들이 함께 모여서 간단하게 추모예배를 보는 것이었다.

"할아버지께서 상투 자르시고 머리 깎으신 날은 1909년 4월 13일이고, 믿기 시작하신 날은 1909년 5월 2일이고, 학습 받으신 날은 1910년 1월 10일이고, 세례받으신 날은 1910년 12월 17일이고, 그날 동시에 시무 집사로 피택되시고, 영수 피선은 1914년 3월 18일이고, 장로 피택은 1919년 1월 5일이고, 새벽기도 시작하신 때는 1925년 2월 20일부터인데 그 뒤부터는 꼭 새벽기도를 안 빼놓고 하셨습니다. …… 운운."

이렇게 손 장로님의 신앙 이력이 동인 군의 입으로 낭독되었다.

이 이력에 특히 감명이 깊은 것은 상투 자르시던 날이 지금부터 37년전 오늘이었구나 하는 것이었다. 37년 전 상투 자르시던 날 세상과 인연을 끊어 버리시고 하나님 나라에 가신 것이었다.

"장로님께서는 동인이가 그 유골을 모시러 만주 갔을 때 들은 바에 의하면 작년 이날 아무 고통도 없이 점심을 잡수신 후 손자들과 같이 일광을 쪼이시다가 저녁 때 자기 침실로 들어 가시면서 '내가 기도 할 터이니 불을 좀 방에 많이 때라.' 고 부탁하신 후 들어가셔서 천장의 줄을 붙잡고 기도하시다가 기도하시는 자세로 영면(永眠)하셨습니다."

이렇게 추모사를 드리는 이는 황 선생이었다. 그이는 이 집의 식구처럼 살고 또 전쟁 중에 이 집안 식구를 위해서 심신을 바쳤다는 것도 있겠지만, 손 장로님이 애양원에서 광주로, 광주서 평양으로, 평양에서 부산으로, 부산서 또 만주 할빈으로 이렇게 노체를 이끌고 고생하는 자녀들과 함께 유리하실 때에 하와이에 사는 딸을 생각하는 대신으로 딸 같은 역할을 하고 또 그 사랑을 받았다는 인연이 있는 까닭에 추모의 말씀을 드리게 된 것이다.

"이 기도의 할아버지의 신앙 일화는 수없이 많은 중 그 중 몇 가지를 기억 속에서 나오는 대로 말씀드리겠습니다."

황 선생의 눈에는 자신이 만만한 기분이다.

"먼저 그의 입신(入信)은 전도용으로 발간되는 「그리스도 신문」에 기재된 「예수는 하나님의 독생자」란 말에서 일년 동안을 두고 생각하시기를 '하나님에게 어찌 이 인생들처럼 아들이 있을까?' 하다가 그 사실을 알기 위하여 교회 출석을 하기 시작하신 것이랍니다. 알기 위해서 교회에 나오시기 시작할 때는 38세이셨다고 합니다. 그래서 일단 입신을 하신 후에는 그 신앙 생활이란 철두철미하셔서 과거의 생활과는 전혀 다른 길을 취하셨습니다. 그로 인해서 집안 식구에게와 종가(宗家) 친척들에게와 기타 동네 사람들에게 받은 비난과 핍박으로 해서 받으신 고난이란 이루 말할 수 없었습니다. 그러나 끝까지 참고 견디면서 지내시는 동안에 결국은 집안 식구들은 물론 또 친척들까지도 이해를 하게 되었습니다. 이러한 입신과 이러한 신앙력을 가지신지라 그의 일상 생활은 철두철미 신앙적이었습니다.

실화를 말씀드리면 입신 당시에 일반적으로 가진 완고한 봉건사상으로, 신체 발부(髮膚)는 수지부모(受之父母)라 불감훼상(不敢毁傷)이 효지시야(孝之始也)*라고, 모든 양반들이 위하고 귀중히 여기는 상투를 잘라 버리고, 믿기 전에 믿는 것을 반대하던 장로 부인께서 안 계신 틈을 타서 조상의 봉제사에 쓰는 기구를 전부 불사르고, 성묘하기 불편한 곳에 있는 장로님 형님의 묘를 택일도 하지 않고 맘대로 이장(移葬)하시다가 친척들에게 두들겨 맞으셔서 한 달 가량을 앓으셨으나 그들을 원망도 안 하시고, 연보하실 때는 있는 대로 모조리 바치는 그런 어른이셨습니다.

이 모조리 바쳤다는 연보는 이런 일이었습니다. 때는 일본 동경에 대지진이 있던 해(1923년) 봄이었습니다. 장로님이 섬기시던 칠원읍(漆原邑) 교회에서는 유명하신 길선주(吉善宙)** 목사님을 모시

---

* ─신체발부(身體髮膚)는 수지부모(受之父母)라 불감훼상(不敢毁傷)이 효지시야(孝之始也): 몸과 머리털, 피부, 곧 몸 전체는 부모에게 받은 것이기 때문에 그것을 상하지 않게 하는 일이 효도의 시작이라는 뜻이다.

** ─길선주(吉善宙, 1869-1935): 평안남도 안주 출신의 장로교 목사이다. 김종섭(金鐘燮)을 통해 기독교를 접했던 그는 특히 『천로역정(天路歷程)』에 깊은 감명을 받았다. 1897년(29세)에 세례를 받고, 1898년에는 교회의 영수(領袖)가 되었다. 1901년 장대현교회의 장로가 되고, 1902년 조사가 되어 평안도와 황해도 지방을 맡아 전도하였다. 또한 안창호 등과 함께 독립협회 평양지부를 조직하여 사업부장을 맡아 구국운동에 앞장섰다. 1903년 평양신학교에 입학하여 1907년 제1회 졸업생으로 7명의 동료와 함께 평양노회에서 안수를 받고 장대현교회의 목사가 되었다. 그는 한국 개신교 사상 최초의 가장 큰 영력을 가진 목회자로, 부흥사로 활약하여 많은 사람을 개종시켰고, 부흥운동을 통하여 심령의 역사를 크게 나타내었으며, 많은 교회를 설립하였다. 더구나 교육사업에도 힘써 숭실학교(崇實學校)와 숭덕학교(崇德學校)를 설립하였다. 삼일운동 때에는 기독교를 대표하여 33인의 한 사람으로 독립선언서를 공포하여 2년의 옥고를 치르기도 하였다. 석방된 뒤로는 북간도를 비롯하여 전국을 순회하면서 부흥집회를 인도하였다. 유고로 『말세학』, 『길선주 목사 설교집』 등이 있다.

고 교회당 건축을 위하여 부흥회를 하였습니다. 한 주일 동안 집회를 마친 후에 예정했던 대로 건축 연보를 적을 때였습니다. 동네라고 해야 4,5백호 밖에는 안 되는 곳에 있는 교회요, 교인수래야 7, 80명밖에 안 되는 교회니 신축을 위한 연보가 넉넉히 나올 리가 없었습니다. 교인들은 대개가 가난한 사람들이었고 제일 넉넉한 이가 장로님 댁이었습니다.

연보를 적을 때 손 장로님은 일어서서 말씀하시기를 '내가 가지고 있는 다섯 마지기 중에 세 마지기를 바치겠습니다.' 하였습니다. 그리고 나서 몇 사람 다른 이들이 약간 적은 후에 손 장로님 부인 차례가 되니 일어서서 말씀하시기를 '내가 이 집에 들어온 후에 장로님과 내가 노력해서 늘려 놓은 논이 두 마지기나 되었는데 나는 그 두 마지기를 바치겠습니다.' 고 하셨습니다. 자 이러고 보니 믿지 않는 친척은 물론 교회 신자들 중에도 놀라지 않을 수 없었다고 합니다.

있는 대로 바치는 장로님 가정에 감탄하는 사람들보다도 비방하는 사람이 많았답니다. 있는 대로 바쳤으니 이제는 그 집안 다 망했다고 하였답니다. 그런 말을 들을 때마다 장로님께서는 말씀하시기를 '세상에는 망하는 길도 한 두 가지가 아닙니다. 화재나 수해로 망하는 수도 있고, 도둑을 맞아서 망하기도 하고 사업하다가 실패해서 넘어지기도 하고, 심지어 주색잡기(酒色雜妓: 술과 여자와 노름)로 가산을 탕진하는 이들도 있는데 성전을 짓느라고 망했다면 이 얼마나 귀하고 가치있는 망함이겠는가, 나는 망해도 하나님의 성전은 남지 않겠는가.' 하시면서 스스로 위로를 받으셨다고 합니다. 그러나 사실인즉 하루 하루를 지낼수록 곤란한 생활을 한층 더 하셨답니다.

그런데 그 해 여름도 지나고 가을이 되었을 때에 일본 동경에 대진재가 일어났습니다. 그때에 우리 한국인들이 무수하게 일본 사람들에게 학살을 당했다고 합니다. 마침 손 목사님의 동생되시는 손문준 선생이 고학하기 위해서 동경에 계셨다는 것입니다. 이 소문을 들은 가족들의 놀라움은 물론 소식을 기다리는 궁금함이란 이루 말할 수 없었습니다. 동네 사람들은 더욱 비방하기를 그 집안 옳게 망해간다고 하였답니다. 그러니 장로님의 가족들은 침식을 잃고 이 일을 위해서 기도하였다는 것입니다.

그런데 감사한 것은 그후 오랜 후에 동경에 있는 문준 선생에게서 편지가 왔고 그 편지에는 송금수표가 동봉되어 왔더라고 합니다. 그것은 문준 선생이 진재 중에 죽기를 면했을 뿐 아니라 복구와 구호사업을 열심으로 도왔으므로 그 회에서 수고했다고 주었다는 것입니다. 그 돈을 문준 선생은 장로님에게 가용(家用)으로 쓰시라고 보냈는데 그 금액이 먼저 장로님 내외분이 바친 논 다섯마지기를 돈으로 치러 들여놓고도 세 마지기 더 살 수 있는 액수에 해당하였답니다.

이 외에도 많은 일화가 있으나 일일이 들어서 구체적으로 말씀드리지 못하고 특히 전쟁 중에 된 일을 한두 가지 더 말씀드리겠습니다."

그리고 다시 한 번 무엇을 생각하는 것 같았다. 이곳에 모인 어른들은 물론, 다른 때 같으면 졸리다고 할 동수까지 꼭 듣고 앉아 있다. 동인이 동신이는 그런 할아버지 가진 것을 마음에 흡족하게 느끼면서 지난 날 베풀어 주신 할아버지의 사랑이 더욱 새로워지는 것 같았다.

"이 편지는 손 장로님께서 옥중에 있는 아들 손 목사를 위하여 기도를 그치지 않는 한편 자주 자주 보내 주시던 격려의 편지 중의 하나로 1944년 8월 3일부의 편지인데 부산 계실 때 보내신 것입니다. 그대로 읽어 드리겠습니다.

「금월 1일 금지옥엽(金枝玉葉)같은 서신을 반갑게 받아 본즉 비록 수금 중이나 사서삼경(四書三經)을 통달한 시인보다 재주가 모범적이로구나. 애비는 헛 나이만 먹고 부모 노릇 못한 허물을 다 용서하여다구. 나의 참 효자 양원아, 영육간 내가 네 모범 되지 못한 일 말할 수 없구나. 심령 고통으로 무상하게도 너를 서자상(書字上)으로도 도우지 못한 점 짐작하여라. 인간이 의식주가 무엇인지 인심은 조석변이라는 말같이 가정과 동생들과 애비의 그런 점을 위하여 기도해다오. 아직 그날 그날 근근히 광야살이일지라도 해 나가는 것은 너의 기도의 응답으로 도우시는 하나님의 은혜이시다 …… 운운」

이 얼마나 신앙적이며 겸손하신 편지입니까? 이 얼마나 놀라운 아버지의 말씀입니까? 다음은 1945년 4월 1일 만주 할빈에서 보내신 편지인데, 이 편지는 손 장로님이 최후로 보내신 편지가 된 것 같습니다. 이것도 읽겠습니다.

「애비는 아들의 영화요, 손자는 노인에게 면류관이라 하는 말이 우리 양원이에게 맞았구나. 본래 연약한 몸으로 추운 철기에 어떻게 참아가느냐. 한 입으로 다 말하지 못 하겠구나. 눈병은 지금 어떠한지 듣고 싶구나. 애비는 두 달 동안을 천식병 기침으로 담이 성해서 숨이 막혀 약을 쓰면서 지냈다. 한참은 방안에서 대소변을 받아 내도록 기거를 못하다가 요새는 근근히 부지하니 너의 드리는 기도의 덕인가 한다. 그러므로 이제야 편지하게 되어 실수했으니 용서하여라. …… 운운」

황 선생은 이 편지를 읽고 나서 눈을 감는 것 같았다. 일동은 이 두 편지에서 그 장로님의 일생을 통해서 움직이던 또 그의 가족 전체에서 볼 수 있는 그 무슨 특이한 성격을 발견할 수 있었다. 강하기는 독수리 같고 온유하기는 비둘기 같은 성격이라고 할까? 신앙의 자유를 위해서는 만난(萬難)을 겁내지 않으면서도 자기의 부족에

---

* -사서삼경(四書三經): 사서삼경은 유교의 경전을 말한다. 사서는 『논어(論語)』, 『맹자(孟子)』, 『대학(大學)』, 『중용(中庸)』을, 삼경은 『시경(詩經)』, 『서경(書經)』, 『역경(易經)』을 말한다. 여기에 『춘추(春秋)』와 『예기(禮記)』를 더해 사서오경(四書五經)이라고도 한다.

대해서는 아들에게도 사과를 하는 이러한 분이다.

이때 동인, 동신에게도 외출은 물론 이웃에 나가시면서도 "동신아, 내 박 집사 집에 갔다 오마." "동신아 나 다녀왔다." 하시던 할아버지. 꼭 집안 사람에게 다녀 오마고 이르고 나가시고, 다녀와서는 꼭 다녀왔다고 말씀하시던 할아버지가 생각이 났다.

"끝으로 한 가지만 더 말씀드리겠습니다. 손 목사님이 광주 형무소에 계실 때인데 만기 될 임시에 하루는 형무소 소장이 불렀더랍니다. 나가보니 말하기를 '당신의 아버지에게서 편지 왔는데 당신더러 고집부리지 말고 얼른 돌아와서 가정을 회복시키라고 했는데 당신은 어떻게 생각하오?' 하고 묻더랍니다. 손 목사님은 '누가요?' 하고 다시 재차 물으니 '당신 아버지요.' 하고 대답하더랍니다. '그럴 리 없지요. 편지 좀 봅시다.' 하고 편지를 요구하니 편지는 없다고 보여주지 않더랍니다.

'그럴 리 없습니다. 우리 아버지께서 그럴 리 없습니다.' 하고 다시 부인(否認)하니 소장이 다시 말하기를 '만주 있는 게 당신의 아버지요?' 하고 새삼스레 묻더랍니다. '네, 그렇습니다.' 하니 '그이는 당신 아버지 아니오' 하더랍니다.

'그 무슨 말이요?' 하니 '아버지라면 그런 말을 어떻게 하겠소. 신앙을 떠난 생활은 죽은 생활이나 같으니 옥중에서 차라리 죽을지언정 나올 수 없다고? 손나 바가나 오야지기 도고니 아루〃(그런 못된 늙은이가 어디 있는가)' 하면서 화를 내더랍니다. 손 목사님은 무슨 영문인지 모르나 속으로 '그러면 그렇지. 우리 아버지가 그렇게 부당한 말씀을 하셨을 리가 있나?' 했더랍니다.

손 목사님이 나중에 나와서 박상건(朴相健) 목사님이라고 하는 서울에 계신 목사님에게 들으니, 그이는 그때 할빈 조선 교회의 목사님으로 손 장로님 장례식을 행하신 목사님이신데—손 목사님의 만기는 가까워져도 신앙이 여일하니 광주 형무소 소장이 손 장로님에게 편지하기를, 당신 아들에게 권면하는 편지를 하여, 신사참배를 용인하도록 시켜서 풍비백산한 가족을 다시 모아 가정을 이루도록 권하라고 했습니다. 그러나 이 편지를 받은 손 장로님은 박 목사에게 그 편지를 보이시고 난 후 그와는 정 반대의 뜻으로 편지를 냈답니다. 그러니 소장이 화가 나서 그렇게 욕을 했더라는 것입니다. 여러분! 그 아버지에 그 아들 그 장로님에 그 목사님이 아닙니까? 아버지가 그러시니 아들이 어찌 약해지겠습니까?"

이러고 보니 여러 다른 사람들보다도, 철든 동인, 동신 군과 동희는 그런 할아버지와 아버지를 가진 자기들이 얼마나 행복스러운지 몰랐다. 일동도 감격에 넘쳤다. 등잔불도 그 빛이 더 환해지는 듯 싶었고 고요한 밤이 거룩한 밤 같았다.

"여러분, 그 할아버님은 만주 할빈에서 먼저 말씀드린 대로 돌아가셨습니다. 들으니 고향에 가서 죽고 싶다고 늘 말씀하셨던 모양이신데 이역에서 고혼이 되셨습니다. 나는 이 장로님의 죽음도 순교라고 부르고 싶습니다. 왜냐구요? 그는 신앙을 위하여 싸웠던 까닭으로 이러한 원치 않는 이역만리에서 돌아가셨으니까요. 주를 위해 싸우시다가 돌아가셨으니까요. 모르긴 하지만 만일 장로님을 투옥시켰다면 기뻐 춤 추면서 들어가서 싸우셨을 것입니다."

황 선생은 흥분된 어조다. 일동도 그렇게 느꼈다.

"여러분, 오늘 밤 그 어른은 비록 이 자리에 안 계시어서 추모의 어른으로 되셨지만 우리 하나님 우편에 계신 예수님과 함께 계시어 우리를 위해서 기도하실 줄 알며, 우리도 그를 만나러 갈 수 있도록 신앙의 생활을 해야 할 줄 압니다. 내 기억에 남은 장로님의 말씀 중에 '내 자손들에게는 논밭 전지를 저장해주는 것보다도 믿음 하나만 전해주겠다' 고 하시던 말씀이 생각납니다. 동인이 이하 다섯 남매는 그 할아버지의 뜻을 받들어 훌륭한 신앙의 소유자가 되기를 진심으로 바랍니다."

이렇게 추모사가 끝나자 「날빛보다 더 밝은 천당 믿는 것으로 멀리 뵈네. 있을 곳 예비하신 구주 우리들을 기다리시네/ 며칠 후 며칠후 요단강 건너가 만나리/ 며칠 후 며칠 후 요단강 건너가 만나리……」를 부르고 기도가 있은 후 답사로 손 목사의 간단한 말씀이 있었다. 그중에 이런 말씀을 했다.

"대단히 감사합니다. 여러분이 이렇게 오셔서 우리 아버님을 추모해주시니 과연 내가 검속되던 날 밤에 인사를 드리려고 아버님께 들어가 절을 하면서 '아버지 잠깐 다녀오겠습니다.' 하니 형사들 앞이라 긴 말씀 안 하시고 간단히 '누가복음 9장 62절과 마태복음 10장 37절로 39절을 기억하라.' 하시면서 엎드려 기도하시던 중에 붙들려 갔었는데, 그것이 아버님과 나와의 집에서 뵙던 일로는 최후였습니다."

손 목사님의 눈에도 눈물이 돌았다. 이 말에 모두들 감격했다. 동희는 얼른 그 성경 구절을 찾아 보았다.

'예수께서 이르시되 손에 쟁기를 잡고 뒤를 돌아 보는 자는 하나님 나라에 합당치 아니하니라 하시니라.'

「아비나 어미를 나보다 더 사랑하는 자는 내게 합당치 아니하고, 아들이나 딸을 나보다 더 사랑하는 자도 내게 합당치 아니하고, 또 자기 십자가를 지고 나를 따르지 않는 자도 내게 합당치 아니하니라, 자기 목숨을 얻는 자는 잃을 것이요 나를 위하여 자기 목숨을 잃는 자는 얻으리라.」

이것이 검속 당해 가는 아들에게 주는 아버지의 선물일까? 이것이 부자상별의 유언이 될 줄이야!

제9장

늙은 중학생들

학교에서 먼저 돌아온 동희는 저녁식사 준비를 하고 있는데 술이 얼큰히 취한 아저씨가 들어오신다.

"에 – 취해 취해! 야 동희야 네 큰 오빠 안 왔나? 동인아, 에, 취한다!" 하면서 문을 열고 대문에서 마루까지 들어오더니 털썩 주저앉는다.

"아저씨 또 어디서 술 잡수셨어요? 또 오빠들 공부 하는데 술주정이나 하실려고." 야무진 말투다.

"그래 그래 안 그런다. 그래 그래 안 그런다. 오늘은 천 서방의 딸이 시집을 갔는데 천 서방이 자꾸 마시라고 해서. 참 고 막딸이 단장을 하니까 훨씬 이쁘게 보이더라. 너 동희도 이 다음에 이 다음에 시집갈 때는 참 이쁠거라. 얘 동희야, 안 그러냐?"

"아이 시끄러워요. 또 오늘 밤에 공부는 다 틀렸네!" 하면서 혼자소리처럼 하는데 아저씨는 비틀비틀하면서 다시 나가려고 한다.

"아저씨 어디 가세요, 그만 주무시지." 하면서 나가기를 말린다. 마루 밑에 있던 강아지는 술취한 아저씨의 신을 물어 뜯는다.

"응 그래. 그러나 그래도 남의 술만 먹고 지낼 수가 있나? 갚아야지, 이 강아지 새끼가?" 하면서 밀쳐버리고 나가려고 하는데 동인이가 마침 마주 들어왔다. 순천 사범학교 모표가 붙은 모자를 쓴 것이 꼭 대학생처럼 크다.

"오! 참 너로구나. 너 동인아, 에, 취한다! 너 나 돈좀 다오. 에 – 취한다. 오늘 천 서방네 딸 시집가는데 에 – 취한다. 가서 자 잘 얻어먹었다. 그러니 어데 에 – 취한다. 어데 가만 있을 수 있느냐? 헤, 헤 돈 좀 내라! 에 – 취한다 5백 원이면 된다." 하면서 마루에 도로 주저 앉는다.

"아저씨 그만 주무세요. 지금 또 나가서 어떻게 약주를 잡수세요? 들어가 주무세요." 하니 "아니 돈을 줄 테냐 안 줄 테냐?" 하고 소리를 벌컥 지른다. 이 소리를 듣자 동희가 부엌에서 쫓아 나오니 동희더러 "동희야, 네 오라비 돈 가져 오너라." 한다. "난 몰라요." 하고 대답을 하니 "오! 그래. 너는 모르고 에 – 취한다. 네 큰 오라비는 안 주고, 그럼 그럼 동신이를 기다려야 하느냐? 에 – 취한다." 하더니 그대로 마루 끝에 쓰러지자 소리가 뚝 끊어진다. 몹시 취한 모양이다. 이를 물끄러미 바라보던 동인이는 그 술취한 아저씨를 그대로 두고 방에 들어가서 옷을 바꿔 입고는 자리를 펴놓고 다시 나와서 그 아저씨를 끌어다가 누이었다.

'죄가 무서워서 죄 지음을 사함 받아야 진정한 신앙생활을 할 수 있다고. 또 그 십자가의 도리를 가르치러 다니시는 아버지도 계시지만 어떻게 되어서 기회 얻는 대로 돈 있는 대로 술 취하기를 일삼는 아저씨도 계신가? 도대체 술이라는 것은 무엇일까? 밥은 바빠서 못 먹고, 떡은 떡떡 걸려서 못 먹고, 죽은 죽죽 흘러서 못 먹고, 술은 술술 넘어가니까 먹는다더니 술이란 그렇게 쉽게 술술 넘어가는 것일까? 술 먹는 사람은 처음에 술을 먹고 그 다음엔 술이 술을 먹고 끝에는 술이 사람을 먹어서 집 팔아 먹고, 논 팔아 먹고, 계집 팔아 먹고, 친구 팔아먹고, 자기 팔아 먹는다더니 정말 그런 것 같은데, 도대체 술이란 기뻐도 술, 슬퍼도 술, 나뻐도 술, 궂어도 술, 추워도 술, 더워도 술이니 그 술이란 정말 요술 속이다. 술이란 존재가 언제부터 시작이 되었느냐? 또는 어떤 계급에만 속하고 있는지 모르지만 술이라는 것을 통해서 세상에 들어오는 죄악이란 그 수를 헤아릴 수 없다. 이 술은 아마 하와를 꾀이던 뱀이 인간을 꾀이는 한 수단으로 만들어 놓은 것인지도 모른다. 좌우간 술이란 절대로 인간에게 금물이다.'

이렇게 아저씨와 술, 술과 죄, 죄와 각오, 이런 생각이 들자 동인이는 술을 모르는 자기가 대단히 행복했다.

"오빠, 무슨 생각을 그렇게 하우?" 하는 동희 소리에 "아 참, 네가 저녁 하는데!" 하고는 마루 아래로 내려 선다. 그러더니, "아이 참 장작이 없지!" 하고 다시 방에 들어가서 돈을 가지고 나와서 장작을 사러 갔다. 얼마 있다 어디서 만났는지 동수 동장이와 함께 셋이 장작을 나누어서 들고 들어오더니 마루 밑에서 도끼를 찾아서는 패기 시작한다.

"얘, 동신이가 웬일이냐? 이제까지 안 오니."

"글쎄 웬일일까요? 또 제민이 오빠에게 간 게지요."

저녁밥이 다 되어도 동신이는 안 돌아왔다. 그래서 보통 식사시간으로부터 삼십 분이나 기다려 보았으나 여전히 안 돌아와서 하는 수 없이 식사를 시작했는데, 식사 시작한 후 십 분쯤 지난 뒤에 동신이가 쫓아 들어왔다.

"너 왜 이리 늦었니?"

"늦어서 미안합니다. 갑자기 내일 영어시험이 있다고 해서 제민이에게 가서 일전에 삼일간 빠진 것 해석 좀 해 받고 오느라구요."

"그것 봐. 내 짐작이 안 맞았나!" 하면서 동희가 쑥 나선다.

"그런데 아저씨는?"

"건너 방에서 주무신다."

"또 취하셨구먼……!"

자기 전 기도회를 보았다. 그러나 동신 군은 오늘 해야 할 일과 중에 하나인 성경 석 장씩 읽는 것을 마치고 또 내일 시험 준비에 밤 가는 줄 몰랐다. 국민학교 2학년까지인가 다니는 둥 마는 둥 하고 나서 할아버지 밑에서 한문을 좀 배우고는 집안 따라서 광주로 부산으로 돌아다니면서 학업을 중단했던 동신이는 아버지(손 목사님)의 친지인 나덕환 목사님의 주선으로 순천중학 2학년에 편입을 하였으나 그 학과를 따라가기에는 여간 힘든 것이 아니었다. 12시 이내에 자본 일이 없고 새벽 5시까지 누워 본 일이 없다. 어떤 때는 교회서 밤새워 기도하는 때도 있었다.

나 목사 아들 나제민 군의 말에 의하면 처음 승주(昇州)교회를 찾아 왔을 때의 인상은 봉공대(奉公袋)를 들고 처음 찾아왔는데 보잘 것 없어 보이더니, 그 다음 날부터 하는 기도생활과 공부하는 데 열심인 것으로는 유일 무이의 친구가 되도록 자기에게 은혜가 되었다는 것이다.

그래서 첫 해는 백십이 명 중에 구십이호로 겨우 낙제를 면했고, 그 다음 해는 백삼 명 중에 칠십칠호를 했다. 그러니 자꾸 성적이 나아져가는고로 금년에는 아무래도 중간 이상 되기를 목적하고 공부를 하는 것이었다. 이처럼 이만한 성적을 올리자니 정말 타인의 배 이상의 노력을 해야 하는 고로 밤에 졸리면 몸을 찬물에 씻어 잠을 깨워 가면서 공부하는 것이었다. 때로는 코피를 쏟기도 하였다. 그리고 현기증이 날 때는 혼자 쩔쩔 매었다고 한다.

　필자가 순천 중학교에 가 조사한 바에 의하면 '그 인물 개관(槪 觀)에는 양(良) 순진하고 매우 착실. 타인보다 배 이상 노력함'이라 고 기록되어 있었다. 한편 성경읽기, 기도, 성수주일의 생활은 변함 없이 하는 것이었다.

　깜짝 놀라 깬 동인이는 언제 잤는지 못 잤는지 아직도 불 밑에서 공부하는 동신이더러 "지금 몇 시냐?" 하고 물었다.

　"4시 30분 되었어요."

　"그래? 나도 일어나야겠구나. 너 좀 잤느냐?"

　"네 조금 잤어요."

　"얘, 병 날라 주의해라."

　동신이는 '형님도 그러시다가는 병 나시겠습니다.' 하는 말이 쑥 나오는 것을 꾹 눌러 참았다. 동인이 역시 그랬다. 동신이보다도 나 이도 많을 뿐 아니라, 순천 사범학교 4학년에 들었으니 그리 쉬울 리 없었다. 그래서 동인이도 동신이 지지 않는 결심이었다. 더구나 앞으로 도미(度美)를 계획하고 있으니 그 준비로 어학 준비에 바빴 다. 그래서 체육, 외국어, 음악은 다른 학과보다 성적이 대단히 좋았다.

　동인 군은 그해 정월에 다음과 같은 편지를 부산에 있는 정규환 (丁奎煥) 군에게 보내었던 것이다.

　「사랑하는 정형이여!

　하나님의 예정은 그 순서를 따라 부절히 진행되나이다. 부산서 더위에 허덕이던 때가 어제 같은데 벌써 쓸쓸한 엄동설한이 되었나이다. 광음유 수라더니 세월은 덧 없이 흘러 벌써 반 년이 지났으나 아무것도 하는 것 없이 편지 쓸 여가를 못 낸 것은 제가 너무 게으른 탓인가 하여 미안하게 생각하나이다.

그런데 형이여! 부산중학 형편이 궁금하던 중 귀형의 편지를 반갑게 읽게 되니 일희일비(一喜一悲)의 격이외다. 지금 이 지방의 중학교들은 '아는 것이 힘이다.' '모르면 인간이 아니다.'라는 표어들을 가슴에 안고 무엇이든지 알려고 생사를 불구하고 침식을 잊고 전력을 쏟는 향학의 불이 붙는데, 내가 반 년 이상이나 정붙여 공부하던 부산 중학이 계속하여 스트라이크(strike, 休學; 휴학)를 한다는 말을 들을 때 내 가슴에 불타는 애석한 마음 금치 못하겠습니다.

오늘의 조선 청년들의 앞길을 가만히 생각해보니 막연하기 짝이 없사와 가슴속에서 우러나오는 뜨거운 눈물 금치 못하겠나이다. 이렇게 배우기를 등한시 하다가는 몇 십 년이나 남에게 뒤떨어진 한국은 또 떨어지고, 떨어져서, 우리 반만 년의 역사를 가진 삼천리강산 삼천만 동포의 말로가 또한 어떻게 될는지요.

형이여! 오늘날 우리나라의 말로가 어떻게 될는지 모르나 기도하지 않을 수 없나이다. 옛날 소돔 고모라성 멸망 당시에 의인 열 사람이 없어 멸망 당했다지요? 과연 오늘 이 땅 위에 의인이 몇이나 될는지요? 인심은 날로 뱀의 피보다 더 차가워져가고 주를 사랑하는 사랑도 점점 식어 가는 듯하나이다. 오늘날 왕성할 줄 알았던 교회도 오히려 안에서는 찬 바람이 쓸쓸히 불어서 먼저 하나님께 회개하여야 할 죄를 그냥 품고 있으니 하나님의 매를 맞아야 할 이 형편을 어찌하겠나이까?

해방 직후에 나는 이 백성들이 일제(日帝)하에 고생을 많이 하였으므로 하나님을 찾아 돌아오리라고 생각하였는데, 오늘날에 우리 사회는 여지없이 타락하여 신자들을 핍박할 지경까지 이르렀으며 형제가 서로 죽이며 싸우는 한국 형편, 즉 학원이나 신성하다는 교회나 해방했다는 우리나라가 꼭 같으니 어이 우리가 가슴을 치며 통탄하지 않을 수 있으며 뜨거운 눈물을 흘리지 않을 수 있으리요!

부모의 말씀을 거역해도 부모의 채찍과 징계가 있는 법인데, 하나님의 명령과 말씀을 거역하는 나라는 어찌 될까요? 슬프다! 이 땅의 동포들과 또한 나 자신을 돌아다 볼 때 하나님의 징계와 매를 맞을 수밖에 없다는 것을 느낌이여!

그러나 형이여! 그렇다고 낙망은 마사이다. 실패에는 성공이 있고, 가물다가는 비가 오고, 바람이 불다가는 고요해지고, 어둡다가는 밝아지는 때가 있고, 쥐가 사는 조그만 구멍에도 햇빛이 들 때가 있다는 말과 같이 우리나라, 우리 교회, 우리 학원에도 멀지 않은 장래에는 빛이 들 것을 굳게 믿어 주소서. 또 위하여 기도하여 주소서.

사랑하는 형이여! 나의 학창생활을 이야기해달라고 말씀했으나 무슨 말씀을 드려야 좋을지 사실은 무슨 독특한 말씀 드릴 것도 별로 없는 것 같나이다 마는 귀형의 원인 듯 싶어서 부득이 하려 하나이다. 이곳 순천(順天)은 수차 말씀 드렸거니와 인구는 3만에 불과한 작은 도시이외다. 그러나 문화도시라 할 만하게 시상(市相)이 좋고, 또한 사람들이 깨었습니다. 이 작은 도시에 중등학교가 다섯이나 있고 또 금년에도 공업학교를 설립하려는 계획인데 좌우간 문화도시이면서 교육도시로 남한에서 유명하다 할 만합니다. 그 원인이 어디 있을까요? 그것은 선배 생도들의 향학열에서 일어나는 필연적 결과라고 해석하고 싶나이다. 이것은 결코 자랑이 아닙니다.

그리고 밤으로 중학생들의 통행을 좀처럼 못 볼 만치 공부를 하는 모양이외다. 그리고 또한 학교 당국들이 권위가 있어 여간 하지 않고 절대로 규칙적 생활이외다. 이곳 생도들은 선생님의 의사를 참으로 존중하는 것 같나이다. 이곳 학생들은 모두 온순한 편이외다. 그래서 공부하기는 복잡한 대도시에서 하기보다 좀 신성미를 띤 지방에서 하는 것이 조금 나은가 생각하나이다. 저는 처음에 순천 중학에 지원했으나 자리가 없다는 이유로 거절을 당해서 부득이 금년에 신설된 순천 사범학교로 들어갔는데, 상급학교 입학시험에 중요한 과목보다도 사범 과목이 많아서 전도를 생각하면 아무래도 앞으로 중학교로 들어가야 되겠나이다.

형! 형! 정형! 부디 희망을 크게 가져주소서. 또한 열심히 열심히 하여주소서. 꾸준히 하여주소서. 하나님이 기회를 주시면 우리들이 손잡고 주의 나라 받들어 보사이다. 이곳 학생들은 스트라이크하는 학교를 보고는 비웃고 어리석은 사람인 줄로 여기나이다.

형이여, 부산중학 기독학생회는 어찌 되었는지요? 한 목사님을 종종 뵙게 되었는지요? 제가 귀가한 것에 대하여 잘 말씀하여 주시오. 우진(雨振) 형도 부중(釜中) 혹은 동중(東萊中學)을 원한다지요? 가방값에 대해서는 저나 혹은 우리 어머님께서 부산가실 때 찾게 될 것입니다. 정형께서 수고를 하시게 되어 미안 천만이외다. 이곳 학교는 매일 6시간씩 공부합니다. 정형이나 배형 기타 음악부원들은 기악(器樂)이 상당히 많이 늘었을 줄 압니다. 다 안부 전해주소서. 추운데 귀체 조심하십시오.

1947년 1월 9일
여수 손동인 배」

동희 "순금아 아버지 어디 가셨니?"

순금 "응, 손님 오셔서 어디 나가셨어."

동희 "야 참 그제 토요일 우리 강아지 잃어버렸다."

순금 "그래 그 일전에 갖다 기르던 것 말이지?" 하고 놀라며 묻는다.

동희 "응 그래."

순금 "어떻게?"

이렇게 문답하는 데는 승주교회 나 목사님 사택이다. 그저께 강아지를 잃게 된 동희는 이런 이야기 저런 이야기 하다가 그때 된 일을 이야기하는 것이었다. 집에서 기르던 작은 강아지가 집안 모든 사람들의 재롱꺼리였는데 지난 토요일에 강아지가 없어졌다. 그 이튿날까지 찾았는데 이웃집 어린아이 하나가 저의 어머니가 감추었다고 이야기를 해서 찾으러 갔더니 펄쩍 뛰면서 그 집 큰 학생이 나오더니 정신없는 소리 말라고 싸울 듯이 덤비며 뺨을 때렸다. 강아지 찾으러 갔던 동인이는 뺨을 맞고 말한다.

"여보시오, 우리가 당신 집에 들어간 것을 보기나 했소? 당신 집 어린아이가 그렇게 말하니 찾던 우리로서 안 물어 보겠소? 그만 둡시다. 우리가 강아지 못 찾는 게 낫지 우리끼리 싸울 것이 무엇 있소. 더구나 주일에."

그러면서 악수를 하자고 하니 상대편은 악수도 안 하겠다는 것이었다.

"우리 오빠 참 우습더라. 악수하자고 할 때 모양이." 하고 동희가 웃었다.

"그 강아지 너희 아저씨가…." 하고 순금이가 말이 쑥 나오자 벌써 눈치를 챈 동희는 "안 그랬어, 아닐 거야" 하고 부인해 버린다. 그러더니 그 아저씨가 두 주일 전엔가 천 서방 집 막딸이 혼인날 또 술이 대취가 되어서 집에 오던 이야기가 나왔다.

"나더러 시집갈 때 막딸이처럼 참 이쁘겠다고 해해해해." 하면서 헛웃음처럼 웃을 때 "너 동희 왔구나!" 하고 들어오는 사람은 제민이었다.

"응 제민 오빠요?" 하고 동희가 인사했다.

"얘, 참 오늘 재미있는 이야기 동신이에게 들었는데……." 하면서 책보를 들여다 놓고 동희와 순금이가 있는 데로 오더니 말을 꺼낸다.

"무엇이?" 하고 묻는 순금이는 내버려 두고 동희더러 "아 참, 너도 이야기해 봐라." 하면서 동희에게 부탁한다.

"무엇을?" 하고 동희가 물으니 "네 큰 오빠가 미군에게 영어 통역 해주었다면서?" 한다.

"음 했지, 나하고 상점 거리에 나갔다가" 하고 함께 나갔던 동희는 말을 했다. 제민이는 "그런데 우스워서" 하더니 "동희 네가 더 잘알 터이니 순금이에게 이야기 해주어라." 하고는 이야기를 시킨다.

동희는 이야기를 하였다. 일전에 동인이가 동희와 함께 어떤 수예점(手藝店) 앞을 지나 갈 때였다. 사람들이 그 집 앞에 모여 있는지라 무심코 들여다 보니 젊은 미군이 서 있는데 수예점 주인과 무슨말 다툼을 하는 모양이었다. 동인이는 무슨 일인가 싶어서 사람들을 헤치고 들어가 보니 미군이 수예품을 사러 왔다가 어떻게 잘못하여서 비싸고 구하기 어려운 좋은 유리를 깨뜨렸던 것이다. 그래서 미군은 미안하여 배상을 해주고 싶지만 가지고 온 돈이 많지 않아서 얼마냐고 묻고 돈이 없으니 가서 갖다 주마고 하는 것인데 말을 알아 듣지 못하는 주인은 내가 깨뜨렸으니 미군 있는 데로 가자고 하는 줄 알고, 갔다가는 무슨 짓들을 할지 몰라서 안 된다고, 이리로 갖다 주어야 한다 하고 옥신각신 하는 판이었다.

그래서 동인이가 통역을 하여 자세히 설명을 해서 그 미군이 제부대에 가서 요구하는 금액 7백 원을 15분 후에 갖다가 갚아주고 또 캔디 두 갑을 갖다가 동인이에게도 주면서 '남의 나라 사람이 와서 이렇게 무례하게 하여 미안하다.'고 했다는 이야기였나.

그 자리는 다시 웃음판이 되었다. 이것이 기회가 되어서 가끔 만나면 반갑게 여기고 서로 이야기를 하게 되는데 동인이는 무엇보다도 회화를 할 기회 얻은 것이 좋아서 만나면 일부러 긴 이야기를 하여 그 기회를 이용하는 것이었다. 학교에서도 영어 시간이면 '우리 전부 영어로만 합시다' 하고 그 반에서 영어 시간에 제의했다가 동무들 특히 동인이를 미워하는 학생들에게 반대를 당하고 욕을 들은 일도 있었다. "건방진 자식! 어디 제까짓 것이 미국 간다고?" 하면서.

그러나 하와이에 계신 고모님에게서도 편지 연락이 있어서 도미 유학을 원하는고로 그 뜻을 두고 회화를 실습하고 싶어서 이런 회화를 하는 시간은 학교에서 배우는 이상으로 유익하고 좋은데 한번은 무슨 말 끝에

"너 무슨 학교에 다니느냐?"고 하기에

"나 순천 사범학교에 다닌다."고 했다.

"어떤 정도냐?"고 묻기에

"중학 정도."라고 했다. 그랬더니 미군이

"너 몇 살이냐?"고 하기에

"미국식으로는 이십 이세라."고 했더니 깜짝 놀라면서

"네가 중학생이냐?"고, 그러니 쑥 나오는 대답이

"그렇다, 나는 늙은 중학생이다"고 했다는 것이다.

늙은 중학생들!

돈이 없었던 것도 아니다. 기회가 없었던 것도 아니다. 공부하기 싫어서 그렇게 된 것도 아니다. 기회도 있었고 하고도 싶었지만 해서 못 쓸 일이 있어서 그렇게 되었다. 신사참배로 해서 학교를 쫓겨나고, 아버지가 같은 문제로 해서 검속당한 후에도 가정을 돌보느라고 못 했다기보다도 역시 같은 신앙에서 그랬으니 가령 재산이 있었다고 해도 학교는 안 다녔을 것이다. 이래서 공부는 못하게 되고 나이만 들었으니 과연 늙은 중학생들이었다. 동인이도 그렇고 동신이도 그렇고 동희까지도 그렇다고 할 수 있을 것이다.

신학도 좋고 박사도 좋지만 신앙을 떠난 신앙생활에서 멀어진 신학이나 학박사는 진심으로 그 나라와 그 의에 아무 주는 것이 없으리라. 늙은 중학생이듯이 참 중학생이듯이 늙은 신학생, 늙은 학

자, 늙은 박사가 이 민족에 유익되고 늙은 목사, 늙은 장로가 이 강산 교회에 반드시 필요한 것이라는 생각이 들기도 한다.

그래서 그 다음부터 그 미군이 만나게 되면 동인이라고 부르기 전에 '늙은 중학생' 하면서 존경하는 의미로 부르는 것은 그 이유를 설명해준 까닭이었다. 이 미군도 신자였었다는 것이다. 그러므로 늙은 중학생이라는 별명이 미군들 사이에 소문이 났는데 이 '늙은 중학생' 이 후일 친미파라는 누명을 쓰고 체포 당하게 되는 첫 말이 될 줄이야!

학생들에게

미국을 믿지 말고
소련에 속지 말라.
일본은 일어난다.
조선아 조심해라.
그 누가 지어낸 유행어인지 모르겠으나

배우는 학생들 읽히는 아가씨 그대들이여
양양한 바다가 삼면에 울타리처럼 둘리우고
탄탄한 아시아 대륙이 대문처럼 열려있는
반만년 역사를 백두산 꼭대기에 세운
삼천리반도 금수강산을 어떻게 하시렵니까?
아메리카를 미국이라고 부르기 전에
이 강산을 아름다운 나라
동방 예의지국으로 환원시켜서
세계의 점잖은 나라로 만들고 싶지 않습니까?

소련을 조국이라고 부르기 전에
이 강산을 소생하는 나라
신흥 대한으로 북돋우고 꾸미어서
세계에 새 생명을 주는 나라로 만들고 싶지 않습니까?

왜국(倭國)의 과거를 미워하기 보다도
이 강산을 왜소(倭少)시키지 말고
삼팔선 압록강을 훌훌 넘어서
세계에 평화 던져주는 나라로 만들고 싶지 않습니까?

그래서
앞으로 대륙을 향하여 눈을 뜨고
뒤로 대양을 향하여 귀를 기울이고
멀리 세계를 향하여 발을 내딛어야 할
끓는 피 뛰는 가슴을 소유해야 할 터인데

그대들은 대한의 싹, 세계의 일꾼이니
대한의 영웅 세계의 호걸
대한의 위인 세계의 열사
대한의 학자 세계의 박사
대한의 발명가 세계의 탐험가
대한의 신앙가 세계의 종교가
대한의 정치가 세계의 예술가
대한의 실업가 세계의 사업가가 될 수 있는
그대들인 것을 알아야 할 터인데
미국을 내 나라보다 더 중히 여기고

소련을 내 조국보다 더 사랑하고
쓰러진 왜국(倭國)에는 잘난 체하고
조심할 조선이 정신을 못 차린다니
배우는 학생들 읽히는 아가씨 그대들이여
배우는 데 게으르고 놀기에 바쁘시다니
담배 피시고 술 마시기 일 삼으신다니
머리 지지고 손톱 장식에 시간 보내신다니
모양 내시고 극장 출입에 분주하시다니
두드리고 싸움하기에 정신 없으시다니
이 웬일이십니까?

이 강산을 왜국(倭國)에 도로 내 주시렵니까?
소련의 노예로 만들렵니까?
미국의 심부름꾼 되시렵니까?
하나님은 그것을 원치 않으실 것입니다.

제10장

추 수 할 일 꾼

　여름은 물론 지났다. 가을도 거의 기울어져 가는 때다. 과히 넓지도 않은 순천 교외에는 오곡 백과가 다 익어서 거의 다 추수도 끝났을 때다.

　"어디서 났수?"

　손에다 가지 째 꺾은 감 두 개를 들고 들어오는 동인이를 맞이하면서 동희가 묻는다.

　"중앙교회 김 목사님 댁에서 얻어 온다, 왜 좋으냐?"

　"응 참 잘 익었어. 맛이 떫겠지?"

　"그럼."

　대답을 하고 동희에게 주면서 "벽 위 예수님 사진 밑에 걸어 두어라." 한다. 동희는 떨어질까 보아서 조심스럽게 받아 들더니 방으로 들어갔다.

　"작은 오빠 안 왔니?" 밖에서 묻는데

　"네 아직 안 왔어요." 하는 것은 방안에서 하는 대답이다.

　"또 제민이에게 갔나?" 하면서 마루에 걸터 앉아서 묻는다.

"글쎄요. 요새는 뭐 추기 대운동회 준비로 학교에서 바쁜 모양이던데요."

"운동도 좋기는 하지만 공부할 시간 없을 텐데 무슨 시간에 운동이란 말이냐?"

"그래도 학교에선 백미터 경주에는 제일이라던데요."

"그런 말도 들었다마는……."

이렇게 말을 주고 받을 때 머리에다 무엇을 이고 등에는 동련이를 업고 들어오는 이는 어머니시다.

"아이고 어머니 오세요?" 하고 동인이는 머리에 이고 들어오시는 것을 쫓아가 받고 동희도 방에서 쫓아 나와서 뒤에 업힌 동련이를 받았다. 자다가 동희가 받는 바람에 놀라 깬 동련이는 울지도 않고 방긋 웃는 것이 더 이쁘다. 어머니는 동인이가 받은 바구니 속에서 무엇을 꺼내려고 부엌으로 들어가시고 동희는 동련이를 데리고 방으로 들어갔다.

"아이 참 곱기도 하지. 우리 동련이 볼때기 같애!" 하면서 동희는 아까 걸어놓은 감을 쳐다보고 동련이 볼을 제 뺨으로 부비면서 말을 한다.

"어머니! 아버지 요새 어디 나가셨어요?" 하고 동인이가 물으니

"응 저 부산으로 부흥회 나가셨는데 아마 모레는 돌아오실 것이다."

"그런데 어머니 가지고 오신 것은 무엇입니까?" 하고 동희가 방에서 묻는다. 암만해도 계집아이라 다르다고 속으로 생각을 하면서

"쌀하고 팥하고, 먼저 여수 갔다가 사가지고 온 젓갈하고다." 라고 자세히 설명을 해주신다. 동련이를 안은 동희는

"참 저 어머니, 오늘 여기서 주무시지요?" 하고 묻는다.

"글쎄 내일 주일 보고 모레 아침에 갈까?" 하면서 확실한 대답을 안 하시는 것을 보고 "어머니 그렇게 해요 내일 밤에 오빠가 승주교

회에서 설교를 한답니다." 하며 자꾸 내일 주일 예배를 보고 가시라고 조르는 것은 어머니가 계시면 동희가 부엌에 안 들어가도 되는 까닭도 있었던 것이다. 또 이렇게 어머니가 오시는 날이면 다섯 남매가 모두 좋아하는데 그것은 꼭 무엇이든지 색다른 음식을 가져오시고 또 소고기도 사다가 밥상을 꾸며 주시는 까닭이다. 또 밀렸던 빨래감을 모조리 가져가시는 한편 빨래한 깨끗한 옷들을 갖다가 주시는 것이었다. 공부시키느라고 다섯 남매를 순천에 두신 어머님은 한 달에 두 번 정도는 이렇게 오시는데 이 두 번 오시는 때가 이 아이들로서는 생일날이고 작은 잔칫날이었다.

한 달에 한 번씩 보는 승주교회 학생 면려 청년회 주최의 헌신예배는 오늘도 열렸는데 동인이도 설교자의 한 사람이 되었던 것이다. 앞서 두 학생의 설교가 있은 후 동인이는 세 번째로 나갔는데 누구보다도 이 동인이 차례를 손에 땀을 쥐고 기다리는 이는 어머니되시는 손 목사 부인이시다. 내 아들이라는 것도 있겠고, 손 목사의 아들이라는 것도 있지만 전쟁 중에 그렇게 공부도 못하고 노동만 하던 것이 이렇게 남에게 지지 않게 설교라도 하게 되었다는 것이 한편 기쁘고 감사하면서도 한편 두려워 기도하면서 이 설교를 듣고자 기다리시는 것이었다. 그 다음은 동신이 동희다. 그러나 동장이 동수는 아무것도 모르고 좋기만 하다. 우리 형이, 우리 오빠가 목사가 되었다는 기분일까? 이것 저것 모르고 어머니 품에만 안겨 있는 것은 동련이 뿐이다. 성경 말씀은 시편 91편 1절로부터 2절을 읽고 한 번 자리를 쓱- 둘러 본 동인은 다음과 같은 대지의 설교를 했다.
"전쟁 중에 얻은 체험을 볼 때에 과연 우리의 피난처는 예수 밖에 없습니다. 왜인(倭人; 일본인)들은 비행기 폭격에 방공호를 피난처로 삼아보고, 돈 있는 이들은 산간벽지로 소개를 해서 피난처를 찾

앞으나 그 모두가 피난처가 되지 못하였습니다. 그러나 우리의 진정한 피난처는 예수 그리스도라는 것을 발견했습니다."

자신만만한 어조이요 웅변적이었다.

"에 — 먼저 피난처를 찾을 필요를 다음에 몇 가지 말하겠습니다." 하더니

1. 악독한 세상에서 자유로움을 얻기 위해서

2. 양심에 가책을 면키 위해서

3. 죄에서 자유롭게 되기 위해서

4. 심판일에 지옥의 형벌을 면키 위해서 등의 조건을 들고

결론으로, "예수는 우리의 피난처이시니 태평양을 건너 가려면 기선을 타야 하듯이 예수 그리스도를 타면 우리가 그 목적지까지 갈 수 있습니다." 하고 나서

"예수라는 피난선을 탄 한 사람의 이야기를 하겠습니다." 하더니 한 예화를 든다.

"대원군의 예수교인 학살 때 되어진 일이라고 합니다. 교인으로 잡혀 온 한 처녀가 끌려 나왔을 때 '여보 처녀 웬일이요, 부디 어리석은 일 하지 말고 이제라도 예수 안 믿겠단 말 한 마디만 하면 놓아 줄 터이니 한 마디만 하시오.' 하고 간절한 말로 끌고가던 병정이 부탁을 했습니다.

그러나 그 처녀는 조금도 서슴지 않고 '나는 그런 말 못하겠습니다.' 하였습니다. 그러나 이 병정은 너무나 어여쁜 처녀를 죽이기가 안타까워서 다시 하는 말이 '상관의 말씀이 몇이든지 예수 믿는 사람이면 다 죽여버리라고 하니 한 번만 안 믿겠다고 하시오.' 하였습니다.

그러나 이 처녀는 머리를 흔들면서 긍정하지 않았습니다. 그때에 이 병정은 최후 수단으로 총을 처녀의 가슴에 대고 '이렇게 해도

예수를 믿겠느냐?'고 외쳤습니다. 그랬더니 이 양같이 순한 처녀는 웃는 얼굴로 '나는 이제 죽는다 할지라도 영원히 살 천당이 나를 기다리고 있으니 마음대로 하십시오' 하였습니다."

이렇게 이야기하는 동인이는 바른손을 가슴에 얹고 위에 높이 달린 빛나는 전등을 엇비슷이 바라보면서 힘 있는 낮은 목소리로 외치는 것이었다.

'과연 그 처녀의 신앙이야 말로 놀라웁구나! 만일 일제 시대의 모든 주의 종들이 이러했던들 신사참배에 결코 실패하지 않았을 텐데!' 하는 인상을 받은 것은 그의 어머니와 동신이었다. 말은 계속되었다.

"'그러니 당신도 예수를 믿고 천당으로 가십시다.' 할 때에 병정은 마음이 떨리고 가슴이 설레면서도 또 이 순진한 처녀를 애석히 생각하면서도 하는 수 없이 명령에 의하여 총살을 하였습니다. 그래서 그 처녀는 순교를 했던 것입니다. 그러나 여러분!" 하고 주먹을 쥔 팔이 앞으로 쑥 나오고 음성이 높아지면서

"그 처녀의 순교로 해서 그후 그 병정도 회개를 했고 그 자리에 교회당이 서게 되고 그후에 처녀의 순교를 기념하는 비석이 세워졌는데 오늘까지 남아 있습니다. 그 교회는 수영에 있다고 합니다. 그 후로는 그 교회에 처녀가 왕성하여 오늘날까지 경남에서 처녀교회라고 해서 유명합니다. 그 교회에서 여 교역자가 많이 나서 자기 교회는 물론 다른 교회까지 잘 돕는다고 합니다." 하며 이어서 그 순교의 결과가 결코 헛되지 않았다는 것을 강조하였다.

"이처럼 죽음이라도 우리를 해치 못하는 이 피난처의 소유자가 되어야 하겠습니다."

이렇게 해서 모든 순서와 절차가 끝났다. 이날 밤 듣던 이들의 머리 속에 남아있는 것은 오직 이 처녀교회에 대한 깊은 인상뿐이었

다. 제일 마음에 든든함을 느낀 이는 어머니시다.

아버지를 뒤 이을 신앙의 소유자가 될 것 같아서이다.

"어제 설교한 중에는 동인 형이 제일이었지?" 하는 것은 제민이 말이다.

"글쎄 다른 이들도 의외로 잘 했어." 하면서 동신이가 부인한다.

"아니야 제일 나았어!" 하는 것은 김성호 말이다.

"정말이야." 하고 김경수도 말한다.

이렇게 승주교회 나 목사님 사랑방 안에서 이야기하는 이 친구들은 신앙이 서로 통하는 친구들이었다.

"그런데 참 동희에게 들으니 동인 형이 목사님 발 씻으신 물을 마셨다면서?" 하고 웃음반 의심반의 어조로 제민이가 동신이에게 물어본다.

"응! 그래, 그래." 하면서 동신이는 대답도 채 마치기 전에 웃어버린다. 그리고 나더니 좀더 자세히 이야기를 한다. 손 목사님께서는 피로한 전도여행을 마치고 돌아오시면 대개 발을 씻으신다. 하루 저녁에는 역시 발을 씻으시려니 마침 대야가 없으므로 어떤 작은 그릇에 물을 떠서 발을 씻으시고는 미처 버리지 못하시어 부엌쪽에다 놓고 잠깐 방에 들어오셨다. 목이 마른 동인이가 부엌 한 쪽 캄캄한 곳에 있는 물 담긴 그릇을 숭늉 그릇으로 알고 의심없이 들어 마시고 나서는 어쩐지 물맛이 이상하여 방에 들어와 그 말을 하니 손 목사님은 깜짝 놀라시며 "애 그것은 내 발 씻은 물이다. 너 마셨니?" 하고 걱정을 하신다. 그랬더니 이 말을 들은 동인이는 얼른 "아버지 발 씻은 물이라 참 맛이 좋습니다." 하고 꾹 참아버렸다는 것이다. 이야기를 듣던 제민이와 모든 다른 친구들은 그 말에 놀랐다는 듯이 웃던 웃음소리가 뚝 끊어진다.

이렇게 이런 이야기 저런 이야기하다가 과거의 추억담도 나왔는데 또 동신이는 이런 이야기를 했다.

부산에서 지내면서 산 속으로 가서 아이들을 모아놓고 예배드릴 때에 어떤 때는 이런 일이 있었다. 즉 근 열 명의 동무가 모였을 때인데 한 번은 동신이더러 앞에 있는 돌들이 싸움하는 소리가 날 터이니 눈 감고 들어보라고 해서 눈을 감았으나 아무 소리도 없기로 없다고 하니, 그러면 눈을 떴나 보다고 하며 이번에는 눈을 꼭 감으라고 하면서 어떤 동무가 두 손으로 동신이 눈을 꽉 누르는지라 하는 대로 가만 두었더니 한참 있다가 그래도 안 들리느냐고 하기에 안 들린다고 했더니 그만 두어라 안 들리거든 하며 모두들 손뼉을 치며 웃고 동신이 눈을 가렸던 사람은 미안한 것처럼 말을 안 하고 웃었다. 그러나 무슨 영문인지 모르고 있는데 냇가로 가서 보라고 했다. 그제야 얼른 알아차리고 눈 눌렸던 자리를 손으로 만져보았더니 숯검뎅이 손 끝에 묻었더라는 것이었다. 일동은 박장대소를 하였다는 것이다. 그 자리에 앉았던 학생들도 웃음 바다가 되어버렸다.

그러나 더 우스운 것은 그날 그 산 속에 물이 없어서 손수건 같은 것으로 닦고 내려왔는데 집에 돌아오니 어머니가 보시고 너 어디 숯 굽는데 갔다 왔느냐고 물으셨다는 것이다. 장난꾼 아이들이 다 씻어주지 않고 좀 남겨두어서 그랬으니 도중에 보는 사람들이 정말 숯 장사로 보았을 것이라는 것이다.

일동은 또 웃음판이 되었다. 그러나 동신이에게는 지난 날 신사 참배에 물들지 않고 천진한 어린 전도자로 지낸 재미있는 과거의 추억이었다. 숯검뎅이 묻은 얼굴로 길거리를 걸어 다녔을지언정!

진달래 피는 나라

1 장백산 줄기 줄기 감도는 푸른나라
　삼천만 한 형제 정이 든 보금자리
　전사들의 피 위에 피어가자 피어가
　진달래 피는 나라 자유의 나라

2 쫓기고 시달려온 백성과 나라기에
　청춘도 사랑도 모두 다 바치리라

3 해마다 진달래가 우거져 피는 땅을
　어머니와 누이들의 어어쁜 꿈나라로

4 젊은이 힘으로 움직이는 새 나라
　세계에 울려라 우리들의 노래를

읽던 동희는

"오빠! 이것 오빠가 지었수?" 하고 건넌 방에서 무엇인지 하는 오빠 동인이에게 물으니 "무엇이?" 한다.

"진달래 피는 나라 말이오?"

"아니다. 왜 잘 되었느냐?"

"응 잘 되었어. 나, 외울테야."

"딴 공부 다 하고 나서 시간 있거든 나중에 외워라."

"나 외울테야." 하고는 재독 삼독을 한다. 이때에 "무슨 시(詩) 공부냐?" 하면서 동신이와 그 동무 제민이와 경수 세 사람이 들어서더니 동희의 「진달래 피는 나라」를 듣는다.

「전사들의 피 위에 피어가 피어가, 진달래 피는 나라 자유의 나라」 하고 읽으니 "참 그 좋은 말이다." 하면서 제민 군이 올라서고 동신이도 따르고 경수까지 셋이서 방에 들어 앉았다. 동희는 읽던 것을 그치고 인사를 했다.

"우리 나라 교회 추수감사절은 좀 더 일찍 했으면 좋겠더라" 하고 벽에 걸린 붉은 감을 보며 제민이가 말했다.

"왜?" 하고 물으니

"지금 지키는 추수감사절은 우리 한국 형편으로는 너무 늦어서 말이다. 추수의 기쁨이 다 식어져 갈 때가 되는 것 같다!" 한다.

"그 말도 일리가 있으나 추수감사절이 시작된 미국에서 지키는 대로 같은 때에 지키는 것도 좋지 않을까?" 동신이의 말이다.

"어쩐지 추석 명절 조금 지나서 바로 지키는 것이 더 의의가 있고 인상이 깊을 것 같다."고 제민이가 다시 말하니 곁에 앉았던 경수가

"그래도 한국의 추수가 다 끝날 때는 역시 11월 초순이나 되니 차라리 적당하지 않을까?" 한다.

"그래 바쁜 추수 다 마치고 나서 편한 마음으로 감사절을 지키려면 지금 교회에서 지키는 때도 관계치 않을 거야. 교회 추수감사절은 외국에서 들어온 행사라는 선입감을 버리고 말야. 사실은 지금 지키는 것도 미국보다는 조금 이르다니까" 하고 동신이가 강조를 하니

"글쎄 그렇게 생각하면 그렇기도 해." 하면서 생각을 고치는 듯 싶었다. "추수할 것은 많으나 일꾼이 적다" 하고 엉뚱한 소리를 하면서 벽에 붙여 놓은 옥중 성도들의 출옥기념 사진을 쳐다보는 동신이에게는 그 무슨 뜻이 있는 것 같았다.

소위 해방된 지 벌써 삼년째다. 그러나 아직도 자리 잡혔다고 자신있게 볼 수 있기는커녕 자꾸 혼란해 지는 것 같으니 물질적 결핍

으로 해서 오는지 사상적 분열대립에서 오는지 인심이 날로 더 험해져만 가서 일반 사회는 물론 학원에서도 가끔 불상사가 일어나는 것이었다. 학생 대 선생, 좌익 대 우익, 이북 대 이남, 평민 대 관리, 문자 그대로 사분 오열이다.

일반 사회는 또 그런 것이 용혹무괴(容或無怪)*라고 하자. 소위 의를 부르짖고 사랑을 주장하는 교회도 그렇다. 종교가 연(然)하던 목사님 장로님의 신앙심이라는 것을 보면 해방 전에는 말할 것도 없었지만, 해방 후에 그 탈들을 벗고나서 약간의 양심적 지도자를 빼놓고는 재주 있고 말 잘하고, 수완 좋은 어른들은 운수가 좋은지 기술이 좋은지 영전을 하시었고, 남아 있다는 어른 중에는 그 차례도 못된 낙오자들인지 그 영전 자리를 부러워하면서 마지못해 교회랍시고 붙잡고 앉아 중언부언(重言復言) 해가면서, 의와 진리를 위하여 아니 주를 사랑하여 흘린 순교자의 피를 이용하려 하거나, 또는 하나님의 뜻이 있어 남겨 둔 옥중 성도들과 숨은 성도들을 땅 속에다 파묻어 버리고 싶어서인지 독선자니, 위선자니, 이교파(異敎派) 분열자이니 하며 선교사를 꼬이고 속여서 최선의 활동, 최후의 발악을 하면서 뒤 따르는 양떼를 지옥행 열차 속에다 몰아 넣고 있으니 이 어찌 옳게 살아보려는 자들의, 아니 주의 뒤를 따르고자 하는 이들의 원하는 바이리요.

나시 눈을 들어 볼 때에 강산의 처참함과 이 민족의 가련함을 통탄하여 슬피 울지 않을 수 없으니 어찌 뜻있는 우국지사의 수수방관 할 수 있는 일이리오.

"니 무슨 생각하느냐." 하고 제민이가 물으니

"저 사진을 보니 우리들도 또 저 어른들 같은 각오를 하고 주를

---

* −용혹무괴(容或無怪): 혹시 그런 일이 있더라도 이상할 것이 없음.

위해서 싸워야 하겠구나 해서 그런다." 하면서 사진을 똑바로 쳐다보았다.

그 사진은 손 목사님과 함께 해방 후에 석방된 옥중 성도와 그의 동지들이 기념으로 찍은 사진이었다. 황철도, 이인재, 손명복, 김두석, 주남선, 손 목사 등 제씨의 사진이었다.

"이분들이 다 감옥에서 나오셨나?"

"아니 몇 분은 아니야." 하고 동신이가 대답하는 것을

"이 외에도 또 있나?" 하며 책을 뒤적거리던 경수 군이 말하니

"여럿 있지. 내가 아는 대로 한상동 목사님, 최덕지 선생님, 안이숙 선생님, 박인순 선생님, 또……." 하면서 생각을 한다.

"순교한 어른들도 많지?"

"그럼 세상에 알려진 분만해도 오십여 성도인데, 이 외에 세상이 모르게 당하신 이들도 있을꺼야!" 하고 대답하는 동신이는 자신이 있었다.

"너 어떻게 그렇게 잘 아니?" 하고 경수가 다시 물으니

"아버지에게 들었지." 하고 대답은 했으나 한편 자기 자신도 그런 방면을 알고 싶어하는 성격이라 할까 신앙의 소유자라고 할까를 느끼는 것이었다.

"너 참 얼른 공부 잘하고 또 미국 유학도 해서 이 민족을 위해서 일해야겠다. 이 현실을 볼 때 더욱 이를 느낀다." 하면서 제민이가 말을 하니

"응 그래야 해. 그러나 그렇게 하기 위해서는 꼭 미국 유학을 가야 한다고는 생각지 않아. 물론 우리 형님이나 내가 그런 계획을 하기는 해도 우리는 도미(渡美)를 못 하더라도 필요하다면 몸바쳐 일해야 할 것이다."

동신이에게는 그 무슨 신앙이 자기를 지배하는 것을 느끼는 듯

싶었다. 말은 다시 계속 됐다.

"예를 들면 도미(渡美)할 준비가 다 되어 있는데 만일 우리 한국에 환난이나 핍박이 온다면, 특히 주를 위해서 싸워야 할 때가 온다면 나는 유학을 그만두고라도 싸워야 하리라고 생각해……. 우리 형님도 그렇게 생각할 것이다. 이제는 우리들도 이만큼 자랐으니 신사참배 문제 때보다도 적극적으로 싸울 수 있을 것이다."

이렇게 말하는 동신이 머리 속에는 과거의 모든 일이 즉 신사참배 안 했다가 학교에서 쫓겨나던 일, 어머님 따라서 광주로 갔으나 생활 곤란으로 부산 통공장으로 갔었던 일, 가미다나 문제로 어머님께서 부산으로 오시어 같이 지내던 일, 부산 산 속에서 전도하던 일, 형님 징병 문제로 해서 가정이 흩어지는 바람에 나환자들 속으로 살러 들어가던 일 등이 주마등처럼 휙 휙 지나간다. 동신이는 저도 모르게 눈을 감았다. 이 말이 씨가 되어 후일에 자기의 예언이 될 줄이야!

시계가 다섯 시를 치는 소리가 났다.

"얘 그만 이야기하고 내일 숙제 얼른 하자." 하고 동신이는 책보를 끄르는 것이었다. 모두들 내일 숙제를 함께 하고자 왔던 것이다. 곁방에 있는 동인이는 오늘도 학교에서 좌익사상에 움직이는 학우와 함께 토론이 지나쳐 음성을 높여서 언쟁까지 하고 왔는지라 무엇을 하는시는 노브나 이 학생들의 이야기하는 소리를 의미있게 들었을 것이다.

대한의 일꾼

삼천리 반도 금수강산 하나님 주신 동산
삼천리 반도 금수강산 하나님 주신 동산

이 동산에 할 일 많아 사방에 일꾼을 부르네
곧 금일에 일 가려고 누구가 대답을 할까
일 하러 가세 일 하러 가 삼천리 강산 위해
하나님 명령 받았으니 반도강산에 일하러 가세.
삼천리 반도 금수강산 하나님 주신 동산
삼천리 반도 금수강산 하나님 주신 동산
이 동산에 할 일 많아 사방에 일꾼을 부르네
봄 돌아와 밭 갈 때니 누구가 대답을 할까
일 하러 가세 일 하러 가 삼천리 강산 위해
하나님 명령 받았으니 반도강산에 일하러 가세

삼천리 반도 금수강산 하나님 주신 동산
삼천리 반도 금수강산 하나님 주신 동산
이 동산에 할 일 많아 사방에 일꾼을 부르네
곡식 익어 거둘 때니 누구가 대답을 할까
일하러 가세 일하러 가 삼천리 강산 위해
하나님 명령 받았으니 반도강산에 일하러 가세.

제11장

총 맞은 스데반

"동장아 너 어떻게 왔느냐?"

"형님이 아버지 어머니 걱정하신다고 가보라고 해서 왔는데 반란군이 막 못 가게 하는 것을 우리 집에 간다고 하면서 왔어요."

"네 형들과 동수도 잘 있느냐?"

"네. 잘 있어요. 그러나 밤새도록 무슨 걱정인지 했어요. 아침예배 후에 내 머리를 만지면서 공부 잘하고 어머니 아버지 말씀 잘 순종하라고 하며 천당 가서 만나자고 그랬어요. 참 양식도 다 떨어졌다고 그러던데요."

때는 1948년 10월 19일 반란군의 일발의 총성을 신호로 일어난 여수지구 반란의 일부는 10월 20일 열차를 타고 순천 시내로 몰려들었다. 순천 경찰서에서는 이 급보를 받고 결사 교전하였으나 중과부적(衆寡不敵)으로 전원 전사하여 반란군의 점령한 바 되고 순천시내 좌익청년 학도들은 반란군에 호응해서 협력하였다.

그리고 나서는 제2로 순천시내 정치요인, 정당관계자, 생활이 유여한 부자를 닥치는 대로 학살하였다. 전 순천은 총성이 진동하고 살육이 벌어져 그야말로 수라장으로 화했다. 거리는 시체로 무더기를 이루고 붉은 피는 순천 시가를 시내로 만들었고 곡성은 하늘에 사무쳤다.

이때 신풍리에 있는 여수 애양원에서는 10월 12일부터 부산 고려신학교 졸업생이요, 전쟁 중에 옥중에서 주를 위해 싸우던 이인재 전도사를 특별강사로 청해다가 사경회를 하는 중이었는데 반란사건이 생겼으나 20일까지 해서 마쳤다. 그런데 동희는 19일에 아무것도 모르고 양식 가지러 당숙과 집에 왔으나 나머지 사남매의 일이 궁금했다. 이곳에 쳐들어 온 반란군을 치르느라고 정신없는데 21일 낮쯤해서 총탄이 비오듯하여 교통이 차단된 길로 12세된 동장이가 돌아오니 손 목사는 눈물이 날만큼 반가웠다. 그래서 방에 들어갈 사이도 없이 사택 앞 길에서 동장이에게 몇 마디 물어보시는 것이었다.

"어서 들어가거라. 또 어머니께 얼른 말씀해 드려라." 하시고는 목사님은 애양원 쪽으로 바삐 가시었다.

"누구냐?" 벼락같은 소리를 지르면서 태극기를 든 군대를 실은 트럭에서 국군 한 사람이 쏜살같이 뛰어 내리더니 총을 겨누고 이리로 쫓아온다. 물 샐 틈없는 국군의 삼엄한 작전이다.

"네, 저는 홍순복이라는 여수 애양원에 사는 사람입니다. 저의 애양원교회 목사님의 아들이 순천에 있었는데 반란군에게 피살당했다는 소식을 듣고 그 진부를 알려고 갑니다. 만일 피살당했다면 그 시체라도 찾을 겸해서 가는 길입니다."라고 공손히 대답하는 사람은 여수 애양원 부속학교인 성산 소학교 선생님 홍순복이라는 청년이었다.

"여수 애양원이란 무엇이냐?"

역시 큰 소리다.

"네, 한센환자를 치료해주는 수용소입니다."

이 말을 듣자 국군은 걸인처럼 차린 것보다도 그 얼굴이 좀 이상한 것으로 보아 확실함을 짐작했다.

"너 가지고 있는 것 무엇 있어?" 하고 좀 낮은 어조였다.

"네? 아무것도 없습니다. 성경책 한 권 가졌을 뿐입니다." 하면서 성경책을 꺼내 보였다. 그랬더니 성경을 본 그는 이제 안심했다는 듯이 "위험하니 빨리 가시오." 하고 말투가 달라졌다.

10월 22일엔가 인편에 들려오는 소문에 동인이, 동신이는 반란군들에게 피살당했다는 것이다. 이 말을 들은 애양원 식구들은 손 목사님의 가족 이상으로 염려하고 또 초조하게 생각했다. 그러나 오히려 손 목사님은, '내 자녀들이 죽었어도 좋고 살았어도 좋습니다. 죽었으면 천당 갔을 것이고 살았으면 하나님 일 할 아이들이니 조금도 염려할 것 없습니다.' 하면서 그의 부인과 성도들을 위로하는 것이었다.

그러는 동안 10월 24일까지 아무 소식이 없었다. 동인이 동신이는 물론 23일에 식량을 가지고 연락차로 다시 떠난 당숙과 동희에게서도 아무 소식이 없었다. 한편 사모님은 자꾸 자기가 가겠다고 하셨다. 그러니 생각다 못해 참을 수 없는 애양원 젊은 청년 중 한 사람인 홍 선생이 "목사님, 순천 있는 아이들 소식 알아 가지고 오겠습니다." 하면서 자진해서 가겠다고 나섰다. 말이 쉽지 그때 길을 떠나 간다는 것은 실로 생명을 내건 큰 모험이었는데 이렇게 나서서 청하니 손 목사님은 "고맙소마는 홍 선생님도 지금 아시다시피 통행이 금지되고 형세가 저렇게 험악하니 갈 수 없을 것이오. 홍 선생님 설령 그 애들이 죽었다 하면 천당 갔을 것이요, 살았으면 주의 일할 것이니 그만두시오. 생사는 주의 뜻이니 그만 둡시다. 알면 무엇하고 모르면 어떠하오" 하셨다.

"그러나 목사님, 생사를 모르고 있는 것보다 알아야 하지 않습니까? 저는 환자이니 얼굴에 검정이나 좀 칠하고 남루한 옷이나 입고 가면 걸인처럼 보일 것이니 염려 마십시오. 별일 없겠지요." 하면서 부득부득 조른다. 하는 수 없이 손 목사님은 "그러면 성경 한 권 몸에 지니고 갔다 오시오. 혹 도중에 성경책이 필요할지도 모릅니다." 하면서 마지 못해 허락을 하셨다. 그덕에 지금 홍순복 씨는 한고개를 무사히 넘겼던 것이다.

하늘은 높고 말이 살찐다는 가을도 거의 기울어, 여름에 수고해서 거둔 오곡 백과 들여놓고, 겨울 지낼 김장 준비에 바쁜 고요한 농촌, 구름 한 점 없이 맑게 개인 하늘도 여전히 높고, 원근에 들어선 산 위에선 소나무 여전히 푸르고, 추수 끝난 빈들에 떨어진 곡식알 모으는 참새는 여전히 바쁘건만 인간만이 마음놓고 이 길을 걷지 못하는 변한 세상을 생각하니, 어쩐지 인간에 대하여 환멸이 느껴졌다.

'세상은 내가 가지고 있는 병 이상의 더 무서운 그 무엇이 있는 곳이로구나!'

이런 생각 저런 생각을 하면서 바쁘게 가는 도중에 트럭, 전차, 야포대 등 무수히 만났고, 만날 때마다 같은 취조를 당하고, 당할 때마다 같은 대답을 하고, 대답할 때마다 무사히 통과되니, 통과할 때마다 하나님께 감사하면서 성경을 갖고 가라고 하신 목사님 생각이 났다.

사십 리밖에 안 되는 길을 몇 백 리나 되는 것같이 느끼면서 정신없이 갔다. 가끔 쿵쿵하고 멀리 산너머에서 무겁게 들리는 소리는 생각만 하여도 몸서리가 쳐지는 소리였다.

"사모님 홍 선생 왔답니다." 하면서 누구에게 몰리는 것처럼 쫓아 들어오는 이는 이웃에 사는 차 선생 부인이다.

"네?" 하고 채 문도 열기 전에 마주 뛰어나온 이는 손 목사 부인이다.

"저기요 저기" 하면서 앞서서 반 달음질치는 것을 "어디요 어디?" 하고 읽던 성경책을 든 채로 간다.

때마침 내리는 가을비가 그친 뒤라, 신이 흙에 붙어서 잘 떨어지지 않았으나 신을 신었는지 벗었는지도 모르게 정신없이 달리는 걸음이다. 그러나 암만 가도 홍 선생은 안 보이고 언제 나갔었는지 심우영, 성점순 두 사람이 이리로 온다.

"아이고 홍 선생 옵니까." 하니

"네. 저 뒤에 온답니다." 한다.

"무슨 소식 들었소?" 하니 "네 ─ 못 ─ 안 들었습니다. 저 뒤에 그 애들이 온답니다." 하면서 더 묻기도 전에 앞서 가버린다. 그 무슨 소린가 싶어서 멀리 바라보니, 저쪽 구암리 쪽으로 난 길에 그저께 던 동희와 동수가 오는 것 같다. 사모님은 차 선생 부인과 말없이 길을 바꾸었다.

"애, 동희야, 동수야, 네 오래비 오느냐?" 하고 아까 그 애들 온다는 말에 희망을 둔 사모님은 이렇게 소리쳐 물었으나, 동희, 동수는 대답이 없다. 멀어서 안 들리는가 싶어 빨리 빨리 쫓아갔다.

"동희야, 작은 오빠 죽었지?" 하면서도 '아니오' 소리를 듣고 싶은 질문을 문 앞에 선 동희에게 물으니 실신한 사람처럼 서서 대답이 없다. 동수는 울기만 한다.

"큰 오빠도 죽었지?" 하면서 또 물으니 역시 대답이 없다.

"아, 동희야, 왜 말이 없느냐?" 하면서 화 내신 것처럼 크게 물으니

"아 ─" 하고 대답 대신 울음이 터졌다.

"아이고 둘 다 죽었다는 말이로구나…."

사모님이 털썩 문 앞에 주저 앉아버렸다. 수일 전에 애양원교회로 독창하러 왔다 간 동인이가 아닌가! 두 주일 전에 옷 바꿔 입으러왔다 간 동신이가 아닌가! 그 애들이 약 한 첩 못 써보고 죽다니! 그만 사모님은 울 기운도 없이 기절해버렸다.

"목사님. 홍 선생 왔답니다." 하고 누군가 하는 말에 손 목사님은그를 만나러 쏜살같이 애양원 정문을 향해 달린다. 박 장로, 이인재전도사와 교회 직원들도 달린다. 겨우 피해서 사모님을 만나지 않은 홍선생은 애양원 대문까지 왔으나 더 들어갈 용기가 나지 않는다. 먼저 나온 애양원 식구 몇 사람에게 포위된 홍 선생은 입이 천근만근된 것 같아서 말이 나오지 않아 우뚝 서 버렸다.

"아아 저기 목사님 오시네" 하면서 누군가 침묵을 깨뜨린다. 그소리에 깜짝 놀란 홍 선생은 정문을 쳐다보니 목사님은 앞서고 이전도사님과 장로님 몇이 뒤를 따르면서 이리로 오지 않는가. 이를본 홍선생은 땅 속으로 들어가고 싶을 만큼 민망해서 발이 떨어지지 않는다. '내가 왜 이런 소식을 전하게 되었는가?' 하는 순간의기분으로는 순천 갔던 것이 후회되는 것 같았다.

"홍 선생 잘 다녀왔소?" 하시고 머뭇거리는 홍 선생을 향하여 말씀하시는 손 목사님은 의외로 냉정하시다. 다음 순간 손 목사님이말씀하신다.

"우리 동인이, 동신이는 정말 죽었지요?"

벌써 눈치채시고, 그러나 아니오 소리를 듣고 싶으신 질문이기도 하다.

"네 -" 한 마디 해놓고 "순……." 하는 끝 말을 못 맺고 두말 없이울어버리는 홍 선생을 보자 벌써 알아 차린 목사님은 서슴지 않고

"다같이 기도합시다." 하신다.

"하늘에 계신 우리 아버지……" 하시고는 말이 딱 막힌다.

"이 부족한 죄인에게 이와 같은 특별한 은혜를 주심을 감사합니다!" 얼마 후에 계속되는 기도이다.

"먼저 믿음 주시옵소서."

울음 섞인 음성이시다. 누군가 '으ㅡ오' 하고 큰 소리로 울어버렸다.

"주여 순교라니 감사합니다." 목이 막히는 소리시다.

"그러나 누군지 모르나 내 아들 죽인 자들을 불쌍히 여겨 주시옵소서."

더 말이 계속되지 못한다. 그 자리는 울음 바다가 되었다. 어른도 울고 애들도 울고 우는 소리에 동네 사람들도 쫓아 나왔다. 언제 왔는지 애양원 식구들이 거의 다 쫓아나왔다. 운다, 운다. 우는 것 이외에 다른 할 말이 없는 까닭이다. 아니 인간뿐이 아니라 산천도 초목도 이 슬픔을 조상하는 듯 싶다. 앞 산 허리를 넘는 구름도 눈물을 머금은 듯, 단풍든 나뭇잎도 피섞인 눈물인 듯!

"아버지, 아버지의 사랑을 주시옵소서. 그 사람들을 용서해줄 수 있는 아버지의 사랑을 주시옵소서. 내 죄도 용서해주시옵소서. 예수 이름으로 기도합니다."

이렇게 한참동안 만에 겨우 끝을 맺는 기도였으나 누구하나 고개를 들고 움직이려는 이 없이 여전히 흑흑 흐느껴 운다. 까마귀가 깍깍 울고 지나간다.

"사모님이 기절하셨어요." 하면서 누군가 박 장로에게 말을 전한다.

"목사님, 그러지 마시고 댁에 가셔서 좀 쉬시지요." 오래간만에 다른 말로 박 장로가 권하는 것이었다.

"아니요. 교회로 갑시다."

"아닙니다. 댁에 가셔서 좀 쉬시지요."

"아니요 내 쉴 곳은 교회요." 하면서 발을 떼어 놓으신다. 사모님이 기절했다는 말도 할 수가 없다. 모두들 따랐다. 마치 장례 행렬을 따르는 사람들처럼 슬픈 마음으로 무거운 걸음으로. 이 전도사만이 목사님 댁으로 달려갔다.

　종도 안 쳤건만, 시간도 아니었건만, 말없이 모여 온 애양원 식구들에겐 다만 기도와 찬송만이 유일의 위로였고, 또 목사님을 위로하는 길이었다. 찬송가는 몇 번을 불렀는지, 기도는 얼마 동안을 드렸는지 모르나, 박 장로님이 홍 선생을 보고서 모두들 궁금해하니 좀더 자세히 그 내용을 말씀해 달라는 것이었다. 할까 말까 망설이던 홍 선생은 들은 대로 전하는 것이 하나님께 영광이 되리라 싶어서 무거운 몸을 끌고 강단 앞에 나섰다.
　"홍 선생의 좀더 자세한 보고가 있겠습니다." 하는 박 장로의 말에 모두들 고개가 올라갔다. 홍 선생의 눈물로 부은 얼굴이 아직도 슬픈 빛으로 꽉 차있다.

　"어저께 아침에 여기를 떠난 저는 가는 도중에 수십차 국군의 취조를 받았으나 성경책을 보여가면서 설명을 하여 무사히 순천에 도착했습니다. 그날도 여전히 순천 시내 일부에서는 교전을 하는지 총소리가 들리는데, 길에서 마침 만주에서 나왔다는 철도 경찰을 만났습니다. 물으니 어느 정도 순천시는 정리가 되었다고 합니다.
　그러면 좀 낫겠지 하고 순천역 부근을 들어서니, 지금까지 오는 도중에 한 둘씩 넘어져 죽은 시체는 아무것도 아닌 것처럼 길거리는 시체의 산을 이루었는데 그야말로 눈으로 볼 수 없었습니다. 냄새도 냄새려니와 그 탄환으로 해서 누렇게 부은 사람, 기름을 붓고 태우다가 만 사람, 발가 벗겨서 죽인 여자, 길가 전신주에 묶어놓고 총살한 채 둔 순경… 무엇이라 말할 수 없었습니다.

더구나 서로 자기의 부모 형제 친척의 시체를 찾으러 다니는 사람들을 볼 때에는 나 역시 저 사람들 중의 하나인가 싶으니 눈물이 앞을 가렸습니다. 처음에는 좀 보기에 겁이 나더니 하도 많으니까 그때는 무섭지도 않고 얼른 동인, 동신이 살던 집을 찾아가고 싶었습니다.

찾아가니 웬일인지 집 문이 꼭 닫혀 있었습니다. 처음에는 아무도 없는 줄 알고 그대로 승주교회에 가보려고 하다가 다시 생각을 하고는 큰 소리를 지르면서 아무도 없느냐고 애양원에서 왔다고 여러 번 부르니, 그때야 주인 여자가 '누구요' 하고 나와서 문을 열어 주었습니다. 나를 본 부인은 애양원에서 왔느냐고 묻기로 그렇다고 하니 울면서 동희를 불렀습니다. 동희를 부르니 동희와 동수는 집주인 양씨와 함께 나왔습니다. 동희 형제는 눈이 퉁퉁 부었는데 '오빠들이 죽었어요.' 하고는 더 말을 못했습니다. 나도 이미 어느 정도 짐작은 했으나 그 소리에는 천지가 아득하고 앞이 캄캄해졌었습니다. 겨우 정신을 차려서 그 시체가 어디 있느냐고 하니 그 부인이 벌써 찾아 놓았으니 안심하라고 합니다. 대관절 어떻게 된 셈이냐고 물으니 다음과 같은 내용의 이야기를 해주었습니다."

여기까지 말하고 잠깐 숨을 내 쉬었다. 다음 말이 궁금한 일동은 숨소리까지 죽이는 것 같았다. 홍 선생은 생각만 해도 눈물겨운 이야기를 하는 것이었다.

"20일 아침 후에 모두들 학교로 갔는데 어찌된 셈인지 동인 군이 일찍 돌아왔답니다. 웬일이냐고 물으니 순천역에 교회 손님 한 분 전송하러 갔는데 여수에서 올라오는 기차에 손님은 없고 군인이 타고 와서는 어떻게 된 셈인지 모르나, 경비대와 경관과 무슨 충돌이 일어난 듯이 총질을 하며 싸움을 하는데, 사람들이 이리 몰리고 저리 몰리고 하더라고요. 그러면서 동인이가 하는 말이 참 세상은 큰일났다고 하더랍니다.

그러자 얼마 후에 다른 동생들은 돌아왔으나 동신이가 안 오니 대단히 궁금해 하더라구요. 그러던 중에 자꾸 총소리는 더 많아지고 시내로 들어오는 것 같았답니다. 그래서 동인이하고 밖에 길가로 동정을 살피러 갔는데, 그때야 반란군이 반란을 일으켰다는 것을 알았답니다. 그들은 외치기를 삼팔선은 인민군의 힘으로 터져서, 이북 인민군은 서울, 대구, 부산 등 전 조선을 점령하고, 여수, 순천은 최종으로 점령하는 것이라고 했답니다. 그래서 다시 돌아온 그들은 이웃집 지하실로 가서 숨었답니다.

그러자 거진 저녁 때나 되어서 동신이가 돌아왔답니다. 동신이에게 들으니 분명히 반란군으로 순천 중학교도 한참 포위를 당했으나 나중에 해산이 되어서 이제야 온다고 하며, 오면서 생각하니 암만해도 이것은 정의 대 불의의 싸움이며 신자 대 불신자의 싸움일 것이니, 우리는 잘 싸워야겠다고 제 친구 제민 군에게도 말을 했다고 합니다. 그래서 온 식구들은 한데 모였으나 다른 집 사람들은 모두 어디론지 피난을 가기로 우리도 가자고 양 집사가 말하니, 동인이 말이 '우리의 피난처는 주님밖에 없습니다' 하고는 피난을 원치 않았답니다.

홍 선생의 눈에서는 그 무슨 이상스러운 것을 느끼는 것같이 보였다. 홍 선생은 또 한참 쉬는 것이었다.

그 다음날 21일 새벽에 그 애들은 모두 일찍이 일어났답니다. 언제든지 늦게까지 공부하고 또 일찍이 일어나서 공부하는 그들이라, 일찍이 일어난 것이 이상스러울 것도 없지만 그래도 아마 동인이는 밤샘을 했던지 아니면 잤더라도 한두 시간에 불과 하였을 것이랍니다. 때마침 그 애들 당숙과 동희는 19일에 애양원에 가고 없어서 형제가 밥을 해서 먹는 것 같았답니다. 그날 아침에 특히 기억나는 것은 동인이가 양 집사더러 무심코 '양 집사님 어젯밤 꿈이 참 이상했습니다.' 하더랍니다. 양 집사는 얼른 그 꿈 이야기를 하라고하니 어물어물 하고 말을 끊더랍니다. 동신이는 기도회를 마치자 동장이더러 얼른 여수 애양원으로 가라고 해 놓고는 뒤꼍 우물에 가서 목욕을 하더니 깨끗한 새 옷을 모조리 갈아 입었답니다. 그리고 방에 들어가서 형제간에 기도하고 나서 다시 나왔는데, 둘 다 안색이 좋지 않더랍니다. 양 집사 내외는 이상해서 다시 묻기를 꿈 이야기를 하라고 하면서 꿈이란 해석 여하에 따라서는 잘 되는 길도 있다고 했으나 여전히 말을 않더랍니다. 또 어제 낮에 숨었던 집에 가서 피하라고 그 집 부인이 와서 말해도 듣지 않더랍니다. 또 양 집사가 얼른 피해서 애양원으로 가라고 해도 도중에 붙들려 총을 들이대거나 또 붙잡히면 창피하다고 일을 당하더라도 집에서 당하겠다는 것이었다고 합니다.

그럭 저럭 조반도 마친 둥 마는 둥하고 양 집사가 이웃 정 집사 댁에 잠깐 다니러 간 새에, 아마 열시는 되었는데 학생 떼가 그의 집을 포위하고 떠들썩 하더랍니다. 양 집사는 겁이 났지만 내집 안에서 되는 일이라 쫓아 들어오니 벌써 동인이는 학생들에게 두들겨 맞고 있었답니다. 맞으면서 동인이가 말하기를 '무슨 죄로 나를 치는지 모르나 나에게는 죄가 없다.'고 하니 '죄가 없어? 이 자식 네가 친미파 아니고 무엇이냐? 미국 유학을 가?' 하는 말에 '이 사람들아 나는 친미파가 아니다. 나는 하나님 섬기는 사람일 따름이다. 내가 왜 동족의 할 일을 남의 나라에 의지하겠느냐?' 하니 '시끄럽다 아직도 그 예수 정신 빼놓을 수 없느냐?' 하면서 때리더랍니다. 그러니까 그때는 결심한 듯이 '이 사람들아, 그 무슨 말인가 예수 믿는 사상, 예수 믿는 정신이 무엇이 나쁘단 말인가? 내 목은 뽑을 수 있을는지 모르나, 내 신앙은 내게서 뽑지 못할 것이다.' 라고 하니 누군가 '때려라' 하며 치고 때리다가 곁에 있는 못 박힌 나무 토막들을 들고 치더랍니다.

그러더니 옆방에 있는 양 집사를 보고는 '당신은 누구요?' 하면서 화살이 양 집사에게로 쏠리더랍니다. '목수 일 하는 사람이오' 했더니 '이 자식들과 어떻게 되는 사람이오?' 하며 '아무것도 아니오. 우리가 이 방에서 삽니다.' 하자 양 집사 부인이 목수 도구를 보이면서 우리는 목수일 해서 산다고 설명을 하였답니다. 그리고 나니 다시 동인이를 때리더랍니다. 또 곁에서 말리는 동신이도 두들겨 맞았답니다. 벌써 머리에서는 선혈이 흐르고 매 자국에는 피가 맺혔더랍니다.

그러자 '이 자식들 데리고 가자' 하니 '그러자' 하고 동인이는 가지고 온 끈으로 묶고 동신이는 손을 들라고 하더니 그대로 끌고 나갔는데 몇 학생은 증거를 찾는다고 방에 들어가 모두 뒤지더니 한 아름 가지고 따라 나갔답니다. 그 동안에 동수는 계속 울었으나 그 울음소리는 그 사람들에게는 아무 상관도 없더랍니다.

이만큼 말을 한 홍 선생은 더 계속하고 싶었으나 다음을 기다리는 이들에게 전해 줄 말이 뚝 끊어졌다. 그것은 양 집사가 그 뒤를 따라 나가지 못하고 무서워서 들어 앉아버렸던 까닭이었다. 말은 다시 계속되었다.

그렇게 잡혀간 후 아무도 그 뒤를 따라가 본 사람이 없어서 자세한 소식은 몰랐으나 다만 세무소 위에 있는 본부로 데리고 간 것 만은 알았다고 합니다. 그날 밤까지 돌아오지 않은 동인이 형제는 필연코 큰 일을 당한 줄 알았으나 알아볼 길이 없었답니다. 그러자 공포의 하루가 지나고 22일에 국군이 순천을 점령하게 되자 양 집사는 얼른 그 부인과 소식을 들으러 나가니 동인, 동신 군은 총살을 당했다는 것이었답니다.

그래서 시체라도 찾아보려고 나갔으나 하도 많은 시체를 다 보면서 함께 다닐 수 없어서 둘이 나누어서 찾기로 했는데, 양 집사가 경찰서로 가고 그 부인은 장대다리 지나서 벌교(筏橋)로 가는 큰 길가로 갔더랍니다. 양 집사가 경찰서에 가보니 벌써 국군들이 와서 모든 시체는 실어다가 들 밖에 내다버리는 중이어서 찾지 못했지만, 그 부인이 그 부근에 가서 의외로 쉽게 동신이를 찾아내었는데, 그 전날 아침에 갈아 입은 옷이 표가 나서였답니다. 따라서 힘 안들이고 동인이도 찾았답니다.

그런데 이상한 것은 다른 시체들은 그 얼굴이고 몸이 몹시 상했으므로 변색되었는데 이 두 시체는 과히 상하지 않았더랍니다. 그 뒤에 양 집사는 다시 그 부인과 정 집사와 함께 삼인이 가마니 몇 장을 가지고 가서 깔고 덮고 애양원에 얼른 연락을 하려고 하던 차에 동인이 당숙이 오셨으나 그이는 이 소식에 더 정신을 못 차리며 어쩔 줄을 모르셨고 내가 도착하여 애양원에서 왔다고 하니 얼른 이 일을 어떻게 할 것이냐고 물으십니다.

이 말까지 한 것은 자기가 도착되기 전까지의 일이었으나 이제부터는 자기기 한 일을 이야기하는지라, 좀 더 이상한 감정을 느끼는 것 같았다.

그래서 나는 동희와 동수를 데리고 우선 시체를 보려고 갔습니다. 그리고 나서는 교회에 찾아가서 가(假)장례식을 할 것을 상의하고자 했으나 아무도 없었습니다. 하는 수 없이 다시 양집사와 상의하고 저녁 때 앞산 밑에 가서 가(假)매장하기로 하고 있는데 다음 같은 놀라운 소문이 들려 왔습니다.

순천 읍내에 사는 사진업 하는 서종문 씨 부인 정 씨라는 분이 반란군이 기독교 신자를 체포해서 경찰서 쪽으로 갔다 하기로, 피신했던 자기 남편이 체포당하지 않았나 하고 쫓아가보니 의외에도 학생들인데, 가는 도중에 누군가 자주 전도를 하더라는 것입니다. 주먹으로 맞고 발길로 채이며 몽둥이나 총자루로 맞으면서도, 또 얼굴에서 피를 흘리면서도 전도를 하는데 하는 말이 다는 안 들려도 '너희들도 그러지 말고 예수를 믿으라는 둥, 우리 동족끼리 상쟁(相爭)하지 말자는 둥, 참다운 예수 정신으로 살아야 우리 민족이 복을 받겠다는……' 이었다는데 이 참경은 소름끼치는, 실로 눈물 없이 볼 수 없는 처참하면서도 거룩한 광경이었다는 것입니다. 나는 이 말을 듣고 과연 그들의 간 길은 우리 주께서 걸어가신 갈보리 산을 향하시던 길 같다고 연상했습니다.

계속 나오는 눈물을 주먹으로 씻으니 모두들 흑흑 흐느껴 우는 것이었다.

"또 이런 소문이 들려 왔습니다. 십 사 오세 된 윤순응이라는 학생이 보았는데 시체가 산처럼 쌓인 순천 경찰서 뒤뜰에다가 동인군을 내세우며 '야 이 자식아, 이래도 예수사상 못 뽑아 버리겠느냐? 지금이라도 예수사상 예수정신 뽑아버리고 우리와 같이 협력할 수 있다면 용서할 테니 어떻게 하겠느냐? 이 고명신(가명)처럼' 하고서 같이 선 소위 전향한 학우를 가리켰다고 합니다.

그러나 동인이는 '내 목을 뽑을지언정 내 신앙은 뽑을 수 없다. 너희들도 이렇게 악한 짓 말고 예수 믿어라.' 하니 누군가 '할 수 없다. 쏴라.' 하더랍니다. 이 말을 들은 동신이는 얼른 동인이 있는 쪽으로 가더니 무리들을 향하여 '여러분, 우리 형님은 장자입니다. 형님은 장자이니 부모님 모셔야 하지 않습니까. 형님 대신 내가 죽을 터이니 형님은 살려 보내 주시오.' 하면서 형님 앞으로 총을 맞으려고 가더랍니다.

이것을 본 동인이는 묶인 채 소리를 지르면서 '동신아, 너 이 무슨 주책없는 짓이냐? 너를 죽이려는 것이 아니니 너는 얼른 집에 가서 내 대신 부모님을 봉양해라.' 하더랍니다. 그러나 안 된다고 버티는 동신이를 한 사람이 붙들어 내고는 다른 사람이 동인이 눈을 가리더랍니다.

최후가 임박한 줄 안 동인이는 '야 너희들도 회개하고 예수 믿어라. 나는 이제 죽으면 천당 간다마는 너희들은 그 무서운 지옥 형벌을 어떻게 받겠느냐.' 하니 이 말을 들은 폭도들은 이를 갈며 주먹을 쥐고는 '쏘아라, 하나 둘 셋' 하는데 소리가 끝나기 전에 '아버지여, 내 영혼을 받으시옵소서 저들의 죄를……' 까지 부르자 쏘는 총 때문에 말을 못 마치고는 쓰러지더라는 것입니다."

장내는 다시 한 번 울음 바다가 되었다. 말은 다시 계속되었다.

"이 광경을 본 동신이는 사자처럼 잡은 사람을 뿌리치고 달려가서는 피를 쏟고 쓰러진 형을 붙들고 울면서 '형님, 형님은 이제 천당으로 갔습니다. 나도 형님 뒤를 따라가겠습니다.' 하더니 반란군과 학생들을 향하여 '왜 무죄한 자의 피를 흘립니까? 이 무죄한 자의 피를 흘리게 한 여러분의 죄를 어떻게 하렵니까? 그러나 이제라도 회개하고 예수를 믿으시오.' 하니 무리 중에 한 사람이 외치기를 '저 놈도 죽이자' 하니 모두들 '그러자, 그러자' 하더랍니다.

홍 선생은 그만 말이 안 나와서 한참 서 있었다. 일동도 계속 눈물만 쏟고 있었다.

"이 말을 들은 동신이는 '나도 우리 형님 가신 천당으로 가겠다. 나의 신앙도 우리 형님과 꼭 같다.' 하고 두 팔을 들면서 '우리 주 예수께서 십자가에 달리신 것처럼 나도 십자가 모양을 하고 총을 맞을테니 자— 쏘아라' 하며 외치니 '야, 이 놈은 그 형보다 더 지독한 놈이로구나, 이 놈을 그냥 못 두겠다. 자 총살하자' 했답니다. 이 소리를 들은 동신이는 십자가처럼 두 팔을 옆으로 벌린 채로 '아버지여, 이 사람들의 죄를 사하여 주시옵소서. 회개시켜 주시옵소서. 내 영혼을 받으시옵소서. 그리고 아버지 어머님을……' 하자 수발(數發)의 총이 발포되어 동신이는 동인이 곁에 쓰러지더라는 것입니다. 나는 옛날 스데반을 연상할 만한 이 말을 듣고 과연 순교자의 죽음이다. 그들의 일상 생활이나 과거 신앙 생활로 보아 이런 순교를 하고도 남음이 있으리라고 즉석에서 믿어지면서 감사드렸습니다마는 인정으로야……"

말을 계속 못 하고 앞에 앉아버렸다.

지금까지 들으셨는지 못 들으셨는지 강대상 뒤에서 꼼짝 않고 엎드려만 계시던 손 목사님은 이러한 보고가 끝나자마자 눈물과 콧물을 함께 씻으시면서 교인들 앞에 나서신다. 누가 나서시라고 한 것도 아니로되 또 막을 수도 없는 행동이다.

"사랑하는 부모 형제 여러분, 내 지금 홍 선생의 이야기를 대강 들었습니다. 내 두 아들 동인이 동신이는 분명코 천당에 갔을 것입니다 마는 동인이 말 한대로 내 두 아들 죽인 사람들은 지옥 갈 것이 확실합니다. 내 어찌 아비된 자로 이 이 일을 그대로 두겠습니까! 나 역시 인간들이 불신의 죄로 지옥 갈까 보아 전도하러 다니는데 내 아들 죽인 죄를 회개 않고 죽는 사람들을 내 어찌 방관하겠습니까?"

이에 모두들 엉! 엉! 하고 운다. 손 목사님은 다시 말을 계속하였다.

"또 저 사람들은 다른 민족이라도 구원해야 할 터인데 동족이 아닙니까? 골육 살상은 민족의 비참이요, 국가의 대 참사(慘事)입니다. 보복적 행사가 반드시 있을 것이니 이 민족 이 동포가 이래 죽고 저래 죽으면 그 누가 남겠습니까. 그런즉 곧 사람을 순천으로 보내서 승주교회(昇州敎會) 나덕환(羅德煥) 목사님에게 다른 이는 내가 몰라도 내 아들 죽인 자들이 앞으로 체포되거든 절대로 사형치 말고 때리지도 말게 하면 내가 전도해서 회개시켜 예수 믿게 하여 내 아들 삼겠다고 말을 하고, 또 내 아들 생전에 내게 말하기를, 나도 이후 신학을 마치고 목사가 되어 아버지가 섬겨 받들던 애양원교회 위하여 일하겠다고 하였으니 내 두 아들 순천에 묻지 말고 애양원 동산에 묻어 주시오. 이 두 가지가 오늘 여러분과 하나님 앞에 드리는 내 소원입니다.”

이렇게 말하고는 조용히 자리에 앉으신다. 해는 벌써 져서 저녁 때가 되었다. 그러나 누구 하나 저녁 밥을 지으러 가는 이도 없다. '밥 한 때쯤이야 굶은 들 어쩌랴. 순교 당한 사람도 있고 두 아들 잃은 손 목사님도 있는데……' 하는 심정이리라. 그러자 누가 「고생과 수고 다 지나 간 후…….」 하고 찬송을 시작하니 일동은 따라 부르는 것이었다.

순교의 꽃

순교의 피는 교회의 씨라던가?

십자가 상에서 흘리신 속죄의 피를 이어
돌 무더기 속에서 땅 속에 스민 피
옥졸(獄卒)에게 매 맞아 쓰러진 사도의 피

피! 피! 피의 뒤를 이은
성지에서 흘린 피 만산(蠻山)에서 흘린 피
들판에서 흘린 피 거리에서 흘린 피
육지에서 흘린 피 바다에서 흘린 피
집안에서 흘린 피 강단에서 흘린 피

창 끝에서 흘린 피 칼날에서 흘린 피

대낮에 흘린 피 한밤중에 흘린 피

동에서 흘린 피 서에서 흘린 피

남에서 흘린 피 북에서 흘린 피

알려지게 흘린 피 남모르게 흘린 피

모─든 이천년간 끊임없이 흘린

이 피 저 피가 쌓이고 덮이어서

네 피 내 피가 엉키고 설키어서

흰 피 붉은 피가 모이고 또 모여서

정의의 피 사랑의 피가 싹이 트고 눈이 터서

피어지는 그 꽃이 교회라 할진대

주께서 허락하신 순교의 피를

인간이 땅 위에서 씻어 버리지 못할 것이요

주의 뜻이 있어 살려두신 산 순교자들을

마귀가 땅 속에 파묻지 못할 것이어늘

대한 교회여!

하나님의 크신 뜻과 또 사랑이 있어서

유일 무이(唯一無二)의 천재 일우에 기회를 주셨거든 남한에……

네 어찌 어물어물 해 가며 또 회개할 줄 모르느냐?

하나님의 새로운 진노를 기다리느냐?

소돔 고모라처럼 되게

대구사건에 넘어진 영들에게 내 무릎을 꿇어라

제주도사건에 사라진 영들에게 고개를 숙여라

여순사건에 녹아진 영들에게 합장(合掌)을 해라

삼팔선에서 묻혀진 영들에게 눈을 감아라
죄의 값은 사망이라 하였으니
누구의 죄 값인지 알아라

모─든 사건의 나머지
  ─집 잃은 가족
  부모 잃은 고아
  처자 잃은 노인
  가족 잃은 거지떼─
그들 앞에 가서 울면서 빌어라
추위와 싸우며 밤샘하는 경관들에게 가서 빌어라
초만원 된 형무소 죄수와 그 직원들에게 가서 빌어라
공비 토벌에 목숨을 내건 국군에게 가서 빌어라
산간 벽지에서 소개 당하는 동족들에게 가서 빌어라
정신 이상 들린 산적들에게 가서 빌어라

네 이렇게 하기 어렵거든
무소부재하신 하나님 앞에서
옷을 찢고 가슴을 치며 재를 쓰고
통곡하며 자복하고 빌어라
이 모든 일들이 네 회개 안한
하나님의 진노의 첫 재앙이니라

먼저 있어야 할 회개는 잊어버리고
먼저 구해야 할 그의 나라와 그의 의는 덮어 버리고
바다로 물고기 잡으러 간 목사로

적산 접수 교회 장로로
양의 가죽을 쓴 종교 모리 집사로
영전을 하셔서 보라는 듯이 향락을 하시니
하나님께서 속으실 줄 아느냐?
그 죄값이 이 민족의 현실인 것을 아느냐 모르느냐?

총회 권위를 내세우기 전에
모모 기념 사업 개업을 하기 전에
내 당파 만드는 무슨 회 무슨 회를 조직하기 전에
네 취직처 교회를 세우기 전에
바알의 제단을 쌓기 전에
교회 분열을 부르짖기 전에
마카이 박사 부른너 학자를 내세우기 전에
학설이니 수설(竪說)이니 떠들기 전에
정통이니 밥통이니 싸움하기 전에
세계 영웅 모모 대회 출세하기 전에
동양 제일 모 노회를 자랑하기 전에
고관 대작 교회원을 뽑내기 전에
네 먼저 해야 할 것을 잊은 것 아느냐 모르느냐
회개하라 천국이 가까우니라
머뭇 거리다가는 다시 또 큰 재앙 임하리니
열 재앙 내리신 여호와시니라

옥중 성도여 마도(魔都)로 오너라
로마로 향하던 베드로처럼
회개할 목자여 비지(匪地)로 가거라

니느웨로 향하던 요나처럼
월남한 목자여 이북으로 가거라
네 버리고 온 양떼들 소리가 들리거든
피 끓는 신앙의 청년들아 일어나거라
네 교회 네 민족 네 나라 네 땅을 사랑한다기 보다도
네 진정 주님을 사랑하거든

순교의 피는 교회의 씨가 되리니!
그대들은 순교의 꽃이 되어라
하나님은 열매를 기다리신다.

제12장

눈 물 의 바 다

"복순이 내 옷 다 되었나?"

"응 아직 조금 더 남아 있어, 내일 입도록 해줄께 염려 말어."

"염려가 아니라 묻는 말이여."

얼른 흰 옷을 해서 다 입고 내일 영결식에 참여해야 할 터인데 손이 꼬부라져서 바느질이 안 되는 막달이는 이웃 집에 있는 복순이네게 자기 옷을 지어 받는 것이었다.

"아까 나가 보았어?"

"응 나가 보고 말고, 그러나 참 못 보겠데, 관 좀 뜯어서 보게 해 달라시는 사모님을!"

"참 그렇지 않겠어? 하나도 아니고 둘을, 우리 같으면 아주 기절해서 죽었을 것이여" 하면서 바느질을 하던 손을 멈추고 눈물을 씻으려 수건을 집었다.

"그렇고 말고 또 못나게나 생겼다든지 믿음이 없다든지, 또 일제 말엽에 고생들이나 덜했다든지 해도 그럴 텐데……." 하고는 막달이도 꼬부라진 손으로 눈물을 씻었다.

"아이 그러나 그보다도 그 시체 넣은 관을 따라 가시면서 찬송가를 부르시는 손 목사님 좀 봐! 그 양반은 사람 아니시라니까!"

"사람 아니고 말고, 엊그제 하시는 것 못 봤어?"

"아아 글쎄 우리들 속만 태우시더니……."

그것은 반란 사건이 여수에 발생하던 다음 다음 날인가 싶다. 반란군의 한 패가 순천으로 갔다가 다시 쫓겨오는 길이었는지 모르나, 반란군과 폭도와 학생들이 이 애양원까지 쫓아서 애양원 직원과 목사를 죽이겠다고 원내로 들어 오려고 했다. 그때 어떤 장로님이 "당신들 들어 오려면 오시오, 만일 함부로 들어 왔다가는 한센병이 전염 될지도 모릅니다."고 하니 들어 가지는 못하고 얼마 동안 문 앞에서 총을 쏘고 하더니 다시 다음에 오겠다고 하고 갔다. 그리고 보니 애양원 식구들은 자기의 목숨보다도 귀중히 여기는 손 목사님이신지라 자꾸 숨으시라고 해도, 숨으신다는 게 교회로 가셔서는 강대상 뒤에 앉아서 찬송가를 부르시거나 기도를 하시는 것이었다. 교인들이 교회 마루를 뜯고 숨으시라고 해도 "여러분의 뜻은 고마우나 하나님 품 안밖에 더 안전한 곳이 어디 있습니까?"하시면서 절대로 숨지 않으시니 애양원 식구들의 마음은 무엇이라 말할 수 없었던 것이다.

지금 생각하면 그런 어른 없어 히고 감틴을 해도 그때에는 그것이 미울 만큼 답답했었다. 밤에 잠도 잘 자지 못했던 것이다.

"그 어른은 참 성자 소리 듣게 생겼어!"하는데

"어머니 나도 부았어. 사모님 지금도 계시데……."하면서 들어오는 것은 복순이의 어린 딸이었다. 10월 25일에 비보를 홍순복 씨로부터 들은 애양원 교회 제직과 외부 직원 일동은 화물 자동차를 내서 홍순복 선생과 양 집사가 공동묘지에 가매장(假埋葬)한 시체를 찾으러 나섰다. 그것은 어제 손 목사님 부탁대로 두 순교자를 애양원 동산에 묻으려 함이었다. 그때가 마침 국군이 여수 지구 공격 중, 일시 퇴각한 25일 다음 날인 26일인지라, 재 공격할 태세였으니 그 경계는 매우 삼엄했다.

수백 대의 자동차 전차 야포차 할 것 없이 모두 여수로 향하는데, 이 애양원 자동차 만이 순천쪽으로 달리니 그리 쉬울리 없어서 몇 십 번이나 조사를 당했다. 좌우간 많이 걸려야 왕복 두 시간 밖에 안 걸릴 거리가 시체를 운반해 왔을 때는 거진 저녁때였다. 그리고 운반해 올 때 미리 입관 해 온 것은 아무래도 시체가 여러날 지난 관계도 있지만 혹 가족들이 특히 사모님이 보자고 할까 봐서 미리 그렇게 했던 것이다. 그러나 사모님은 자꾸 관을 뜯어 보자고 하시지 않는가. 또 한편, 시체가 도착되자 마자 목사님은 그 뒤에서 「고생과 수고 다 지나 간 후⋯⋯.」하시며 찬송가를 부르면서 따르시지 않는가? 관을 뜯자는 사모님이나 찬송하는 목사님이나 모두가 그들에게는 경이의 눈물이었다.

이래서 일천 백 명이나 되는 애양원 식구들은 아주 한 걸음도 외출(外出) 못 하는 중환자 외에는 전부 어른 애들 할 것 없이 모두 와서는 눈물을 흘리면서 그 관을 보았고 돌아가서는 또 눈물을 흘려 가며 서로 이야기 하는 것이었다. 애양원 전체는 상가(喪家)로 변해서 내일 있을 영결식 준비에 바빴다.

"복순 씨 아까 말한 만서(挽書; 죽은 이를 애도하는 글) 쓸 것 주세요."하고 밖에서 들리는 소리는 박 장로 음성이었다.

"이만 하면 좋지!"하고 복순이는 열자 가량 되는 하얀 명주를 반 짇고리 속에서 꺼내서 막달이에게 보이더니 "이것뿐입니다."고 들어내다가 주었다. 박 장로를 보니 벌써 두건을 해썼다.

"훌륭합니다. 그러면 오늘 밤에 써서 내일 아침에 갖다 드릴께 막대기는 준비하셔요." 하면서 대답도 안 듣고 가 버린다.

"네!" 하고 대답은 했으나 잠깐 생각하니 긴 막대기가 구하기 어려울 것 같아서 "바지랑대라도 하지!" 하고 군소리처럼 말하고는 다시 바느질을 계속했다.

"나도 가서 내 주어야지." 하면서 곁에서 보던 막달이도 나갔다.

♥   ♥   ♥

"사모님 이 세상에서 한 사람의 순교자를 내는 것도 온 천지를 진동시키는 법인데 둘씩이나 났으니 그 얼마나 놀랍고도 영광스러운 일인지 아십니까?" 하면서 슬피 우시는 사모님을 위로해 드리는 이인재(李仁宰) 전도사는 이 말도 사실 그에게 위로가 되는 것 같지 않아서 어떻게 할지를 몰랐다.

어제 잠깐 기절했던 사모님이 깨어난 후에도 줄곧 정신 없어 하시는 것을 무슨 말로 위로를 드릴 수가 없었는데 하룻밤 지난 오늘 역시 마찬가지다. 그보다도 오늘은 시체를 가지러 자동차를 보낸다니 이제부터가 또 큰일이다.

어제 들으니 손 목사님은 자기 두 아들 죽인 이를 용서해주어서 자기 아들 삼겠다고 했고, 또 동인이, 동신이를 이 애양원에 묻어 달라고도 했으며, 홍순복 선생을 만나자 드리던 기노도 신앙적이었다고 했는데 그래도 밤새도록 또 지금까지도 넋 잃은 사람 같지 않은가!

"내 죄가 하도 중하고 많아서 그렇게 고생 고생하고도 남 못 낭할 일을 또 당하지 않느냐?" 고 하는 말을 가끔 비치는 것으로 그 마음의 한 구석을 엿볼 수 있었다. 그러자 조반이 다 됐다고 식사를 하자는 것이었다.

이인재 전도사는 별로 생각이 없지만 자기가 안 먹으면 어제 저녁도 굶은 손 목사님 역시 안 먹을 것 같아서 하는 수 없이 받기로 하고 손 목사님을 권하고자 하는 것이었다.

　"이 전도사 감사기도 하시오."하시고는 손 목사님은 고개를 숙인다. 고개를 숙인 이 전도사는 무슨 말로 기도를 하여 감사드릴지 모르다가 우선 "하나님 당신의 무한하신 사랑을 감사합니다."하고서 다음 생각을 안 했었으나 이런 기도 말씀이 나왔다.

　"모든 일이 합동해서 유익하게 하시는 당신의 은혜를 감사하는 것은 이미 바치려던 한 제물을 육년간이나 드렸어도 받지 않으시고, 속세에 과히 물들지 아니한 천진하고 귀한 두 제물을 한꺼번에 받으신 섭리입니다. 무슨 뜻이 있어서 그렇게 하셨는지 우리들은 모르오나 주의 뜻이 있어서 그렇게 하신 줄 믿사오니 그 뜻 보여 주시옵소서. 우리가 예비하신 식물을 취해서 그 뜻을 따르는 생활을 실천하게 하여 주시옵소서.…운운"

　이 기도의 말씀이 끝나자 손 목사님의 눈에서는 무슨 빛이 나는 듯 "허허허!"하고 한 번 웃으시고는 "이 전도사님 실로 감사합니다."하시더니 아침 식사도 의외에 잘하시는 것이었다.

　그후부터는 문자 그대로 범사에 감사하시는 것이었다. 이미 바쳤던 한 제물을 안 받으신 하나님께서 두 제물 불러 가셨으니 안 받으신 한 제물의 할 일이 있음을 깨달음 이신지! 그래서 속세에 나가서 신앙의 승리를 하고 오는 순교의 두 제물을 개선 장군이나 맞이하듯이 맞으시면서「고생과 수고 다 지나간 후」를 부르시며 관을 따르시는 것이었으니 오히려 다른 이들에게는 눈물을 흘리시는 것 이상의 슬픔이요 경이(驚異)의 위로가 되는 것이었다.

　"이만 하면 되겠지요. 장로님?"

"잘 팠는데요. 널찍하고도 또 깊게."

"어제 팔 적에 어떻게 땅이 부드러운지 몰랐어요."

"물은 안 납데까?"

"아니요. 나도 처음에 팔 적에는 바닷가라 물 염려를 했는데 암만 파도 물이 안 나와서 참 기분이 좋았어요. 명당인가 봐요. 좌청룡 우백호(左靑龍右白虎)로 하하하" 하고 명당이라는 설명을 하느라고 지관이 쓰는 문자를 쓰다가 딱 막히니 웃어버리는 사람은 애양원에서 호인(好人)으로 유명한 방대식(方大植)이라는 청년이었다.

"참 수고했습니다. 하나도 아니고 둘씩이나"

"내가 혼자 팠나요?" 하며 싱긋 웃는다. 역시 호인 격이다.

이곳 애양원에서도 양지 바른 곳이요, 앞에 터진 바다가 보이는 동도(東島)라는 곳이다. 누래진 잔디밭이 위에서부터 아래로 깔렸는데 그 끝인 낭떠러지처럼 끊어진 곳이 바로 바다 물결 철썩이는 바닷가이다.

그 잔디밭에다 어제 애양원교회 면려 청년회원 일동이 김원태 씨 지휘 하에 묘자리를 판 것이었다. 청년들이 판 것이라 널찍하고 깊숙하였다. 오늘 있을 영결식이 시작되기 전에 그 자리를 어떻게 팠나 보고자 온 신 장로는 벌써 두건을 쓰고 흰 두루마기도 입었다.

"그리고 뗏장은 다 준비되었습니까?"

"네, 대개 되었습니다. 조금 부족할지 모르겠습니다. 둘이 되어서요." "부족하면 나중에 더 마련하지요. 다들 어디 갔나요?"

"아침 먹고 옷 갈아입겠다고 들 갔지요."

"네 잘 부탁합니다." 하고 되놀아 애양원 쪽으로 가는 신 장로의 두건이 바람에 날라 갈뻔 했다. 얼른 눌러 잡으면서 뒤를 돌아다 보며 씩 웃는 신 장로를 방대식은 못 보았는지 삽을 들고 무덤 속을 무심히 들여다 보는 것이었다.

10월 27일 아침.

어젯밤 밤샘을 한 애양원교회 직원들과 그 식구들은 이 밝은 날이 밝지 않았으면 싶었다. 그러나 밝아지는 날을 어찌 막으랴!

높고 맑은 하늘에는 약간의 구름이 떠돌고
단풍을 스치는 바람은 약간 추운 기운이 돈다.
바다는 여전히 하늘 밑으로 멀리 터지고
무심한 갈매기 수평선에 십자가를 그린다.
저 멀리 뵈는 곳은 요단강 건너일까.
추풍에 떨어지는 잎 그 누가 아까우랴만
첫 봄에 피다 꺾인 꽃 그 누가 시원타 하랴.
주께서 예비하신 곳 그들이 갔을 줄 아나,
땅 위에 그 불행한 그 일생을 아는 자
그 어찌 눈물을 금할 수 있으랴!

삼백여 장의 가지가지의 만서(挽書)가 바람에 휘날리는데, 밤을 새워서 해 입은 흰 옷들을 입고 모여 온 근 천 명 애양원 식구들! 시체를 넣은 두 관을 앞에 놓고 정연히 둘러섰다. 천사들이 옹위한 흰 옷 입은 성도들처럼.

이렇게 해서 그 유가족들과 함께 영결식은 진행되는 것이었다.

"이제는 이 전도사께서 설교해 주시겠습니다." 하고 사회하는 이는 박 장로였다. 머리에 두건이 약간 작은 듯 가끔 벗겨지려고 한다.

「날빛 보다 더 밝은 천당 믿는 것으로 멀리 뵈네」의 찬송가도 눈물 속에 불리우고, 간곡한 개회 기도도 박춘갑 장로의 울음 섞인 목소리로 드리고 나서, 성경 낭독과 찬양이 있은 후 순서에 따라 이 전도사의 설교를 듣는 것이었다.

"나는 오늘 이 순교한 성도들의 장례식에 참석하게 된 것을 무한

한 영광으로 생각합니다. 평소에 학교에서, 혹은 서재에서 순교의 전기를 볼 때마다 너무나 그 일이 아름답고 부러워서 견디지 못했는데, 오늘날 우리 눈으로 순교자의 시체를 목격하고 우리 손으로 장사하게 되니 이런 영광스러운 일이야 무엇으로 형용 할 수가 있겠습니까"하고서 계시록 제 11장 1절에서 11절까지 읽은 이전도사는 약간 홍조를 띤 긴장한 얼굴이 두건 밑에서 더욱 붉어 보였다. 이어서 말하는 설교의 요지는 다음과 같았다.

"이 우리 앞에 되어진 사실은 우연히 발생한 사건이 아니고 내가 읽은 성경 말씀이 성취된 것 같습니다. 요한계시록 제 11장은 그 다음 12장 13장과 함께 말세에 지상에 있는 교회가 적 그리스도(짐승)로 더불어 분투하는 광경을 묘사한 예언인데, 11장에 있는 굵은 베옷 입은 두 증인은 주의 복음을 전하는 말세의 교회를 상징한 것입니다. 교회란 이 땅 백성의 죄를 위하여 울어야 하는 동시에 또한 모세와 엘리야 같이 권능있게 증거하는 사명을 다 하여야 하는 것입니다.

본문 11장 7절에 무저갱에서 올라 온 짐승이 저로 더불어 싸워 이기고 또 죽였다고 하였습니다. 이것은 무엇을 예언한 것입니까? 오늘날 우리가 당한 이 일이 곧 이 예언의 일부를 사실대로 성취 한 것이 아닐까요? 바야흐로 무저갱의 짐승은 올라 왔습니다. 이 두 순교자를 사격한 동창의 학생들의 마음은 마귀가 순 짐승의 마음이 아니고 무엇이겠습니까? 이번의 순교 사실은 여기 예언된 것이 글자 그대로 성취된 것 같습니다.

두 증인의 시체는 삼일 반 동안 거리에 버려둔 채 장사 못 하게 되었다는데, 순교자의 수도 또한 둘이요 장사 못 하고 시체 버려 둔 것도 그렇습니다. 이상스러우나 이 예언이 성취된 것을 보아 삼일 반 후 다시 살아난다는 예언도 또한 성취될 것입니다.

이 삼일 반은 무슨 의미일까요? 아마 말세지말에 되는 모든 성경의 예언을 말함이니 적 그리스도(짐승)의 활동 기간(혹 삼년 반)을 상징한 것이요, 그 기간이 끝나면 우리 주님 재림하실 터이니 그때 주를 위해 순교한 종들이 제일 먼저 부활 할 것입니다. 이 첫째 부활의 영광이 어떠하랴! 오— 여러분 오늘 우리는 이 순교한 성도들을 장사 지내지마는 삼일 반만 기다리면 됩니다.”

이 전도사가 있는 힘을 다 들여 설교를 하니 둘러 선 애양원 식구들은 그 유가족과 함께 큰 위로를 받는 듯 고요하다. 아니 사람들 뿐 아니라 단풍 든 나무들도, 뒤에 서 있는 집들도, 멀리 뵈는 산들도, 앞에 터진 바다도 고요히 이 설교를 듣는 것 같았다. 마치 헛된 것에게 굴복하기 싫은 창조 받은 만물들이 하나님의 뭇 아들들이 나타나기를 기다린다는 듯이, 하나님을 사랑하고 그 뜻대로 부르심을 입은 자들에게는 모든 일이 합동해서 유익하게 되는 줄을 믿는다는 듯이. 가끔 흑흑 느끼는 울음 소리가 적막을 깨뜨릴 뿐이다. 설교는 계속되었다.

“여러분 이 동인, 동신 군은 총살 당할 사형장에 가면서 자기를 죽이려는 친구들에게 예수를 믿으라고 권면함은 물론이요 대중들을 향하여 두 번이나 회개하고 예수를 믿으라고 최후까지 복음을 증거하고, 부모를 생각해서 서로 자진해서 죽고 서로 살리려고 해가면서도 죽음에 임해서는 총탄을 받으면서도 큰 소리로 ‘주여! 내 영혼을 받으시옵소서.’ 하고 증거하였으니…”하는 소리는 이제까지 없던 눈물섞인 소리였다.

“우리도 이들의 신앙과 성실을 본 받아서 최후까지 주를 증거하다가 주 앞에서 함께 만나게 되기를 바랍니다.”

이렇게 눈물 고인 눈을 뜨고 단을 내려섰다. 뒤를 이어 안타까운 약사(略史), 가슴을 여미는 애도사(哀悼詞), 주께 호소하는 찬양 등이 있은 다음에 손 목사님께서 답사 할 시간이 돌아왔다. 단에 올라 선 작은 키를 누런 두건이 높여 주는 듯, 흰 두루마기 입은 손 목사님은 가을바람처럼 냉정하시다고 할까, 터지기 기다리는 화산처럼 무겁다고 할까!

"여러분 내 어찌 긴 말의 답사를 드리리요, 내 느낀 바 은혜받은 감사의 조건을 들어 답사를 대신하겠습니다."

그 목소리는 울어서 쉬신 목인지 기도에 쉬신 목인지 둘러선 무리들은 숨을 죽이고 들었다. 무엇인지 가지고 나오신 종이 쪽지를 들어 보시면서 말씀하신다.

"첫째, 나 같은 죄인의 혈통에서 순교의 자식이 나게 하셨으니 하나님께 감사합니다. 또 둘째로 허다한 많은 성도 중에 어찌 이런 보배를 주께서 하필 내게 맡겨주셨는지 주께 감사합니다. 셋째, 삼남 삼녀 중에서도 가장 아름다운 두 아들 장자 차자를 바치게 된 나의 축복을 감사합니다."

소리에 눈물 섞인 소리일까? 일동은 이제까지 듣던 귀 대신 눈물의 눈을 떴다. 도대체 저 양반이 진정으로 하는 소리인가, 할 수 없어서 하는 소리인가 싶어서이다.

"또한 넷째, 한 아들의 순교도 귀하다 하거든 하물며 두 아들의 순교이리요, 감사합니다." 하는 목소리는 더 크게 들린다. 작은 종이를 든 손이 약간 떨리는 듯 싶다.

"다섯째, 예수 믿다가 와석종신(臥席終身)*하는 것도 큰 복이라 하거든 하물며 전도하다 총살 순교 당함이리요, 감사합니다. 여섯째, 미국 가려고 준비하던 내 아들 미국보다 더 좋은 천국 갔으니 내 마음 안심되어 감사합니다. 그 다음 일곱째, 나의 사랑하는 두 아들을

---

* −와석종신(臥席終身): 자신의 수명을 다하고 편안히 자리에 누워 죽는 것.

총살한 원수를 회개시켜 내 아들 삼고자 하는 사랑하는 마음 주신 하나님께 감사합니다."

일동은 엉 − 하는 울음 소리와 함께 또 깜짝 놀랐다. 정말 저 양반이 이상스러운 말씀을 하신다고! 그러나 벌써 그 부탁을 받고 순천 갔다 온 사람이 있음을 아는 사람은 놀라지 않았을 것이다.

"여덟째, 내 두 아들의 순교의 열매로 말미암아 무수한 천국의 아들들이 생길 것이 믿어지니 우리 아버지 하나님께 감사 감사합니다."

일동은 이제야 목사님의 그 깊은 감사의 뜻을 알았다. 눈물은 다른 의미에서 더 쏟아졌다.

"아홉째, 이같은 역경 속에서 이상 여덟가지 진리와 신애(神愛)를 찾는 기쁜 마음 여유 있는 믿음을 주신 우리 주 예수 그리스도께 감사 감사 감사합니다." 그 얼굴은 웃는 것 같았다.

"끝으로 오 − 주여 나에게 분수에 넘치는 과분한 큰 복을 주신 하나님께 감사하며 영광 돌려 마지않나이다. 옛날 내 아버지 내 어머니의 새벽마다 부르짖던 35, 6년간의 눈물로 된 기도의 결정이요, 나의 사랑하는 한센환자 형제 자매들의 23년간 나와 내 가족 위해서 기도 해준 그 열매로 확신하며 여러분에게도 감사하여 마지 않습니다.

영결식은 이 감사의 답사로 눈물의 골짜기가 되었다.

그후부터 약 두시간 후

입추의 여지 없이 쫙 둘러선 성도들! 영결식에 참석했던 애양원 식구들은 입은 옷 그대로, 애양원 학생과 청년과 제직들에게 들리워 애양원 안을 뺑뺑 돌아서 이리로 온 두 상여를 따라서 하관식에 참석했다. 한 가운데 어제 파 놓은 한쌍 묘를 두고 둘러선 유가족을 위시한 백의 성도들은 찬송 부를 때 울고, 설교 들을 때 흑흑 느끼고, 약사와 애도사에 눈물을 쏟고, 손 목사님 답사에 놀라면서 울었고, 시체 운반 될 때 마음껏 울었건만, 막상 시체를 다시 지하에 묻으려 하니 인제는 말 못하는 시체나마도 못 볼 생각을 하고, 이제 후로는 한줌 흙으로 될 생각을 하게 되면서

　남해도 거쳐 드는 바다 바람처럼

　지구를 둘러싼 바다 물결처럼

　한숨과 눈물이 끝없이 자꾸 쏟아진다.

「만세반석 열…니…내가…갑…니다」하는 73장(229장) 찬송가도 제대로 계속이 못 되고, 데살로니가전서 4장 13절에서 18절까지의 성경 낭독도 귓가에서만 돌고, 이인재 전도사의 간곡한 목 메인 기도 소리도 은혜를 받도록 그 여유를 안 주는 슬픔, 눈물, 눈물, 울음, 울음, 슬픔 —

　'아버지는 어른에게만 전도 하세요. 나는 애들에게 전도 할테야요.' 하던 동인아! 네 아버지는 여기 있건만 너 어디 가느냐, 이 강산 전도는 누구에게 맡기고!

　옥종산 북방리서 기도의 제단을 쌓아놓고 네 아버지 어머니 네 동생들 위해서 간곡히 기도하던 동신아! 네 부모 네 동생들 다 살아 있건만 너 어디 가느냐, 그 기도 누가 하겠느냐!

　한 달에 23원 월급을 받아 20원씩 보내주던 동인아, 네 어머니 네 동생들 여기 있건만 너 어디 가느냐!

　굶주린 배를 쥐고 뒷신에 가서 나무 해 가지고 내려 오다가 쓰러지던 동신아! 너 어디 가느냐! 이 강산 데워 줄 나무는 그 누구더러 하라고!

　'내가 아버지 대신 공부해서 다시 찾아 와 이러분을 위해서 일생을 보내겠습니다.' 고 말하던 동인아! 우리들은 아직도 여기 남아 있건만 너 어디 가느냐!

　'내 후에 커서 황 선생님과 함께 살겠다.' 고 늘 말하던 동인아 동

신아! 황 선생 여기 있건만 너 어디 가느냐!

'후에 커서 솔을 매고 체를 지고 눈썹 깎고 같이 살자.' 고 한센환자 아주머니들을 위로하던 동신아 너 어디 가느냐! 쓸쓸한 이 세상에 누구하고 살라고!

낙제해서 부모님에게 욕 돌릴까 애쓰면서 가르쳐주며 인도하던 두 오빠! 우리들은 이곳에 섰는데 어디로 가십니까?

신사 참배 하기 싫어 싸우시던 두 형님! 그 싸움 다 끝나니 그만 가시나요?

할아버지 계신 곳에 먼저 가시오? 할머니 계신 곳에 따라 가시오? 늘 하고 싶다던 그 모든 일 누구에게 맡기셨소? 오빠 형님 왜 대답이 없소?

여기는 너희들이 간간이 와서 놀던 동도 섬이다.

「하늘 가는 밝은 길이 내 앞에 있으니」한 번 불러다고. 「만세반석 열리니」한 번 불러다고. 왜 말이 없느냐! 왜 대답이 없느냐!

이처럼 주마등같이 여러 사람 머리 속을 지나가는 여러 가지 그들의 일생!

눈물은 물결처럼 쉬지 않는다.

한숨은 바람처럼 끊이지 않는다.

인간들아 울어라 실컷 울어라.

슬픔이 웃음보다 아름다우니

얼굴에 근심을 띄움으로 더욱 선하단다.

미련한 자의 마음은 연락하는 집에 있으되

지혜로운 자의 마음은 초상집에 있단다.

울어라 앞에 터진 바다를 향하여

고함쳐라 위로 터진 창공을 향하여

고해의 바다이냐?

눈물의 바다이냐?
유유한 창공아 왜 말이 없느냐?
양양한 바다야 왜 잠잠하느냐?

제13장

사 랑 의 원 자 탄

반란사건을 정신없이 치른 것도 치른 것이지만, 사건 후 승주교
회 신자들 중에, 혹은 신자의 친척 중에 애매히 체포되어 처벌 당하
는 것을 몇이나 이리저리 주선해서 구해내 주느라고 바빴던 나덕
환 목사님은 아직도 머리 속이 멍 — 하고 그 처참한 정상이 눈앞에
어른거려서 밤이 되어도 잠이 안 오고 아침이 되어도 일어나고 싶
지 않았다. 더구나 그 여독인지 어제 아침부터는 몸이 좀 무겁고 열
이 있는 것 같아서 자리에 누워 있었다. 이때에 소리가 들린다.

"아이, 동희 아니냐"하고 마당에서 외마디 소리를 친 순금이는
동희 대답은 들을 사이도 없이 방을 향해서 "아버지, 어머니, 동희
왔어요."한다. '동희' 라는 소리에 깜짝 놀란 이는 특히 나 목사이시
다. 자기는 오남매 아이들이 하나도 이번 반란사건에서 피해를 입
지 않았는데, 자기에게 부탁하고 순천에 오남매를 보내서 공부를
시키던 친구 손양원 목사는 위로 두 아들이 죽임을 당했다. 그러니
무슨 특별한 책임이야 없더라도 의리상 자기는 무슨 큰 죄를 진 것
같았다. 그래서 주야로 마음에 괴로움을 느끼던 차인데, 동희가 왔

다고 하니 다른 때 다른 일 같으면 반갑기 짝이 없으련만, 이번엔 마치 손 목사를 대신 대하는 것같아서 이 아이를 어떻게 대할까 하고 당황했던 것이다. 물론 순교를 했으니 그들의 최후가 빛났으며 또 애양원에서 성대히 장례식을 했다고 하지만 그 일은 나 목사와는 별개 문제이고 인정상으로는 또 다른 문제가 아니냐 싶었다.

그래서 누웠던 자리에서 벌떡 일어났으나 '동희야 들어오너라' 소리가 얼른 안 나오는 데 순금이는 이것저것도 모르고 "일루 들어와 아버지 이 방에 누워 계셔." 하면서 안내한다. 시계가 열시를 치는 소리가 났다. 방으로 들어 오는 동희는 어쩐지 수심이 가득한 것 같기도 하나 어떻게 보면 냉정한 것 같기도 했다. 물론 그러리라 싶어서 나 목사는 말이 안 나오는데 부엌에서 설거지를 하던 나 목사 부인이 뒷문으로 들어오더니 대뜸 묻는다.

"동희야, 아버지 어머니 얼마나 슬퍼하시데?"하니 "네, 대단히 슬퍼하셨어요. 어머니는 기절하시기까지 하고 아버님께서도 많이 우셨어요. 그러나 깨끗하게 순교하게 되어서 감사하시다고 하고 영결식 때는 아홉 가진가 열 가진가, 감사한 조건을 들어서 말씀하셨어요."

이 말에 나 목사님은 "무엇이라고 감사하시데?"하고 물으니

"다는 못 외어도 우리 집에서 그렇게 훌륭하게 순교한 두 오빠가 생긴 것, 또한 한 순교자가 아니고 둘이요 또 끝이 아니고 앞으로 둘을 바치게 된 것 감사하다고, 또 살려고 빌다가 죽은 게 아니고 전도하다 쓰러졌으니 얼마나 감사하냐고, 또 미국 가는 대신 천국 갔으니 좋고. 또……."

할 말을 생각한다. 이 말을 미처 다 듣지 못했으나 나 목사는 놀라지 않을 수 없었다. '나 목사님께서 힘을 안 써주어서 우리 두 오빠가 죽게 되었다.' 고 원망하십니다 하는 소리가 차라리 듣기 좋지.

'깨끗하게 순교를 했다는 둥 감사하다는 둥'은 참 정말 앉아서 그대로 들을 수 없는 소리였다. 과연 손 목사이시다.

23년간인가 한센환자와 함께 생활해 온 불출(不出)같이 보이는 목사요 육년간이나 신사참배 반대로 유치장, 형무소, 구금소에서 영어(囹圄; 감옥)의 생활을 하시던 손 목사이시기도 하지만, 가장 사랑하는 아들 둘을 살해 당하고도 깨끗하게 순교했으니 감사하다고 하였다니, 이 과연 인간으로서 생각하고 말할 수 있는 일이겠느냐?

나 목사는 말을 들으면서 눈물이 자꾸 나오지 않을 수가 없었다. 그러자 정신이 번쩍 나면서 일전엔가 누가 와서 전하여 준 손 목사님의 부탁을 잊은 것은 아니지만 다시 이상스럽게 생각이 들었다. 말씀하시기를 '내 아들 죽인 사람들이 잡히거든 절대로 사형시키지 말고 때리지도 말게 해 달라고, 그러면 내가 전도해서 회개시켜 예수 믿게 하여 내 아들 삼겠다.'고 하시더라고, 그래서 이 말을 나 목사 자기에게 부탁해서 손 목사 대신 좀 힘써 달라시더라고 하였다.

그러나 처음에 이 말이 전해 온 때에는 그럴 듯하게 생각이 되었으나 그래도 그럴 수가 있나 싶어서 용기가 안 났다. 아무 죄없이 애매하게 당하는 이들을 변명하기도 여간 힘이 들지 않던 경험이 있는 나목사에게는 죄있는 사람을 용서해 달라기는 꿈에도 생각 할 수 없는 소리 같아서 입이 벌어질 수 없는 문제라고 생각했었다. 그랬는데 지금 동희가 와서 다시 그 말을 하니 이상한 힘이 나서 "또 아버님께서 하시는 말씀 없데?" 하고 물으려는데, 생각하고 있던 동희는 "그리고 두 오빠 죽인 이를 회개시켜 아버지 아들 삼고 싶은 사랑하는 마음 주신 하나님께 감사드린다고 하셨어요." 한다. 그러더니 "그래서 지금 제가 얼른 온 것은, 먼저도 박 장로님을 보내서 말씀 전했지만 저더러도 나 목사님께 꼭 그 활동 좀 해주시도록 말씀드리라고 해서 왔어요. 애양원에서도 이 일 위해서 기도하시겠다구요." 라고 한다.

20세기의 기적이냐?

멸망당할 이 세상을 불쌍히 여기사 독생자 예수를 땅 위에 보내주신 하나님의 무한하신 사랑과 죽을 인생을 구원하시려고 십자가 상에서 보혈 흘려 대속해주신 우리 주 예수 그리스도의 사랑!

이 사랑에 감격하여 그 일생을 바쳐 주의 뜻대로 살려던 모든 순교자들과 많은 성도들의 생애가 놀라웠듯이, 내 두 아들 죽인 사람을 살려서 내 아들 삼겠다는 소원이야말로, 독생자를 주시기까지 하신 하나님의 사랑을 맛보지 않고 어떻게 가질 수 있는 성도의 소원이며, 외아들 이삭을 서슴지 않고 바치려던 아브라함의 신앙을 소유하지 않고서야 어찌 말할 수 있는 부탁이랴! 하물며 이 악화될 대로 되어 가는 소위 20세기 물질 문명이 극도로 발달된 이 세상에서랴! 또한 다른 민족끼리의 싸움은 물론이거니와 동족 살상을 일삼는 사상전이 극도로 이를 때임에랴! 아니 소위 정의를 부르짖고, 사랑을 내세우면서도, 속에는 노략질을 일삼는 교회상을 볼 때임에랴!

'내 어찌 이 사명을 부탁받고 수수방관 할 수 있으랴! 만일 내가 가만히 있어서 이 일을 이루지 못할진대 내게 화가 미칠까 두렵다. 되고 안 되는 것은 하나님의 뜻에 있겠지만 나는 나의 책임을 다 해야 하지 않겠느냐. 아니 나를 통해서 하나님의 뜻이 이루어질지 누가 아느냐?'

이렇게 생각이 들자 나 목사는 무겁던 몸이 거뜬해져서 자리를 개키고 있는데, 아침에 나갔던 나목사의 아들이요 특히 동신 군과 매우 친하게 지내던 제민 군이 쫓아 들어 와서는 "아이고 동희 너 왔구나." 하더니 다시 "아버지, 동인이 동신이 죽인 학생이 잡혔어요. 그래서 학련(學聯: 학생연맹의 준말)에서 조서를 만들어서는 지금 국군에게다 넘긴다고 해요."하는데 그대로 소문처럼인지 무슨 보고인지 모르나, 먼저 손 목사님 부탁하신 일을 아는고로 전하는 말일 것이다. 그러나 나 목사는 천재일우의 절호기, 하나님께서 주신 다시 없는 기회이다 싶어서 동희에게 다녀오마고 일러 놓고는 제민이를 앞세우고 급히 서둘러 나갔다.

"아이고 나 목사님 돌아오시네하고 누가 밖에서 말하는 소리를 들은 순금이와 동희는 밖으로 쫓아 나왔다. 어떻게 되었는지 물으려고 하는데, 나 목사님은 누군지 모르나 어쩐지 기운이 쑥 빠진 것 같은 육십세 가량의 노인 한 분과 함께 예배당으로 들어 가시더니 그 노인과 함께 강대상 가까운 쪽으로 가셔서는 기도하시려는지 함께 엎드리셨다. 또 누가 애매하게 체포되어 총살을 당했거나 또는 무슨 활동을 부탁드리러 온 사람이려니 하고 기도가 끝나기를 기다리는데 좀처럼 나오시지를 않는다. 나 목사 부인도 또 다른 아이들도 기웃거렸으나 여전히 기도하시는데 울음 섞인 기도 소리였다. 누군가 싶어서 나 목사 부인은 가만히 들어가 보았다. 누군지 보지 못하던 노인인데 나 목사의 기도 중에 이런 음성이 들렸다.

"특히 스데반의 순교를 통해서 사울을 바울로 만드신 하나님이시여. 이 노인의 아들을 불쌍히 여긴다는 것보다도 주의 영광을 위하여 손 목사님의 소원을 이루어 주셔야겠습니다. 인간의 힘으로는 어떻게 할 수가 없습니다. 큰 능력 베푸사 말 하고자 하는 나에게나, 듣는 사람에게 감화 감동시켜 주셔야 이 일을 이루겠습니다. 아버지, 이십세기의 기적을 사람들에게 보여주셔야 이 나라 이 백성이 인간이 다 살겠습니다."

이 나 목사님은 아까 나가신 후에 어떻게 되어서 노인 한 분을 데리고 교회로 들어오시게 되었던가?

제민이를 앞세운 나 목사님은 먼저 그 학생이 잡혔다는 조선은 행 곁 대학당인 학련 사무실로 쫓아갔다. 가니 쫙 둘러선 학생들은 벌써 그 학생을 얼마나 두들겼는지 많은 상처를 입고 드러누워 있었고 더욱 눈물겨운 것은 그 학생 어머니 되는 오십이 넘은 듯한 노부인이 그 학생을 안고 앉아서는 울면서 비는 것이었다.

그러나 빌건 말건 학생들은 조사가 다 되어간다는 듯이 나머지 문초를 하는 것이었다.

"그래서 이 자식아, 총을 네가 안 쏘았으면 누가 쏘았단 말이냐?" 하고는 또 때리려고 덤비는 것을 "아이고 학생들" 하면서 어머니가 막아섰다.

"그러나 죽은 시체에다 쏘아 보았습니다." 겁이 나서 하는 소리였다.

"예— 이 자식아 오죽 미워했어야 죽은 다음에 또 쏘았겠느냐! 그래 누가 죽은 다음에 쏘았단 말이야?" 하고 물으니 "동신이가 죽은 다음입니다."고 떨리는 목소리로 대답을 한다. 이렇게 문초를 해서 조서를 꾸미는 이 학련 학생들은 모두들 분이 머리 끝까지 치밀어 있다.

그때는 국군이 진주 했으나 손이 미치지 못해서 대한 청년단에게와 학련과 경찰서에 특권을 주어 반란 사건에 가담했던 사람은 남녀노소 학생 여부를 막론하고 판명되는 대로 취조해시 군법새반으로 넘기는 판이었다. 그러니 애매한 사람들도 있었겠지만 대개는 그 사실을 어느 정도 알게 된 다음에 취조하는 것이었다. 생명이 왔다 갔다 하는 것이니 경솔하게 할 수는 없었다.

그래서 그 학생도 확실히 좌익 학생들에게 가담해서 총을 메고 돌아 다녔고, 또 총살하는 데 가담했다고 알려졌기 때문에 체포해 왔던 것이었다. 그런데 아니라고 부인을 하니, 죽이는 것은 둘째로 치고 미웁기 한이 없어서, 상당히 두들겨 주었는데 그의 어머니는 내용을 알고 그러는지, 모르고 그러는지 우리 아들은 안 그랬을 것이라고 변명이라기 보다 애걸을 하는 것이었다. 곁에 서 있던 젊은 국군 한 사람은 자초지종을 자세히 듣고는 피의자의 동정을 잘 살피는 것이었다.

이 광경을 본 나 목사님은 서슴지 않고 쑥 내달아 서면서 "여러분 학생들 대단히 수고합니다만 한 마디 말씀 드리겠습니다."하니 곁에 섰던 어떤 학생이 "당신 누고요?"한다.

"나는 승주교회 나 목사요"라고 대답을 하려는데 "제민 군의 아버지요"하고 곁에서 어떤 학생이 말을 했다.

"아! 그러십니까. 네. 무슨 말씀이십니까?"하고 취조 담당한 학생이 반문했다. 나 목사님은 여러 학생이 수고한다는 것과, 또 수고를 하겠다는 것과 자기가 특별한 부탁을 받은 것은 다른 게 아니라, 이번에 피살당한 동인, 동신 군의 아버지 되시는 손양원 목사님께서, 다른 이들은 몰라도 자기 두 아들 살해한 범인은 누가 되었든지 꼭 처형치 않게 해 달라고 하시는 부탁이라는 말을 간곡히 하였다. 즉 죽이기는 고사하고 때리지도 말아 달라는 것이다. 그러면 자기 아들 삼아 회개시켜 그 살인한 죄에서 구원시키겠다는 말이었다.

이 말을 듣자 어떤 학생은 비웃는 어조로 그런 말씀 할 때가 아니라는 둥, 그런 말씀 하면 다른 사람에게 오해 받는다는 둥, 이것은 우리 맘대로 하는 일이 아니라는 둥, 해서 말을 듣지 않는 학생들도 있었으나, 어떤 학생은 눈물을 머금고 아무말도 못 하는 학생도 있었다. 이상한 소리 한다고 생각하는지 아무 말없이 앉았다가 힐끗 쳐다보고 나가는 젊은 국군을 붙잡고 다시 말을 하니, 역시 그런 싱거운 소리하고 다니지 말라고 하면서 코 대답도 않고 나갔다.

다만 이 말에 어떤 영문인지 물으려는 이는 그 붙잡혀 온 학생보다도 그 학생의 어머니였다. 그녀는 애절한 표정으로 나 목사님을 유심히 쳐다보는 것이었다. 그렇게 되고 보니 말해 볼 데 없는 나 목사님은 순천 경찰서에 가서 서장 이하 몇 사람에게 이 말을 전했다. 그러나 지금은 계엄령 하이니 국군에게 말 하라고 하며 피한다. 다음에는 국민회의 유력한 오모(吳某)라는 분을 찾아 가서 사정을 했으나, 듣기는 고사하고 그런 소리 차라리 않는 것이 나 목사 자신에게도 유리할 것이라고 충고를 하지 않는가. 그러니 더 이야기 할 데가 없었다.

그래서 돌아오는데 경찰서 앞을 지날려니 어떤 노인이 "당신이 나 목사라는 이 아니요?" 하고 묻는다. 그렇다고 하니 자기는 재선이 아버지라고 한다. "재선이가 누구냐"고 하니 저 잡혀 온 학생이 자기 아들이라고 한다.

"예 – 저 손 목사님 두 아들 죽였다고 잡혀온 아이의 아버지입니까?" 하니 눈물을 머금고 그렇다고 한다.

"왜 그러십니까?" 하니 아까 학련에 갔다가 아내에게 들으니, 나 목사라는 이가 자기 아들을 용서해주자고 했다기로, 어떻게 할 수 없는 이때에 그런 양반이 있나 해서 반갑기도 하고 또 한편 자기 아들은 그런 짓 안 했을 것 같으므로 꼭 구해달라는 부탁도 할 겸해서 경찰서로 갔을 것이라는 말을 듣고 찾아가는 중이라는 것이다.

그럴수록 나 목사님은 그 책임이 중함을 느끼나 어떻게 할 수 없어서, 그 노인을 데리고 주께 기도를 더 좀 해야겠다고 생각하고, 생전 예배당이라고는 예자도 모르는 노인을 위로도 할 겸 데리고 온 것이었다. 도중에 손 목사님의 자초지종 이야기를 하니, 이 노인은 광주 형무소라는 소리에 깜짝 놀랜다. 그것은 자기가 경제범으로 광주 형무소에 있을 때 어떤 유명한 목사가 있었다는 이야기를 들었던 까닭이었다.

좌우간 이야기 하는 동안에 이 노인은 돌로 지은 예배당에 들어 오고 보니 무슨 크고 기다란 벽서 같은 것이 벽에 붙어 있어 아무것 도 모르나 나 목사가 하는 대로 고개를 숙이고 눈을 감고는 천지 신 명께 비는 것이었다. '그저 그저 우리 아들을 살려 줍시사' 고. 재선 이 아버지에게는 나 목사가 드리는 기도는 무슨 주문을 외는 소리 같이 들렸던 것이다. 재선이 아버지는 어떻게 생각했던 간에 함께 오는 동안 전도를 했더니, 믿다 뿐이겠느냐고, 하나님을 모르는 사 람이 어디 있겠느냐고, 묻기도 전에 다 아는 것처럼 대답하는 것은 사정이 급한데 대한 방법이라고 하겠으나, 그래도 어딘지 모르게 좀 든든한 기분을 주는 풍풍한 노인이었다. 함께 교회로 들어가서 기도를 드리고 나서 나 목사는 하나님께로부터 좀더 능력을 받은 것같이 느끼면서 교회를 나서는데 연락을 해주는 제민 군이 또 다 시 집으로 쫓아 왔다.

"그 학생이 팔왕(八王) 카페로 갔습니다." 하니 엉겁결에 무슨 말 인지 몰라서 "무엇 카페로 가다니?" 하고 반문을 했다.

"국군 주둔한 곳이 팔왕 카페에요." 했다.

곁에 섰던 재선이 아버지는 무슨 말인지 모르고 그리로 옮겼다 니 말 할 것 없이 사형장으로 가게 될 줄로 알고 "아이고 큰일났습 니다. 이를 어떻게 합니까?" 하면서 눈물을 쏟는다.

"네 아직 염려마십시오. 아직 결정 된 것은 아닐 것입니다." 하고 확실히 모르면서 덮어놓고 위로를 해 주었다. 그래서 이들은 궁금 하게 여기는 나 목사 부인이나 동희, 순금이를 남겨놓고 다시 제민 이가 인도하는 대로 팔왕 카페라는 곳을 찾아가는 것이었다.

"나 목사님 어떻게 해서든지 살게만 해주십시오." 하면서 몇 번이 나 부탁을 하는 재선이 아버지를 돌아다 볼 사이도 없이, 정신없이 쫓아 온 나 목사는 제민이가 가리켜주는 팔왕 카페 앞까지 오자, 누구에게 물을 것도 없이 쑥 들어 가려는데 수비하던 보초가 보고 소리를 벌컥 지른다.

"여보 그 누구요, 무슨 일이요?"

"예 저는 나덕환이라는 승주교회 목사입니다."

상당히 바쁜 모양이시다.

"무엇이요, 목사요, 왜 그러오?"

"무엇 좀 말씀 드리려고요." 하면서 명함을 빨리 꺼내서 보이니

"무슨 일이십니까?" 하고 보초의 말하는 태도가 달라진다.

"네, 말씀은 다음에 안에 가서 드리고 우선 군기대(軍紀隊) 대장 좀 뵈오려고 합니다." 하면서 슬쩍 안을 들여다 보니 아까 학련에서 본 국군이 서 있다.

"아이 참 저기 저 어른 좀 뵈려고 합니다." 하면서 허락 여부없이 쑥 들어가니 보초도 어이없다는 듯이 밖에서 따라 들어 오다가는 그만두고 도로 나가더니 "당신 누구요?" 하고 뒤따라 들어오는 재선이 아버지를 막는다. "나 저 애 애빕니다." 하고 대답하는 소리를 들으면서도 나 목사는 그 변명도 할 새 없이 그 국군에게 말을 하려고 했다. 그러면서 옆을 보니 아까 학련에서 본 그 학생이 누운 곁에서 그의 어머니는 여전히 눈물을 흘리면서 애걸하는 것이었다. 조서대로 하면 죽인 것이고, 제 말로는 안 죽였다고 하니 조사하는 국군으로는 어떻게 판정을 내릴 수 없을 때라, 그 국군은 나 목사가 또 쓸데 없는 소리하러 왔다는 듯이 조서를 뒤적거리며 멸시하는 눈으로 대한다. 나 목사는 잠깐 국군에게 양해를 얻어서 재선이에게 몇 마디 물어 보았다.

"나는 승주교회 있는 나 목사다. 조금도 숨김 없이 내게 말을 해야 한다. 또 나는 네가 죽였다고 하는 두 학생의 아버지 손양원 목사

님의 부탁으로 와서 말을 한다. 그래 정말 네가 반란 학생에 가담하고, 그 두 학생을 잡으러 다니고 또 사격을 했느냐?"

이 질문을 듣는 재선이는 놀라운 표정을 지었다. 그것은 물으시는 태도가 저를 잡아다 죄인으로 결정지어 준 학련 학생의 태도와는 말할 것 없이 다르지만 또 자기를 정죄하려는 국군들과도 달랐기 때문이었다. 그보다도 제 진정한 속을 모르고, 그저 내 아들이니 잘못 안 했을 것이라고 살려 달라는, 아니 잘못 했더라도 어리고 철없어서 그랬을 것이니 살려 달라는, 또 이 다음부터는 무엇이든지 하라는 대로 할 터이니 살려 달라는, 육신의 무조건한 모성애에서 나오는 태도와도 다른 태도였다.

"목사님 정말 죽이지는 않았습니다."

"그래 정말이냐?"

"네 정말입니다."

"그러면 나는 네게는 상관이 없다."

재선이는 물론 곁에 섰던 부모나 언제 들어 왔는지 들어 선 제민이와 또 국군 서너 사람까지도 '이 무슨 소리인가?' 싶어서 놀랐다. 나 목사는 정중한 음성으로 그에게 얘기한다.

"나는 손 목사님의 부탁의 말씀을 전할 뿐 아니라 그 일을 이루려 왔다. 그것은 손 목사님의 두 아들을 죽인 사람들에게 한해서만, 그 복수대신 용서해서 구명을 해 달라는 것이지 그 이외는 말씀하시지 않은 까닭이다."

이 눈물 섞인 말씀은 형무소에서 직업화한 교화사나 또 강대상에서 청산유수로 나오는 설교자의 말과 달라서 그 무슨 힘이 있는 소리였다. 이 순간 재선이는 매맞은 아픔 이상의 괴로움을 느끼면서 일어서려는 나 목사를 꽉 붙잡고 대답한다.

"목사님 살려줍쇼, 제가 가담했고, 따라 다녔고, 사격도 했습니다. 살려 줍쇼, 목사님 살려만 줍쇼." 했다.

이 말은 '내가 죽였습니다.' 하는 말과 같은 말일까 다른 의미일까? 물에 빠진 사람이 지푸라기라도 잡는다는 격일까? 진정한 고백일까? 그 누가 재선이 마음속을 알 사람이 있으리오. 다만 무소부지하신 하나님 외에야! 그러나 자백하는 소리가 매에 못 이겨 할 수 없이 하는 말과는 또 달랐다.

반란군이 순천에 들어오자 좌익 학생들이 저를 부르러 와서 할 수 없이 따라 나갔다는 둥, 나가니 총을 매라고 해서 싫었지만 맸다는 둥, 그리고 나니 동인 동신이 집에 가는지 모르고 그대로 따라 가 보니 거기가 동인이, 동신이 집이었다는 둥, 다른 애들이 때리니 나도 안 때릴 수 없어서 때렸다는 둥, 끌고 와서 인민재판에서 사형선고를 했기 때문에, 또 다섯 사람이 사격 명령을 받았기에 하는 수 없이 죽였다는 둥의 소극적이고도 피동적인 자기를 매맞을 때마다 내 놓던 재선이와는 퍽 다른 태도였다.

"어떻게 죽였느냐?" 하고 다시 물으니 "네. 사격을 했는데 다섯이 쏘았기 때문에 내 총에 맞았는지 안 맞았는지 몰라도 쓰러진 동신이에게는 다시 두 번을 더 쏘아 보았습니다."

이 얼마나 놀라운 고백이냐? 기술없는 얼치기로 급히 배운 사격법이니 물론 그럴 것이다. 학련에서 따라온 학생 두엇도 놀란 것은 재선이의 태도가 달라진 것이었다.

사실 그랬느냐, 살기 위한 거짓말이냐, 이를 아는 사람은 하나도 없겠으나 어느 정도 그의 심경을 엿볼 수 있었으니 총의 탄환이 동인, 동신 군을 넘어뜨렸느냐 안 넘어뜨렸느냐가 문제가 아니리 그 탄환에 안 넘어졌다고 하더라도 그것은 기술 부족이었을 것이지 그때에 가졌던 심정은 동인이, 동신이 뿐 아니라 자기에게 적이라고 뵈는 인간이면 모조리 죽이고 싶은 심정이었을 것이 사실일 것 같았다. 그랬으니 제 탄환에 안 맞았더라도 죽인 것 만은 사실이요, 살인자의 행색은 면할 수 없을 것이었다.

"그러냐 그러면 내가 힘써보마, 네가 네 죄를 자복했으니, 예수께서는 죄인을 구원하러 오셨느니라."

이 말은 참 구속의 진리에서 아니 그 진리를 이론이나 추상이 아닌 현실에서 보는 말씀이었다. 이는 죄를 자복하고 회개하고 그리고 구원을 원하는 심정에 대한 하나님의 아들 독생자 예수 그리스도의 인류 역사를 통한 과업이시다. 신사 참배는 양심 문제니, 또 나는 회개했는데 무슨 회개가 필요하냐고 하는 하나님 보시기에 가증한 심정에 대해서는 내려지지 못할 하나님의 사랑이시다.

억지로 끌려가서 당했다 하자. 그것이 하나님을 정말 경외하는 부르심을 받은 자, 소위 지도자의 할 짓처럼 생각되는 일이냐? 성경은 얼마 동안 배웠으며 얼마나 가르쳤느냐, 설교는 몇 십년 동안 했느냐, 그것이 정통이냐? 저주받은 밥통이지.

할 수 없어 했다고 하자. 그랬으면 전적으로 하나님을 두려워하고 예수를 사랑한 순교자와 옥중 성도를 고집쟁이, 위선자, 독선주의자, 이교파 제조원으로 책임을 지워버리려고 하는 짓들이 진정 회개한 이들의 할 짓이냐? 그것이 회개한 성령의 열매냐? 하나님을 무서워 않는 마귀의 열매지! 한국 교회 지도자여, 재선이처럼 제 죄를 솔직히 인정하지 못할진대 순천 팔왕 카페 속으로 가 보아라. 살인자는 총살형이 기다리고 있으리라. 안 가면 네 앞으로 오리라.

나는 살인자 아니라고 변명하고 싶으냐? 너는 살신자(殺神者), 반신자, 살인자, 살양자(殺羊者)이니 재선이 정도 아닌 더 큰 죄인이니라. 웬말이 그렇게 좋으냐, 웬 수단이 그렇게 좋으냐, 가룟 유다가 예수를 창으로 찌른 줄 아느냐. 은 삼십 밖에 안 받았느니라. 너희는 빌라도도 아니다. 로마 병정도 아니다. 너희는 제이의 가룟 유다인지 아느냐 모르느냐.

이에서 용기를 얻은 나 목사는 국군을 향하여 얼굴을 들고 가까이 갔다. 그 태도는 거룩한 것 같았다. 대제사장 같다고 할까!

"여보십시오 말씀드리겠습니다. 아까 학련에서도 말씀드리는 소리 들으셨겠지만 이 학생을 용서해 주십시오"

그 소리를 들은 조사 책임을 진 국군은 생각하기를 목사라는 것은 점잖고 훌륭한 줄만 알았더니 뻔뻔스러운 것 같다고 느꼈다. 그 학생이 자기는 무죄하다고 했다면 용서해주기 바란다고 해도 무방하겠으나, 그 학생이 방금 제 말로 제 죄를 인정했음에도 불구하고 용서해주라는 것은 무슨 뜻인지 모를 일이었다.

♥　♥　♥

"여보시오, 그런 말 마시오. 저 학생이 제 죄를 고백했는데."

"네. 고백했으니 용서해 달라는 말입니다. 고백 안 했으면야 나로서는 용서해주시라고 말씀하지 않았을 것입니다." 하고 나 목사는 강조를 했다. 그러나

"고백했으니 못하겠습니다." 고 국군은 간단히 거절을 한다.

"고백했으니 해주셔야겠습니다. 그것은 저의 요구라기 보다도 그 두 아들을 살해 당한 아버지 손양원 목사님의 간절한 요청입니다. 아니 우리가 믿는 예수의 원하시는 바요 하나님의 원하시는 바일 것입니다."

"여보시오, 난 그런 소리 모르겠소. 이 바쁜데 연설 듣기 싫소. 그 무슨 말이요, 고백했으니 용서해주라고?"

그러더니 국군은 담배를 꺼내서 불을 붙인다. 듣기 싫고 답답한 한숨처럼 담배 연기가 위로 올라간다.

"여보 당신 그런 소리 말고 속히 돌아가시오. 더 말할 것 없소. 결정 되어진 일을!"한다. 결정 되어진 일이라, 재선이를 사형수로 결정지어 준 이는 누구냐? 나 목사는 깜짝 놀랐다. 결정 짓도록 만들어준 이는 자기인 것 같았다. 자기의 물음에서 재선이의 자백이 나왔으니 말이다.

'아이고 손 목사님은 살려내라고 했는데 나는 살려는 사람을 몰아 넣은 사람처럼 되었구나!' 싶어서 나 목사는 마음이 급했다.

"여보시오, 내 말 좀 들어 보십시오. 국군께서 이 반란지구에 오셔서 목숨을 내놓고 이렇게 하시는 것은 국가의 안녕 질서와 평화를 위해서 하시는 줄 압니다. 그러니 이 학생만은 꼭 살려 주셔야 장래 우리 한국에 큰 일을 하게 되겠습니다."하니 이 소리를 듣자 국군은 책상을 탁 치면서 소리친다.

"여보 나 목사 이 무슨 소리요. 그 애를 용서해주는 것은 국법 위반이요, 또 그런 정신 쓸데없소. 나 목사, 그래 그 학생을 죽이면 한국에 큰 일 못한다는 말이오?"하면서 25, 6세 정도의 젊은 국군으로는 의외로 강경하다.

"아닙니다. 오해하지 마십시오. 그 학생이 없어서 큰 일을 못 한다는 말이 아니라 우리 기독교에서는 죄를 자복하고 회개하는 자는 죄를 정하지 않고 용서해주는 도리가 있는데, 그렇게 해주면 그 도리대로 장래 훌륭한 사람이 되어서 큰 일을 한다는 말입니다. 우리 예수교에는 죄를 회개하고 유명하게 큰 일을 한 바울이라는 선생님이 있어서 그런 말을 한 것입니다."

"글쎄 방울인지 누군지 몰라도 국법으로는 할 수 없으니 그만 두라는 말이오."하고 국군은 귀찮다는 태도이다. 이때에 지프차 소리가 드릉드릉하고 팔왕 카페 앞으로 오더니 뚝 그친다.

"여보십시오, 국법이라면 내가 대통령 각하에게라도 상소를 할 터이니 좀 시일의 여유를 주십시오."

"아니 글쎄 그럴 수 없다니까요?"

이때 국군 한 사람이 들어오니 안에 앉았던 국군이 일어나서 거수 경례를 한다.

"이상없습니다. 사형장 행 트럭을 기다립니다." 하고 보고를 한다.

"응 그런데 트럭은 나와 같이 오다가 빵꾸가 나서 고치러 갔으니 삼십분쯤 늦을 거야." 하더니

"이 모두 웬 사람들이야?" 하고 사람들을 돌아 본다.

"저 학생의 가족들인데⋯⋯." 하니

"얼른 다 내보내요. 이따 또 올게" 하고 나가 버렸다. 다시 경례를 한 국군은 자리에 앉았다. 지프차 소리가 다시 났다. 저 상관에게 말을 좀 해 볼까 하고 기회를 엿보았으나 여의치 못하여 말을 못한 나 목사는 대단히 섭섭했다. 하관보다도 상관은 좀 말을 알아 들을 것 같아서였다.

삼십분 소리는 이제 삼십분 후면 저 학생이 사형장으로 간다는 말이 아니냐. 이제 큰 일 났다 싶은 나 목사는 눈물이 복받쳤다.

"여보십시오. 국군, 시일의 여유를 주시던지 국군께서 용서해주시든지 하십시오." 하는 소리는 울음 섞인 소리였다.

"국법으로 한다고 합시다. 그러나 내 말을 들어 보십시오" 하고 뒤를 이어 말씀한다.

"서기 1888년 영국 장로교 선교사 제임스 와이리라는 분이 중국 요양(遼陽)에서 선교를 하던 중 1894년에 당시 청일 전쟁(淸日戰爭)*

---

* ─청일전쟁(淸日戰爭): 1894-1895년 조선의 지배를 둘러싸고 중국(청)과 일본 사이에서 일어난 전쟁을 말한다. 이 전쟁 결과, 조선은 뿌리 깊은 중국(청)의 지배에서는 벗어났으나, 동시에 일본 제국주의의 침략 대상으로 바뀌게 되었다. 그것은 1910년 일본 제국주의의 식민지가 되는 비참한 현실로 나타났다.

이 있었는데 길림(吉林)으로 후퇴하던 중국군에게 그는 피살당했습니다. 그의 부친은 영국 스코틀랜드 하밀톤이라는 곳에 사는 변호사였습니다. 그는 권리 주장이 분명한 사람이어서 배상 할만한 이유와 조건이 충분하였으나 그것을 포기하고 돈 일만 파운드를 자기 순교한 아들의 친구 다그라스에게 보내어 순교기념 예배당을 지어서 내 아들 죽인 곳 주민에게 전도하여 달라, 내 아들이 주의 사업을 위해서 순교했으니 만족한다는 서신을 보냈답니다. 따라서 영국 정부에서도 이 뜻을 받아서 국제문제를 일으키지 않았다는 것입니다.

그러니 이 학생도 살려주는 것이 무조건이 아니고 저는 저대로 죄를 인정했고 또 자기의 두 아들을 잃은 아버지 손 목사님의 소원이니 살려달라는 것입니다. 이 거룩한 심정을 이 대통령 각하나 국무총리 각하께 주달(奏達; 아뢰다)한다면 그 어른들도 특사를 잘못이라고 책망하지 않으실 것입니다."

이 말은 울면서 하는 소리다. 그러나 그럴수록 국군에게는 난처한 일이요 귀찮은 일이었다. 그러자 생각난 것은 좋은 방법으로 거절하는 길이었다.

"여보, 너무 그러면 당신도 오해받기 쉽소. 나는 이해하지만 너무 그러면 당신이 반란 가담자의 옹호자 즉 국가치안 방해자로 몰리기 쉽소. 군무 방해요. 좌익 반도들에게는 철저히 처벌을 해야 국가의 안녕질서가 유지되는 것이오."

'좌익 가담자의 옹호자, 국가치안 방해자, 군무방해자' 이런 말을 들은 나 목사는 또 한층 어려움을 느꼈다. 재선이 구명운동을 한다고 하다가 그를 사형수로 인정받도록 만들고, 이번에는 자기까지 그 자리로 들어서게 되는 것이 아닌가! 물에 빠진 사람을 구한다고 하다가 물에 빠진 사람을 몰아넣고, 그 물에 빠진 사람에게 끌려서 자기도 그 깊은 물 속에 빠지는 모양처럼 되었다.

그러니 단념을 할까 하다가 아니다, 나는 단념을 한다 하더라도 저 학생은 어떻게 되며 손 목사님 부탁은 어떻게 되겠느냐 싶으니 자기 입장 변명이야 목사라는 것으로 다소 되겠으나 손 목사님의 부탁을 잊을 수 없고, 저 학생이 죽을 생각을 하니 자기의 혐의 받는 것보다는 몇 갑절 급한 입장이었다. 그러자 생각난 최후의 길이 있었다.

"국군께서 이렇게 말씀 하시는 것도 무리는 아니겠으나 결단코 그렇지 않습니다. 그 증거가 있습니다."

"무슨 증거요 어디 말해보시오."

"다른 증거가 아니라 그 손 목사님의 큰 딸이 아까 우리 집에 와 있었는데 내 말이 거짓말이 아니라는 것을 그 따님을 불러다 물어보면 아실 것입니다."

"어디 불러와 보시오"한다. 그러나 불러 오라는 것은 나 목사 말의 진가를 알고 싶다는 것보다도 시간을 보내서 트럭이 올 동안에 괴롭힘을 당하고 싶지 않아서였다. 그러나 나 목사에게는 다시 주어진 천재 일우의 위기 일발의 기회였다.

"애 제민아 어서 가서 동희 불러 오너라"고 급히 시켰다.

"네!"하고 제민 군은 쏜살같이 나갔다. 그러나 나간 다음 순간부터 나 목사는 여간 조마조마하지 않았다. 트럭이 먼저 오느냐 제민이와 동희가 먼저 오느냐, 이는 사형이 앞서느냐 구명(救命; 생명을 구함)이 앞서느냐의 경주였다. 동희가 혹시 순금이 하고 어디 놀러 나갔으면 큰 일이다. 제민이가 갔다 오기까지 트럭이 먼저와도 그 역시 큰 일이다.

팔왕 카페에서, 아니 이 국군이 주둔한 이 집에서 승주교회까지는 불과 십분이면 왕복 될 거리였건만 한 일년 된 것 같은데 아직 안 돌아 온다. 웬일일까? 하는데 트럭보다 일찍이 헐떡헐떡하고 씨근

씨근하면서 들어서는 두 학생 제민이와 동희!

　동희의 키는 작고 얼굴은 조그마하나 어딘지 모르게 똑똑한 것 같이 보이는 어린 여학생이다. 얼굴에는 수심이 있는 것 같다. 그러나 가쁜 숨을 죽이면서 들어오는 것은 사람이라기 보다도 험악하고 딱딱해진 이 집안 공기를 먼저 난화(暖和; 따뜻하고 부드러움)시키는 천사같았다. 일동은 이 여학생을 경이(驚異; 놀라움)와 호기(好奇; 신기함)로 맞이했다. 이를 보는 국군에게 나 목사는 매우 조급한 마음으로 소개하였다.

　"이 애가 손 목사 따님이요. 죽은 두 학생의 누이동생입니다."

　"네 이름이 무엇이지?"하고 물었다. 비록 어린 학생이나 반말은 할 수 없는 모양이다.

　"손동희입니다." 그 대답 소리가 분명하고 의외로 냉정하다.

　손이란 성이니 틀림없는 손 목사와 관계된 아이요, 동희라고 하니 틀림없이 죽은 동인, 동신의 남매되는 아이 같다.

　"몇 살이지?"하고 물으니

　"열넷이에요."한다. 일동은 그 말에 벌써 한 풀 꺾였다.

　"너 언제 순천에 왔지?"

　"오늘 아침에 일찍이 집에서 떠나 왔습니다."

　"왜 왔지?"

　이 말을 물을 때 나 목사는 눈을 감았다. 하나님! 예수여!라고 기도하는 모양이다.

　"우리 아버지께서 말씀하시기를 우리 오빠 둘을……."

　"그래!"

　"둘을 죽인…" 하더니 눈물이 북받치는 듯이 이를 꽉 깨물고 울음을 참는 듯 하더니 "사람들을 죽이지 말 뿐"하고 울음 섞인 음성으로 "아니라 때리지도 말고 살려주면 살려주면……."하더니 엉엉

하고 울어 버린다. 동희는 말을 더 계속 못했다.

이 소리를 들은 재선이의 부모를 위시하여 온통 울음 바다가 되었다. 국군도 눈물이 나오는 것을 어찌하랴! 나 목사나 제민이는 말할 것도 없다.

그러니 나 목사의 지금까지의 말이 일호도 틀림없다는 것이 증명된다는 정도를 지나서 동희의 말은 이 팔왕 카페 안에 떨어진 사랑의 원자탄이요, 평화의 원자탄이요, 진리의 원자탄의 폭발이었다. 이 자리는 눈물의 수라장으로 변했다.

평화의 천사가 갖다 떨어뜨린 사랑의 원자탄!

과거 청춘 남녀를 범죄에 몰아넣던 팔왕 카페. ─ 범죄한 반도(叛徒 ; 반란을 꾀한 무리)를 처벌하는 국군 주둔소로 되어진 이 자리!

이 범죄의 소굴에서, 죄를 심판하는 이 자리에다,

진정한 심판자 ─ 정의와 사랑의 사자에게서 받아

평화의 천사가 던져 준 이 사랑의 원자탄!

아들은 아들대로 범죄를 부인하고,

어머니는 어머니대로 비판 없이 애걸하고,

아버지는 아버지대로 내 자식이라고 변명을 하고,

국군은 국군대로 법을 주장해서,

권리와 사랑이 갈등처럼 일어나는,

인정과 법이 산마(散麻)처럼 얼크러지는 이 자리에,

내 입장을 잊어버리고 덤비는 나 목사,

내 아들 없애고도 원수를 살려달라는 손 목사,

내 오빠를 잃고도 아버지 심부름 온 동희가 던져주는

희생과 사랑에 얽힌 사랑의 원자탄!

이는 한갓 팔왕 카페 안에서만 폭발되고 말 것이냐?

트럭 소리에 정신이 난 국군은 나 목사더러 학련으로 함께 가자고 했다. 이렇게 해서 학련에 가서 상의한 후 "나 목사님께 일임합니다. 상관에게도 말씀드리겠습니다."하고는 다른 사형수를 데리고 트럭을 타고 사형장으로 가버렸다.

(저자의 말)

이 사실을 「향(香)」이라는 제(題)로 연극화해서 상연시킬 때 육군 보도과에 가서 각본 검열을 받았는데 다음 같은 말로서 검열이 통과되었다. '공비 토벌의 목적은 살인에 있는 것이 아니고 활인(活人; 사람을 살림)에 있다.' 지당 적절한 검열관의 말인가 한다.

사랑의 원자탄

정의의 비행기에서 떨어진 사랑의 원자탄!

나가사키(長崎)와 히로시마(廣島)의 원자탄 세례가 왜국의 아성을 무너뜨리고 무섭던 제2차대전을 종식시켰다면, 이 사랑의 원자탄의 세례야말로 완악한 인간 사회의 죄악의 간성을 파괴시켜야할 것이요, 제3차대전의 발발이냐 평화의 유지냐가 소위 원자력 보유에 좌우되기보다는 알괘라 진정한 평화와 행복이 이 사랑의 원자력에 좌우되어야 한다는 것을!

뇌물받기에 넋빠진 관리
주지 육림(酒池肉林)*에 썩어진 사회
골육 상살을 일삼는 민족

---

* ─주지육림(酒池肉林): 술로 연못을 이루고, 고기로 숲을 이룬다는 뜻으로 호사스러운 술잔치를 이르는 말이다. 중국 은나라 주왕(紂王)이 못을 파 술을 채우고 숲의 나뭇가지에 고기를 걸어 잔치를 즐겼던 일에서 유래한다.

무력 정복을 꿈꾸는 인간
종국의 선물은 죽음이리라!
최후의 심판은 자멸이리라!

♥　　♥　　♥

양식이 없어서 기근이 아니요
물이 없어서 기갈이 아니라
죄를 미워하시되 일호도 용납하심이 없고
인간을 사랑하시되 독생자를 주시기까지 하신
하나님의 말씀이 없어서……
불멸의 개선은 정의이리라
영원한 승리는 사랑이리라!

단군의 자손이냐 아브라함의 자손이냐가 문제가 아니라,
죄악의 자손이냐 하나님의 자손이냐가 문제일 것이다.
네 조국이 미국이냐 소련이냐가 문제가 아니라,
네 민족, 네 백성이 의로우냐 불의로우냐가 문제일 것이다.

교만해진 신앙의 고집이냐
다수가결로 정해진 총회의 법이냐가 문제가 아니라
진정한 과거의 청산이냐
중생한 심령의 재출발이냐가 문제일 것이다.

미국의 오늘이 물자와 무력에 있는 줄 아느냐?
아니다!

신앙의 자유를 찾아서 고국 산천을 진토같이 버리고 떠난
청교도들의 신앙과 정신을 받은 후손들의
눈물과 기도로 보내는 선교사들의 순교적 선교를 축복하시는
하나님에게 있는 줄 아느냐 모르느냐?

물자가 이기고 무력이 성했을진대
왜?
로마가 망했고 영국이 기울어져 가느냐?
영국은 청교도 박해 때에 벌써 고개를 숙였느니라!
왜국은 진주만 폭격 때에 벌써 장기와 광도가 무너졌느니라!
원자탄의 소지를 미국의 자랑으로 삼지마라
사랑의 사도들이 많음을 자랑하고 뽐내라
이에서 지나치면 하나님의 진노가 네 머리 위에 임하리라

소련의 오늘이 막스나 레닌의 이론이나 투쟁에 있는 줄 아느냐?
아니다!
부패한 희랍정교가 낳아 놓은 제2 이스마엘 자손들이니
죄의 값은 사망이니라

무자비 투쟁을 일삼는 붉은 수령아!
모름지기 하나님에게서 버림 받은 네 존재인 것을 깨달을지어다.
제 오열 분자로 보내는 네 부하를 사랑의 사도로 변복을 시켜라.
신학교에서 배운 네 머리가 마귀의 소굴이 될 줄이야!

크레믈린 궁전의 붉은 수령이여!

화이트 하우스의 하얀 주인공이여!
언제까지 마귀장난 하겠느냐?
사탄의 만족을 채울 때까지냐?
지구가 유황불 속에 타버릴 때까지냐?
주께서 다시 오실 때까지냐?

그대들의 욕심으로 파괴되는 수많은 소돔 고모라를
보는가 못 보는가?
그대들의 죄값으로 지옥불 속에서 타고 있는 영들의 부르짖음을
듣는가 못듣는가?
기어코 자멸의 끝장을 보아야 시원하겠는가?
수천년 그대들의 조상들이 남기고 간 흥망성쇠가
그대로 제대로 되어진 인간의 역사로만 알겠는가?

오!
네 진정한 세계평화를 원하거든
신학교 입학을 다시 할지어다 붉은 수령이여!
네 진실한 인류의 행복을 원하거든
장기의 종소리를 들을지어다 하얀 주인공이여!

20세기 기로에 선 인간들아
붉은 노예 하얀 심부름꾼 멍청한 산 송장들아!
정의에서 떨어진 이 사랑의 원자탄을 받을지어다.

원수를 사랑하라 하신 예수의 말씀이
이천년전 헌 문서쪽의 낡은 잠꼬대가 아니어서

애양원에서 던진 이 사랑의 원자탄은
순천 팔왕 카페 앞에 떨어졌고
삼천리 방방곡곡에 떨어지고 있고
세계를 향해서 떨어지기를 바란다.

제14장

부자상봉

때는 1948년 11월 14일

"나 목사님 계십니까?" 하고 승주교회를 찾아 들어오신 손 목사님은 이렇게 찾으셨다.

"아이고 이 손 목사님 아니십니까?" 하면서, 마주 좇아 나오시는 이는 나 목사 부인이시다.

"나 목사님 계십니까?" 하고 다시 물으니

"방금 어디 손님하고 나가셨는데 조금 기다리십시오." 하면서 자꾸 올라오라고 한다.

"네 그러면 잠깐 기다려 볼까요?" 하고 올라 앉으니

"아이고 목사님 얼마나 걱정하셨습니까?" 하고 다시 새삼스러이 물으면서 보니 목사님 안색이 파리하시다.

"다 하나님의 뜻이겠지요. 인간의 힘대로 됩니까" 하시는 손 목사님의 얼굴에 어쩐지 비장한 기분이 돈다. 이를 바라본 나 목사 부인은 벌써 눈시울이 뜨끈해졌다.

"사모님은 얼마나 또 마음 괴로우시겠습니까" 하고 손 목사 부인의 안부를 다시 물을 때 예배당 속에서 떠들썩하면서 찬송 연습을 하는 이 교회 청년들의 소리가 들려왔다.

"그저 그렇지요. 그래서 그런지 요새는 늘 눌 자리만 찾습니다." 하면서 남의 이야기하듯 하신다.

"그러시지 않겠어요? 그래도 그 형님이시니 그만 하시지 우리 같으면 벌써 죽었을 것입니다." 하고 동정에 동정을 더 한다.

"아니 그런데 오시는데 아무 취조도 안 당했습니까?" 하고 더 물으니 "정거장에서와 장대다리 부근에서 묻기로 나는 손 목사라고 하니, 장대다리에서는 다시 절을 하면서 아 그러시냐고 친절하게 합디다."

"아마 무슨 소문을 들은 사람이겠지요" 하고 그 역시 이상할 것이 없다고 나 목사 부인은 생각하였다.

"그런데 목사님 어디 가십니까?" 하고 물으니, "부산 초량교회 부흥회 인도하러 갑니다." 하신다. "아니 더 쉬시지 무슨 힘이 나시겠습니까? 그렇게 어려운 일을 당하시고" 하고 놀라워 위로 겸 반문을 하니 "그 일은 그 일이고, 이 일은 이 일이지요, 그렇다고 약속한 시일에 어기겠습니까?" 하는 태도는 결연한 태도이시다.

"나 목사님은 요새는 건강하십니까? 들으니 반란 이후에 몸살로 괴로이 지내셨다는데, 참 그 일로 얼마나 수고하셨습니까?" 하고 물으니 "수고는 무슨 수고예요, 참 조금만 늦었더라면 손 목사님의 말씀을 전하지 못할 뻔 했드래요, 정말 하나님이 도우셔서 다 되어진 일이지요." 하면서 그때 되어진 일을 들은대로 다시 회상하는 나 목사 부인에게 "그애 집이 어디지요?" 하고 목사님은 물으셨다.

나 목사 부인은 무슨 말씀을 하시는지 몰라서 "네? 그 애라니요" 하고 반문하니, "그 재선이 말이오." 하신다. "왜요?" 하며 이상스러워 물으니 "찾아가 보게요."

소리를 들은 나 목사 부인은 다시 놀랐다. 멀리 있어서 나 목사를 통해서 구해내신 것도 장하거늘 생각만 해도 온 몸이 떨릴 것 같은 그 아들 둘 죽인 원수를 찾아 가시겠다는 것이다. 아 정말 저 목사님이 사람이신가, 또는 모든 인간적 감정은 다 쑥 빼놓고 사는 양반인가 싶어서 물끄러미 쳐다보여지는 것이다.

"더 좀 있다가 다음에 찾아 가시지요." 하고 말리니

"그렇게 미룰 것 있습니까, 얼른 만나서 회개시켜서 구원 받게 해야지요. 또 시간이 많은 것도 아니고 오늘 마침 시간이 있으니 가야지요. 또 내가 그 애나 그 집안 식구를 만나보아야 아주 안심을 하지 않겠습니까?" 하신다.

'내가 찾아가야 그 애나 그 집안 식구가 아주 안심을 하겠다.' 는 말씀에 나 목사 부인은 더 말릴 말이 없었다. 자기의 위로가 아니라 남의 평안과 위로를 위해서 가 보시겠다는 데에야! 찬양대 연습은 본격적으로 하는가 싶다.

"이 집입니다. 잠깐 먼저 들어가겠습니다." 하면서 나 목사 부인이 앞서 들어갔다. 어물과 무슨 젓갈이 쌓인 점포를 가진 집이다. 나 목사님은 기다려도 안 돌아오시고 통행금지 시간은 6시부터라고 하니 얼른 갔다 오는 것이 좋겠다고 해서 이렇게 손 목사님과 나 목사 부인이 재선이 집을 찾아 온 것이다.

문 앞에 손 목사님을 두고 먼저 들어갔던 나 목사 부인은 조금 있다가 바로 되돌아 나오면서 들어오시라고 손 목사님을 안내하는데, 그 뒤를 따라 나오는 뚱뚱한 부인은 고개를 못 들고 쫓아 나온다.

"이쪽으로 올라 오시지요." 하면서 쫓아 나오는 여러 식구들 눈에는 놀라움에 놀라움을 더 했다.

자기 아들이 하마터면 총살을 당할 뻔 한 것을 저 손 목사님의 말씀으로 해서 살게 되었으니 교통 취체만 원만해지면 바로 찾아가 뵈려고 했었다. 그런데 일부러 먼저 손 목사님이 찾아 오시니 귀중한 손님이라고 할까 놀라운 손님이라고 할까? 무엇이라 형언키 어려운 이 집안 식구들은 방문객을 공포와 호기심을 가지고 대하는 것이었다.

방안에 들어 앉은 이 집 식구들! 아버지도 말문이 막히고 어머니도 할 말이 없으니 아들은 다시 말할 것도 없다. 앉은 다음 잠깐 묵도를 하고 난 나 목사 부인은,

"저 애가"까지 말을 하고 재선이를 가리키자 말이 막혔다. 이 말에 손 목사님은 얼른 그 애더러 "이리로 오너라."하니 그 아버지가 얼른 "재선아 목사님께 절해라."하는 목소리는 약간 떨린다.

나이 60이 가까운 평생이었건만 이처럼 기막힌 일은 처음 당해본다. 말이 떨릴 뿐 아니라 몸도 어디 있는지 모르는 것 같다. 아버지 말에 겨우 일어선 재선이는 고개도 못 들고 겨우 떨리는 팔을 짚고 절을 했다. 얼굴에 아직 상처가 있고 또 혈색이 좋지 못한 것을 보아 자리에 누워있다가 나온 듯 싶었다.

"네가 재선이냐?"

한마디 하시면서 그의 손을 꼭 잡고 얼굴 한편이 뚫어져라 하고 쳐다보시는 손 목사님은 약간의 흥분을 느끼시는 듯 말씀하신다.

"너 안심하여라. 네 실수를 나는 벌써 용서했다. 아니 하나님께서도 벌써 용서해주셨을 줄 믿는다."

이 말에 아버지 어머니 나 목사 보니 모두가 눈물이 솟았다. 재선이는 말할 것도 없다.

'네 실수를 나는 벌써 용서했다. 아니 하나님께서도 벌써 용서해 주시었을 줄 믿는다' 고.

옛날 사도 요한이 그의 사랑하는 제자 중의 한 사람이 타락해서 산중에 들어가 산적이 된 것을 찾아가서 회개시키던 그의 일화가 있지만, 이 손 목사님의 방문이야말로 근대 사랑의 사도 요한이라고 할 수 있는 일이다. 아니 어떤 점에서는 그 이상일지도 모른다. 네 실수 나는 벌써 용서했다는 말은 손 목사님의 일상 사용어라고 할까?

이 말에 재선이의 아버지는 눈물을 흘리면서 하는 말이 "우리집에 있어서는 손 목사님이 저 천상에 있는 태양 다음으로 가는 분이십니다. 참 무엇이라고 말을 할 수가 없습니다." 하면서 감격에 넘치는 말을 했다. 시골 상인으로는 최고 절찬의 말일는지도 모른다. 그의 말이 계속되었다.

"내가 사실은 일제시대에 경제범으로 얼마 동안 광주 형무소에 있었는데 그때에 그 속에서 손 목사님의 존함을 들었습니다. 그래서 언제 만나게 될까 했더니 이번 사건을 통해서 이렇게 뵙게 되니 좀 유감스럽고 죄송한 점이 많으나 한편 반갑고 기쁩니다."라고 띄엄띄엄 하는 말이 극구 칭송이다. 또 말하기를

"그런데 목사님, 내가 그렇지 않아도 이 교통이 조금만 회복이 되면 신풍으로 가 뵙고 이야기를 하려고 했던 것인데 이렇게 죄송스럽게 찾아주시니 무엇이라 말할 수 없으나 내가 생각했던 말씀을 이 자리에서 하겠습니다." 그러면서 상당히 긴장된 얼굴이다. 미리가 약간 떨리는 듯 싶다.

"네 무슨 말씀이십니까?" 하면서 손 목사가 물으니

"다른 게 아니라 저에게는 아들이 네 형제가 있습니다. 그 넷을 둘에 나누어서 두 아들을 드릴테니 그전 두 아들 대신 지도해 주십시오. 손 목사님 어떻게 생각하십니까?" 하면서 아주 긴장한 어조이다.

"원 천만에 별 말씀을 다 하십니다." 하시면서 그 긴장에 비해서 오히려 엄숙히 거절하신다.

"좋은 말씀이나 그것을 내가 원하는 것이 아닙니다. 내가 특별히 부탁하는 바는 그 네 형제 중에서 저 애 만은 특별히 훌륭한 사람되게 하여 주십시오, 그리고 댁의 가족들이 모두 예수 믿고 하나님을 공경하여 구원받으시기를 바랍니다." 하고 다시 재선이에게 말한다.

"그리고 너는 과거의 죄과는 내가 기억도 안 할 테니 그 과거의 그릇된 사상을 다 고치고 예수 잘 믿어 훌륭한 일꾼이 되기 바란다." 하고 좀 끊었다가

"내 죽은 아들 둘이 할 일을 대신 네가 다 해야 한다. 그 신앙정신 그 사상을 본받아서 주를 위한 귀한 일꾼이 되어다고." 하면서 간곡히 이르니 재선이는 아무말도 못하고 눈물만 떨어뜨리며 고개를 못 든다. 그러자 어머니가 "암 그렇구 말구요 그렇다 뿐이겠습니까." 하고 대신 대답한다. 그때 무엇인지 상에다 받쳐 들고 들어오는 것은 목사님을 대접할 약간의 다과이다. 그러나 시계를 보니 다섯시 삼십분인데 그때 통행금지 시간이 여섯시부터인지라 얼른 가려고 간단히 기도를 마치고 나서려니 다시 재선이 아버지가 손 목사님께 말씀드린다.

"손 목사님 그런데 또 한 가지 말씀드리고 싶은 것이 있는데 이것은 꼭 들어주셔야 합니다. 다른 게 아니라 황송하오나 들으니 목사님의 큰 따님이 순천 매산 여중학교에 다닌다는데 그 따님을 우리 집에서 유하면서 통학하도록 할 수 없을까요? 저의 딸도 학교에 다니는 게 있으니까요"

이 어조는 손 목사가 허락하든 말든 하고야 말겠다는 결심의 표시처럼 들린다.

"천만에 그런 말씀도 아예 마십시오. 내가 댁에다 아무 형식으

서든지 물질이나 혹은 편의상으로나 추호도 신세를 끼치고 싶지 않습니다. 자 그럼 다음에 다시 만나겠습니다."

"손 목사님 그것은 오해입니다. 목사님에게 그런 의미로서의 요구가 아닙니다. 목사님의 따님을 저희 집에 있게 함으로 목사님의 은혜를 갚고자 하는 것이 아닙니다. 우리 가족은 이미 교회에 출석합니다. 그러나 우리 마음에 교회에 나가는 것이 어쩐지 부끄러운 것 같음을 느낍니다. 그런고로 목사님 따님이 집에 있으면 우리 집에 있는 십여 명의 예수 믿는 일에 큰 도움이 될 것이올시다. 목사님의 따님이 저희 집에 있으므로 자연히 목사님께서 저희 집 출입이 많아질 수 있겠고 목사님이 저희 집에 출입이 잦으시면 자연히 우리들은 유익한 말씀을 한 번이라도 더 들을 수 있는 기회가 생길 줄 압니다. 그리하여야 우리 가족이 구원 받는 일에 큰 유익이 되겠으니 황송하오나 이 소원만은 꼭 이루어 주셔야 합니다." 하고 강요에 가까운 태도이다.

"네 그렇다면 하시는 말씀을 알아 듣겠습니다. 그러나 내가 강제로 할 수는 없는 일이니 집의 아이에게 물어보고 나서 대답해 드리지요." 하면서 집을 나선다.

"꼭 해주셔야 합니다. 내일 아침 일찍이 나 목사님 댁으로 가겠습니다." 하면서 온 집안 식구가 따라 나온다. 나 목사 부인도 따라 나섰다. 문답하는 중에 나 목사 부인은 일체 말을 못했다. 동희가 오는 것을 권하는 것이 옳은지 옳지 않은지 판단하기 어려워서이다.

좀 더 붙들어 계시게 하고 여러 가지 이야기를 더 하고 싶은 인상이 드는 것은 이 집안 식구 전체의 기분이었다. 그것은 무엇보다도 이제는 확실히 안심할 수가 있었던 까닭이리라.

"동희야 너 그 재선이 오빠 아버지 말씀이 너를 자기 집에 같이 있게 하고 싶다고 하신다. 그 집에도 여학교 다니는 딸이 있는 모양인데 그 아이와 함께 두겠단다. 너 그렇게 하고 싶으냐?"하면서 물으시는 이는 손 목사이시다.

"아이고 아버지도 그 무슨 말씀이십니까, 저는 끔찍해서 못 가 있겠습니다. 아무리 소원한다고 해도" 하면서 깜짝 놀라는 동희를 바라보시는 손 목사는 오죽해서 저러랴 싶어서 눈물이 핑 돌았다.

"그래 네 말 알겠다. 나는 그 생각을 못 했었다. 나는 다른 의미에서 거절을 했었다. 그랬더니 네가 그 집에 가서 있게 되면 예수를 잘 믿겠다는 것이다."하고 말을 하니 깜짝 놀란다.

"아버지 그 또 무슨 말씀입니까? 아 그래 그런 큰 은혜를 받고도 제가 가지 않으면 예수 안 믿을까요? 그렇다면야 제가 가도 아무 소용 없을 것 아니에요?"하면서 말이 이상하다고 생각을 한다.

"동희야, 네 말도 일리가 있다. 물론 네가 가지 않더라도 그들이 예수를 믿겠지. 그러나 그 댁에 식구들이 십여 사람이라는데 네가 가서 있음으로 그 십여 식구가 다 예수를 잘 믿게 되고 네가 거기 있으면 또 자연히 내가 드나들게 될 것이니 내가 드나드는 것이 그 집에 유익이 되겠다는 것이다. 그래서 꼭 좀 와야겠다는 것이다."하시면서 재선이 아버지의 설명을 전했다. 그랬더니 아무 대답 없이 한참 생각해 보더니 말을 한다.

"글쎄요 제 맘으로는 가고 싶지 않지만 제가 감으로 그 집이 예수를 믿어 구원 받는데 도움이 된다면?" 하고 다시 생각을 하는 것이었다.

"그래 갈 생각 있느냐?"하고 다시 물으니

"생각해 보지요".하고 동희는 고개를 숙였다. 잠깐 있더니 "기도해 보겠어요." 했다.

"그래라 기도해 보아라. 아마 내일 아침엔 찾아 올 것이다."하시고 동희에게 일임을 했다.

이렇게 해서 그 다음날 벌써 동희의 짐을 가지러 온 재선이 집 식구들에게 반 강제로 이사를 하게 된 것은 '예수 믿는 데 즉 전도하는 데 도움이 된다면 내가 좀 괴롭더라도 해야 하지 않는가?' 하는 생각에서 동희가 극력 반대하지 않은 까닭이었다.

'오-과연 내 딸이다. 참 내 딸이다.' 하시면서 손 목사는 속으로 기뻐하였다. 재선이 집에는 이 이상의 기쁨이 없는 것 같았다.

아버지여! 아들들아!

형제들이여 동포들이여 인간들이여
아버지들이시여 아들들이여
네 아버지가 누구며 네 아들들이 누구냐
부정모혈(父精母血)로 이뤄진 것만이 아버지요 아들이냐?

♥ ♥ ♥

도야지 새끼처럼 낳아만 놓고 어쩔 줄 모르는 술취한 아버지들아
그대가 참으로 아버지냐? 도야지 아버지냐?
아들들아 철 없는 아들들아
그대들이 정말 아들들이냐? 거미 새끼 같은 아들들이냐?

자식이 없다 하여 축첩을 일삼은 동포들아
네 그 아버지 노릇 잘 되어질 줄 아느냐?
술취한 얼굴로 젯상 앞에 선 아들들아
네 분향재배하면 아들 노릇 다 한 줄 아느냐?

아브라함이 신앙의 아버지였지만
범죄한 결과가 오늘날 어떠한지 아느냐?
다윗이 성군이었건만
그 범죄한 결과가 그 나라에 어떠했는지 아느냐?

향락을 일삼는 축첩비들아
가정의 파괴 국가 멸망의 죄를
네 면할 수 있을 줄 아느냐?
영국은 심프슨 요부에게 반은 넘어갔느니라

교회라는 아들을 지키겠다 하여
우상 앞에 가서 첩 노릇하던
소위 신앙의 아버지들아
네 그 아버지 노릇 잘한 줄 아느냐?

하루 세끼의 밥을 못이겨
하나님을 팔고도 회개할 줄 모르는
소위 아브라함의 아들들아
네 그 아들 노릇 잘된 줄 아느냐?

아버지면 다 아버지냐?
아버지가 아버지 노릇을 해야 아버지요
아들이면 다 아들이냐?
아들이 아들 노릇을 해야 아들이지

자식이 있으면 있는 대로 다 할 일이 있고
자식이 없으면 없는 대로 다 할 일이 있겠거늘
아네 어찌 이 일에서 지나쳐
하나님이 미워하시는 범죄를 일삼느냐!
세상에 돌보아 주어야 할 불행한 아들들이 얼마나 많으며
세상에 받들어 주어야 할 의지없는 아버지가 얼마나 많으냐?
예수께서 아들이 있어서 인간들에게 고임을 받고
바울의 아들은 몇 형제나 된다드냐?
공자나 석가의 자손이 몇 대 째 된다하며?
소크라테스의 후예가 어떤 족보에 있다드냐?

아버지냐 아들이냐가 문제가 아니라
사탄의 아버지냐
하나님의 자식이냐가 문제일 것이다.

오! 세상의 아버지들이여
족보에 쓰여질 아들 찾기에 허송세월 하지 말고
오! 세상의 아들들아
논밭 전지(田地) 상속해 줄 아버지 바라보지 마라

아들들아 정의의 아버지 하나님을 바라보며
아버지들아 참 사랑으로 아들들을 인도하라!

제15장

청춘일기

우리는 1947년 정월로 돌아가 종인이 청춘을 회상해 보자!

"여수 순천에 반란사건이 났다."에 얼굴이 찌푸리면서 놀랐고
"순진한 두 학생이 순교를 당했다더라."에 갸륵해서 놀랐고
"그 두 아들을 죽인 원수를 용서해서 자기 아들을 삼았다더라."
에 의심을 하면서 놀랐고
"그 아이가 진실한 크리스천이 된다더라."에 무릎을 탁 치면서
놀랐다.

동신이를 아는 동무들은 그의 기도 생활과 성경읽는 생활을 생
각하면서 눈물 흘리고,
동인이를 아는 친구들은 그의 노래 소리와 영웅적 모습을 생각
해서 슬퍼하고,
그들의 어머니를 아는 이들은 모성애에서 울음이 나오고,
그들의 아버지를 아는 이들은 그의 놀라운 그리스도의 사랑을

다시 만져 보는 듯이 동정의 눈물이 솟고,

　그들의 할아버지를 아는 어른들은 그의 겸손하고 진실된 기도 생활을 회고하면서 감탄을 하는 것이었다.

"세상에 이런 신앙의 가정이 그 어디 있겠느냐고!"

　오늘 하루가 꿈이었다고
　내일 하루가 또 꿈이겠느냐 하지만
　꿈에서 나서 꿈에서 살고
　꿈에서 죽어서 꿈으로 가는
　인생의 무상을 느끼게 하는 죽음!

　그 누가 천당을 가 보았으련만
　예수의 말씀하신 그곳이 내 가야 할 곳이니
　죽음은 차라리 영생의 문일까?
　살아서 믿는 자 안 죽고 살고
　죽었어도 믿었으면 죽음이 아니리라!

　이런 생각을 해볼 때 놀랍고 안타깝고 시원한 것 같고 괴로운 것 같고 우는 것이 좋은 것 같고 웃는 것이 나을 것 같고 잘된 것 같고 행복한 것 같으면서도 불행한 자기인 것 같은 청춘의 과거를 추억하는 몇 여인의 심정! 그가 처녀이던 애기 가진 젊은 어머니이던!
　한센환자 시인 한하운의 「여인」을 상상하게 하는!

　눈여겨 낯익은 듯한 여인 하나
　어깨 넓직한 사나이와 함께 나란히
　아가를 거느리고

내 앞을 무심히 지나간다.

아무리 보아도
나이가 스무살 남짓한 저 여인은
뒷모양 걸음거리 하며 몸맵시 틀림없는
저…… 누구라 할까

어쩌면 엷은 입술 허끝에 맴도는 이름이요
어쩌면 아슬아슬 눈감길 듯 떠오르는 추억이요
옛날엔 아무렇게나 행복해 버렸나 보지?
아니 아니 정말로 이제금 행복해 버렸나 보지?
이와 같은 심정이라고 할까?

부산항을 향해서 여수행 배를 타러 걸어가는 동인이는 중학교
삼학년으로는 너무도 크다. 그래서 그런지 좀 씩씩한 것 같지 않다.
아니 얼굴 모습이나 체격으로는 씩씩할 것 같은데 어쩐지 풀이 빠
진 옷처럼 두 어깨가 축 늘어졌다.
　'이럴 줄 알았던들 내가 왜 왔던가? 아니 아버지께서는 어떻게
하실 것이며 어머니께서는 왔다가 모두 만났다시더니 도대체 일이
어떻게 되어진 셈인지 모르겠어! 그의 아버지 어머니는 어디 갔는
지 모르겠더라도 그이의 태도가 왜 그리 찰까? 대하는 태도가 나를
만나는 것을 피하는 것 같지 않았던가. 전에도 두어 번 먼 빛에서 본
일이 있었지만 오늘 그렇게 생각하고 보니 그런지 그전보다 더 낫
게 보이는데, 그 얼굴 머리빛 귀 옷맵시 독창은 안 들어도 찬송할 때
들리는 그 음성, 내가 다행인지 불행인지 음악에 취미가 있으니 그
이와……' 하면서 정신 없는데 무엇이 툭 부딪친다.

"이 학생이!"하는 소리에 "아이고"하면서 휙 돌아다보니 발뒤꿈치를 탁 치고 달아나는 것은 앞에 켜 놓은 불빛이 희미한 자전거를 탄 식당 뽀이 같은데 무엇을 담은 목판을 한 손으로 붙잡고 가버린다.

'하마터면!' 하고 얼굴이 화끈해 지면서 정신이 났다. '내가 왜!' 하면서 항구 가까운 어떤 상점 시계를 쳐다보니 여섯시 삼십분이다. 아직도 배 닿을 시간까지는 시간이 남아 있다. 올해도 얼마 안 남았다. 얼마 지나고 나면 쓸데없는 나이 하나 더 붙어서 불리우게 되는 새해다.

해방 후 두 번째 맞이하는 새해라 그런지 작년만 못하다. 특별히 기회를 만들어서 이곳에 온 것은 혼담이 있어서 만나 볼겸 또 전쟁 중에 많이 신세 진 이들을 만나서 인사나 할겸 해서 왔던 것인데 인사는 그럭저럭 다 다녔으나 만날 사람 만난 것은 의외로 불합격이어서 실망한 태도로 돌아가는 중이었다.

'내가 학력이 부족한 것을 앎이겠지! 그야 내가 하고 싶어서 안됐나? 그 원수의 왜놈들이 신사참배니 무엇이니 해서 등살을 대는 바람에 사람 앞에 칭찬받지 못하더라도 하나님 앞에 상받아야겠기로 우상숭배를 반대해서 학교도 변변히 못 다니고 또 아버님 검속 후는 가세가 곤란해서 가족을 돕느라고 백일상점으로 통공장으로 신앙중심의 생활을 택해서 돌아다니느라고 학업에는 부득이 시기를 잃었던 것이 아니었던가? 과연 아버님께서 그 언젠가 보내신 하서에 「전략……. 그러나 학교에 입학을 못하고 공장에 들어 돈을 번다는 것도 좋기도 하고 고마운 말이나 너의 연령을 생각한다면 돈보다도 공부할 시기임을 잊어서는 안 된다. 돈은 다음에도 벌 수는 있으나 공부할 때를 놓치면 나이를 먹은 후에는 공부하기 어렵다. 만사가 다 때를 놓치면 못 쓰는 법이라 운운.」하신 편지 생각이 어렴풋이 났다. 또 재산도 없지 않은가, 재산이 있었더라도 전쟁 중에 지

내느라고 대부분 소비되었을 터인데 아버님이 교역자의 생활이었으니 말할 것도 없고 또 전쟁 중에도 여러분을 통해서 하나님이 먹이고 입히셨을 따름이지 그야말로 여유있을 리도 없지 않았나, 해방 후라고 해도 그저 겨우겨우 살아가는 형편이니 재산이 있을 리 없다. 그러나 신앙적으로는 내가 하나님께 해야 할 일에는 최선을 다해서 그 말씀대로 그 계명대로 살아 보려고 안 했나.'

이렇게 생각하는 동안에 선박 회사 대합실까지 왔다. 그러나 들어앉은 동인이는 다시 지난날이 생각났다. 청주 구금소에 가서 신사참배 강요라기보다도 보도과장에게 속고 자기가 저를 속이고 하나님을 속여서 범죄할 뻔 하던 생각, 그후 다시 돌이켜서 울던 생각이 나고 그때 당하던 괴로움을 연상하니 지금 당하는 괴로움과 종류가 다르기는 하지만 비교가 안 되는 것 같았다. 그때 그 범한 죄값 치르느라고 부산서 다시 집안 식구들을 헤치던 생각도 났다. '아이 무섭더니 지금이야 아무것도 아니지!' 하면서 스스로 위로를 받았다.

가끔 닫아놓은 문을 열고 드나드는 사람이 있을 따름이다. 추위와 함께 밤은 깊어간다. 밤과 함께 마음도 깊어간다. '될대로 되겠지 하나님의 뜻대로 되겠지!' 하는 생각에 오바를 입은 동인의 마음은 신앙으로 깊어간다고 할까?

애양원 식구들 사이에 끼어서 지나간 그 옛날에 되어진 일을 회고하면서 앞으로 되어질 일을 꿈꾸면서 동인이는 금년부터는 일기장에다 간단히 심정을 적어두는 것이었다.

1월 1일/ 수요일, 천기(天氣; 날씨)(맑음), 온도−2도, 공부−독서
일기는 매우 온화하고 수림은 고요하니 새해를 축하하듯 평화한 기분이 넘친다. 지난밤 어머니께서는 부산으로 가셨으리. 사학년 동기 방학은 눈에 백발이 되어 가면서 12월 24일날 우리 학교 교정에서 열리지 않았던가. 지난 크리스마스 날도 은빛으로 장식한 천지를 밟으면서 새벽 찬송을 하고는 그 전날 학생 친목회로 인하여 피로한 몸을 성탄일 반나절까지 쉬지 않았다.

1월 2일/ 목요일, 천기(맑음), 온도 -1도, 공부-독서

어제 오후 세시 반경까지 일기가 좋더니 별안간 북풍이 내리 갈기고 구름이 서쪽에서 슬그머니 나오는 것이 겁나게 추울 징조라 하고 있었더니 이윽고 이때껏 질던 땅이 굳어지며 앞 숲에 바람 지나가는 소리가 쇄쇄 한다. 나는 어머님 몸에 대하여 많이 염려를 했으나 의지하는 하나님은 무사히 어머니를 보호하여 부산에 도착하였으리라고 믿었다. 오늘도 여전히 추운 게 아마 삼한사온에 든 것 같다.

1월 3일/ 금요일, 천기(맑음), 온도 -2도, 공부-독서

나는 갑 양(甲孃)에게 실패한 이후 굳은 결심을 하였지! 꼭 그 목전에서 성공할 것을 두 주먹을 불끈 쥐지 않았었나. 그리고 나는 그때 그 눈에서 교만함을 발견하였더니라. 아니 그래 교만한 태도라고 하고 싶었다. 나는 신앙으로 말미암아 공부를 못 하였으니 통학 횟수를 말할지라도 그이보다는 적다. 물론 실력을 비교해도 그이보다 적다. 현재로 볼지라도 그이는 중학 졸업자이며 나는 일개 미미한 중학 사학년에 재학자! 재산을 보아도 나는 빈 주먹이니 무엇을 보아도 박대받을 수밖에 없으며 교만을 부릴만도 하다.

그런데 나도 지금 와서 생각하니 교만한 눈초리가 나에게 큰 결심을 일으키게 한 것이며 실패한 그것이 나에게는 굳은 주먹을 쥐게 했으며 더욱 입을 다물게 하며 한 가지의 푯대를 바라보고 달음질치게 한 것이 아니었더냐? 나는 지금부터라도 낙심치 않고 최후의 푯대에 달할 때까지 분전하리라. 물론 갑 양은 교만의 맘은 아닐 것이다. 그의 굳은 신앙심, 성경대로 살려고 하는 맘에서 즉 여인을 보고 음욕을 품는 자도 간음을 행함이라고 쓰여 있는 말씀을 보고서 나에게 웃는 얼굴을 짓고 정답게 대하고 싶었지만 주의 말씀 깨닫고 냉정하게 하였으리라.

1월 4일/ 토요일, 천기(흐린후 비), 온도 −1도, 공부−독서

오늘도 일기는 좋지 못하다. 북풍은 내리 갈기고 먼데 소리 똑똑히 들리니 아마 비가 올 것 같다. 오후 두시경 원내에서 인부가 나와 마늘을 심게 되었다. 도야지 막 앞에 지저분하게 널려있던 거름무더기를 아주 기분좋게 치워 마늘 밭에 거름을 하니 일거 양득이구나. 그런데 웬일로 을 양(乙孃)이 자주 연상이 될까! 갑 양이냐 을 양이냐! 나의 머리 속은 복잡하구나!

1월 7일/ 화요일, 천기(맑음), 온도−영하 2도, 공부−독서, 음악

이것이 좋은 성질일까 나쁜 성질일까? 공부하느라면 또한 소설이 읽고 싶고, 소설을 좀 읽으면 또 음악이 하고 싶고, 음악을 좀 하느라면 공부를 잊지 못하겠으니 웬일일까? 한동안 지상(誌上, 잡지 지면)을 꾸준히 보는 동안에 나의 가슴 속 깊은 곳에서 쩌릿쩌릿하게 내장을 녹일 듯이 음악열이 끓어옴에 못 이겨 나는 하는 수 없이 소설책을 던지고서 음악책을 겨드랑이에 끼고 애양원으로 간다. 내가 풍금을 칠 때 많은 사람이 추위에 못 이기어 모두 쭈그리고 지나가다가 나를 쳐다보면서 간다. 그들의 내심에 저 사람은 이 추위에 무슨 양기로서 저리 추운 데서 저렇게⋯⋯ 쯧쯧⋯⋯. 하고 지나가겠지!

1월 8일/ 수요일, 천기(맑음), 온도-영하 2도, 공부-독서, 음악

설교는 허영선 집사, 오전에는 음악보를 정돈하고 오후에는 독서를 하다가 교회에 일하러 갔다. 정말 아침에 동희의 꿈 말을 듣고 부산 가신 어머님이 돌아오시려나 하고 저기 길목을 아침내 건너다 보았던 것이 가만히 생각을 하니 이상하기도 하다. 내가 무엇 때문에 그렇게 내다 봤을까. 어머니가 출타하시면 돌아오시기를 고대치 않았으리요마는 금번 기회 만큼은 고대하는 의미의 방향이 다르니 만큼 어머니가 돌아오시지 않으니 의미 다른 적적함과 궁금함을 느낀다.

1월 24일/ 일요일, 천기(흐림), 온도-3도.

조반 후 손 집사 댁에 방문하니 첫말에, 을 양(乙孃)의 말을 낸다. 꼭 결정을 하자는 것이었다. 나는 무슨 말을 하여야 좋을지 방황하였다. 하는 수 없다. 백년을 한 품에서 인간 칠정을 같이 할 부부 일을 어찌 간단한 시간에 간단히 말하랴. 아닌게 아니라 을 양에게 대해서도 여러 가지로 생각도 해 보았으나 게 내다 봤을까 어머니가 출타하시면 돌아오시기를 고대치 않았으리요마는 금번 기회 만큼은 고대하는 의미의 방향이 다르니 만큼 어머니가 돌이오시지 않으니 의미 다른 적적함과 궁금함을 느낀다.

6월 19일

처음으로 교내 기관지에 투고를 했다.

봄이여 왜 떠나시려오?

ㄱ. 봄이여 왜 벌써 떠나시려오?
　눈 위에 북풍 애연하게 귀 코를 오려내고
　초목은 바람 눈에 벗기우고 매맞을 때에
　그 어느 귀 그대를 사모하지 않던가
　봄이여 그런데 왜 벌써 떠나시려오?

ㄴ. 봄이여 봄이여 왜 벌써 떠나시려오?
　그대 기다리는 이 내는 하소연이 많았오
　남산 밑에 폭삭 잔디 자리잡아 폭 안겨
　그대 함께 만담설화 하려 하였더니
　봄이여 봄이여 왜 벌써 떠나시려오?

ㄷ. 봄이여 봄이여 왜 벌써 떠나시려오?
　희미한 등잔불 바늘로 돋우고
　또닥 또닥 빨간 조끼 누비시면서
　정몽주 이순신의 이야기를 하시던
　그 옛날 고향 엄마 그립게만 하고서
　봄이여 봄이여 왜 벌써 떠나시려오?

ㄹ. 봄이여 봄이여 어이 떠나시려오?
　먼 산과 하늘사이 아지랑이 빌둥말둥
　아지랑이 따다가 개나리꽃 피우려고
　종달이 애처로이 지저귀며 올라가니
　봄이여 이를 보고 어이어이 떠나려오?

ㅁ. 봄이여 봄이여 왜 떠나려오?
　이제가면 언제나 다시 뵈올까요?
　태평양에 배 띄워 저어가면 뵈올까요?

백두산 한라산봉 올라가면 만날까요?
아니요 낙원이나 올라가면 만날 수 있겠지요?

제16장

복 수

1949년 5월 30일이었다. 봄도 지났다고 할까, 보리밭에 보리는 많이 자랐고 참새들은 벌레를 찾으러 한참 바쁠 때다. 순천을 아침에 떠난 여수행 열차 속에 콩나물처럼 배긴 장사꾼들 사이에 섞여서 신풍역까지 가는 세 사람인 일행이 있었다.

"재선아, 가면 손 목사님 계시겠느냐?"

"글쎄요, 모르겠어요, 미리 연락을 안 해 놓아서요." 하면서 묻고 대답하는 이는 오십이 넘은 늙은 부인과 그의 아들이었다.

"안 계시기 쉽지요, 그 목사님은 늘 전도 다니시니까요." 하면서 말을 하는 이는 사십 오륙세의 남자였다.

"나 목사님이 계시니까 손 목사님 안 계셔도 사모님 뵈올 수 있겠지요?" 하면서 물으니 "그럼요 염려 없습니다." 하고 나 목사라는 이는 시원하게 대답을 했다. 그 말을 들은 부인은 이제는 안심했다는 듯이 창 밖을 내다 보았다.

'내가 무엇이라고 할까? 무슨 말을 해야 그이에게 위로가 되고 또 내⋯⋯.' 하면서 생각나는 것은 자기가 작년 반란사건 때에 팔왕 카페 속에서 나 목사와 함께 국군들에게 빌면서 내 자식은 무죄할 것이요, 또 죄가 있더라도 철 없어서 그랬을 것이니 용서해 달라고 울면서 빌던 생각이 났다.

'나는 아들 사형제 중에서 하나가 없어질까 보아서 애걸복걸 했는데 그이는 두 아들을 한꺼번에 참척을 보았으니 그 심정이 어떨까?'

이렇게 생각이 들자 머리 풀고 내 원수를 갚아야겠다고 하면서 달려드는 어떤 여자의 환상이 머리 속을 쓱 스쳐간다. '아이고 그 양반도 저렇게 하고 싶을 지도 몰라' 하면서 그만 고개가 푹 숙여졌다. 정신이 아찔해진다.

"카라멜 밀크 오징어 사시오." 하면서 콩나물처럼 배겨 선 손님들 사이로 팔려고 돌아다니는 차내 판매원 소리에 다시 정신이 났다. 그의 아들도 같은 기분이리라.

'내가 가서 무엇이라고 부르고 무엇이라고 말을 해야 좋을까?' 하고 생각하니 차라리 미리 연락해서 손 목사님 꼭 계실 때 가는 것이 나을 뻔했다는 생각이 들었다. 그러던지 '동희를 하루 결석하게 하고서라도 데리고 올 것을 그랬다.' 싶었다.

이러나 저러나 기차는 신풍역에 자꾸자꾸 가까워 오는데 그럴수록 자꾸 자꾸 뒤에서 잡아 당기는 것 같았다. 그러나 이런 기분에 눌려 있지 않은 이는 나 목사이다. 이 일행은 순천에 있는 나더환 목사라는 이와 안재선이라는 학생과 그의 어머니였다.

집에서 오랫동안 날마다 날마다 벼르던 것을 이제야 가는 것이므로 너무나 늦은 것 같아 미안한 감을 느끼면서 신풍 손 목사님 댁으로 그 부인을 만나 뵈러 가는 것이었다. 그러나 그것이 보통 친구의 집에 가는 것이 아니고 친척 집을 가는 것도 아니다. 내가 가고 싶어서 간다고도 하겠지만 안 갈 수 없어서 가는 것도 된다. 그래서 사실은 차일 피일 미룬 것이 벌써 특별한 인연을 맺은 지 반년이 지난 오늘에야 가는 것이었다. 곁에서 꼬막(조개 이름) 장사들이 떠들썩하다.

"아이고 이 아범아 내 발 밟지 말아 눈깔이 빠졌나?" "그 어멈 내가 알고 그랬소. 사람이 많으니 그렇게 되었지 또 당신 짐 때문에 미끄러져서 그랬지."

"그 아범 무엇을 잘 했다고 잔소리야."

"잘한 것도 없지만 잘못한 것도 없지 않소. 웬 별 이상스런 어멈 다 보겠네!" 하면서 응전이다. 모두들 '아— 그만두라' 고 말린다. 그러나 그칠 줄을 모른다. '내가 잘못했습니다. 한 마디면 끝날 일을 서로 잘했다고 하는 바람에 시끄러워진다. 곁에서 말리는 이들도 자기들이 당했으면 역시 싸울 사람들이나 아닐까?'

이렇게 생각을 하면서 '그러나 손 목사님 같으면 열 번이라도 잘못했다고 하겠지' 하면서 집에 가끔 오시는 겸손한 손 목사님을 마음에 그리는 이는 그 부인이다. 나 목사가 일어나서 겨우 뜯어 말렸다. 차는 싸움을 하거나 말거나 달려갈 길을 가고 있다. 인간 생활의 일생이 다 이와 같으리라 싸워도 한 세상이요, 안 싸워도 한 평생이니 어느 편이 나을까?

"양근아 동련이 좀 잘 보아라." 하고 집에서 심부름하는 양근이더러 일러 놓고 밭을 맬까 빨래를 할까 하다가 빨래하기로 결정하고 빨래를 한 통 잔뜩 머리에 이고 빨래터로 오신 사모님은 한참 빨래를 빠신다. 요 며칠새 몸살처럼 몸이 괴로워서 못한 빨래가 밀려서 꽤 힘이 든다. 한참 빨래 방망이 질을 하시고 나서 사모님은 빨래방망이를 든 채로 좀 쉬시는 중이었다. 마침 여수행 열차가 신풍역에 들어오는 것이 보였다.

"아이고 인제는 벌써 점심 때도 지났구나"하고 군소리처럼 하시자 문득 생각나는 것은 순천서 오는 기차로 가끔 오던 두 아들 모습이었다.

'너희들 태워 오던 기차는 여전히 오고 너희들과 놀던 동무들도 여전히 살았건만, 아이고 작년 이맘땐가 보다, 나이 스물 네살이면 장가 들고도 남을 때라고, 순천 어떤 교회 여 집사님이 동인이 중매하러 애양원까지 찾아 온 것을, 당자에게 물어보마고 거절한 일이 있었는데, 내 그때 서둘러서 며느리나 보았던들' 하면서 빨래에 힘이 드시니 객스러운 생각이 나는 것을 '그랬더라면 큰일날 뻔했지, 남의 딸 자식 하나 과부 만들 뻔 안 했나' 하시다가 '에이 그만두어라 생각하면 무엇하느냐' 하고 다시 빨래를 시작하였다. 빨래만 빨면 무엇을 하나 마음도 빨아야지하는 생각이리라.

넓지도 않은 보리밭과 풀밭 사이로 꼬불꼬불 흘러서 두 자도 못 되게 고인 물일지라도 한가한 들판에 맑게 흐르는 물이라, 빨래가 여간 잘되는 것이 아니었다. 또 빨래터 뒤로는 언덕이 있고 그 앞으로 풀밭이 있어서 당장에 빨아가면서 말릴 수 있는 곳이었다. 빨고 또 널고, 널고는 또 빨아서 한참 정신없이 일을 하시다가 무심코 고개를 돌리니 뒤 언덕 너머로 양근이가 반 달음질쳐서 온다. 사모님은 깜짝 놀란 듯이 양근이 쪽을 유심히 바라보았다. 동련이가 울어서 저렇게 오는가 싶어서였다. 양근이는 가까이 오자마자 소리친다.

"어머니, 손님 왔어요. 그런데 큰일났어요 얼른 가세요!"하면서 당황하며 하는 말에 사모님은 무슨 영문인지 모르나 조그만 일에도 정신이 아득해지고 놀라는 증세가 있는지라 잠깐 있다가 "얘 양근아 너 그 무슨 소리냐?"하고 들었던 방망이를 떨어뜨리셨다.

"어머니, 순천서 나 목사 하고 또 어떤 부인하고 또 학생이 왔는데, 아저씨가 그 학생을 보더니 식칼로 죽인다고 막 덤비어서 나 목사가 말리고 야단났어요. 얼른 가셔요." 하면서 여전히 당황한다.

　이 소리에 이제 놀란 사람은 사모님이시다. 나 목사가 오셨다는 것을 보니, 일전에 동희가 왔을 때에 일간 새 오빠가 오겠다고 하더니 그 애가 온 것이 분명한데, 그 아저씨가 그 애에게 못된 짓을 하는가 싶다. 곧 쫓아 가려고 생각을 하나 천지가 핑 돌면서 정신이 아찔해진다. 눈이 캄캄해졌다.

　그러자 두 묘가 머리 속에서 확 열리며 성난 동인이 동신이가 벌떡 일어나더니 애양원쪽으로 달음질쳐 가다가 사라졌다. 칼을 든 아저씨가 그를 따라서 쫓아가다가 사라졌다. 손 목사님이 웃는 얼굴로 이리로 오다가 사라졌다. 대제사장의 종 말고의 귀가 아저씨의 칼에서 떨어져서 이리로 왔다. 가룟 유다가 그 칼을 뺏으려다가 못 뺏었다. 십자가 상의 예수께서 내려오시더니 그 귀를 집어다 붙여주라고 손 목사를 찾으셨다. 스데반이 돌무더기 위에 서서 찬송가를 부르니 돌무더기가 모두 사람으로 변해서 춤을 추면서 전도를 나간다고 했다. 바울이 무슨 종이를 들고 여수 애양원으로 오다가 애양원 식구들에게 두들겨 맞았다. 매 맞는 바울이 스데반을 부르니 스데반이 쫓아와서 바울을 구해주었다. 어린애가 된 바울이 빨래 방망이를 들고 빨래를 두드리니 빨래가 하얀옷 입은 동인이 동신이로 변해서 이리로 온다. 모두가 순간적이었다.

　"동인아, 동신아" 부르자 철썩하고 사모님은 물 속에 쑥 빠져버렸다.

　"어머니" 하고 모기소리 만하게 들리는 소리는 양근이 소리다.

　'아이고 내가 왜 이럴까?' 하고 겨우 정신을 차린 사모님은 냇가로 나가 앉으셨다.

　[내가 왜 이럴까? 이미 각오한 바요 하나님 앞에 맹세한바 아닌

가? 늘 손 목사님 말씀에도 두 아들 데려가신 하나님께서 크게 역사하셔서 지금은 한국으로부터 온 세계가 큰 감동을 받는다고 하지 않는가? 살아서 죄 짓고 오래 사는 것보다 죽어서 하나님께 영광을 돌리니 그 얼마나 감사하냐고, 그러나 그것은 그것이고 나는 나다.

또 말하기를 아브라함이 이삭을 바치지 않았느냐고? 그러나 사라가 바쳤다는 말은 없지 않은가? 그렇지만 '사라'가 반대했다는 말도 없지 않은가? 사라는 알았을까? 몰랐을까? 아 글쎄 알고 모르고 간에 그 일은 그 일이고 나는 나라니까. 그 애들은 그 애들이고.

그 고생스럽던 일생, 그 훌륭하던 신앙, 그 튼튼하던 체격, 그렇던 아이들이 무죄한 데도 총살을 당했다? 잘못이나 있었던들? 다시 물을 때 그렇다면야 하나님께 영광될 것이 무엇이냐? 하나님께 영광? 아 글쎄 그것은 그것이고 또 나는 나라니까! 그 애들은 그 애들이고!

자 그러면 어떻게 해 볼 것이냐? 글쎄 원수를 갚아야지 원수를 갚아! 쓸데없는 소리. 내가 어떻게 아저씨더러 식칼로 죽이라고 할까! 그러면 가서 막 울고 몸부림을 치면서 내 아들 살려 놓으라고 야단을 칠까? 쓸데없는 소리] 하면서 순서 없는 자문 자답이 이어졌다.

'나 없다고 양근이더러 일러 보낼까? 쓸데 없는 소리. 그이들이 이 집에 오는 것이 그렇게 얼른 되어지는 일인 줄 아느냐?' 생각하니 정신이 번쩍 다시 났다. 시간이 일 년은 지난 것 같다.

양근이는 "어머니 얼른 가요." 하고 몇 번이나 졸랐다. 그러나 하늘이 두 어깨를 꽉 누르고 땅이 몸뚱이를 끌어 잡아 당기지를 않는가! 주저앉은 몸뚱이가 꽉 오그라 붙어 버리지 않는가! 눈 하나 깜짝 거리기 싫고 또 손가락 하나 꼼지락거리기가 싫다. 앉은 채로 사모님은 기도를 했다. 양근이도 고개를 숙였다.

"아버지! 왜 이렇게 믿음이 약해졌습니까? 아버지 왜 이렇게 번민이 됩니까? 당신은 독생자 예수를 ……."하자 막 머리에 다시 떠오르는 것은 동신이가 부르던 '예수 사랑'이 문득 생각이 들며 그 독생자를 주신 하나님도 계신데 여러 자식 중에 둘을 불러 가신 것 그 무엇이 아까우냐? 예수의 어머니 마리아의 일생을 너 모르느냐? 욥의 최후를 너 모르느냐? 하면서 곁에서 누가 일러주는 듯 들리는 것 같았다. 로마서 12장 19절에서 21절을 보아라 하는 소리가 들리는 듯 싶었다. 전에 늘 외워오던 성경말씀이다.

「내 사랑하는 자들아 너희가 친히 원수를 갚지 말고 진노하심에 맡기라 기록되었으되 원수 갚는 것이 내게 있으니 내가 갚으리라고 주께서 말씀하시니라. 네 원수가 주리거든 먹이고 목마르거든 마시우라 그리함으로 네가 숯불을 그 머리에 쌓아 놓으리라. 악에게 지지말고 선으로 악을 이기라.」

"아! 왜 입때 안 오실까, 한 두 시간은 되었지요?"하면서 초조하게 묻는 이는 어머니다. 약간 떨리는 소리 같았다.

"그렇게는 못 되었지만 한 시간은 되었는데요, 아ー 참, 그 애 순하기도 하다. 이렇게 떨어져 있어도 울지 않는구나."하면서 동련이를 칭찬을 하는 이는 나 목사였다.

"그이가 누구지요?"하면서 어머니가 물으니

"그이는 동인이 당숙되는 이인데 순천에 있을 때 데리고 있던 어른입니다." 했다.

'그렇다면 무리도 아니리라'하면서 다음에 일어날 일이 궁금한 어머니는 일초가 삼추 같았다. 그것은 자기 일행이 이 집에 들어설 때 마침 와 있던 손 목사의 사촌 형님 되는 노인이 재선이를 보자마자 '너 내 조카 죽인 놈이니 네 얼른 그 두 아이를 살려 오든지 그렇지 않으면 네가 자살을 하라.'고 하고 '만일 이것도 저것도 안 하면 내가 죽이겠다.' 고 대뜸 때리며 덤비는 것을 재선이는 피하고 나 목사가 말려서 겨우 진정을 시키는 한편 빨래 갔다는 사모님을 부르러 보냈다. 그러나 근 한 시간이 되도록 사모님도 안 오시고 심부름 보냈던 양근이도 안 온다.

'그 사모님은 손 목사님처럼 인자하신 어른일까? 이 당숙처럼 성격이 과격하신 어른일까? 와서는 야단을 치실 것인가, 막 우실 것인가? 얼른 만나야만 궁금증이 풀린다는 것보다도 지고 온 이 짐을 벗을 터인데' 하면서 손 목사님의 집앞 소나무 선 잔디밭에서 기다리는 것이었다.

이때 저편 큰길 건너 논길 사이로 빨래통을 이고 심부름갔던 양근이를 앞세우고 오는 분은 분명히 손목사 부인 같은데, 빨래를 하러 갔는지 빨래감을 만들러 갔는지 빨래통을 이었으나 치마 아래가 모두 흠뻑 젖어 있다. 흙도 좀 묻어 있다. 서로 얼굴을 대한 것이 한 30미터 밖에 안 되었지만 그 줄어드는 거리가 한 백리쯤 긴 것 같다. 재선이 어머니의 가슴은 울렁거렸다. 재선이도 울렁거렸다. 사모님도 울렁거렸다. 뛰는 심장을 곁에서 들은 사람이 있었다면 해방자호 기관차 피스톤 소리보다 더 컸으리라. 백리 같은 30미터는 전기를 일으키면서 경이와 의혹 속에서 줄어드는 것이었다.

비냐!

청천벽력이냐!

봄 바람이냐!

"사모님 빨래 갔다 오십니까"

분명히 나 목사 소리 같았다.

"네! 들어들 가시지요."하는 떨리는 목소리는 누구에게 들어가자는 지는 몰라도 분명히 사모님의 소리였다.

이고 온 빨래는 언제 내려 놓았는지 누가 앞서고 누가 뒤 섰는지 모르나 문간방에 들어 선 사모님은 재선이에게 쫓아 가시더니 그 손을 부서져라 꼭 붙잡고는 "아이고 너 왔느냐?" 한 마디와 함께 "나 목사님 기도를……." 해 놓고는 흑흑 흐느껴 울기 시작하신다.

재선이는 힘이 쑥 빠지는 것같이 느껴지면서 무엇이라 형언키 어려운 억압을 당해서 눈물이 솟았고, 재선이 어머니는 이 의외의 태도에 아까 손 목사님 사촌에게 당하던 이상의 쓰라림을 느끼면서 울었고, 둘러선 이웃 사람들과 아이들은 기상천외의 광경에 놀라서 울었고, 나 목사는 기도라기보다도 울음이 먼저 북받치는 것을 참으면서 기도한다.

"사랑이 많으신 하나님" 불러 놓고는 '엉 ─ 엉 ─' 어린애처럼 눈물을 쏟았다.

"울기는 왜 울어, 그 자식 죽여버리지" 하면서 혼자 밖에서 떠드는 노인 아저씨를 말리는 사람들까지도 눈에 눈물이 흐르지 않는가!

사모님은 떠드는 노인을 타일러 가면서 그들이 가져온 떡도 같이 나누어 먹고 또 점심 대접도 하고 그럴 때마다 재선이를 위하여 축복의 기도를 드려서 모든 것을 흔연히 한 후 저녁 때 기차로 그들을 돌려 보냈다. 신풍역까지 나가 그들을 떠나보낸 사모님은 몇 년 동안 중병을 앓다가 일어난 것같이 시원했다. 그러면서도 한편 그 무엇을 좀더 해보고 싶은 것을 못 한 것 같은 기분이 들면서 집에 가까이 올수록 아까까지 느끼지 못하던 딴 생각이 나는 것이었다. 이 일을 동인이, 동신이가 알았다면 어떻게 생각할 것인가? 잘 했다고 할 것인가? 잘못했다고 할 것인가? 말소리가 들리는 것 같고 앞을 막아서는 것 같기도 했다.

들어 갈까 말까 하면서 떼어 놓는 걸음은 도살장으로 들어가는 소처럼 늦게 떨어지고 무겁기는 지구가 발 끝에 매달린 것 같았다.

문 밖에서 십미터도 못되는 거리이건만 몇 날을 걸어온 것처럼 겨우 방안까지 들어섰으나 이제는 몸보다도 고개가 들어지지 않았다. 동인이, 동신이가 방구석 책상 앞에 앉아 있는 것같이 새삼스럽게 느껴져서 책상을 쳐다볼 뿐 눈이 떠지지 않는 것 같았다.

그러다가 겨우 있는 힘을 다해서 고개를 드는 순간 다시 앞이 캄캄해지면서 사지가 찢어지는 것 같고 방고래가 빠지는 것 같고 가슴이 예리한 창으로 찔리는 것 같았다. 눈물은 그 어디서 자꾸만 나오는지!

"동인아, 동신아……."

얼마만에 겨우 정신을 차린 사모님은 입을 열었다.

"내가 네……." 소리와 함께 '아—' 하는 울음 소리가 나오는 것을 꽉 누르면서 "원……." 소리까지 하고 눈물 고인 눈으로 창밖을 내다보니 어두워져 가는 저녁 하늘 아래 뜰 앞에 선 소나무가 천지만큼 커졌다가 또 다시 콩알보다도 더 작아졌다. 재선이가 되어서 몇 십리 멀리 달아났다가 동인이 동신이가 되어 코 앞에 확 대들었다.

"…수를 갚았다고 하겠느냐?" 얼마 후에 이 말까지 한 사모님은 다시 "내가 잘못했느냐? 이 에미를 나무래다구" 혀가 꼬부라지는 것 같은, 가슴이 불에 타는 것 같은 질문이었다. 그러나 소나무는 아무런 대답이 없다.

"그러면 내가 잘했느냐? 너 한 번 말해다구!" 열길 스무길 뛰고 싶고, 하루고 이틀이고 웃고 싶고 지구 끝까지 달음질치고 싶은 재질문이었다. 그러나 나무는 여전히 묵묵!

"그러면 마땅히 할 일을 했다는 말이냐, 성경 법대로!"

눈물이 말이 되어 나오는 소리였다. 마땅히 해야 할 일, 마땅히, 맘은 무덤으로 몸은 방 안에서!

사모님은 장승이 되었다.

흐르는 눈물은 폭포처럼……

이런 때 곁에 목사님이나 계셨던들…….

밖에서는 동련이를 업고 재우는 동수의 자장가 소리!

아가 아가 우리 아가

착한 아기 잘도 잔다.

자장 자장 자장 자장

자장 자장 잘도 잔다.

어머니의 이 고민을 이 아이들은 아는지 모르는지!

이 자장가 소리에 밤은 왔다. 아무런 특별한 이상도 없이

지구는 다시 몇 각도를 돌았겠지!

옛날 이삭을 바친 아브라함에게 보여 주시던 별들이

반짝거리기 시작했다.

하나, 둘, 열, 백,……

모래알 헤어보러 바닷가로 나갈까?

복 수

원수는 불공 대천이라든가?

그 누가 지어 놓은 원칙인지 아느냐?

민족의 흥망이

국가의 성쇠가

인류의 생멸이

이 철칙에서만 움직여야 하느냐?

♥   ♥   ♥

그렇다면
예수는 무능자였고
사도들은 바보들이었고
순교자들은 못난이들이란 말이냐?

말씀하시기를
'검을 가지는 자는 다 검으로 망하느니라'
이 얼마나 인류 역사가 실증하여 주는
무서운 말씀이며
'너희는 먼저 그의 나라와 그의 의를 구하라'
이 얼마나 신앙 역사가 뚜렷이 보여주는
미더운 말씀이며
'네 원수가 주리거든 먹이고 목마르거든 마시우라'
이 얼마나 무수한 간증자들이 말하는
놀라운 말씀이냐!

욕심이 잉태한즉 죄를 낳고
죄가 장성한즉 사망을 낳는 것은
그 누가 시조인지 아느냐?

♥   ♥   ♥

주먹이 잉태한즉 무기를 낳고
궁시는 창검을 낳고

창검은 총포를 낳고
총포는 독와사를 낳고
독와사는 원자탄을 낳고
원자탄은…
무기가 장성한즉 멸망을 낳을지니
인류를 향해서 도전하는 것은
그 누구의 장난인지 아느냐?

종교는 아편이라고 외치는 이들아
너는 무슨 아편 맞는지 아느냐?
종교는 자본주의의 주구라고 하는 이들아
네 자신 누구의 주구인지 아느냐?

황금 만능을 일삼는 이들아
그 황금 네게 무엇 주는지 아느냐?
향락 일관을 꿈꾸는 이들아
네 그 꿈이 네게 무엇 주는지 아느냐?

♥   ♥   ♥

인간들아
너는 먼저 너에게 속지 말라
네가 누구의 자손인지 깨닫고
네가 누구의 자손이 되어야 할 것을 찾아라

민주주의냐 공산주의냐가 문제가 아니라

민족주의냐 국제주의냐가 문제가 아니라
유물주의냐 유심주의냐가 문제가 아니라
네가 마귀의 자손이냐!
하나님이 네 아버지냐가 문제이리니
주기 위한 공산주의냐 뺏기 위한 공산주의냐가 문제일 것이고
남도 부하게 하는 민주주의냐
나만 부해지려는 민주주의냐가 문제일 것이요
협조를 위한 국제주의냐
침략을 위한 국제주의냐가 문제일 것이다.

네! 진정한 평화와 행복과 승리를 원하거든
인간들아! 너희는 먼저 그의 나라와 그의 의를 구하라
원수가 주리거든 먹이고 목마르거든 마시우며
받기보다도 주기를 힘쓰라.

♥　　♥　　♥

먹을 것을 주어라
입을 것을 주어라
살 곳을 주어라
용서해 주어라
돌보아 주어라
사랑해 주어라
철의 장막을 걷고서
유엔문을 열고서
그러면…

제17장

제2 바울은 아라비아로

소명의 길, 구원의 길!

노아는 홍수의 심판에서 구원하심을 받았고,

아브라함은 우상의 동네에서 부르심을 받았고,

롯은 고모라 불심판에서 구원함을 받았고,

야곱은 얍복강변에서 이스라엘이 되었고,

요셉은 형제의 시기에서 그 부르심의 길이 열리었고,

모세는 나일강 물 속에서 구원함을 받았으니,

구약 39권의 모ー든 신앙 선배의 그 소명과 구원이 천태만상이요

신약 27권의 모ー든 복음의 역사가

유대땅 베들레헴 말구유에서 시작이 되었고,

2천년간 순교 역사가 돌 무더기 속에서 열렸으니,

바울은 다메섹 도상에서 사로잡힘이 되었느니라.

"하나님을 사랑하는 자 곧 그 뜻대로 부르심을 입은 자들에게는"

그 출발 그 방법 그 결과를 묻지 마라

"모든 일이 합력하여 선을 이루느니라"

이는 하나님의 섭리이시니 그 누가 20세기 복음 운동이

여순사건 살육 속에서 되어지지 말라고 단언할 수 있으며

그 누가 세계 구원 운동이 동양 반도 삼천리에서

재출발 하지 말라고 막을 수 있으랴.

무소불능하신 여호와시요 밤낮 쉬지 아니하시는 하나님이시니라.

나(필자)는 안재선 군의 주관적으로 회개한 신앙 심정을 내 자신의 주관적 관찰에 쓰고 싶지 않다. 내 자신이 본 바 들은 바 얻은 바 느낀 바 되어진 바를 내가 발견한 대로 독자 여러분들에게 객관적 입장에서 소개하고자 한다.

나는 여순 반란사건 발생시에는 미국에 있었다. 그러나 귀국하기로 결정한 것은 내 가족들이 여수에 있었다는 점도 있었고, 고령하신 양친시하의 독자라는 관계도 있었고(누이들은 있지만) 또 반란사건에 가산 일체를 소실당하고 말았다는 관계도 있었다. 그러나 솔직히 말하기 위하여 그때 일기를 뒤져보면 이런 기분을 엿볼 수 있다.

즉 여수 사건은 관리는 관리대로 민중은 민중대로 자기의 할 본분을 잊고, 사리 사욕에 눈이 어두워져서 일어났을 것이니, 토색질도 있었을 것이요, 몰염치한 모리 행위도 있었을 것이다. 그래서 결국 상식이나 지식이 부족한 무식한 대중은 악질분자들의 선동에 움직이게 되어 이 사건이 일어났을 것이니, 한심한 조국에 역시 급히 필요한 것은 복음과 교육이라고 느껴서 귀국하기로 결정한 것이었다.

그러다가 미국에서 내 가정 소식을 듣기 전에 손양원 목사님의 소식을 들었다. 즉 손 목사님의 장자 차자가 살해를 당했는데 살해시킨 그 청년을 사형 집행하는 곳에 손 목사가 쫓아가 애걸복걸해서 면형을 시켜 아들을 삼았다는 것이었다('사실은 나 목사가 갔었

으니 이는 오전(誤傳; 잘못 전해짐)이었다'].손 목사님의 신앙생활을 눈물 흘려 감격치 않을 수 없었으며 현대 기독교인에게 참으로 가르침이 큰 것을 발견치 않을 수 없었다.

그래서 귀국하는 도중에 어떻게 해서든지 손 목사님을 도와서 이 놀라운 사실을 좀 더 자세히 세상에 알려주고 싶었던 것은 손 목사 자신에 관한 명예나 자랑을 전하고자 함이 아니라 그 손 목사를 통해서 역사하신 예수의 사랑, 하나님의 권능을 묻어 둘 수가 없다고 느꼈던 까닭이었다.

그래서 귀국 후 바로 여수 애양원에 찾아가서(내 가정에 대한 문제는 둘째로 해두고) 손 목사님을 적극적으로 도와 드리는 관계로 그 신앙의 아들인 안 군을 자연히 접촉하게 되었던 것이다. 내가 처음에 재선 군을 만난 때는 손 목사님께서 서울 어떤 교회에서 부흥회 인도하실 때인데 첫 인상이 사람을 만나기를 꺼리는 것 같았다. 무엇이 그 젊은 학생으로 하여금 그런 태도를 취하게 하는가 생각해 볼 때에 대단히 마음에 괴로움을 느꼈다. 사형 당할 뻔했다는 것일까? 아니 살인했다는 것 때문일까? 살인했다는 죄값으로 오는 공포일까?

그러나 한때 무지한 죄악에 묻힌 바 되어 분별없는 실수로 해서 범한 것에 대하여 저럴진데 차라리 살인은 안 했을망정 살인 이상의 생활을 하면서도 뻔뻔히 세상에 낯을 들고 돌아다니는 사람이 얼마나 많은가? 이런 생각을 하니 오히려 재선이가 이 세상에 있는 인간다운 인간같이 느껴졌다. 한편 손 목사님은 교회 요구에 의해서 여순 사건을 간증할 기회가 있을 때마다 반드시 다음과 같은 말씀을 하시는 것이었다.

"내가 그 아이를 용서해준 것으로 하나님께서 내게 맡기신 책임을 다했다고 보지 않습니다. 나는 그 아이가 이 다음에 사도 바울

같은 훌륭한 전도자가 되어 하나님께 많은 영광을 돌리도록 될 때까지 기도하고 지도하는 것이 남은 책임인 줄로 압니다. 그러니 여러분도 꼭 이 아이 위해서 기도해주셔야 하겠습니다."

또 기도하실 때에도 반드시 재선 군을 위한 기도를 잊지 않으시는 것이었다. 재선이도 어떤 때는 그런 설교나 기도를 집회하는 뒷자리에 앉아서 듣기도 하는 것이었다.

그러던 중에 금년(1949년) 봄인가 나덕환 목사의 권면도 있고 또 손 목사님도 옳게 여겨서 재선이를 부산 고려 고등성경학교에 입학을 시켜서 학교 선생님들의 친절한 지도아래 있도록 하였기 때문에 그 학교에서 학적 생활은 물론 신앙적 생활에도 많은 은혜됨이 있었던 것이다. 성경 공부와 기도생활과 복음 전파에 그 생활을 옮긴 재선이는 날이 갈수록 그 신앙이 깊어져 가는 것이었다. 한편 재선이를 따로 학교로 보낸 손 목사님은 가끔 재선이에게 격려의 편지를 내시는 것인데 그 답장 중에서 내가 발견한 것을 달라고 한 것은 그 재선이의 신앙 정도를 알고자 함이었다. 편지는 다음과 같다.

아버님 전상서
천부님의 은혜 가운데 아버님 어머님 양당 귀체만안 하심을 비옵나이다. 집안 동생들과 동희의 큰 아버님 안녕하십니까? 그리고 애양원 동신교회 내도 주님의 은혜로써 무고하십니까? 소자는 객지서 하나님의 진리의 힘으로 생활하고 있습니다. 예수의 피 공로를 믿음으로 구원받음을 감사합니다.

이 죄인은 아버님(손 목사)의 사랑을 받아 하나님 앞에서 죄값을 회개함으로 예수 그리스도의 피 공로를 믿음으로 중생하였습니다. 중생하였으나 소자는 인간인고로 때때로 죄를 범하게 됩니다. 그러나 하나님은 이 죄인을 버리지 않으시고 사랑하여 주심을 진실로 감사하며 죄를 회개합니다. 주의 피로 쌓인 진리로 된 부산 고려 고등성경학교에서 여러 귀하신 주님의 종과 같이 하나님의 말씀을 배우며 12사도의 교훈과 진리를 배우게 해주신 은혜와 사랑은 말할 수 없이 감사합니다. 중생하고 보니 하나님께 몸 바쳐야 되겠습니다. 나의 있는 것 모든 것 다 바쳐야 되겠습니다. 우리 신자는 다 순교할 의무가 당연히 있다고 나는 주장합니다. 십계명을 지키고 실행하는 자가 신자요 중생한 사람이니 우리가 천당 지옥 때문에 믿는 것이 아니라 하나님의 사랑을 받고 사망에서 죽었던 자리에서 중생하고 보니 이제 비로소 하나님과 예수의 사랑을 알게 되었습니다.

우리가 죽도록 하나님을 영화롭게 하여야 하겠습니다. 죽었던 자리에서 중생한 것도 감사한데 천당까지 바라보고 믿겠습니까? 중생한 것 보면 확실합니다. 우리가 천당에 가기 싫어도 억지로 끌려가게 되며 하나님이 우리 손을 잡고 천당으로 안내합니다. 소자는 십자가를 기다리지 않습니다. 그러나 십자가가 내 앞에 부딪칠 때에 남에게 주지 않고 재선이가 담당하여 십자가를 지고 예수 뒤를 따라 가리다. 순교 때는 왔다. 순교에서 십자가 지리로다. 감옥이 가까웠다. 아버님이 경험하셨던 감옥살이 뒤를 재선이가 따라 가리라. 앞으로 압박과 핍박과 환난이 오더라도 이겨나가 예수 그리스도의 피 공로에서 떠나지 아니하며 진리를 바로 세워 십자가 군병이 되겠노라고 매일 다짐하면서 하나님 말씀 낭독하며 연구하며 필기하며 찬미 전도하는 재선이를 안심하옵시고 기도 많이 해주시면 감사하겠습니다. 아버지 어머님의 기도의 덕인 줄로 믿습니다.

믿음으로 십자가 피 공로 의지하여 중생하였으니 손양원 목사님의 장남될 자격으로 중생의 양식을 언제나 잊지 않고 빽빽이 채우겠습니다. 얼마나 기쁜 지 하나님의 사랑을 누구나 다 받읍시다. 아버님의 사랑이 하나님이 주신 사랑이니 사도 바울의 뒷길을 따라가고자 한 걸음 두 걸음 걷고 있습니다. 두 형님의 뒤를 따를 것을 하나님 앞에 맹세하나이다.

1949 년 9월 15일 편지 받아본 즉시 쩌녁
손재선 상서

자기가 이렇게 쓸 만큼 된 그 생활을 우리는 무엇이라고 보겠는가. 안재선이를 자진해서 손재선이라고 쓸 만큼 된 것을 사람들은 무엇이라고 할 것인가. 이번에 내가 이「사랑의 원자탄」을 착수한 후 나는 여수 애양원과 순천에서 되어진 일과 또 손 목사님의 가정의 신앙생활 진상을 알아보려고 길을 떠났다. 약 두 주일 여행 중 많은 놀라운 자료를 수집할 수 있었다. 그 중에는 이런 일도 있었다.

○○에 있는 어떤 선교사를 방문했다. 그래서 이 책 쓰는 취지를 설명하니 이렇게 묻는다.

"내 생각에 손 목사 잘 했는지 모르겠소?"

"무슨 말씀이십니까?"

"그 용서해준 것이 나라 국법에 잘된 것인지 모르겠소?"

"왜요?"

"그렇게 됨으로 이 나라 법이 설 수 없소. 죄 값은 받아야 하오."

나는 깜짝 놀랐다. 이것이 선교사로서 할 수 있는 말인가 싶어서였다. 그러나 생각을 좀 덜했나 싶어서 그 분에게 물었다.

"목사님 죄 값이야 꼭 받아야지요. 틀림없이 받아야지요. 그렇지만 그 죄 값 받는 것이 꼭 유치장이나 감옥에 들어가라는 것이나 또는 사형하는 것만이 죄 값 받는 것이라고 생각하시면 덜 생각한 것입니다. 재앙도 있을 것이요, 병도 있을 것이요, 양심의 가책도 있을 것이요, 여러 가지가 있을 것이니 그 아이가 무슨 모양으로든지 죄 값을 받을 것입니다. 낮 놓고 외출 못한 것도 그 중의 하나겠지요. 그리고 우리 나라의 현재 되어지는 모든 이 사실은 과거 우리 먼저 부르심을 받은 목사, 장로들이 지은 죄 값으로 오는 것이지, 손 목사가 원수를 용서해준 것으로 국법이 문란해져서 오는 것이 아닙니다."

그랬더니 "그 아이 회개한지 모르겠소?" 한다.

"네, 회개한지 안 한지는 목사님도 모르시겠고 나도 모르겠습니다. 다만 하나님만이 아시고 또 하나님의 역사로만 그 아이가 회개할 것입니다. 그러나 우리로서 할 일은 그 아이 위해서 기도할 따름이요, 그 아이 위해서 힘써 지도할 따름입니다. 그 아이가 자기 신앙이 깊어져서 예수의 피 공로를 의지하고 진정으로 회개하게 되지 말라는 법이 어디 있겠습니까? 저 역시 강경(江景)이라는 데서 살 때에는 불신 가정에서 태어났기 때문에 교회 출석 안 하다가 특별하신 하나님의 은혜로 전주 신흥학교에 가서 인돈(印敦) 선교사의 많은 애호와 지도로 고베(神戶) 중앙 신학교도 다니고 도미(渡美)도 해 보고 해서 오늘날 기독자라는 소리를 담대히 하는데, 만일 예수의 속죄의 도리를 몰랐던들 제 자신 기독자가 못 되었을 것입니다. 그러니 먼저 말한 대로 회개 여부를 미리 요구하지 마시고 일상생활에서 어느 정도의 심정만은 알 수 있으니 위해서 기도해 주시고 지도하여 주시는 것이 제일일 것입니다. 운운”의 이야기를 주고 받았다.

그날 오후에 된 일이다. 나는 재선이 집을 방문했다. 그것은 재선이가 약 한 달 전부터 앓고 있다는 말을 들었던 까닭이었다. 과연 그 집에 들어서니 집안 식구들이 나오면서 반갑게 나를 맞아 주었고, 또 재선이도 나오는데 대단히 파리해지고 옷이 큰 것 같았다. 물론 얼굴빛이 대단히 좋지 않았다. 나도 모르게 나오는 말이 “너 이 웬일이냐?” 하니 그의 어머니께서 여러 가지로 설명을 하신다. 소화불량으로 그렇다는 둥 학질 기운이 있다는 둥 오늘 아침에도 주사를 맞았다는 둥 해서 그의 병세를 이야기하는데 어쩐지 내 육감으로 그의 병이 보통 육신의 병만이 아닌 것을 느끼게 되었다. 당장에 나는 이렇게 말을 꺼냈다.

“이 애를 왜 집에다 두십니까? 내가 지금 여수로 해서 부산을 거쳐서 서울로 갈 터인데 나를 따라 당장에 보내시든지 그렇지 않으면 내가 서울 도착하기 전에 상경케 하십시오."

재선이를 보며 생각되는 것은 당장 그에게 있는 심적 고통이다. 특히 1년이 되어지는 요즈음의 괴로움과 길들지 못한 성경학교 기숙사 생활(1개월 식비 3천 7백원의 식대를 주는 최저의 간소한 생활)로 그는 영양 부족 등이 저로 하여금 병석을 떠나지 못하게 하는가 싶어서 또 재선이를 보고 말했다.

"너 왜 의심하고 쓸데없이 걱정하느냐. 너를 세상에서 정죄할 사람은 이제는 없다. 손 목사님께서 용서해주시던 순간 세상 인간의 권리와 법으로는 네게서 벌써 모든 죄가 벗어진 것이다. 그런데 너 왜 그렇게 겁을 내느냐? 너는 꼭 두 가지만 생각해야 할 터이니 첫째는 하나님께서 네게 큰 사명을 맡기신 것을 알아야 하고, 둘째는 앞으로 적어도 주께서 허락하시면 20년 한하고 신앙생활의 길을 찾으면서 학적 방면의 연구를 쌓아야 할 것이다. 그 외에는 아무것도 생각할 필요도 없고 겁낼 것도 없다. 다만 하나님 앞에서 믿음으로 의롭다 하심을 성령의 역사로 받기를 바란다. 또 네 앞길에 대한 개척되는 문제는 하나님께 맡겨라. 네게 큰일 맡기신 하나님께서 그 길 안 열어주시겠느냐?" 하고는 다시 그의 어머니를 향해서 말했다.

"이 아이 결혼은 늦게 시킬 생각하십시오. 이 아이는 벌써 죽었던 아이입니다. 하나님의 사랑이 살려 놓은 아이니 하나님의 뜻대로만 살아야 할 것입니다."

그리고 다시 재선이에게 내 자신의 과거 신앙생활의 일부 체험담을 이야기하고 하나님을 사랑하고 그 뜻대로 부르심을 입은 사람에게는 모든 일이 합동해서 유익하게 된다는 말로 위로를 해주었다. 그리고 오늘 잘 생각해서 내일 내가 떠날 때 따라가든지 바로 서울로 올라오든지 하라고 부탁을 한 뒤 기도를 하고 그 집을 나왔다.

그 다음날 여수로 가려고 역으로 나갈 때 다시 재선이 집에 들렸다. 어떻게 하려느냐고 하니 재선이는 당장 나와 함께 가고 싶다는 것이다. 그러나 그의 부모가 오늘 아침에도 주사를 맞고 어떻게 가느냐, 그러지 말고 좀 있다가 서울로 가거라 하면서 말린다. 그래서 나는 무리도 아니다 싶어서 그렇게 하라고 일러 놓고 역으로 나오는데 역까지 재선이가 따라 나왔다. 내 대신 차표도 미리 사주고 짐도 승차구까지 들어다 주고 하면서 많은 수고를 했다.

　기차 도착 시간까지는 좀 시간이 있기로 짐을 놓아두고 집으로 들어가라고 하니 그렇게 하겠다고 하고 가는데 한 이십미터도 못 가서 금방 대합실 저편에서 누가 부르는 것 같기에 누군가 하고 보니 성배라는 순천과 여수 애양원 사이를 왔다갔다하는 반 미친 사람으로 실성한 사람같은 이가 있는데, 그 사람이 재선이를 보더니 어머니가 어린애기 껴안듯이 꽉 껴안고 재선이를 막 흔드는 것이었다. 그러나 재선이는 꼼짝도 못하고 당하지 않는가. 이를 발견한 나는 소리를 질러 야단을 치면서 그들을 불렀다.

　"왜 그러느냐 집에 가는 사람을!"하니까 껴안았던 재선이를 놓더니 다시 팔을 잡고는 나 있는 쪽으로 끌고 온다. 역시 아무 반항이 없다. 고양이 앞에 쥐처럼이라고 할까. 뱀 앞에 끌리우는 개구리라고 할까.

　"너 왜 그러느냐?"고 하니 재선이는 아무 말 없고 성배가 어디론지 가자고 끈다.

　"무슨 일로 어디로 왜 가자고 하느냐?"고 물으니 우물쭈물 한다.

　"놓아라, 쓸데없는 짓 하지 마라. 왜 집에 가는 사람을 그러느냐?"고 소리를 지르니 놓아 주는지라, 재선이더러 가라고 하니 그 때에야 돌아간다. 그렇게 재선이가 성배 앞에서 강하지 못한 것은 성배가 자기의 과거 특히 작년 이래의 일을 다 아는 까닭이었다. 나는 눈물을 금할 수 없었다. 나이 20세가 다 된 아이인데, 무엇이 그로 하여금 저렇게 무력하게 만들었느냐? 무능하게 만들었느냐?

일시적 흥분으로 오는 실수로 되어진 죄 값이라고 할지라도 저렇게 무섭구나. 어제 모 선교사에게 내가 한 말이 오늘 벌써 실증되었구나. 세상은 범죄한 자를 아주 매장하려고 한다. 그러나 기독자로서는 범죄한 자라도 회개할 길과 기회를 열어주어야 하고 그 다음에는 기도해주고 인도해주어야 한다. 그래도 회개하지 않으면 이는 전능하신 하나님에게 맡길 수밖에 없는 것이다.

나는 재선이의 요즈음 생활에서 근일에 요구되는 그 무슨 진리를 발견하였다. 재선이에게는 마땅히 있어야 할 과정이요, 우리로서는 다시 그를 주께서 쓰시도록 인도해줄 뿐이다.

부산으로 다녀서 가려다가 다른 일이 생겨서 하는 수 없이 서울로 되돌아 올라온 나는 경기노회 도 사경회 인도하시러 올라오신 손 목사님을 뵙고자 안동교회를 찾아 갔었는데 마침 손 목사님은 안 계시었고 재선이는 벌써 올라와서 저도 손 목사님을 뵈려고 왔다고 하며 와 있었다. 나는 놀랍고 또 반가웠다.

내 육감이 과히 틀리지 않았구나 하고 나는 좀 더 자세히 그와 서로 담화할 기회를 만들어 보려고 나 있는 집에 찾아오기를 청했더니 그 다음날 예정대로 찾아왔다. 그래서 간곡히 과거와 현재와 장래에 대한 여러 가지 제 이야기를 들었다. 또 내가 생각하고 있는 앞길을 이야기해주었다. 그 대답에는 이런 말이 있었다. 고려 고등성경학교 생활의 일부를 이야기하면서

"세계 각국 도서관에 있는 서적을 다 보더라도 하나님을 배우지 못했을 것인데 부산 고려 고등성경학교에서 하나님을 배우게 된 것은 감사합니다."는 등

"나는 자격이 없어서 주일학교에서 가르치지 못하나 주일학교

하는데 가서 북을 치면서 어린 아이들을 모았었다."는 등

"매 주일 한 번씩 여덟 명이 한 반이 되어 오후 네시부터 여섯시까지 부산 역전이나 시장 거리에서 노방전도를 하는데 따라 다니면서 전도지를 나누어 주었다."는 등의 여러 가지 이야기를 듣고나자 나는 한 가지를 더 물어보았다.

"내가 지금 「사랑의 원자탄」이라는 책을 집필하는데 네 이야기를 될 수 있는 대로 사실대로 쓰고 싶다. 그러나 네 이름만은 가명으로 쓰고자 생각하는 것은 네가 어떻게 생각하느냐 하는 까닭이다. 라고 하자 서슴지 않고 대답 한다.

"본명으로 쓰십시오. 가명으로 쓰더라도 순천 부근에서는 나를 다 알고 있고, 그대로 쓰더라도 다른 지방에서는 나를 모를 것입니다. 그러나 하나님 앞에서는 절대로 속일 수 없을 것입니다."

나는 하늘의 별을 딴 것같이 기뻤고 등을 두드려 주면서는 눈물이 다 나왔다. 하나님께 감사드린 후 여러 가지 이야기를 한 다음에 서로 헤어졌다.

제2의 바울은 아라비아로이다. 아라비아는 지리상으로 사막도 되겠으나 심령상으로는 회개도 될 것이다. 무엇 때문에 바울은 아라비아로 갔을까? 자기 검토 때문일 것이요, 진정한 자기 발견도 있었겠지만 자기를 다메섹에서 사로잡은 하나님의 아들 예수를 발견함이 아니었던가!

모세의 출발이, 야곱의 괴로움이 모두 이같지 않았던가!

나는 그 지역을 말하고 싶지 않다. 그 시간의 장단을 이야기 하고 싶지 않다. 다만 마음 밭에서 움 돋는 그 싹을 보고 싶다. 아라비아로 안 가도 좋다. 미디안 광야도 필요 없을는지 모른다. 얍복강가는 네 책상 앞이요 또 네 살고 있는 집안이요, 네 모이는 교회일 수도 있으니 다만 회개의 열매 맺기를 바랄 뿐이다.

내게 근일 이런 편지가 왔다.

「작은 아버지 전상서

그간 하나님 은혜 가운데 기체만안 하옵시기 앙망하옵나이다. 재선이는 너무나 몸이 괴로워서 작은 아버지 만나 뵙지 못하고 21일에 순천에 오고야 말았습니다. 순천에 온 것이 다행인지 불행인지 28일에 순천 어떤 병원에 입원케 되었습니다.

병명은 위가 나쁘고 폐가 좀 약하다 합니다. 입원 기간은 10일간이라고 합니다. 작은 아버지 걱정마세요. 하나님께서 특별히 병 고치라고 은혜주셨으니 감사합니다. 병이 나으면 곧 다시 상경하겠습니다. 살아도 주의 것이요 죽어도 주의 것이 될지어다. 재선이 위해서 기도 많이 해주시기 원합니다. 운운」

하나님께서는 신앙의 조카를 하나 주셨다.

기독교란 무엇?

기독교는 개인의 종교가 아닙니다
 개인이 구원을 받을지언정.
기독교는 미국의 종교가 아닙니다
 미국이 기독교화는 되었을지언정.
기독교는 구라파의 종교가 아닙니다.
 구라파가 기독교의 은혜를 받았을지언정.
기독교는 유대의 종교도 아닙니다
 유대 땅이 비록 기독교의 발상지일망정.

기독교는 목사나 장로의 종교도 아닙니다.
 목사나 장로가 부르심을 받았을지언정.
기독교는 백인의 종교가 아닙니다
 백인이 기독교 윤리화는 했을망정.
기독교는 구미인의 종교가 아닙니다
 구미인이 그 은혜를 입었을지언정.
기독교는 유대인의 종교가 아닙니다
 유대인을 통해서 기독교가 출발을 했을지언정.

목사와 장로의 종교라면
목사와 장로는 다 천당 갔게요?
가룟 유다는 없었게요?
아나니아와 삽비라도 없었게요?

유대땅 이스라엘 자손만의 종교라면
왜 예수를 그들이 죽였겠으며
왜 베드로가 고넬료에게 복음 전하게 되었으며
왜 바울이 로마로 갔겠습니까?
구라파 인종들의 종교라면
왜 로마에 큰 박해가 있었겠으며
왜 청교도가 구라파를 떠났겠으며
수많은 백인 순교자는 웬일이겠습니까?
미국의 종교라면
왜 아직도 7할 이상 불신자가 있으며
왜 물질 문명을 자랑하며

왜 원자폭탄을 뽐내겠습니까?

그러니 기독교는
어떤 개인이나 민족이나 인종이나 지역이나
권리 계급이나 교파나 국가에
소속된 종교는 아닙니다.

그래서 기독교는
개인을 인도하면서 개인을 초월한
민족을 통일하면서 민족을 초월한
인종을 보존하면서 인종을 초월한
지역을 보수하면서 지역을 초월한
권리에 순종하면서 권리를 초월한
교파를 인정하면서 교파를 초월한
사해동포주의를 부르짖으면서 사해동포주의를 초월한
종교입니다.

하나님 앞과 사람 앞에 의로우냐 의롭지 못하냐?
하나님을 믿느냐 안 믿느냐?
천국 소망을 갖느냐 안 갖느냐?
예수를 사랑하느냐 미워하느냐?
주의 성령을 용납하느냐 안 하느냐?
복음을 주느냐 혼자 갖느냐의
종교입니다.

그러하기 때문에
아브라함 이삭 야곱의 자손도

불의를 행하여 하나님을 떠나면 멸망을 시켰습니다.
이는 성경을 보면 잘 알 수 있습니다.

구라파 인종도 예수를 미워하면 망해갑니다.
현재 영국이 이를 보여주고 있습니다.

미국도 성령 떠나가면 여지없이 멸망시키실 것입니다.
'미국도 이대로 가다가는 50년 갈지 몰라' 는
미국인 선교사의 예언입니다.

한국도 의로우면 하나님께서 축복하실 것입니다.
우리가 순교자의 신앙을 본받아서
주를 위해서 살기만 하면 청교도처럼.

어떻게? 무슨 길로? 언제? 누구를 통해서?
그것은 하나님께서 보시고 난 다음에 하실 일입니다.
너희는 먼저 그의 나라와 그의 의를 구하라
그리하면 이 모든 것을 너희에게 더하시리라 하셨습니다.

따라서
소위, 신자라는 사람도 의롭지 못하면 버리실 것이요
소위, 교회도 죄악이 많으면 성령이 떠나실 것이요
소위, 교파도 부패해지면 마귀에게 내주실 것이니
하물며 양의 탈 쓴 이리떼이리요
하물며 종교 탈 쓴 모리배이리요
하물며 교회 탈 쓴 로마 병정이리요
하물며 신학 탈 쓴 오열분자이리요

기독교는

어떤 개인의 말에 있는 것이 아닙니다.

어떤 조직체에 전속된 것이 아닙니다.

어떤 권리 계급에 좌우되는 것이 아닙니다.

어떤 지역 투쟁에 적대가 되는 것이 아닙니다.

따라서 학리와 법권에서 움직이는 것도 아닙니다.

길이요 진리요 생명으로 주는 종교입니다.

그러므로

개인, 민족, 인종, 지역, 교파, 국가, 세상을 종(縱)이라고 하면

기독교는 횡(橫)의 종교입니다.

종에 튀어드는 횡의 종교, 즉 십자가의 종교입니다.

그러나 그것도 인간에 중심을 둔 것이 아니라

하나님을 중심으로 하는 종교입니다.

성경에 말씀하시기를

"그런즉 누구든지 사람을 자랑하지 말라 다 너희 것임이라 바울이나 아볼로나 게바나 세계나 생명이나 사망이나 지금 것이나 장래 것이나 다 너희의 것이요 너희는 그리스도의 것이요, 그리스도는 하나님의 것이니라"(고전 3:21-23) 하였습니다.

그러니

살인자라도 회개하고 그에게 속하면 구원을 허락하실 것이요,

제 아무리 신자 생활에 수십년 체험이 있다고 해도

하나님에게 속하지 않으면 기독교인이라고 할 수 없는 그러한

종교입니다.

제18장

산 순교자의 기도

"목사님 이번에 순천에 들렸다가 들으니 동인이, 동신이 총살 당할 때 사격한 사람이 다섯이나 되었다지요?" 하고 물으니 손 목사님은 "안 선생. 이번에야 알았소?" 하시면서 웃으신다.

"그럼요, 아무도 말해주는 이 없으니 알 길이 어디 있습니까?"

"그랬다고 합니다. 그래서 재선이 외에 숨어 있는 사람이 있는가하고 금년 봄에 서울 서대문 형무소에 가서 복역하고 있는 죄수에게 물어본즉 자기는 모르겠다고 합디다." 하신다.

"묻는다고 가르쳐 주겠습니까?"

"글쎄 안 가르쳐 주는 것이야 그이 생각이지만 나로서는 알아보고 싶은 것입니다."

"왜요?"

"알면 완전하게 용서해주고 전도해서 제2, 제3의 재선이를 만들게" 하시면서 웃으신다.

"될 일입니까? 재선이도 문제 중이었던 것이라는데……."

"그러나 나로서는 재선이를 보았기 때문에 전도하고 싶어서입니다."하고 대답하신다.

"글쎄요 그렇게 될까요?"

"안 되면 내 목숨을 내 놓고라도 구해 내겠습니다."하고 결연하다.

"그렇게 된다면야 좋겠지만"

"그만 둡시다, 암만 말로만 한들 무슨 소용이 있겠습니까, 나타난 다음에 할 일이 아니겠습니까?"하시면서 이야기를 끊으신다.

때는 1949년 11월 초순경, 부산진에서 모인 특별 부흥 집회를 마치고 여수 애양원으로 돌아오신 손 목사님을 방문한 나(필자)는 이런 이야기를 주고 받은 다음에 부산에 계셨던 나흘 동안에 들으신 이야기를 다음과 같은 몇 장의 문서지를 보면서 들었다.

1949년 6월 23일 경남노회장 이약신 목사의「통고서」

1949년 7월 ○○일 고려신학교 설립자 주남선 한상동 목사의「대한 예수교 장로회 성도들 앞에 드림」이라는 작은 책자.

1949년 9월 ○○일 선교사 한부선 목사의「호소와 공약 선언」

1949년 10월 15일 경남노회장 심문태 목사의「선포문」이었다.

이 모든 것을 보여 주시면서 하시는 말씀이 "아직도 대한 교회는 정의와 사랑의 피를 더 원하는 모양이오."하신다. 그러면 그것이 무슨 말씀인지 먼저 본 문서지 내용을 요약해 보면 다음과 같다.

「통고서」라는 것은, 대한 예수교 장로회 제35회 총회 결의록에 경남노회는 한부선 목사 일파의 선교사와 관계치 말 것이고, 고려 신학교에도 지난 총회 결의대로 노회가 관계를 가지는 일은 총회 결의에 위반되는 일이니 삼가함이 마땅하오며, 그외 모든 복잡한 문제들은 진권위원5인을 선정하여 심사처리케 함이 가할 줄 아나이다.

위원 김세렬, 김재석, 김현정, 송하용, 서정태.

본 위원은 경남노회 문제에 대하여 이상 위원 된 원칙에 의하여

쌍방 관계자들에게 심사한 후 교회 건덕과 평화와 발전을 위하여 좌기와 같이 결의하고 선포함이라 쓰고 결의 조목을 들어서 제시한 것을, 경남노회장 이약신 목사가 항의서를 내서 항의했는데, 그 이유는

　1. 우리는 총회 전권위원을 불신함.

　2. 우리는 적당한 시기가 오기까지 노회를 분립하지 않고 종전대로 경남노회 51회 노회를 계승한 경남노회로 그대로 나아감.

　3. 우리는 총회 전권위원회 결의 발표를 무조건 철회 하기까지 불복종을 계지(繼持; 계속 유지)함 운운 등이다.

또 「대한 예수교 장로회 성도들에게 드림」이라는 소책자 역시 고려신학교의 설립과 내용에 대한 설명과 한부선 목사에 대한 신앙적 비판 그리고 제 35회 총회 전권위원의 처사에 대한 항의 등이요. 또 「호소와 공약선언」에는 고신 당국자의 선서문, 대한 기독교회에 올리는 선서문 등이 있었다. 그런가 하면 심문태 목사의 「선포문」에는 경남노회 분열의 원인과 근인(近因; 연관성이 가까운 원인)을 지적 설명해서 결론을 내리고,

고신과 노회를 부인하는 이유로

1. 총회 결의를 불복함.

2. 노회를 불법적으로 진행함.

3. 이교파적(異敎派的)으로 나가면서 교회를 분열함.

　3 분 노회를 부인하는 이유로

1. 헌법과 정치원리에 불합함.

2. 조직이 불합법적이요 공예가 없음.

3. 노회 실정에 불합함으로 분규가 확대됨.

　우리 주장이라고 해서

1. 좌우로 치우치지 않고 결점을 시정하여 통일을 목적함은 시종

여일 함.

2. 우리는 교회의 분쟁과 혼란을 복음과 화평으로 해결코자 함.

3. 장로회 신조와 정치대로 총회를 순종하고자 함.

4. 이상 주장을 승인하고 개인이나 단체로 분열된 편에서 돌아오기를 환영함 등이었다.

읽어보고 난 나는 "다 좋지 않습니까?" 하니 "다 좋은데 다 좋지 않은 것은 그 결의문이나 선언서에 있는 것이 아니고 그 사람들에게 있는 것이오." 하시고 나서 계속 말씀하신다.

"진정으로 회개한 심령과 진정한 사랑으로 총회나 노회나 교회를 다스리고 권고하고 나가느냐, 그 무엇을 마음속 깊이 감춰두고 겉으로만 청산유수같은 좋은 말과 뱀 같은 수단으로 상대를 굴레 씌우느냐, 또 남의 진실성을 내가 인정하기까지는 믿지 못하는 자기 고집을 그대로 가지고 나가느냐가 문제일 것입니다. 결국 현재의 한국 민족과 교회의 현상을 볼 때에 아직도 한국교회의 죄에 대한 진정한 회개운동이 없다고 단언할 수밖에 없어서 나는 그 죄를 가르칠 뿐입니다. 나더러 왜 함부로 부흥회를 인도하러 다니냐고 하기도 하나 나로서는 살려는 양떼를 버릴 수가 없어서입니다. 또 무슨 특이한 교회를 세우라고 하는 이들도 있으나 그것은 나의 본의가 아닙니다. 그러니 이 강산 교회에서 정의와 사랑의 피를 더 요구하지 않겠습니까?" 하시는 것이었다.

"죄를 가르치는 데 왜 피를 요구합니까?" 하고 반문을 하니

"그것은 다른 게 아니라 자고 이래로 시대의 종이란 그 시대의 죄를 지적해서 가르치는 법인데 그 시대 사람들은 그 외치는 소리를 듣고 싶어 하지 않습니다. 마치 스데반을 돌로 쳐 죽이던 무리들처럼 결국은 그 시대의 종을 다시 죽이는 것입니다. 그것이 피를 원하는 까닭입니다. 예수 말씀하시기를 '화 있을진저 외식하는 서기관

들과 바리새인들이여 너희는 선지자들의 무덤을 쌓고 의인들의 비석을 꾸미며 가로되 만일 우리가 조상 때에 있었더면 우리는 저희가 선지자의 피를 흘리는 데 참예하지 아니 하였으리라 하니 그러면 너희가 선지자를 죽인 자의 자손됨을 스스로 증거함이로다 너희가 너희 조상의 양을 채우라 뱀들아 독사의 새끼들아 너희가 어떻게 지옥의 판결을 피하겠느냐'(마 23:29-33) 하시지 않으셨습니까?"하시면서 눈에는 벌써 눈물이 도는 것 같더니

"그러나 정의와 진리는 이기는 것입니다."하신다.

이때 나의 머리 속에 떠오른 것은 금년 봄 경남노회가 마산에서 열렸을 때에 갔다가 어떤 친구에게 들은 이야기였다. 그것은 해방 후 둘째 번인가 되는 경남노회였을 때에 된 일인데, 신사참배 문제는 양심문제이니 비근한 예로는 마치 강간을 당한 것 같다고 해서 소위 신진파와 신앙파(고신파) 사이에 갑론 을박이 끊이지 않을 때, 손 목사님이 일어서서 말씀하신 내용이다.

"여러 목사님, 여러분은 내 선배이기로 저 자신으로는 부당한 것 같아서 꼭 아무말 안 하고 지내고 싶었으나 이런 말씀드리는 것은 너무도 말씀이 많으신 까닭입니다. 제가 검속당하기 전 부산 시찰회에서 신사참배 문제로 내게 대할 때 내게 무엇이라고 했는지 여러분이 아시지 않습니까? 너만 독특한 신앙을 가졌느냐는 등, 너 하나 때문에 우리가 괴로움을 당하니 우리 시찰회에서 떠나라는 등, 따라서 나를 이단시하시던 분들이 누구였습니까? 왜국 신도에서 보면야 이단일는지 모르나 좌우간 이단 취급 당한 것은 사실입니다.

그러나 지금은 신사참배 여부를 운운하기보다도 진정한 회개가 필요할 것입니다. 사람 앞에서가 아니라 하나님 앞에서입니다. 그러나 진정으로 회개한 사람은 그 생활로써 알 수 있으니 신성한 눈

과 거룩한 귀가 떠질진데 차라리 벙어리가 되어서 몸으로 실행하는 것이 마땅할 줄 압니다. 구태여 내가 회개했는데 내가 회개한 것을 네가 또 요구하느냐 라는 말을 하는 것보다도 침묵을 지키며, 사람 앞에 변명하기 보다도 주께 호소하는 것이 나을 것입니다. 신사참배를 양심 문제니 회개할 것이 없다는 이는 말도 할 것 없이 마귀의 자식으로 볼 수밖에 없지만, 회개했다고 떠드는 무리도 좀 삼가해주면 좋을까 합니다.

사람들이 그대들의 진정한 회개를 인정해주지 못하는 것은 그들에게 책임이 있으되 억지로 인정받으려고 싸울 것은 없습니다. 그것이 오해라면 과거에 범죄했던 죄값으로 오는 것이요, 주께서 판단해주실 것이니 참으시는 것이 나을 것입니다. 마치 신사참배 문제로 싸우던 순교자들의 의가 오늘날 분명해지듯 그대들이 진정 회개했다면 그 회개의 열매가 멀지 않아서 분명해질 것입니다.

바울도 당시에는 스데반 죽이는데 가편 투표를 했고, 공문을 써들고 성도 죽이려 다니던 죄값으로 얼마나 많은 오해와 곤란을 받았습니까? 그러나 오늘날 누가 바울을 반 기독자라고 합니까? 바라건데 진정한 신앙생활을 몸소 행하신다면 현대 제2 발람 선지자는 안될 것이니 문제는 불원 해결될 것입니다."

이러한 간곡한 의미의 권면이 있어서 모 목사는 피하기까지 하고 그때는 어물 어물 노회가 진행이 되었다는 것이다. 그럼에도 불구하고 다시 이치림 노회가 시끄러워지는 것은 노회 자체의 문제 해결을 좌우하는 총회에서 하는 일이 분명치 못할 뿐 아니라 오히려 수와 법을 내세워 회개 운동을 막는 것 같은 태도이니 경남노회는 그 여파로 동요되는 것 같은 생각이 들게 하였다.

"목사님, 경남노회 문제는 경남 자체에서만 해결 짓는다고 완료되는 것은 아니겠지요?"

"그렇습니다. 소위 총회 지도자들이 문제를 해결하기까지는 경남노회 문제는 해결 안 됩니다. 즉 대한 교회의 진정한 생사 문제가 이 회개운동 여부에 있는 줄 압니다. 회개 없는 사랑의 주장이나 회개 없는 통일 운동은 허사일 것입니다."

이렇게 말씀하시는 손 목사님의 눈에서는 무슨 빛이 나는 것 같았다.

♥ ♥ ♥

그날 밤 가정 기도회 때에 나는 온 식구와 더불어 참석할 수 있었다. 그때 드리시던 간곡하신 기도를 내 기억에 남는 대로 적어보고자 하는 것은 그때 받은 은혜가 컸음이다.

"주여 오늘 하루의 생활 주 안에서 보낼 수 있어서 그 은혜를 감사하오며 또한 특별히 경애하는 친구를 보내주셔서 함께 이 기도회를 보도록 하신 것 진심으로 감사하나이다.

우리 인간의 생활이
주와 함께하고 주를 모시고 주의 인도하심을 받는
생활이 되어야 할 터인데
인간들은 자행 자지해서 자기들의 본분 성직을 다하지 못하오니
어찌 금생 내세에 주시는 복을 받을 수 있사오리까

겟세마네 동산에서 피땀 흘리시며 기도하시던 예수여
이 나라, 이 민족, 이 교회, 이 양떼들을 위하여
기도하지 못하고 가르치지 못하는 이 죄인을 불쌍히 여겨 주시

옵소서.
지난 날의 지은 죄, 날마다 때마다 범하는 죄,
알면서 짓는 죄, 모르면서 범하는 죄값으로 그렇게 되오니
먼저 이 죄인의 죄를 용서해 주셔야겠습니다.

가시관을 쓰시고 십자가를 지시고 골고다를 향하시던 주 예수여,
이 세계 이 인류들을 위하여 죄를 가르쳐 중생시키지 못하는
이 죄인을 불쌍히 여겨 주옵소서
아담 때로부터 내려온 조상의 죄
인간이기 때문에 짓는 모든 죄를 외치고 가르치기 전에
나 자신 여호와 앞에서 범죄를 일삼으니
이 죄인 어찌 남의 죄를 가르칠 수 있사오리까?
십자가의 보혈로 다시 씻겨 주시옵소서.

장사한 지 삼일만에 부활하셔서 승천하신 주 예수여
사망 권세 이기심을 감사하고 기뻐하옵거니와
이 죄인에게도 능력 주시사
죄악 세상에서 마귀 권세 이길 수 있게 하여 주시옵소서.

주여 고요히 신령한 눈을 들어
주께서 허락하신 이 애양원 교회 위하여
기도할 수 있게 하여 주시옵소서.
얼마 안되는 수의 격리된 사회이언만
이곳에서도 마귀는 일을 합니다.
외부에 가지고 있는 병도 무섭다고 하거니와
마음속 깊이 있는 죄가 더 두렵사오니

모든 당신의 자녀 보호하시고 인도하소서.
푸른 풀밭 잔잔한 물가로 인도하여 주시옵소서.
육신의 양식도 일용케 하시거니와
신령한 양식도 먹일 수 있는 사람되게 하여 주시옵소서.

대한 교회 위하여 기도합니다.
주의 크신 뜻이 있어 주의 복음이 들어온 지 1세기에 가까왔사옵고
많은 주의 종을 길러 주셨건만
오늘날 주의 종들과 양떼들이 이 웬일입니까?
수만 수천이나 수만 강수 같은 기름을 기뻐하시기보다도
의를 행하고 긍휼히 여기기를 좋아하고
겸손으로 당신께 행하기를 원하시는 여호와시여
의와 긍휼함과 겸손함을
이 종들과 양떼에게 주셔야겠습니다.

대한 민족을 위하여 기도합니다.
죄의 값으로 다른 민족에게 압박을 받다가
특별하신 당신의 은총이 있어
해방된 지 벌써 5개 성상이 되어 가건만
38 선은 여전히 굳어져 갈 뿐만 아니라
사방에서 일어나는 민족의 어려움이 이 어찌 우연한 일이겠습니까?
먼저 부르심을 받은 무리들이
옳게 그 직분을 다하지 못함인가 합니다.
아브라함의 기도를 들어주시던 주여 불쌍히 여기소서.

소돔 고모라를 만들지 마옵시고 니느웨성이 되게 하여 주시옵소서,

굵은 베옷을 입고 재를 날리면서 회개하게 하시고
주의 진노를 걷어 주셔야겠습니다.

세계 평화를 위하여 기도합니다.
인간은 무력으로 그 뜻이 이루워지는 것같이 느끼고 움직이나
주의 말씀은 세세히 변치 않사오니
회개하라 천국이 가까우니라 하시고
칼을 쓰는 자 칼로 망하리라 하시고
너희는 먼저 그의 나라 그의 의를 구하라 하시고
원수가 주리고 목마르거든 먹이고 마시우라 하시지 않았습니까.

주여 여호와여 아바 아버지시여
옥중에 야고보는 불러 가시되
착고 챈 베드로를 살려두신 것은
당신의 뜻이 있었음이어늘
당신의 뜻이 있어 이 땅에서 받으신 순교자들의
그들의 피냄새가 걷히기도 전
그들의 흘린 피가 마르기도 전에
저들은 그 피를 땅 위에서 씻어 버리려고 하지 않습니까.

당신의 뜻이 있어 이 땅에 남겨두신 옥중 성도들
그들의 기도 눈물 마르기도 전
그들의 상한 몸이 아물기도 전에
저들은 그들올 매질하지 않습니까
저들은 그들을 산 제물로 만들려 하지 않습니까?

당신의 뜻이 있어 이 땅에 숨겨 두신 숨은 성도들의
그들의 한숨소리 사라지기 전
그들의 기도소리 그치기도 전
그들의 아멘소리 나기도 전에
저들은 그들을 땅 속에다 파 묻으려 하지 않습니까?

주여 여호와여 아바 아버지시여
이 나라 이 백성이 몽매하옵고
이 교회 이 신도가 완악할진대
차라리 이 내 몸을 보내 주시옵소서
나병자보다 무서운 죄악이 관영한 세상일진대
마귀의 강단인들 내 어찌 안 가며
사단의 거리인들 내 어찌 싫다 하며
사망의 골짜기인들 내 어찌 사양하리까?
겟세마네 동산으로 날 보내 주시거나
골고다의 골짜기로 나를 끌어 주시거나
갈보리 산상으로 나를 옮겨 주시옵소서.
죄의 회개 외치다가 넘어지겠나이다.
주의 복음 가르치다가 쓰러지겠나이다.

주여 여호와여 아바 아버지시여
그래도 이 백성이 깨닫지 못하거든
추운밤 떨며 떨며 기도드리던
여수 경찰서로 다시 보내 주시옵소서
한술 밥 한술 국이 감사하였사옵나이다.
아침 저녁 욕 먹으며 성경책 보던

광주 형무소로 다시 보내 주시옵소서
자나 깨나 묵상하던 붉은 옷의 생활이 낙원이었나이다.
한 평생 지내려고 죽을 자리 잡았던
청주 구금소로 다시 보내 주시옵소서
세상을 잊고 주와 함께 하던 생활이 그립습니다.
앉아서 한 평생 기도라도 하겠나이다.

주여 여호와여 아바 아버지시여
그래도 이 백성이 강퍅할진대
이 목숨을 이 땅에서 도말시켜 주시옵소서
돌무더기 속이라도 감사하오며
장작더미 그 위에도 좋겠사오며
맹수의 굴 속인들 사양하리이까
석되 밖에 안 되는 피는 이미 드린 피요
3백도 못되는 모든 뼈도 이미 바친 뼈들이요
모든 살덩이 이미 찢긴 살 아닙니까?

아직도 신사참배는 양심문제라고 한다니
아직도 국기경배 떠나지 않사오니
이 내몸 맷집 좋아 고집 부렸나이까
이 내맘 흉악해서 싸움 좋아했나이까
이 내몸 살 곳 없어 감옥 갔겠나이까
신관은 물러간 지 오래이었건만
우상은 아직노 강난 뒤에 숨어 있지 않습니까
왜정은 물러간 지 오래였건만
죄악 나라 황민화 운동은 여전하지 않습니까

왜경(倭警; 일본 경찰)이 씌우려던 모략의 가시관보다
동족에게 찔리우는 시기의 창이
가슴속 점점이 오려내오며
불신자 핍박하는 로마 병정보다도
회개없는 동역자의 바리새교인 행동이
이 몸을 치고 찢고 때리나이다.

주여 여호와여 아바 아버지시여
그래도 이 백성이 회개할 줄 모를진대
이 내몸 이 영혼을 불러 가시옵소서.
당신께서 예비하신 그 곳으로 가
벌써 간 뭇 성도와 함께 모여서
먼저 간 육신의 부모님도 만나 뵈오며
앞서간 육신의 두 아들도 불러다 놓고
당신과 함께 이 대한 교회와
이 세계 위해 기도 드리겠나이다.
예수 이름 받들어 감사하옵고 기도하나이다. 아멘.

나는 눈물을 금할 수 없었다.
깊은 밤은 고요히 이 기도 소리를 적어 두었다.

▪붓을 놓고 나서

붓을 놓고 나니 긴장했던 기분이 풀려서 몸살이 날 것만 같다. 그러나 이후부터가 더 어려우리라. 한편 두려운 것은 해야 할 것을 다 못한 것 같아서이다. 이 산 역사적 모든 사실이 나 같은 졸수(拙手; 서투른 솜씨)의 필법으로 표현되었다는 것은 사실 자체에 있어서는 불행이리라. 모름지기 이 기회를 계기로 해서 다른 많은 필자들이 과거의 순교자, 옥중 성도, 숨은 성도들의 신앙 실화를 충분히 살려서 세상에 알려주기 바란다.

쓰면서 느낀 것 중 하나는 죄 많은 우리 민족 중에 손양원 목사 같은 산 순교자를 주시고 그의 가정을 특별한 은총으로 축복하신 것은 우리 신생 대한 기독교계와 세계 기독교운동에 주시는 특별한 은총인 줄 깨닫고 주께 감사하는 바이며, 이 책자를 출간하는 데 협력해 주신 기독교 신문사 장시화 형과 경제적 후원에 활동을 하여 준 미국에 있는 전영창 형과 내용 검토와 한글 교정에 노력해준 김재인 형과 단시일에 최선을 다해서 출간하도록 협력해 주신 서울 공인사 여러분께 사의를 표하여 마지 않는 바이다.

끝으로 하고 싶은 말이 있다면 세상에서 제일 무서운 것은 문둥병도 아니요 공산병도 아니요, 반란병도 아니요, 무기도 아니요, 원자탄도 아니다. 다만 인간 속에서 악한 일을 꾸미고 있는 죄를 터럭만치도 용납하시지 않는 의와 사랑의 하나님을 깨닫지 못하는 것과 또 그를 배반하는 일인 것이다. 세기의 문명이 발달될수록 이 사실을 더욱 느끼는 바이다.

따라서 8월 공세니, 9월 공세니, 10월 공세니를 두려워하기보다는 배신공세, 모리공세, 사회부패 공세, 교회타락 공세들을 더 두려워해야 할 것이다.

이 글을 쓰는 도중에 모 노회의 남한교회 복구비 1만불 사건이 내 귀를 울리고 마음을 괴롭게 하였다. 사실이 무근이기를 바라나 사실이라면 그것도 종교모리 공세의 하나이리라.

과거 사탄의 행적을 감행하고도 회개할 줄 모르는 철심장같이 뻔뻔한 무리들의 개인명을 들추어 세계에 공개하고 싶었으나 아직 때가 좀 이른 줄 알고 다시 기회를 두는 것인바 이 사랑의 원자탄의 세례를 받고도 깨닫지 못하는, 바로 같은 강퍅한 인간이 있다면 홍해 바다 물고기 뱃속까지 각오할지어다!

사랑의 原子彈

추 모 가

1. 삼팔선은 무너져서
   할 일 많은 이 땅 위에
   삼천만을 남겨두고
   어이 홀로 홀로 가셨나

   (후 렴)
   평생소원 순교제물
   평생소원 순교제물
   두 아들을 앞세우고
   예수 따라 따라 가셨나

2. 병자 위해 이십오년
   옥중생활 또 여섯 해
   두 아들도 바쳤으니
   그의 할 일 할 일 다했나

3. 칼과 총은 기쁨으로
   매와 채찍 웃음으로
   원수에게 사랑으로
   그의 갈길 갈길 다갔나

4. 겟세마네 동산 넘어
   골고다의 골짝 건너
   갈보리 산상으로
   예수 따라 따라 가셨나

(《예수 나를 오라 하네》 곡으로)

산돌(活石) 손양원 목사

그의 일생은 기도로 호흡을 삼고, 성경으로 양식을 삼았다.
그의 신앙은 천국의 소유자였고, 생활은 순교의 제물이었다.

그는 25년간 한센환자의 부모 처자 노릇을 했고,
옥중 6년간 하나님의 완전한 식구가 되었고,
여순사건 때에 사랑의 간증자가 되었고,
인공 시대에 십자가의 후계자가 되었다.

그는 인류를 사랑하시되 독생자까지 아끼지 않으신 하나님과,
죄를 대신 지시되 십자가까지도 사양치 않으신 예수 그리스도와,
은혜를 베푸시되 그 시기와 장소를 가리지 않으시는 성령의 신앙과
생활의 사람이었다.

나는 서울에서 열렸던 추모회 때에 낭독한 박형룡(朴亨龍) 박사
의 추모사의 결론을 소개함으로 이 머리말을 꾸미고자 한다.

"우리는 이렇게 위대한 경건인, 전도자, 신앙용사, 한센환자의 친구, 원수 사랑자 그리고 순교자를 가리켜 일언으로 명명할 명사가 무엇인지를 잘 모르나 아마 성자라는 존호를 써야 될 것이다. 광주 형무소에 있던 일본인 간수도 손 목사님의 언행에 감동을 받아 그를 성자라고 불렀다 하거든 그의 위대한 언행 생활의 여러 방면을 아는 우리들과 세계는 그에게 이 존호를 아니 쓰지 못할 것이다. 생각컨대 우리 한국 교회 역사에는 이런 성자가 일찍이 나타나지 못하였고, 세계 기독교 사상에서도 이렇게 다방면인 성자는 보기 어렵다. 우리는 성 안토니의 경건 생활을 추모하여 그를 성자라 하나 그에게는 전도자, 신앙용사, 한센환자의 친구, 원수 사랑자, 순교자의 행적이 없는 듯 하고, 성 어거스틴과 성 프란시스를 성자로 숭배하나 그들에게는 가정 식구와 함께 경건생활을 하다가 함께 순교한 영예가 없다. 유스티노와 허스와 위클립은 신앙을 지키기 위하여 생명을 던져 순교했으나 그들에게는 한센환자의 친구, 원수 사랑자 등의 영예가 결여되었다. 이렇게 비교하여 볼 때에 우리 손 목사님은 세계 기독교 사상에서도 그 유(類)가 드문 성자인 것이 분명하다.

아! 손 목사님은 우리 한국 교회의 70년 역사가 낳은 유일의 성자시요, 세계 교회 사상에도 유가 드문 성자인 것을 세계는 아는가 모르는가? 대한 교회의 경건한 아들과 딸들아! 가장 위대한 성자 손 목사님의 가심을 인하여 통곡하며 비가(悲歌; 슬픈 노래)를 불러라. 그리고 위적(偉蹟; 위대한 업적)을 성심성의로 영구히 추모하자. 그리하여 우리도 그의 가신 자취를 만의 하나라도 따라보자. 그리하면 전 세계의 신도들도 우리를 모방하여 이 위대한 성자를 추모하며 그 걸어가신 자취를 따라 가게 되리라."(455면 참조)

하나님께서는 한국을 버리시지 않으시느라고 손양원 목사 같은 성자를 허락하신 것이다.

"또 내가 들으니 하늘에서 음성이 나서 가로되 기록하라 자금 이후로 주 안에서 죽는 자들은 복이 있도다 하시매 성령이 가라사대 그러하다 저희 수고를 그치고 쉬리니 이는 저희의 행한 일이 따름이라 하시더라."(계 14:13)

1951년 성탄

제1장

애양원 손양원

밤중 새로 세시는 되었으리라.

"하하하하……."

"호호호호……."

"목사님두 히히히……." 한바탕 웃음통이 터졌다. 지짐질 냄새가 코를 찌르고 화롯불에서 숯 냄새가 날까 보아서 창문을 반쯤 열어 놓은 채 김수남, 김봉림, 이남진 몇 집사님들이 함께 모여서 고기와 생선으로 전을 부치는데 언제왔는지 도둑 고양이 소리가

"야웅"

하고 나니 깜짝 놀란 김 집사가

"에이 이 꽹이"

하고 왈칵 소리를 질렀으나, 고양이는 달아나지 않고 다시

"야웅"

하는지라, 두 번째 야웅소리에 다시 놀란 것은 도둑 고양이 소리가 아닌 듯 해서인데 김 집사가 가만히 서서 창밖을 내다보니

'야ー웅' 하고 확 대드는 것은 사람이었다.

"인 괭이오."

하고 쑥 나오는 손 목사님을 보자

'아…….' 하고 내다보려던 김 집사가 주저앉으니 모두들 우습다고 웃는데 시침을 딱 떼고 나서시면서

"잠도 못 자고 수고들 하누면" 하시니 그 모양에 또 한바탕 웃는 것이었다. 연중 행사의 하나로 내일 있을 소위 경로회를 위해서 밤을 새우면서 준비를 하는 것이었다.

경로회. 애양원 경로회. 한센환자 수용소 여수 애양원 경로회, 이 경로회는 이 회에 아들 딸 노릇할 젊은이들에게도 기쁜 날이지만 젊은 아들 아닌 아들들과 딸 아닌 딸들에게 어머니 아버지 노릇을 한 노인들에게는 말할 수 없는 기쁨의 날이요, 눈물의 날인 것이었다. 이날을 위해서 손 목사님은 극히 작은 부분에 이르기까지라도 보살펴서 서로 잘못됨이 없을까 하여 밤잠도 주무시지 않고 돌아다니시는 것이었다. "그런데 인심 무서운데! 도둑괭이 쫓은 것 보니까"

"도둑괭이니까 쫓지요."

"인(人)도둑괭이도?"

"그야 목사님 도둑괭이라면야!"

"목사님 도둑괭이 하하하하"

"하하하하"

"경식이 저 천생원 모시러 갔나?"

"네 벌써 갔습니다."

"누가 갔지?"

"저 정 집사가 갔나 보아요."

"그러면 다 모시러 갔나?"

"네 참 저 갑주 할머니는 누가 모시러 갔나요?"

"응 보냈어 조 집사가."

"그러면 다 된 셈입니다."

이렇게 오늘 모임의 주인격으로 총 관리를 하는 박 장로님은 안내 책임을 진 청년회 종교부장인 김경식에게 모시고 올 여러 노인들에 대해서 이야기하는 것이었다. 노인 중에는 나이 많아서 눈이 잘 안보이는 이도 있고 다리가 시원치 못해서 외출을 잘 못 하는 분도 있는데 이런 집회에는 그들을 어떻게 해서든지 모셔 오는 것이었다.

아들 낳고 딸 낳아서 손자보고 또 기르는 중에 환갑 진갑 다 지내서 늙어져도 늙은 다음에는 그 젊은 아들 딸들에게 짐이 되어 하는 수 없이 뒷방살이를 하게 되는 법인데 내가 낳은 아들이나 딸이 아닌 바에야 감히 그 뒷방살이인들 바랄 수 있으리오.

더더구나 몸에는 일평생 벗지 못할 나병으로 해서 머리가 벗겨지고 손가락이 오그라지고 코가 떨어지고 다리와 팔이 말을 잘 안 듣게 된 노인들에게 있어서야 그 뒷방살이는 말할 것도 없이 길가 쓰레기통인들 어찌 차례가 돌아가며 개천 다리 밑인들 어찌 생각할 수 있으리요.

그야말로 세상은 좁고 또 좁아서 거지떼 속에도 섞이지 못할 신세들인 나병자 노인들에게 그래도 경로회라고 해서 젊은 환자들로 하여금 그들을 기쁘게 해주고 위로해 주는 일이란 그야말로 인간 세상이면서도 인간 세상에서 보기 어려운 모임이리라.

이 모임은 손 목사님이 애양원에 오신 후에 주장해서 이 교회에서 시작한 모임인데, 그야말로 즐겁고 재미있는 연중행사의 하나다. 이 모임을 위해서는 추수감사절 때에 현품으로 나온 찹쌀이나 잡곡 같은 것을 잘 두었다가 쓰게 하고 바로 행사하는 한 주일 전에는 교회에서 40세 이하의 교인들로부터 특별 연보를 걷는 것이었다. 그래서 젊은이 중에 건강한 이들이 여수나 순천에 가서 장을 보아다가 힘껏 차려서 그들을 즐겁게 해주는 것이었다.

이 경로회를 시작한 동기는 잘 알 수 없으나 추측하건대 옥중 6년 간에 옥중에서 손 장로님에게 드린 편지 한 구절에 "금년 1월 4일에 3년만에 부친님을 뵈었는데 갑자기 백수(白首; 하얗게 센 머리)를 뵈올 때 소자는 참으로 비감하였나이다. 이 웬일인가 죄악 세상의 탓인가 세월의 탓인가 생각다가 소자의 탓으로 반성하였나이다. 소자를 교양하시기에 진액이 마르셨고 옥중 불효자를 위하여 기도하시기에 피가 마르셨음이라고 깨달았나이다… 운운"

한 것을 보거나

<모주(母主)의 기일을 당한 나의 추억>이란 제목으로 그의 부인(사모님)에게 드린 편지 중에

"구(舊) 5월초 6일 나의 경애하는 어머님의 기일을 앞두고 어머님의 은공 자애를 추억하여 마지 않습니다. 나를 사랑하시던 그 애정을 회상케 될 때에 애끓는 내 가슴 진정키 어렵습니다. 나를 낳으시고 기르실 때에 애지중지 하시던 그 사랑 생각할수록 슬픔 뿐이외다. 어머님의 기일이 생각될 때에는 우리집 정원에 석류꽃이 붉었던 것이 생각나고 석류꽃을 볼 때마다 또한 어머님 기일이 연상되던 일이 생각납니다.

작년 가을에 강남 갔던 제비 떼들은 때를 찾아 금춘에 다시 왔건만 북국을 향한 원로(遠路)의 기러기는 양춘의 봄꽃을 가석히도 보지 못하는가 봅니다. 우리 집 정원에 피었던 석류꽃은 금년 여름에도 피었으련만 본향을 찾아 낙원에 돌아가신 내 어머님은 또 다시 지상에 돌아오실리 만무하시리이다.

지상의 향락 보다도 천상의 영광이 더 좋은 것을 확신하는 나의 신념이 이 날에 내 눈물을 비로소 그치게 하나이다. 이 날에 당신은 우리 아버지를 많이 위로하여 주소서.

붓을 돌이켜 인(印), 신(信), 희(姬), 장(章), 수(洙)에게 조부주께 효행을 권하면서 또 먼저 감사코자 함은 할아버지를 봉양함에 있어서 혼정신성(昏定晨省)과 사계(四季)를 따라 정성온정(定省溫情)의 성심 성력에 대하여 내 어찌 감사치 않으랴. 옳다―이것이 인자지 도이며 의무의 당연한 본분이니라.

물론 내 부모를 내가 높이지 아니하고 공경치 않으면 누가 내 부모를 소중히 여겨주며 공경해줄 사람이 누구랴. 고로 내 부모를 내가 섬긴다는 것은 무슨 복을 받겠다는 것이 아니요, 이해타산 격으로 논할 것이 아니라, 으례이 당연한 도리이매 3천가지 죄중에 불효가 막대요 역천지대 죄인이니라. 여등(汝等; 너희들)의 형제간 우애도 당연히 할 바요, 더욱이 할아버지와 어머님께 효로 은혜 갚기를 배우라, 이것이 옳으니라.

그리고 한 가지 기억할 것은 의무를 다 행한 자에게는 마땅히 자연히 따르는 것은 복이니라. 선과 의를 심었거늘 어찌 복이 나지 않으랴… 내가 이곳에서 이같이 간절히 말하게 됨은 옛 성인의 글에 '수욕정이 풍부지(樹欲靜而 風不止)하고 자욕양이 친부대(子欲養而 親不待)'란 글이 생각됨이니 아무리 자식이 부모를 공양코자 하되 부모가 수백세나 살아 기다리지 못할 것을 생각할 때 앞날에 수한(壽限)을 아직 못하게 되는 나로서 눈물이 앞을 가리워 붓대가 멈춰진다. 이 까닭에 너희들에게 권함이요, 너희들을 못 믿어서 그러는 것은 아니다. 나는 너희들을 태산같이 바라고 육지같이 믿는다. 무엇보다도 나를 대신해서 아니 내 할 것까지 합해서 팔순 노조부님께 봉양에 전력을 하여다고. 만시지탄 후일에 후회와 원한이 없게 하기 위한 나의 원이오 간절한 부탁이다. 선을 행함도 기회가 있나니 때를 놓친 즉 후회가 불급이니라. 할머님께 효도하지 못함이 기억 나거든 살아계신 할아버지에게는 재탄(再嘆)이 없게 함이 가하지 않을까 …… 운운"

한 것을 보아서 효성이 지극한 손 목사님의 심정에서 나왔는가 싶다.

특히 75세의 고령으로 옥중에 있는 아들 손 목사님을 위해서 천장에다가 끈을 매어 놓고 기도하시다가 만리 이역 할빈에서 주 앞에 가신 손 장로님 생각이 경로회를 할 때마다 새삼스럽게 다시 났을는지도 모른다. 따라서 이런 기회에 불원 주 앞에 갈 애양원 노인들을 즐겁게 해주어서 아버지에게 다 못한 정을 갚으려고 하였을는지도 모른다.

실제에 있어서 이런 일이 있었다.

노인 환자 한 분이 있었는데 이 노인은 인후 속까지 나균이 들어가서 목을 수술하여 구멍을 뚫어가지고 숨을 쉬는 중환자였었다. 이 노인이 임종하기 전에 손 목사님을 자꾸 보자고 해서 가니 노인이 기뻐하면서 부탁하기를 '사이다'가 먹고 싶다고 했다는 것이다. 때마침 그런 것 구하기 어려운 때라 그 소원을 이루어 주기 위해서 손 목사님은 순천까지 사람을 보내어 '사이다'를 사오게 했는데 사러 갔던 사람이 '사이다'를 사 가지고 돌아오자 손 목사님은 빨리 그것을 받아서 그 중환자 있는 곳으로 달려갔으나 그 노인은 방금 운명했다는 것이었다.

이런 일을 당한 손 목사님은 우시면서, '사이다'를 마시고 시원한 기분을 가지는 시간을 그가 가졌더라면 얼마나 좋아했겠느냐고 하셨다는 것이다. 그래서 '사이다'를 보시면 그 노인을 생각하시는 것이며 종종 말씀하시기를 "선도 하나님께서 허락하셔야 되는 것이니 선을 행할 수 있을 적에 대소를 불문하고 행하라."는 것이었다고 한다.

1. 화려하다 애양원 산수 경개는
   주의 말씀 진리 위에 터를 닦고서

'에덴' 같이 귀한 동산 되게 하오며
가나안같이 선한 복지 이뤄봅시다.

2. 형형색색 악한마귀 몰아내치고
   일천백명 각인들이 한 몸 되고요
   우리 동산 식구들이 함께 모여서
   희희낙낙 즐김으로 누려봅니다.

3. 새벽마다 성전에서 함께 예배코
   조반먹고 각기 헤져 각직 충성해
   시시틈틈 기회내여 성경보고서
   저녁에는 각방 모여 소제(素祭)드리네.

4. 우리 주님 예수씨는 포도나무요
   너출너출 뻗은 가지 우리들이라
   그 진액을 다 받아서 무성할지며
   대한전국 우리 향기 떨쳐 봅시다.

한일자로 길게 상다리가 부러지도록 여러 가지 특별한 음식물을 차려놓은 잔칫상을 가운데 놓고, 앞뒤로 흰옷을 깨끗이 입고 둘러앉은 모양다른 남녀 노인들과 접대 책임을 맡은 남녀 청년들, 우락부락하게 안면 피부가 부풀어 오른 늙은 할머니의 비뚤어진 입에서도, 나병자 독특한 눈썹 하나 머리털 하나 찾아 볼 수 없는 젊은 청년 입에서도, 굵은 소리 그대로 높은 소리 제대로 4, 50명 밖에 안되는 사람들이 부르는 이 노래는 소위 '애양원 복락가' 라는 것이다. 그 틈 한가운데 자리 잡고 앉은 키 작은 손 목사님도 신이 나서

이 노래를 함께 부르는 것이었다.

이 노래는 손 목사님의 창작으로 이런 종류의 집회가 있을 때면 한바탕 부르는 여흥 시작 전의 노래이다. 이 노래를 부르려면 흥겹다기 보다도 감개무량함을 느낌인지 노인들은 노인들 대로 눈물을 흘리고 젊은이는 젊은이대로 눈물을 머금는 것이었는데 그 중에도 특히 김명수라는 노인은 소리를 높여서 울음을 터뜨리는 것이었다.

김 노인은 일찍이 전라남도 어떤 시골의 과히 작지 않은 동네에서 온 노인으로 벌써 애양원 신세를 진 지 십년이 넘은 노인이었다. 나이 63세이니 환갑도 지낸 지 3년 되었다. 그의 집안도 그 동네서 행세를 하는 집안이었고, 또 재산도 그 동네에서 손꼽을 정도의 집안이었다. 특히 김 노인은 그의 아버지가 어떤 골 원님까지 지냈으나, 한일합방 전에 하도 나라가 부패해지니 그 벼슬을 그만두고 주경야독이나 하면서 일생을 마치려고 그 동네로 옮겨 온 충청도 양반이라는 것이었다. 동시에 그 동네에 오는 식객은 모두 혼자 도맡아서 대접하는 인심 좋은 집안이었다고 한다.

그런데 김 노인이 35세 때부터 몸에 이상한 병이 있는 것을 알게 되어 백방으로 약도 많이 써보고 침도 맞아보고 별의 별 것을 다 해보았으나 천벌인지 도무지 듣지 않고 차차 차차 그 병 증세는 더 심해져서 완전히 얼굴에까지 나타나게 되았다. 이렇게 되고 보니 자기의 일생은 더 소망이 없어서 죽기를 기다리는 것은 말할 것도 없겠으나 더 큰 걱정은 집안 전체와 자식들의 전도(前途; 장래) 문제였다. 2남 3녀의 아들 딸들이 공부를 잘해서 학교 성적도 좋을 뿐 아니라 선생들에게나 동네 어른들에게 칭찬을 받는 모범적 학생들이었다. 더구나 그 노인의 둘째 아들은 효성이 지극하였다는 것이었다.

그런데 자기의 병은 온 집안에 큰 걱정거리요, 수치거리가 되어서 시일이 감에 따라 그 자식들의 장래를 위해서라도 자기가 일찍이 죽든지 없어지든지 해야 할 줄 아는데 죽는 것도 떠나는 것도 여의치 못하였다는 것이었다.

그러던 중 발병한 지 17년 만에 자기로 인해서 괴롬 당하는 집안 식구들과 특히 자녀들의 성공을 위해서 어느 달 밝은 밤에 집에서 몰래 도망을 해 나왔다는 것이었다.

그 전에 먹고 죽을 비상이라도 구해보려고 했으나 구하지 못했고, 한 번은 양잿물을 먹기까지 했으나 어찌된 셈인지 입 속만 헐어져서 죽도록 고생만 했다는 것이었다. 그럴 때면 특히 둘째 아들은 한사코 아버님을 위로하고 힘써서 아버지의 불안을 덜려고 하였다는 것이다.

'그저 아버지께서 살아계시기만 해달라고 다른 생각은 아무것도 하지 마시라'고 했으나 그 아들이 그럴수록 김 노인은 김 노인대로 더 안타까워서 유서를 써놓고 도망을 해 나와서 걸인 행세를 하고 이리저리 돌아다니다가 이 애양원으로 찾아 들어온 것이었다. 그런지도 벌써 십년이 지나고 또 일년이 지났다.

처음 얼마 동안은 집안 소식을 듣고 싶었으나 그러다가는 자기 있는 곳이 알려질까 보아서 이름도 성도 갈아서 입원하고 있었다. 4년을 지낸 후에 어찌어찌해서 다시 집안 일을 알아보니 그 둘째 아들이 자기 나온 후에 걱정하고 찾다가 그만 병이 나서 이 세상을 떠났다는 것이었다. 효성이 지극하던 그 아들은 자기 때문에 일찍 죽었구나 하는 생각이 늘 마음에 눌려 이런 행사가 있을 때에는 특별히 그 아들 생각이 나서 눈물을 쏟는 것이었다.

"그 아이는 내가 죽였어ー, 그 아이는 이 몹쓸 내가 죽였어! 차라리 내가 먼저 집에서 죽기나 할 것을 무엇 때문에 살고! 그 애가 죽다니!" 하면서 가끔 친구들에게 이야기하는 것이었다.

또 이런 젊은이도 있었다.

김정희라는 서른 다섯 가량된 여집사가 있었다. 이 김 집사는 애양원에 들어온 지 약 십오년 되는데 전라도 어떤 작은 도시의 부자집 셋째 며느리였다.

그의 남편은 부잣집 아들에다가 재주도 있고 인물도 잘 생겨서 중매장이들이 상당히 많이 드나들다가 결국 김 집사가 그의 배우자가 되었는데 그만큼 김 집사의 재산이나 학식이나 인물 역시 손꼽을 정도였다고 한다. 만일 김 집사가 병에 안 걸렸더라면 부부가 일본으로 유학까지 가려던 큰 희망을 가지고 있었던 것이었다.

그의 남편과 결혼한 때는 김 집사가 여학교 4학년 때였다. 그때 신랑의 조부가 별세하기 전에 손자 며느리를 보아야겠다고 해서 부득이 예식을 하게 되었다. 그렇게 일년 남기고 졸업도 못하게 되니 학교 선생님들은 물론 동네 사람들까지도 그것을 아깝게 생각했다. 그래서 그의 남편도 미안해서 늘 위로해주기를, 자기가 결혼 후에 일본으로 유학을 가게 될 때에 함께 가서 무슨 학교든지 더 계속하자고 했다.

또 그의 시아버지는 시아버지대로 4형제의 셋째 며느리지만 첫째, 둘째 며느리보다도 더 사랑해 주었다. 또 동서들은 동서들대로 이 김 집사를 좋아했다. 이처럼 온 집 식구의 총애를 일신에 받는 중이었는데 첫딸 낳은 지 석달 후, 자기에게 이상스러운 병이 있음을 알게 되었다. 그래서 얼마 동안은 숨어서 치료를 받았으나 결국 낫지 않고 점점 더 심해지므로 부득이 본가로 돌아가 얼마 동안 지냈고 그것도 오래 있을 수 없어서 이 애양원을 찾게 되었던 것이다.

처음 애양원에 들어오자 남편에게서 위로의 편지도 오고 가끔 돈도 부쳐왔다. 그러더니 다음부터는 바쁘다고 남편 대신 시아버지에게서 돈과 편지가 왔다. 시아버지는 진심으로 김 집사를 불쌓히 여겨서 물질에는 남부럽지 않게 보내 주었던 것이다.

그러나 김 집사가 입원한 지 4년만에 그 남편은 다시 결혼을 했다는 것이다. 물론 자기도 늘 그 남편에게 자기를 단념하고 재혼하라고 했으나 얼른 말을 안 들었다. 그러다가 부득이 한다는 사과의 편지가 시아버지에게서 왔을 때 무엇이라 형용하기 어려운 비애와 허무를 느껴서 모녀가 3일간 울었다는 것이다.

그러나 신앙으로 눌러 이기고 또 위해서 기도해주고 안심하였다는 편지를 냈으나, 다시 가슴 아픈 일이 있었으니 그것은 병 없이 자기와 함께 있는 어린 딸의 일이었다. 차라리 이렇게 될 줄 알았더라면 처음부터 떼어 놓을 것을 그랬나 보다 하는 때가 한두 번이 아니었다. 그러나 감사하게도 본가 아버지보다도 시집 아버지가 그 뒤에도 꼭 물질과 또 편지를 보내 주었는데 1년 전에 그 시아버지가 별세하셨다는 것이다.

그때 되어진 일인데 자라나는 딸에 대해서 좀 구체적으로 만나서 상의하려고 그녀의 시집을 찾아갔었다. 그러나 먼 빛에서 보니 무슨 일이 난 듯 싶어서 알아보니 바로 3일 전에 시아버님이 별세하셔서 장례식을 하는 중이라고 하는 것이었다. 그러나 자기 모양을 볼 때에 초상집에 뛰어 들어갈 수도 없었고 또 그 말을 듣고 그대로 갈 수도 없었다. 그래서 발인하는 시간을 기다렸다가 멀리 서서 조상이나 하려고 머물러 있었다.

그때에 그녀는 상여 뒤를 따르는 상주들과 식구들 그리고 따라가는 사람들을 바라보다가 그냥 길거리에 쓰러져버렸다는 것이었다.

"문둥이가 쓰러졌네."

"글쎄 죽지는 않은 것 같은데……."

"퉤. 재수 없다."

하는 몇 마디 소리를 모기 소리만큼 들으면서…….

그랬다가 정신이 다시 났을 때는 길거리 한쪽 구석에 가마니로 덮여 있는 자기를 알게 되었다. 얼른 정신을 수습해서 돌아왔는데, 오늘 이 자리에서 노인들을 모시고 지내려니 그 시아버지가 생각이 나고 그 딸의 장래가 안타까워서 눈물을 쏟는 것이었다.

한편 손 목사님에게도 마음 아픈 일이 한 가지 있었다. 그것은 최성녀라는 노인이 있었는데 나이는 거의 70세 가량 되는 노인이었다. 최성녀는 밤이고 낮이고 교회에서 쉬지 않고 기도만 하는 여신도였다. 그는 특히 손 목사님을 아들같이 생각하고 위해서 기도하는 것이었다. 또한 그 노인의 생일이 손 목사님의 어머님 생일과 같은 날짜일 뿐 아니라 얼굴 모습도 비슷했다. 그래서 손 목사님은 일찍이 돌아가신 어머님을 생각하며 한 번이라도 더 심방을 하게 되니 그럴수록 최 노인은 아들처럼 생각을 했다. 그래서 그는 꼭 손 목사님 계실 때에 손 목사님 앞에서 천국에 가고 싶다고 늘 넋두리처럼 이야기하곤 했다. 그러다가 이 경로회가 불원해서 있을 줄 안 노인은 다시 이 기쁜날을 기다렸는데 바로 2주일 전에 별세를 했다는 것이다.

그때에 마침 손 목사님은 부흥회에 나갔다가 그 임종을 못 보았다. 그때 그 노인이 손 목사님 어디 갔느냐고, 언제 오느냐고, 그를 못 보고 죽으면 내가 어떻게 눈을 감겠느냐고, 아니 손 목사님이 없으면 내가 못 죽겠나고, 얼른 사람을 보내서 불러와 달라고 헛소리처럼 하다가 운명을 했다는 것이다.

그러나 애양원에서 세상을 떠나는 사람들은 모두들 손 목사님을 보고 싶어하는 것이 예사의 일이라 특별히 손 목사님에게 알리지 않았었는데 손 목사님이 돌아오셔서 그 말씀을 듣고는 대단히 슬퍼하시었다. 3주간만 좀 더 살았더라면 이 경로회도 보았을 것을 그랬다 싶으니 손 목사님에게도 안타까운 마음이 들었다.

　이처럼 김 노인은 김 노인대로 슬프고, 젊은이는 젊은이대로 슬프고, 목사님은 목사님대로 또 다른 이는 다른 이대로 그 과거와 현재가 애처롭다. 이런 일 저런 형편이 모이고 모여서 눈물의 노래로 합쳐 나오는 것이었다.

　손 목사님의 권면하는 설교 중에

　"우리들은 소위 인륜대로 사는 사람들은 아닙니다. 우리는 천륜대로 사는 사람입니다. 육(肉)의 아들 딸 몇 잃고 많은 아들 딸 얻었으며 두 부모 잃고 많은 부모 모시었습니다. 썩은 죄의 부모나 자식 없으나 예수 그리스도의 피로 영생할 부모 자식이 한 자리에 있으니 이 얼마나 감사한 일입니까? 하물며 예수 그리스도의 이름으로 한 식구된 우리들의 금생 내세에 복 받는 기쁨이란 말할 수 있겠습니까? 따라서 후회함이 없이 합시다. 우리들의 육신의 부모나 자녀가 살아 있으면 위해서 전도합시다. 만일에 죽었으면 기도합시다. …운운"

　이 말씀은 모든 이들의 마음을 움직이는 것이었다.

　"이제 우리가 식사를 하기 전에 목사님께서 감사기도 드려주시겠습니다." 하고 사회자 박 장로가 말하였다. 그렇지 않아도 고요한 애양원 교회 안은 더욱 조용해졌다. 짹짹거리는 참새소리 만이 들린다.

　"주여!" 한 마디 불러 놓은 기도는 한참동안 나오지 않았다. 누구인지 훌쩍하는 눈물 섞인 콧물 울음소리가 들려 왔다.

　"주여!" 다음에는 손 목사님 자신의 울음 섞인 기도였다.

　"이 어떤 은혜요 이 어떤 사랑입니까? 내 지은 죄를 생각할 때 우리의 걸어 온 길을 돌아다 볼 때 이 어떤 은혜이며 이 어떤 사랑입니까? 죄로 말미암아 죽을 수 밖에 없는 이 벌레만도 못하고 먼지나 티끌만도 못한 죄인들을 이처럼 사랑하시와 성대한 사랑의 잔치를 허락하시니 이 어떤 은혜이며 이 어떤 사랑입니까? 특히 우리들은 사회에서 격리당하고 친척에게서 멸시당하고 가정에서 쫓김 당하였습니다. 세상에서 보잘 것 없고 소망도 없다기보다도 오히려 주체꺼리인 존재들입니다. 그런데 이처럼 은혜를 주시어 주 예수 그리스도를 믿게 하시고, 또 사랑하는 마음을 가지게 하시니 이 어떤 은혜이며 이 어떤 사랑입니까?

주여! 원하옵기는 이 은혜와 이 사랑에 붙잡히어 우리들을 기도의 용사되게 하여 주시고 신앙의 소유자 되게 하여 주시고 사랑의 생활자 되게 하여 주시옵소서. 세상에서는 기도의 용사 신앙의 소유자 사랑의 생활자가 되기를 원하되 주위 환경에 얽매이어 소원대로 못하고 한탄하는 사람 많사옵니다마는 우리에게는 하나님의 축복으로 병을 주시어 이런 기회와 장소로 인도하셨으니 하나님의 원하심에 합당한 열매를 맺는 우리를 만들어 주시옵소서.

오늘 또한 이 귀한 음식 허락하셨사오니 즐겁게 먹겠습니다. 그러나 우리가 입맛이나 이 썩을 배나 몸 위해서 취하는 자 되지 말게 하옵소서. 들어 앉아서도 기도할 수 있는 능력 얻기 위해서 취하는 음식 되게 하여 주시옵소서. 비록 짧을지라도 천국 가는 준비의 능력 얻기 위해서 취하는 음식되게 하여 주시옵소서.

이 음식을 준비하느라고 수고한 젊은이들에게도 주님께 드리는 것처럼 준비한 줄 믿사오니 축복해 주시고, 이 음식을 받는 이 늙은 종들도 주의 사랑으로 허락하신 줄 깨닫고 대히는 줄 믿사오니 축복하여 주시옵소서.

끝으로 다시 구하옵기는 우리들을 보낸 우리 육신의 집안이나 사회나 교회에도 축복하여 주시와 주의 뜻이 하늘에서 이룬 것같이 땅에서도 이루게 하여 주시옵소서. 우리가 이런 시간에도 범죄하는 일 없게 하여 주시옵소서. 주 예수 그리스도의 이름으로 감사하옵고 기도드리옵나이다. 아멘"

접대 책임 맡은 젊은이들은 상을 덮어 놓은 백지를 들어 제치고 각각 음식 먹기를 권하는 것이었다. 그러나 그 중에도 다섯 노인은 전혀 눈이 안 보이고 또 세 노인은 손가락이 꼬부라져서 숟가락질이 잘 안되어 떠서 먹이기 시작하였다.

"우아―우아 어쩌면 이렇게 수고했을까?"

"우아― 어찌깽이!"

"목사님도 잡수깽이."

이런 감탄사 속에서 손 목사님도 그 상 가운데 다가가 그들이 힘껏 애써서 차려놓은 음식을 함께 잡수실 뿐 아니라, 손수 눈먼 이나 손 못쓰는 이에게 가서 음식을 떠먹이는 것이었다. 환자들에게는 이 역시 눈물 겨운 장면의 하나였으나 손 목사님에게 있어서는 아무렇지도 않은 일이었다.

해방 직후에 이런 일이 있었다. 우연히 손 목사님의 무릎이 아프기 시작하였다. 그러니 애양원 의사들이 깜짝 놀라서 진찰을 하며 피검사를 해보자고 했다. 그때에 손 목사님은

"놀라기는 왜 놀라, 더 좋지 않어? 소원을 이루지 않았어? 한 집안에서 살게 되니……."

아주 아무렇지도 않은 것처럼 말씀하시었다. 그 후에 진찰하자고 자꾸 권해서 진찰하니 아무렇지도 않고 피가 아주 깨끗하다는 것이었다. 진찰이 그렇게 나니

"그래? 그러면 또 틀렸구먼?"

역시 아무렇지도 않은 것처럼 말씀하셨다는 것인데 실로 그에게

는 나병까지도 아무 문제가 안 되는 것이었다.

　　낮에나 밤에나 눈물 머금고
　　내 주님 오시기만 고대합니다.

　　가실 때 다시오마 하신 내 주여
　　언제나 언제나 오시렵니까
　　고적하고 쓸쓸한 이 들판에서
　　희미한 등불만 밝히어 놓고

　　먼 하늘 이상한 구름만 떠도
　　행여나 내 주님 오시는가 해
　　사랑도 병이 되어 잠 못 자는 밤
　　오- 주여 언제나 오시렵니까

　　면류관 손에 들고 만세 부르며
　　칠보단장 사랑이라 가고지워라

　　애련한 곡조로 노래를 불러서 둘러앉은 불구의 노인들을 위로해 주는 이는 김 선생이었다. 모두들 고요하다가 노래가 끝나니 손뼉을 쳤다. 손이 꼬부라진 이는 조막손으로 마룻바닥을 쳤다.
　　이 노래에는 이런 사유가 있었다. 평양 옥중에서 3년간이나 신사참배 문제로 신앙투쟁을 하던 모(某) 전도사가 있었다.
　　그는 자기의 고생도 고생이려니와 밖에 있는 가족들의 고생 역시 보통이 아니리라 생각했다. 그래서 그는 석방이 되면 옥중 성도들을 돕고 또 그들의 가족을 돕겠다고 생각을 돌려 먹고 신사참배를 하겠다는 도장을 찍고 나왔다. 그러나 그것이 타락의 동기가 되어 자포자기하게 되었고 심지어는 도덕적으로까지 실패를 했었다. 그러나 깊이 깊이 회개를 하고는 다시 신앙 생활을 시작했는데 그는 이때 이 노래를 지었고, 자신은 걸인행색을 하고서 걸인 상대의 전도를 하고 있었다.

그러다가 어떻게 어떻게 소문을 듣고 애양원에서 일제시대에 신앙 사수하다가 축출당한 환자들의 피신처인 옥종면 북방리에 오게 되었다. 그래서 그들을 도와주고 위로해 주면서 이 노래를 가르쳐 주었다. 이 노래는 그들의 과거를 회상하는데 제일 가슴 아픈 노래였다.

그들은 옥중에 계신 손 목사님의 신앙을 따르고자 풍비백산한 목사님 가족을 도우면서 한편 자기들의 생활도 해야 했다. 그래서 밥을 얻어 먹으며 쌀이나 보리를 구하러 다녔다. 무수한 별들이 고요히 반짝이는 여름날 밤에 빈 들판에서 밤을 보낼 때도 있었다. 바람 몹시 부는 가을날 밤에 산기슭에서 밝힐 때도 있었다. 심지어 눈 오는 겨울밤에 물방앗간에 몰래 찾아 들어가서 떨며 보낸 때도 있었다는 것이다. 이유는 일제시대에는 이 동네 저 동네로 돌아다니면 반장이나 조장이 이동조사를 해서 파출소나 주재소에 보고하여 붙들어 가는 일이 있었던 까닭이었다. 붙들리면 여간 괴로움을 당하는 것이 아니었다고 한다. 즉 스파이 취급을 당하는 것이었다.

이럴 때마다 찬송가 '내 주를 가까이 하게 함은', '예수가 거느리시니', '내 주의 지신 십자가', '예수 나를 오라하네' 등도 불렀지만 이제 부른 노래도 많이 불렀다는 것이다. 그래서 여기 앉은 몇몇 남녀 교우는 이 노래를 알기 때문에 이 노래를 들을 때 고생스럽던 그 시절이 회상되면서 오늘 같은 이 경로회 역시 특별한 의의가 있다는 것을 느끼게 하는 것이었다.

그러나 이것이 그들에게 있어서 과거를 회상하게 하는 것만도 아니다. 현재 역시 쓸쓸한 광야 같은 인생 행로에 있어서, 병든 몸 된 것 아닌가, 다만 믿고 바라는 저 좋은 낙원, 다만 믿고 만나고 싶은 내 주님, 먼 하늘에 이상한 구름만 떠도 행여나 내 주님 오시는가 싶고, 면류관 손에 들고 만세 부르며 칠보단장 사랑이라 가고자 원하는 그들의 심정! 고해 같은 바다 속에 난파당한 배 같다고 할는지! 유충의 몸을 벗은 날개 돋친 매미 같다고 할는지!

"목사님의 재미있는 이야기가 있겠습니다."

사회자가 소개를 하자 목사님은 기다렸다는 듯이 얼른 일어나시면서

"진작 시킬 것이지"

하시더니 먼저 싱긋 한번 웃으셨다.

"옛날 옛적 더벅머리 소시적에 한 형제가 있었습니다. 그 형의 이름은 양원인데 바보요, 동생의 이름은 동수인데 아주 똑똑한 이였습니다."

일동은 왜 손 목사 자기 이름과 박 장로 이름을 부르는가 싶었다.

"그런데 이 형제는 조실부모 했습니다. 그런 중 동생의 나이 장가들 때가 되었습니다마는 형이 먼저 혼인을 해야 하므로 그 동생 동수는 백방으로 형 양원의 혼처를 구해서 겨우겨우 결혼을 시켰습니다. 그러나 결혼식 후에 양원이 바보인 줄 알게 되자 장인과 장모는 그 사위를 시험하고자 하여 한 가지 상의를 하였습니다.

'내일 저기 있는 뒤주에 대해서 무엇으로 만들었으며 이름은 무엇이며 쌀은 얼마나 들까?' 하는 시험을 해 보자고 했습니다. 그러나 그 상의하는 소리를 먼저 듣고 알게 된 양원의 처는 그래도 자기 남편이 망신 당할까 보아서 얼른 그 남편에게 연락을 해 놓았습니

다.

'여보 내일 어머니나 아버지가 불러서 무엇을 묻거든 나무는 오동나무요. 이름은 뒤주요. 쌀은 열댓 말 들겠습니다 하시오.' 하고 가르쳐 주었습니다. 양원이는 자기 마누라 하라는 대로 할 작정으로 '나무는 오동나무요. 이름은 뒤주요. 쌀은 열댓 말 들겠습니다.' 하고 몇 번이나 외웠습니다.

아니나 다를까? 그 이튿날 아침에 별안간 장모님이 부르더니 '아니 여보게 얼른 나가보게 장인님이 별안간 부르시네.' 하니 '예' 하고 때는 왔다고 사랑방을 향해 가면서 '나무는 오동나무요 이름은 뒤주요. 쌀은 열댓 말 들겠습니다.' 하고 몇 번인가 외웠습니다. 그는 방문을 열자 자리에서 배가 아프다고 부른 장인에게 왈칵 대들더니 주먹으로 장인 배를 탁 치며 '나무는 오동나무요. 이름은 뒤주요. 쌀은 열댓 말 들겠습니다.' 했더니 장인은 '아이고 아이고 이놈이 사람 죽이네!' 하고 더 큰 소리만 질렀답니다." 하면서 조그만 양반이 배를 움켜쥐고 앓는 흉내를 냈다. 모두들 한바탕 웃었다.

이야기는 계속되었다.

"그러나 이에 실패한 줄 아는 양원의 아내는 남편에게 타이르기를 그런 경우에는 '배가 오죽 아프십니까? 약초를 사다 잡수시면 낫겠습니다.' 하는 법이라고 가르쳐 주었습니다. 그 말 역시 몇 번이고 되풀이해서 외웠습니다. 그 후에 장인님이 장에 갔다가 소를 사가지고 와서 그 소를 보라고 불러내니 대뜸 나가서

'예ー 배가 오죽이나 아프십니까? 약초를 사다가 잡수시면 낫겠습니다.' 하고 소를 감정했답니다."

일동은 다시 곤드라지게 웃었다. 그러나 웃는 그 모양들이 또 한번 우스웠다. 입이 비뚜름하게 올라가면서 웃는 얼굴, 눈을 실룩거리면서 웃는 얼굴, 얼굴도 움직이지 않고 '허ー허ー' 하고 웃는 얼굴,

"다시 실패한 줄 안 양원의 처는 또 다시 가르쳐 주기를 그런 경우에는 '앞니가 많으니 여물을 잘 씹어 먹겠고, 궁둥이가 크니 새끼를 많이 낳겠습니다.' 하시라고 하니 이 말을 또 외우기 시작했습니다.

그 다음 날인가 장모님이 병이 나서 위문을 가게 되었는데 누워 있는 장모님에게 들어가자마자

'앞니가 많으니 여물을 잘 씹어 먹겠고, 궁둥이가 크니 새끼를 많이 낳겠습니다.' 하고 공손하게 절을 했답니다."

"하하하하……."

"호호호호……."

"히히히히……."

"어 – 이 –"

한바탕 웃음 바다가 되었다.

"이렇게 되니 장인이나 장모에게 미움을 받게 되었으나, 그렇다고 이미 딸은 버린 것이니 할 수 없어 시집으로 보내 버렸습니다.

그 뒤 다음해 정초에 양원은 처갓집으로 세배를 하러 갔습니다. 아무리 미워도 제 사위라 좋은 음식으로 대접을 해서 잘 먹였습니다. 다녀온 다음에 그의 친구와 아우 동수가 어떻게 대접을 받았느냐고 물으니 대답하기를 '쉬 – 말마우' 국을 먹었다고 했답니다. '쉬 – 말마우' 국이라는 것은 무엇인고 하니 만둣국이었습니다. 처음에 만두 국을 받자 무언인지 몰라서 아내에게 이것이 무엇이요 하고 물었으나, 아내는 또 무슨 망신을 할까 해서 말을 말라고 '쉬 –' 했답니다. 또 만두 국을 먹는데 그 속에서 만두 속이 나왔습니다. 이것이 무엇이요 하니 또 무슨 망신을 할까 보아서 아무말도 하지 말라고 '말마우' 했답니다. 그랬더니 이것은 '쉬 –' 하고 '말마우' 국이로구나 생각하고 '쉬 – 말마우' 국을 먹었다고 자랑했다는 것입니다."

일동은 폭소가 터졌다.

"하하하하……."

"호호호호……."

"히히히히……."

"그래서 여러분이 오늘 잡수신 것도 '쉬 − 말마우' 국입니다."

하고 그 상에서 조금 전에 먹은 만두 국을 가리키셨다. 이렇게들 웃겨 놓고 그 웃는 얼굴들을 보는 손 목사님은 마음에 만족함을 느끼시는 것이었다.

무엇이 그들로 하여금 잠깐이라도 나를 잊고 웃고 즐거워 할 수 있게 할 것인가? 이것만이 손 목사님의 유일의 과제요, 또 노력이었다. 일년 내 되는 행사−부활절, 성탄 축하는 물론 꽃주일 예배, 어머니 주일 예배, 원족, 여름 뱃놀이, 가을 운동회, 겨울 윷놀이 이런 기회마다 모두 기뻐할 수 있는 길을 여시는 것이었다. 목사님은 가끔 이런 말씀을 하셨다고 한다.

"돈 많이 들여서 마귀 얼굴 만들지 말고 돈 한 푼 안 드는 천사 얼굴 만드시오."

웃는 얼굴을 만들라는 뜻이다.

주여, 애양원을 사랑하게 하여 주시옵소서

1. 주여, 나로 하여금 애양원을 참으로 사랑할 수 있는 사랑을
   주시옵소서.
   주께서 이들을 사랑하심 같은 사랑을 주시옵소서
   이들은 세상에서 버림을 당한 자들이옵고
   부모와 형제의 사랑에서 떠난 자들이옵고
   세상 모든 인간들이 다 싫어하여 꺼리는 자들이오나

오! 주여 그래도 나는 이들을 진정으로 사랑하게 하여 주소서

2. 오! 주여 나는 이들을 사랑하되 나의 부모와 형제와 처자보다도
   더 사랑하게 하여 주시옵소서
   심지어 나의 일신보다도 더 사랑하게 하여 주시옵소서
   차라리 내 몸이 저들과 같이 추한 지경에 빠질지라도
   사랑하게 하여 주옵소서
   내 만약 저들과 같이 된다면 이들과 함께 기뻐하며
   일생을 같이 넘기려 하오니
   주께서 이들을 사랑하사 어루만지심 같이 내가 참으로
   사랑하게 하여 주시옵소서

3. 주여 만약 저들이 나를 싫어하여 나를 배반할지라도
   나는 여전히 저들을 참으로 사랑하여
   종말까지 싫어 버리지 않게 하여 주시옵소서
   만약 내가 여기서 쫓겨남을 당하여 나가게 될지라도
   나는 이들을 사랑하여 쫓겨난 그대로 남은 세월을 이들을 위하여
   기도할 수 있는 참다운 사랑을 나에게 주시옵소서

4. 오 주여 내가 이들을 사랑한다 하오나
   인위적 사랑 인간의 사랑이 되지 않게 하여 주시옵소서
   사람을 위하여 사랑하는 사람이 되지 않게 하여 주시고
   주를 위하여 이들을 사랑하게 하여 주시옵소서
   주보다는 더 사랑치 않게 하여 주시옵소서
   주께로부터 나온 나의 사랑이옵고 또한 주를 위하여 사랑하게
   되는 것이매, 내 어찌 주보다 더 사랑케 되오리까.

그러나 나의 일신과 부모와 처자보다는
더 사랑하게 하여 주시되 주를 사랑하는 그 다음은
이 애양원이 되게 하여 주시옵소서

5. 주여 내가 또한 세상의 무슨 명예심으로 사랑하거나
말세의 무슨 상금을 위하여 사랑하는 무슨 욕망적 사랑도 되지
말게 하여 주시옵소서
다만 그리스도의 사랑의 내용에서 되는 사랑으로서
이 불쌍한 영육들만 위하는 단순한 사랑이 되게 하여 주시옵소서

6. 오 주여 나의 남은 생이 몇 해일는지는 알 수 없으나
이 몸과 맘 주께 맡긴 그대로
이 애양원을 위하여 중심으로 사랑케 하여 주시옵소서.

(이 기원(祈願)은 1940년 3월 22일 손 목사님이 신사참배 반대 운동으로 한참 신앙의 불이 붙었을 때 옥중에 들어가시기 얼마 전에 기록하신 것이었다.)

* 애양원 손양원의 같은 '양원'은 우연한 일치로 특별한 일화는 없으나 손 목사님은 이 같은 음(音)의 일치를 대단히 기뻐하시어서 편지 같은 데는 꼭 한글로 애양원 손양원을 나란히 쓰시는 것이었다. 이 또한 흥미있는 우연일치의 칭호인가 싶어서 제1장을 <애양원 손양원>이라고 했다.

제2장

산돌이 이야기

"만쥬나 호야호야 만쥬나 호야

만쥬나 호야호야 만쥬나 호야…….

넘다 남은 달 그림자까지 녹다 남은 눈 속에 얼어 붙은 것같이 추운 겨울밤이었습니다. 인왕산 북악산에서 안국동 네거리로 북풍이 내려 불고 있습니다. 뱃속까지 떨리는 추위와 싸우면서 <만쥬나 호야호야>를 부르는 산돌이는 총독부 쪽에서 안국동 네거리를 거쳐서 창덕궁 쪽으로 반달음질 치면서 가는 것이었으니 이 산돌이는 방한 모자를 하나 썼고 양복은 입었으나 내복도 못 입어서 부들부들 떨리기 때문에 봄에 힘을 주어 가면서 반달음질 쳐가는 것이었습니다. 나는 이제부터 이 산돌이라는 학생에 대해서 여러분에게 내가 아는 대로를 이야기해 주겠습니다."

따뜻한 봄날 춥던 겨울도 그 자취를 감추려는 어느 날이었다. 동인이 동신이가 잠들은 동도섬 그들의 비석 앞에서 김 선생이라는 이는 성산 소학교 큰 학생들을 데리고 왔다가, 그 아이들에게 졸리어서 산돌이 이야기를 해주는 것이었다.

"산돌이가 난 곳은 저 경상도였습니다. 그가 날 적에도 산돌이 집 안이 가난했습니다. 어머니가 산돌이를 낳을 적에 집안 사람들은 모두가 몇 날 못 가서 산돌이는 곧 죽을 것 같다고 생각했었습니다. 왜냐하면 굶기를 밥먹듯 하는 형편이었기에 허리띠를 조여매고 조여매고 하면서 지냈기 때문입니다. 그러나 아무일 없이 차차 자라는 동안에 산돌이가 일곱살 되었을 때에 그의 아버지가 예수를 믿기 시작했습니다. 그래서 산돌이는 아버지를 따라서 예배당에 다니는데 어떤 때는 아버지 등에 업히어서 다닌 때도 있었습니다.

그의 아버지가 예수 믿기 작정한 후에는 그 동네나 친척이나 집 안 식구에게 큰 걱정거리가 되었습니다. 심지어 그의 어머니까지 도 그의 아버지가 예수 믿는 것을 반대했다는 것입니다. 그러나 그의 아버지는 한 번 믿기로 작정한 후에는 철두철미하게 믿으려고 하였습니다.

옛날 어른들이 하고 지내시던 상투도 잘라버려 지금 우리들처럼 박박 깎아 버리고 술 담배도 끊어 버리고 또 고래(古來)로 지켜오던 조상에게 지내던 제사도 그만두었습니다. 그래서 하루는 그의 어머니가 어디 갔다가 돌아오니 그의 집 마당에 불이 났는데 제사 지내는 제상 제기 등을 전부 다 태워 버리고 있어서 야단이 났었다는 것입니다.

'여보시오 이게 무슨 일이요, 예수 믿으면 미친다더니 당신 정말 미쳤습니까? 조상의 봉제(奉祭; 제사를 드림) 때에 쓰는 기구를 이렇게 불에 살라 버리는 법이 어디 있다는 말씀이오?' 하고 어머니는 울었습니다. 그럴 때 산돌이도 이런 모든 것을 다 보았을 것입니다. 그러나 그후 일년 지난 후에는 그의 어머니도 해산할 때에 중병이 겹쳐 들어서 마침내는 예수를 믿게 되었습니다.

그후부터는 그의 집 식구 여섯 사람은 모두 예수를 믿게 되었습니다. 그렇게 되니 새벽기도, 아침 저녁 가정예배, 십일조 연보, 주일 엄수는 가정의 법처럼 되었습니다. 그의 아버지는 집사가 되고, 다시 영수가 되었습니다. 따라서 산돌이도 주일학교에 잘 다닐 뿐 아니라 성경 보기와 기도하기를 힘썼습니다.

그런데 산돌이가 국민학교 3학년 때의 일이었습니다. 그 학교 교장 선생님이 우리 예수교를 굉장히 반대하는 이여서 산돌이 형제를 괴롭히는 것이었습니다. 그 방법의 하나로 주일은 공휴일임에도 불구하고 주일이면 꼭 소집을 하여 교회출석을 방해하려 하였습니다. 그러나 산돌이는 그 동생과 함께 주일을 범하지 않으려고 그 소집에 응하지 않았습니다. 주일 아닌 다른 날은 병 결석 이외는 다른 사정으로 결석하는 일은 없었습니다. 학교 규칙을 엄수하였고 품행은 방정하며 모범적이었으나 주일날 만은 교장의 명령이라도 소집에 응하지 않았습니다.

그러다가 교장 선생은 한 가지 묘한 방법을 생각해냈으니 동방요배시키는 것이었습니다.

이 동방요배라는 것은 해 뜨는 동쪽이 일본 임금 천황이 있는 곳이라고 해서 그쪽을 향해서 최경례를 시키는 것입니다. 그 당시 근방 소학교 중에 동방요배를 시킨 학교는 그 학교 이외에는 별로 없었던 것 같습니다. 좌우간 매일 아침 조회 때마다 동방요배를 시키는 것이었는데 산돌이 형제는 결코 하지 않았습니다. 그러던 중 하루 아침에는 들켜서 교장실에 붙들려 갔는데 그때에 다음같이 말을 했다는 것입니다.

교장 '너는 대 일본 제국의 신민이 되어 천황폐하가 계시는 동방을

향해서 최경례를 할 때에 왜 꼿꼿이 서 있었느냐?'

산돌 '천황 폐하가 목전(目前; 눈 앞)에 계시면 최경례를 하였겠습니
다마는, 동방요배란 허공을 향해 절하는 것이니 이것은 하나
님의 제이 계명을 범하는 죄가 되므로 하지 않았습니다.'

교장 '예수 믿는 사람이 국법을 어기는 것은 죄가 아닐까?'

산돌 '동방요배가 국법으로 되어 있다고 해도 그런 국법은 복종할
수 없습니다. 저도 국법은 순종할 맘 있으나 국법 순종하려고
하나님의 계명을 어길 수는 없습니다.'

교장 '그것은 큰 죄가 된다. 국법을 어기거나 천황폐하를 반대하는
것은 불경죄가 되는 것이다. 너희들 그러지 말고 이제부터 예
수를 믿지 마라. 예수교에서 천당이니 지옥이니 말하는 것은
야만인이나 미개한 사람들을 유인하기 위해서 속이는 말이
다. 오늘날같이 문명한 시대에 학문을 배우는 사람으로는 그
러한 미신에 속는다는 것은 대단히 어리석은 일이다. 너희들
도 그런 미신에 빠지지 마라.'

산돌 '제가 알기에는 예수를 믿는 일이 우리 조선에만 있는 것이 아
니라 서양에도 있고 또 동양이나 서양에 유명한 학 박사 중에
도 많다는데 그분들은 다 미개하고 야만인이어서 그런 미신
이라고 하는 것을 믿었을까요?'

이렇게 반문하니 할 말이 없는 교장은 산돌이 형제를 무수히 때
려 주었습니다. 산돌이는 뺨이 붓고 눈알에 피가 맺히고 코에서 피
를 많이 쏟았을 뿐 아니라 그후 산돌이는 퇴학처분을 당할 뻔까지
했습니다. 그러나 오히려 그 교장이 전근을 당하고 말았답니다.

쫓아 내려다가 쫓겨난 교장!

쫓겨날 각오하고 하나님 계명 복종하려던 산돌이!

비록 산돌이는 어리지만 최후의 승리를 얻었습니다."

재미있게 듣던 학생들은 모두 대단히 통쾌한 기분을 느꼈다. 동시에 저희들의 어렸을 적 생각이 났다. 애양원 안에서도 신사참배하라고 할 적에 어른들이 못 한다고 싸우던 일이나, 일본사람 원장이 오기 전에 손 목사님은 잡혀 가시고, 손 목사님의 집안이 모두 쫓겨나던 생각이 났다. 김 선생님의 이야기는 다시 계속되었다.

"그후 1919년 3월 1일 만세사건 때 산돌이 아버지는 그 동네에서 주모자가 되어 일년 체형을 받게 되었습니다. 산돌이는 이럴수록 후일의 성공을 더욱 느껴, 집안에서는 떠날 수 없는 형편이나 이를 물리치고 서울로 올라와서 겨우 중동학교에 입학을 했습니다. 그러나 학비 나올 데가 없어서 부득이 밤에 만쥬 장사를 하고 낮에는 학교에 다녔습니다. 그날밤도 밤 늦도록 만쥬 장사를 하러 다녔습니다. 그래서 그처럼 '만쥬나 호야호야 만쥬나 호야' 하고 외치고 다녔으나 그날밤은 끝끝내 하나도 팔리지 않았습니다. 이럴 때에는 감옥에 계신 아버지 생각도 더 나고 고향에 있는 어머니와 동생들의 생각도 간절히 났을 것입니다.

'얼마나 추우실까? 옥 속에서. 나는 돌아다니는 데도 추운데!'

'얼마나 배를 주리실까? 어머니와 동생들이'

'아이고 나도 이 어려운 공부를 그만두고 고향으로 돌아가서 어머니와 동생들이나 도와드릴까?'

이런 생각이 나서 마음을 괴롭힌 일도 있었습니다. 또 다른 괴로움을 느끼는 것이 있었으니 안 팔리면 주인이나 다른 아이들에게 조소를 받게 되는 것이었습니다. 예수를 믿는다 하면서 만쥬는 왜 팔아야 하느냐, 예수가 기적으로 돈을 줄 게 아니냐, 안 팔리는 날은 하나님이 왜 못 팔게 했느냐고 조소를 합니다. 또 공일날은 보통날보다 더 많이 팔리는 법인데 예배보러 예배당에 가고, 오후에라도 팔면 좋겠는데 그것도 안하니, 다른 아이들과 비교할 때에 판매성적이 대단히 나빴습니다. 그래서 주인은 산돌이를 좋아하지 않았습니다. 그러나 다른 날은 다른 아이들보다 일찍이 일어나 집안 소제도 하고 또 절대로 정직한 줄 알게 된 것이 그대로 이 만쥬 집에 붙어 있게 된 원인이었습니다. 주인 말이 '학생은 다 좋은데 꼭 한 가지 나쁜 것은 예수 믿는 것이다.' 라고 하였다는 것입니다."

이렇게 이야기하는 김 선생을 쳐다보다가 어린 학생들도 산돌이가 듣던 '학생은 다 좋은데 꼭 한 가지 나쁜 것은 예수 믿는 것이다.' 하는 말을 우리들도 듣게 되었으면 좋지 않을까 싶었다. 이야기는 계속되었다.

"그러던 중인데 그해 겨울이었습니다. 양력설도 지나고 음력으로 섯달 그믐께의 일인데 그믐날이 가까워져서 한창 바쁠 때였습니다. 바쁜 때라 빵집에서는 눈코뜰새없이 바빠서 이 집에서 빵 갖다가 파는 학생들은 학교에서 공부하는 시간 외에는 그 집에 가서 도와서 일을 해주게 되었습니다. 그러나 한창 바쁜 그날들 중에 주일이 끼게 되니 산돌이는 주일날은 당연히 일을 안 하고 교회에 출석을 했었습니다. 교회 출석 뿐 아니라 교회 동무와 함께 전도하고 밤 예배까지 마치고 돌아왔습니다. 그랬더니 주인은 어디 갔었느냐고 물어볼 것도 없이 집에서 나가라는 것이었습니다.

왜요? 한창 바쁠 때이니 이 바쁠 때 한 번쯤이야 주일을 안 지켜도 좋을 텐데 주일이라고 해서 아침 먹고 나가서는 하루종일 있다가 돌아오니 주인이 대단히 화가 났던 모양입니다. 그러나 산돌이는 아무리 바쁜 때라고 해도 하나님 섬기는 일보다 더 바쁘고 중한 일이 없으니까, 잘못했습니다 할 수도 없고, 다시 안 그러겠습니다 할 수도 없었습니다. 아무리 설명해야 들을 것 같지 않아서 나가라면 나가겠으나 며칠 여유를 달라고 했습니다. 그러나 그 역시 주인은 듣지 않아서 하는 수 없이 그 다음날 쫓겨나게 되었던 것입니다.

때는 한참 추울 때인데 그날 밤이야말로 눈이 또 와서 서울 장안은 은세계로 변했습니다. 보기는 깨끗한 서울 장안이지만 산돌이 눈에는 쌀쌀하기 짝이 없는 서울이었습니다. 전날 밤에 당장 나가라는 것을 겨우 사정해서 한 밤을 지냈으나 이제는 더 말할 수 없어서 쫓겨났습니다.

처음에는 동급 학생의 집을 찾아갔습니다. 믿는 집안이 아닌 동무의 집에서는 그 사정 이야기를 듣고는 동정은 고사하고 오히려 어리석다고 주인에게 빌고 다시 들어가라는 것이었습니다. 또 말하기를 그런 생각으로 고학을 하려면 서울 안에서는 아무데도 일할 자리가 없을 것이라는 것입니다. 신문 배달도 그렇고 우유 배달도 그렇게 않고는 일 자리가 없을 거라고 하였습니다. 이럭저럭 몇날 지나는 동안에 이 친구 저 친구의 집에서 며칠씩 신세를 졌는데 마침내 산돌이가 가지고 있던 몇 푼 돈도 다 쓰게 되었습니다.

그래서 3일간인가 굶고서 막다른 골목에 다다른 이 딱한 형편을 하나님께 기도하러 남산 솔밭 속으로 찾아 갔습니다. 한참 기도하던 산돌이 머리에 자기에게 있는 돈 70전이 자꾸 생각났습니다. 그러나 그 돈은 전일에 십일조로 하나님께 드린 돈이므로 아무리 굶어도 그 돈은 쓰지 않았다고 합니다. 주일 범하지 않기 위해서 쫓겨나고 십일조 범하기 싫어서 굶는 산돌이를 하나님께서는 그대로 두시지 않으셨습니다. 마침 집에서 돌아오라는 전보가 돈과 함께 왔습니다. 그것은 산돌이가 너무 고생한다는 소식을 듣고 그의 어머니가 불러 내려가신 것이었습니다. 내려 갈 적에 십일조 70전은 출석하던 안국동 교회에다가 모두 연보를 하였습니다. 사실은 서울에 있을 때에 산돌이를 불쌍히 여기고 도와주려고 하는 이가 있었습니다. 그이는 돈은 있으나 불신자이고, 또 첩을 데리고 사는 사람이기 때문에 산돌이가 그에게서 도움 받기를 원치 않았던 것이랍니다.

이렇게 작은 일이고, 큰 일이고를 막론하고 바른 길로만 나가려는 산돌이를 하나님께서는 어떻게 하셨겠습니까?"

이렇게 김 선생은 힘있게 산돌이를 칭찬하였다. 어려서부터 애양원에서 그 부모들의 신앙을 따라 교회생활을 하는 이 학생들은 주일 지키는 일, 십일조 드리는 일에 대해서 사회라는 데가 그렇게 어렵고 괴로운 데라는 것을 새삼스럽게 느끼게 되었다.

"산돌이는 집으로 돌아갔으나 고향에서 잠깐 있다가 다시 고학할 수 있는 길이 열려서 일본 동경으로 갔습니다. 스가모 중학(巢鴨中學) 야간부에 입학을 했고 신문배달을 하면서 고학을 했는데 역시 주일날은 자기가 배달 안 하고 다른 학생에게 부탁을 했습니다. 그래서 수입은 적었으나 그래도 공부를 할만 하였다고 합니다.

그뿐 아니라 산돌이는 재학 중에 동경 어떤 성결교회에 출석하게 되고 그들의 전도열에 공명되어서 시간을 내서 북을 메고 거리에 나가 전도를 하고 밤이면 고요한 곳 공동묘지 같은 데를 찾아가서 열심으로 기도를 했던 것입니다. 이처럼 기도와 전도와 성경 읽기에 열심을 낸 산돌이는 상급학교에 가는 것도 단념을 하고 한국 복음 전도의 긴급함을 느끼고는 전도자가 되고자 귀국을 하였습니다. 이 산돌이는 후일에 하나님 나라에 큰 공헌을 하게 될 귀한 종이 되었던 것입니다."

산돌이에 대한 이야기를 마친 김 선생은 멀리 바다를 바라보았다. 동도섬 앞 바다는 따뜻한 봄 햇빛을 받아 무수한 금빛 은빛 물을 찬란하게 깔아놓은 것 같았고 고요히 떠 가는 범선이 그림처럼 바다에 그려 있는 듯하였다.

제3장

옥중 6년간

"손 목사 당신 시국을 인식하고 있소?"

밤은 깊었다. 새로 한 시가 다 되어 가는 때인데 여수 애양원까지 가서, 이 시국 인식을 하지 못하고 날뛰는 불온분자 친미파 손양원이라는 목사를 검속해다 놓은 고등계 주임은 간단한 문초를 하는 것이었다.

"시국인식이요? 네 잘하고 있습니다. 이 시국은 지나 사변이 본격적 단계에 들어가는 시국이요, 일독이(日獨伊; 일본·독일·이탈리아) 삼국이 방공협정을 하고 있는 시국이니, 오늘날 일본 국민이 예수를 믿고 하나님을 공경하여 이 국난을 극복하기 위하여 하나님께 간절히 기도할 시국인 줄 압니다."

손 목사님이 시국 인식의 내용을 설명하니, 주임은 기가 막힌다는 듯이 물끄러미 손 목사님을 바라다 본다.

"시국 인식을 그 따위로 했으니 경찰서 출입을 하게 되는 것이지. 당신에게 묻는 시국인식이란 신사참배를 시인하느냐 말이오?"

못마땅해 빈정대는 태도였다. 손 목사님은 그런 내용인 줄 알았다는 듯이 대답한다.

"신사참배 문제면 신사참배 문제라고 해야지 시국인식이라고 하니 시국에 대한 말을 했지요. 신사참배 하겠느냐고 하시는 말이지만 그것은 진정한 기독자로서는 못 합니다. 절대로 못 합니다."

몸은 작으나 강경한 태도이다.

"그래 다른 모든 신자나 목사들은 물론 노회장 총회장도 다 국민 의식으로 시인하는데 당신만은 어찌 거절이요? 당신이 믿는 하나님은 별 하나님이요?"

역시 멸시하는 어조이다. 그러나 그렇게 하거나 말거나 손 목사는 당돌한 반문을 했다.

"내게 묻지 마시고 주임이 대답하시오. 여보시오 주임, 기독교는 유일신 종교라는 것은 당신도 상식적으로 알고 있는 줄 압니다."

다시 설명을 했다.

"글쎄 유일신교이고 무엇이고 신사참배는 모모 목사는 물론 신학교수나 신학박사들도 하는데 왜 당신만 유독 반대하느냐 말이오?"

"그렇게 생각하면 그럴듯한 일이요. 그러나 기독교는 지식적 종교가 아니요 신앙적 종교요, 감정적 종교가 아니요 체험적 종교입니다. 그런고로 학사 박사가 믿지 못하는 진리를 무식한 노인들도 믿을 수 있고, 어린아이와 무식한 부인들이 체험한 사실을 학사 박사가 이해하지 못하는 일이 있는 법이요. 그러므로 지식적 세계와 신앙적 세계는 서로 통하는 점도 있으나 서로 통하지 못하는 점도 있는 것이니 그런고로 기독교는 초자연 종교라고 합니다."

설교나 학술 강연처럼 말했다.

"여보 그만두시오. 여기는 경찰서요. 교회나 학교가 아니오. 어찌 되었던 당신 신사참배를 시인하고 실행하기 전에는 세상 구경하기 어려울 것이니 그리아시오."

이렇게 구류를 시켜 손 목사님의 유치장 생활이 시작된 것이다.

그후 10개월의 세월이 지나서 오백여 면의 조서(調書)가 작성되었다. 그러나 손 목사님은 그 조서가 하나님의 말씀을 기준으로 한 말이지 목사님 자신의 말이 아니니 조서에다 무인(拇印; 손도장, 지장)을 못 찍겠다고 하니 이에 노발대발한 도 경찰부장 케이나베(輕邊) 형사는 전부터 필요할 때에 갖다 주는 성경을 가지고 와서 질문하기 시작한다.

"어디 말좀 해보아. 네 말에 하나님의 말씀이라고 하지만 이것은 마태, 마가, 누가, 요한, 베드로, 야고보 등이 기록한 것이 아닌가?"

가장 적절한 반문을 했다는 듯이 손 목사님을 노려보았다.

"옳습니다. 그들이 기록했지만 그들의 말을 그들의 의견대로 쓴 것이 아니고 하나님의 성령의 영감으로 썼는데 즉 성령이 그들로 하여금 쓰도록 한 것입니다. 그들의 생각한 대로 그들의 하고자 하는 대로 쓴 것은 한 말도 없습니다."

손 목사가 설명을 하니

"그 무슨 말인지 모르겠소. 그이들이 썼는데 그들이 쓴 것이 아니라니……."

주임은 의아스럽다는 표정이다.

"그들의 손을 통해서 썼다고 하여 하나님의 말씀이라면 마치 편지를 배달해준 자나 전보를 전해준 자가 우편국원이나 배달부라 하여 그 편지나 전보를 배달부의 말이라고 할 수 있겠습니까? 배달부는 전해준 것 뿐이요. 편지를 보낸 자는 따로 있는 것처럼 하나님이 인간의 손을 통해서 썼다 할지라도 그것은 인간의 말이 아니라 하나님의 말씀입니다. 그런데 그 조서에 있는 말은 전부가 성경 속에 있는 하나님의 말씀을 내가 대신 불러들인 것이니 내 말이 아니라는 말이오."

손 목사는 이렇게 일장 설교를 하는 것이었다.

"고맛다나ㅡ고레와(곤란한데 이것은) 그러면 성경을 고쳐야 하겠구려" 자못 풀기 어려운 말이나 한 듯이 했다.

"무엇이요? 성경을 고친다고요? 그것은 당신 말대로 해 보시요마는 안 될 것입니다."

"안 되기는 무엇이 안돼. 고치면 고치는 것이지!"

"성경이 지금 770여 방언으로 번역되어 있는데 일본어 성경이나 조선어 성경만을 고쳐서는 고친 효과가 없을 것입니다. 770여 방언을 다 고쳐야 할 터이니 당신 말이나 일본 정부의 말대로 전 세계가 성경을 고칠 일이 만무할 것이니 그것은 아마 불가능한 일일 것입니다. 또 가령 전 세계가 당신의 말을 듣고 고친다고 합시다. 당신 보기에 좋을 대로 고치면 그때는 하나님의 말씀이 아니라 당신의 말일 것이니 성경이라고 할 수 없을 것입니다. 성경은 하나님의 성령의 영감으로 쓴 까닭에 성경인데 당신 좋을 대로 취사해서 고쳐 놓으면 당신의 글이 될 것 아닙니까? 하나님의 말씀은 일점일획이라도 가감할 수 없는 것입니다."

손 목사님은 상당히 긴 설명을 하면서 전도의 기회를 만들려고 한다.

"마 어쨌든 좋다. 하나님의 말이든 사람의 말이든 네 입으로 말한 것이니 지장이나 찍어라."

무리하게 시켜서 하는 수없이 날인하게 되었던 것이다.

그때 손 목사님의 건강이 너무 쇠약해져서 생명이 위독할 정도였다. 그래서 담당 형사는 이를 특별히 동정해서 검사국에 보고를 하여 문의했다. 광주 검사국에서는 요다 카츠미(依田克己)란 검사를 여수 경찰서에 파견하게 되었다. 그는 손 목사님을 직접 면대해서 그 사상을 검토해 보자는 것이었지만, 사실은 처벌할 진정한 법적 근거가 없는 신사참배 문제이라 웬만하면 보석할 기회를 줄 심사였던 것이다.

손 목사님은 검사 앞에 불려올 때는 걸어올 기력까지 없어서 들것에 실려 왔던 것이다. 겨우 자리에 앉은 손 목사님에게 검사는 주소 성명 직업 또 건강상태 등을 물은 다음에 요점을 말한다.

"여보 손 목사. 우리 대 일본제국은 신국인고로 천황폐하는 현인신(現人神)인데 그대는 어떻게 생각하는가."

"나는 그렇게 생각하지 않습니다."

"그대가 어떻게 해서 아는가?"

"현인신이란 하나님의 아들이신 예수 그리스도 밖에는 있을 수 없으니 우리 주 예수 그리스도와 같은 하나님 아들로서의 합당한 조건이 있을 수 없습니다."

이렇게 태연하게 대답을 하니 검사는 뚫어지라는 듯이 손 목사님을 쳐다보면서 대꾸한다.

"나는 천황폐하가 현인신인 줄 안다. 나만 그런 것이 아니라 1억 국민이 다 그렇게 믿는다."

"1억이 다 그렇게 믿는다고 하니 천황폐하가 하나님의 아들 되는 현인신인 것을 설명해주시오. 나도 예수 그리스도께서 하나님의 아들이신 현인신 되심을 말씀 드리겠습니다."

"아니 내가 말하기 전에 네가 말해 보아라, 무슨 조건으로 그런지"

"그러면 먼저 말을 하겠으니 끝까지 들어 주십시오. 첫째 증거 되는 조건은 탄생하실 예수에 대해서 4천여년 전부터 예언되고 그 예언이 성취되어서 탄생하셨습니다. 그러나 천황폐하가 탄생하실 것에 대해서 언제 예언이 되어진 일이 있었습니까? 둘째는 예수는 하나님의 성령으로 잉태되어 동정녀에게서 탄생하셨습니다. 이것은 특수한 조건일 것입니다. 셋째, 예수께서는 33년간 지상생활에 기사와 이적을 많이 행하셨는데 천황폐하의 기사와 이적 있음은 듣지 못했습니다. 특히 넷째로 예수께서는 인생의 죄를 대속하시려 십자가에 못 박혀 죽으셨는데 천황폐하가 죄를 대속해서 돌아가셨다는 말을 들어보지 못했습니다. 다섯째, 예수께서는 돌아가신 후 삼일만에 부활하셨는데 역대 천황 중 그 누가 부활했다는 사실이 있습니까? 일본 백 이십 사대의 천황이 계셨지만 모두다 신사에 모셨을지언정 부활했다는 기록은 없지 않습니까? 끝으로 예수는 부활하신 후 사십일 동안을 그의 제자들과 함께 계시다가 백일하에 승천하셨습니다. 이처럼 예언 성취, 처녀탄생, 기사 이적, 속죄 구령, 부활, 승천 같은 6대 사실이 하나님의 독생자 되심을 나타내셨으나 어디 천황 폐하의 현인신(現人神)됨을 나타내는 조건이 있습니까?"

힘 있게 말을 했다.

"그런 멍청한 고리탑탑한 소리 말어."

손 목사님의 설교에 가까운 설명을 문제시 않았다.

"고리 탑탑할지 모르나 나는 성경에 있는 말씀을 설명했을 뿐입니다."

이와 같이 정색을 하는 것이었다. 그래서 동정심을 가지고 왔던 요다 검사도 그대로 돌아가 버리고 말았던 것이다. 그후 십여일 후에 일건 서류와 함께 광주 지방법원으로 기소가 되어갔던 것이다.

이때 어떤 날 이런 일도 있었다 한다.

8, 9개월 유치장 생활을 하게 된 손 목사님은 몸이 쇠약해질 대로 쇠약해 졌었다. 거기에 또 감기까지 들어서 몸에 열이 오르고 두통이 심해서 시장한 것까지도 잘 모르실 정도였다.

그런데 정신을 차리고 보니 손 목사님은 자기 감방에 있지 않고, 병 간호실로 쓰는 숙직실 옆방에 누워 있는 것이었다. 정신을 다시 차린 손 목사님은 여전히 몸이 춥고 떨리고 또 머리가 아파서 눈물이 다 쏟아지는 것이었다. 그러나 우리 주께서 우리를 위해서 당하시던 고생을 생각하면 내가 당하는 고생은 아무것도 아닌데 이것을 못 이기고 내가 정신 없이 이 방에 와서 울고 있는가 싶었다.

〈내 주를 가까이 하게 함은
십자가 짐 같은 고생이나
내 일생 소원은 늘 찬송하면서
주께 더 나가기 원합니다.〉

한참 찬송가를 불렀다. 그랬더니 곁에 누웠던 다른 환자가 소리 지른다.

"시끄럽다. 아프다고 해서 병실로 온 사람이 노래는 무슨 노래야 시끄럽게"

이렇게 성을 내는 것이었다. 그러나 간수가 말해도 안 부를 수 없는 감격에 넘치는 찬송인데 곁에서 못하게 한다고 그만 둘 리가 없었다. 그래서 끝까지 울면서 불렀다는 것이다.

그후 광주로 가서 공판에서 손 목사님은 1년 반 구형을 받았다. 그러나 이미 일개 성상도 지났고 했으니, 판사는 다시 동정을 해서 그를 집행유예 정도로 출감시킬 필요를 느꼈다. 그래서 언도 전에 조용히 손 목사님을 다시 불러서 그 심경을 알아보는 것이었다.

"네가 집을 떠난 지 1개 성상이 넘었으니 부모 형제 처자가 얼마나 그리웁겠는가, 또 집에도 가고 싶을 것이 아닌가, 그동안 정신 수

양도 했을 줄 아니 이제라도 동방요배나 신사참배를 반대하던 그 고집을 버리고 돌이키는 것이 어떤가?"

아주 인자한 어조로 동정의 권유를 했다.

"돌이킬 생각은 절대로 없습니다. 오히려 내 신앙은 점점 더 굳어 갑니다." 손 목사님은 서슴지 않고 대답을 하니 기가 막히는 판사는 다시 물었다.

"도대체 그렇게까지 반대해야 할 이유가 무엇이오?"

"네! 반대하는 이유는 세 가지 조건이올시다. 첫째 동방요배, 정오묵도, 신사참배는 하나님의 금하신 계명이니 할 수 없습니다. 한 나라의 황제의 명령도 거역하지 못할 일인데 천하 만국을 통활하시는 하나님의 계명이니 어찌 거역할 수 있겠습니까? 둘째로 우상에게 절하는 자는 구원을 얻지 못하는 법입니다. 우리가 예수를 믿는 것은 구원을 얻고자 하여 예수를 믿는 것인데 구원을 얻고자 하는 자가 하나님의 대 계명을 범하고 어찌 구원을 바라겠습니까? 끝으로 또 국민된 의무로 못 하겠습니다."

다른 말에는 그리 신통치 않게 여기던 판사가 이 말에는 깜짝 놀랐다.

"국민된 의무로 못 하겠다니? 국민된 의무로는 해야지?"

판사가 뒤집어 주장하면서 발을 구른다.

"국민된 의무로도 못 하겠다는데 그처럼 성내실 것 없지 않습니까? 말을 끝까지 들어보고 나서 말씀을 하시오. 국민된 의무로 못 하겠다는 것은 내가 믿는 기독교 성경과 기독교 사기와 세계 역사를 보면 우상을 숭배하고 망하지 않은 나라가 없습니다. 또 예수 잘 믿고 흥하고 복 받지 않은 나라가 없습니다. 국민된 자가 우상에게 절함으로 나라가 망할 줄 알면서 신사에 나가서 절하며 동방 허공을 향하여 절할 수 있겠습니까? 그러므로 국민된 의무로 못 하겠다는 것입니다."

"우마이 고오지쯔 쯔게루나!(핑계 잘한다)"

이 판사도 구형한 대로 언도할 수밖에 없었다. 그 판결문은 다음과 같았던 것이다.

쇼와 16년 형고합(形告合) 제 35 호

판 결

본적 경상남도 함안군 칠원면 구정리 685번지

주거 전라남도 여수군 율촌면 신풍리 231번지

율촌 애양원 교회 목사

구명 손양원 대촌 양원

당 40세

우자(右者)에 대한 치안 유지법 위반 피고 사건에 대하여 당원(當院)은 조선 총독부 검사 요다 카츠미(依田克己) 관여(關與) 심리(審理)를 마치고 판결하기를 여 좌히 함.

주 문 (主文)

피고인을 징역 1년 6월에 처함. 압수에 관한 원고 2통(증거 제1, 제2호)은 이것을 몰수함.

이 유

피고인은 유시부터 조선 기독교 장로회 신자인 그의 부 손종일(孫宗一)의 감화를 받아 기독교를 신앙하기로 된바 그후 잠시 내지(內地; 일본)에 유학하고 귀선한 후는 경상남도 지방에서 장로회 전도사가 되었고 또 쇼와 10년 4월 평양신학교에 입학하여 동(同) 13년 3월 동교를 졸업한 후 목사 자격을 획득하고 동(同) 14년 7월 전라남도 순천읍 소재 조선 예수교 장로회 순천노회 소속 선교사 미국인 윌슨이 경영하는 전라남도 여수군 율촌면 신풍리 소재 나요양소(癩療養所) 애양원 내에 있는 애양원 교회 책임자인 미국인 선교사 원가리의 초빙에 의하여 상기 교회 전속 목사로 취임하고 동원에 수용한 나환자 7백 수십명에게 대하여 선교에 종사하고 있던 이로 그의 가지고 있던 사상인즉 성경을 유일 절대 지상의 교리로 신봉하고 이는 <여호와> 하나님의 말씀을 기록한 것으로 1자 1획일지라도 가감할 수 없는 것이라 하고, 거기에 기록된 하나님의 뜻은 모두 반드시 장래 현세에 실현할 것이라고 망신(妄信)하고 <여호와> 하나님으로서 천지 만물을 창조하고 또 이를 주재하는 유일 절대 지상한 전지 전능한 신으로 우주에 있는 만물을 절대로 지배하고 또한 영원히 불멸할 것이라 하고 모든 신들은 모두가 <여호와> 하나님의 지배하에 있어서 따라서 황공하옵게도 천조대신을 위시하여 팔백만 신 역대 천황은 <여호와> 하나님의 명령으로 우리 나라에 강림하시고 모든 것이 그 지배하에 있는 것으로 우리 역대 천황은 <여호와> 하나님으로부터 통치권이 부여되고 또 우리 국가 통치를 기탁받은 것으로 그 하나님의 뜻에 의해서는 통치권을 박탈당할 수도 있으므로 우리 국가의 흥망은 <여호와> 하나님의 뜻대로 되는 것이라고 망신(妄信)하고, 우리나라를 포함한 현존세계 각 국가의 통치 조직은 반 기독적 세력에 의해서 지배되는 악마의 통치 조직으로 현재 세계 인류는 이 악마로 해서 구주전쟁, 지나사변 급수 해, 한재, 악질 유행병 등으로 괴롭힘을 당하고 있어서 그 생명 재산을 빼앗기고 있는 것이다.

거기에다가 <여호와> 하나님 이외의 신은 모두가 우상이므로 우리 나라에서 신사참배하는 것은 우상 예배를 금지한 성경 교리에 배반되고 영원한 구원을 받을 수 없음에도 불구하고 조선에서는 기독교도에게 신사참배를 강요하고 있는 이것은 즉 성경 마태복음 24장에 있는 소위 말세의 현상으로 예수 그리스도의 재림이 목첩간(目睫間; 아주 가까운 때나 장소)에 임박한 것이다.

고로 <여호와> 하나님은 불원한 장래에 그의 아들인 예수 그리스도를 지상에 재림케 하여서 악마 지배하에 있는 우리 나라를 포함한 현존 세계 각 국가를 멸망시키고 예수 그리스도를 수반으로 하는 절대 평화한 이상 왕국을 지상에 건설시킬 것이다. 그래서 예수 그리스도가 우선 공중 재림을 하면 부활한 신자들은 예수 그리스도와 함께 7년간 공중에서 소위 혼인 잔치에 참석할 것이다. 이 7년 동안 지상에는 대환난 시대라고 하는 기독교 군(軍)과 악마가 지배하는 불신자 간에 <아마겟돈>이라고 하는 대 전쟁이 일어나고 이 전쟁 종말기에 예수 그리스도가 육신으로 공중에서 지상에 재림하고 그 결과 각 국가 즉 악마의 지배하에 있는 우리나라를 포함한, 세계 각 국가는 모조리 예수 그리스도에 의해서 그 조직 제도를 파괴 당하고 예수 그리스도를 수반으로 하는 기독교 교리로서 통치 제도로 하는 국가 조직으로 변혁되어 이 지상에 1천년 동안 절대 평화한 이상 왕국 즉 지상천국이 건설되어 예수 그리스도는 만왕의 왕으로 세계 각국을 통치하고 신자 중 독신자는 분봉왕 지위에 취임하고 신앙 빈약한 이와 불신자는 백성이 되거나 구금될 것이라고 망신(妄信)하고, 피고인 성서관으로부터 오는 유심적 말세론에 기한 아국을 포함한 현존 국민의 멸망과 천년왕국 건설의 필연성을 확신하는 자로 이 사상에 의해서 아국가의 국가관념을 교란시키고 국체의식을 변혁시켜 현존 질서 혼란 등을 유발시키면서 궁극에는 소위 <아마겟돈> 전쟁에 의한 현존 질서를 붕괴하므로 아국을 위시한 세계 각 국가의 통치조직을 변혁시켜 천년왕국 건설이 실현되기를 기구(冀求; 바라다)해서 그 주의 사상 선전에 노력해 온 자로 그런 중에도 국제 변혁 목적으로

제 1, 쇼와 14년 11월 중순(일자 미상) 오후 7시경 전기 애양원 교회에서

당시 입원중인 나환자 김경호(金敬浩) 외 7백여 명에 대해서 <현하 교회가 요구하는 교역자> (증 제 1호는 그 원고)라는 제(題)로

"현하 우리 조선 기독교회는 비상시대 또는 수난시대로 되어 현재 각국에는 전쟁이 일어나고 또 세계 각지에는 한재, 수해 악병 등의 재앙이 증가하고 조선에 있어서는 기독교도에게 신사참배를 강요해서 우리 신자를 괴롭히고 있는 중이다. 이것이 말세 현상으로 우리가 대망하는 예수 그리스도의 재림도 목첩간에 임박하고 그 최후의 심판도 가까워졌다. 참 신앙은 고난이란 시련을 지난 다음에 비로소 얻는 것인고로 우리들은 이 고난을 이기고 신앙이 점점 공고해지지 않으면 안된다. 이런 때를 당하여 현하 교회는 사랑과 지혜와 용맹을 가지고 일하는 교역자를 요구한다. 우리 조선 교역자는 모두들 순교자 한경희(韓敬禧)* 목사와 같이 순교정신으로 선교에 종사하지 않으면 안 된다. 이 때야말로 예수 그리스도의 재림이 가까워졌는데 재림에 의해서 악마 세력으로 지배 당하던 일본을 포함한 각 국가는 멸망되고 예수 그리스도로 해서 통치되는 지상 천국 혹은 신천(新天) 신지(新地) 즉 하나님의 나라가 지상에 건설될 것이므로 우리 조선 교회는 이 지상 천국 혹은 신천 신지를 실현시키기 위해서는 가장 우수한 교역자가 요구되는 동시에 얼른 건설하기 위하여 노력하지 않으면 안될 것이다."라는 취지의 설교를 해서 그 목적인 사항 실행하기를 선동하고

---

* -한경희(韓敬禧, 1877-1935): 평안북도 용천 출신의 기독교인이다. 1914년에 평양신학교를 졸업하고 만주에서 선교사업을 전개했다. 유하현(柳河縣) 삼원보(三源堡) 교회를 중심으로 남만주지역에 여러 교회를 설립하였다. 그런데 현재 밝혀져 있지는 않지만, 어떤 사건에 연루되어 3년간 신의주형무소에서 옥고를 치렀고, 이 사이에 맏아들이 살해당하는 등의 시련도 겪었다고 한다. 출옥 후 시무하고 있던 창성교회(昌成敎會)를 떠나 1933년 오지인 밀산(密山), 호림(虎林), 요하(饒河) 등 여러 현(縣)의 10여 개 교회의 담임을 맡았다. 그런데 북만주의 호림지방에서 전도를 수행하고 있던 중 1935년 1월 비적에게 살해당하였다. 그녀의 선교활동은 북만노회(北滿老會) 활성화에 크게 기여했다. 이후 그녀는 '피를 흘린 순교자'라는 평가를 받게 되었다.

제2, 쇼와 15년 4월 중순경(일자 미상) 오후 3시경 다시 전기 애양원 교회에서 전기 김경호 외 환자 7백여 명에게 <주의 재림과 우리의 고대>(증제 2호 그의 원고)라는 제목으로

"현대는 말세로서 그리스도 재림도 목첩간에 임박해서 우리 신자에 대하여 박해를 가하던 악마인 불신자 급 현재 각 국가의 멸망할 때가 왔다. 악마인 불신자를 벌하고 의인인 신자에게 상을 줄 때가 왔다. 예수 그리스도께서는 만왕의 왕권을 가지고 재림하셔서 일본을 포함한 현대 국가를 멸망시키고 만왕의 왕으로 되어 세계를 통치한다. 이 때에 지상에서는 모든 재앙 즉 전쟁, 질병, 흉년, 기근 등이 없어지고 신자인 나환자들의 나병도 전쾌되고 영원히 평화스럽고 행복한 지상 왕국 내지 신국이 건설될 것이니 우리들 신도는 마음을 같이하여 주의 강림이 빠르기를 고대하자." 하는 취지의 설교를 해서 그 목적인 사항을 선동한 자로서 피고인의 소행은 범의 계속(犯意繼續)에 관한 것이다.

(중간 략)

법률에 비추어 보매 피고인의 판시(判示) 소위는 쇼와 16년 법률 제54호 치안유지법* 개정 법률(이하 현행 유지법이라 약칭함) 제5조 형법 제55조에 해당한 바 그 행위 당시 시행에 관한 다이쇼** 14년 법률 제46호, 쇼와 3년 긴급 칙령 제129호 치안유지법(이하 舊 치안유지법이라 약칭함)에 의하면 동(同) 법 제3조 형법 제55조에 해당하므로 현행 치안유지법 부칙

---

* −치안유지법(治安維持法): 일제 강점기 민족해방운동의 탄압을 위해 만들어진 대표적인 사상 통제법이다. 1925년 4월 일본 법률 제46호로 공포되었고, 「치안유지법을 조선 및 사할린에 시행하는 건」에 의해 5월 12일부터 조선에서도 시행되었다. 1928년 4월에는 치안유지법 개정안이 칙령으로 공포되었다. 개정된 치안유지법에서는 처벌규정을 이전의 최고 징역 7년에서 각각 사형과 무기징역으로 훨씬 강화했다. 전시체제에 돌입한 일본정부는 1941년 3월 보다 강화된 '치안유지법 중 개정법률'을 공포했다.

** −다이쇼(大正): 1912년 7월 30일부터 1926년 12월 25일 사이의 일본의 연호(年號). 곧 다이쇼(大正) 천황 때의 연호를 말한다.

제2항 단서(但書) 형법 제10조에 비추어 우(右) 양법조(兩法條)형에 경중을 비교할 적에 치안유지법 형이 가벼우므로 그 소정 형 중 유기징역을 선택하고 그 형기 범위 내에서 피고인을 징역 1년 6월에 처할 것이며, 압수에 관계되는 원고 2통(증 제1, 제2호)은 본건 범행에 제공한 것으로 범인 이외인에게 속한 것이 아니므로 형법 제19조, 제1항 제2호에 의하여 몰수할 것으로 함.

이에 주문과 같이 판결함

쇼와 16년 11월 4일
광주 지방법원 형사부
재판장 조선 총독부 판사 와타나베 야미(渡邊彌美)
재판장 조선 총독부 판사 코다 테루지(幸田輝治)
재판장 조선 총독부 판사 카와다 켄죠(河田兼三)

"99번 호출이다."

이런 소리를 듣자 손 목사님은 깜짝 놀랐다. 간수들이 와서 부르는 일 치고는 예상했던 일 외의 일은 대개가 불길한 까닭이다.

"얼른 나오너라."

독촉하는 말에 나가면서 (또 무슨 신사참배나 동방요배 문제로 해서 끌려가나 보다)하고 생각했다. 다른 죄수 한 사람도 함께 불려 나왔다. 손 목사님은 간수가 인도하는 대로 따라가니 교회사(教誨師; 형무소의 교화사) 있는 방으로 인도하는 것이었다. 그 교회사는 일본 중인데 이 두 사람을 보더니 친질히 맞이하면서 묻는다.

"오늘이 무슨 날인지 아십니까?"

둘이 다 무슨 질문인지 몰라서 얼른 대답을 못 한다.

"며칠 날인지 아느냐 말이오."

"오늘이 6월 3일이올시다."

"그러니 당신들에게 어떤 날인지 아십니까?"

다시 교회사는 재차 묻는다.

"저이는 몰라도 내게는 내 생일인 것 같습니다."

손 목사는 문득 생각이 나서 얼른 대답을 하였다.

"옳습니다. 두 분의 생일인고로 오늘 내가 두 분을 위해서 해야할 일이 있으니 나를 따라 오시오."

교회사는 대단한 친절을 보였다. 그러나 이 말에 눈치 빠른 손 목사님은 다시 물었다.

"네 — 따라가기는 어렵지 않습니다마는 우리를 위해서 무엇을 한다는 말입니까?"

"다름 아니라 내가 당신들을 위해서 부처님 앞에 가서 축복을 빌려고 하는 것이오."

교회사는 설명했다. 그러자 손 목사님은 거절했다.

"네 — 당신의 호의는 대단히 감사합니다. 그러나 그 축복은 받을 수 없습니다." 하고 거절했다.

"당신이 기독교 신자요, 더구나 목사인 줄도 나는 잘 압니다. 그러므로 당신을 불단 앞에서 절하거나 불교의 신자가 되라는 것이 아니고 다만 형무소 규정이 형무소 내에 수용되어 있는 사람에게는 이렇게 행사하도록 되어 있으니 법대로 해서 가자는 말이오."

다소 무안한 듯 또한 미운 듯이 설명하며 강요했다.

"안 될 말입니다. 아무리 형무소 법이지만 못합니다. 내 몸은 비록 형무소에 구금되어 있으나 내 마음은 감금치 못한 것이고, 내 신앙은 감금치 못했을 것입니다. 내가 도둑질이나 살인이나 방화나, 공갈 같은 무슨 육법전서에 있는 법을 범해서 들어온 것도 아닙니다. 다만 나는 내가 믿는 여호와 하나님과 아들 예수 그리스도만을 진실히 믿는 것으로 인생의 본분과 의무를 다하고자 하는 사람입니다. 그러나 일본 국법을 안 지킨다고 해서 없는 법을 만들고 없는 죄를 만들어서 죄없는 나를 죄인으로 하여 형무소에 가두어 두고 있습니다. 내가 형무소 법대로 지킬 바에야 동방요배나 신사참배를 밖에서 다 했을 것이 아니겠습니까? 또 나는 기독신자이니 기독신자인 내게 복을 빌라면 기독교 의식으로 우리는 여호와 하나님 앞에서 복을 빌어 받을 것이 아니겠소. 불교 의식으로는 축복 받지 못합니다."

"여보 당신 딱하기도 하오, 복을 빌어달라는 것이 아니고 복을 빌어주겠다는 데 거절하는 법이 어디 있단 말이오. 또 당신더러 무엇을 하라는 것이 아니고 같이 가서 서 있기만 하면 되는 것이 아니오."

"나를 위해서 복을 빌 바에야 여호와 하나님 앞에서 복을 비시오. 나는 하나님의 은혜로 낳았고 하나님의 은혜로 살고 있으니 하나님 앞에서 복을 빌 것입니다. 나는 부처의 덕으로 낳지 않았고 부처의 덕으로 살지 않으니 그 앞에서 축복을 받지 않겠습니다. 복 받기는 사람마다 다 좋아하고 받기를 원하는 것이요. 나도 복받기를 원하는 사람이요. 그러나 그 좋아하고 원하는 복을 안 받겠다고 말하는 데는 이유가 있지 않겠습니까? 받을 사람이 안 받겠다는데 억지로 주려고 할 필요는 없지 않습니까?"

길게 설명을 하면서 거절을 하니 멀리서 보고 있던 간수가 쫓아오더니 '어이 고라고라' 하면서 뺨을 치고 억지로라도 끌고 가겠다고 등덜미를 잡아서 끌려는 것이었다. 손 목사님은 끌려 가지 않으려고 그대로 주저앉아 버렸더니 교회사는 할 수 없다는 듯이 다른 한 사람만 데리고 가 버렸던 것이다.

이 말을 교회사가 과장에게 말하고 벌주기를 상의한즉 과장은 오히려 그 교회사에게 말했다.

"그것은 선생님이 잘못한 것입니다. 손이란 사람은 다른 범죄자가 아니고 신사참배를 반대하기 때문에 와서 있는 사람입니다. 그가 불교식 축복을 거절한다고 해서 벌을 줄 수 없고 또 주었댔자 이 이상의 혹형이라도 견딜 사람이니 섣불리 건드리지 말고 차라리 내버려 두십시다."

그래서 아무 형벌도 받지 않고 지나셨다. 이처럼 해가면서 1년 반 동안을 광주 형무소에서 보내게 되었는데 처음 1년 반 언도를 받던 날 시험이 제일 컸었던 것이다. (유치장과 미결수 생활 1년 2개월에도 때때로 불려 나가서 동방요배나 신사참배 강요를 당할 때 거절하기에 천신만고를 겪었는데 앞으로 1년 반 복역은 그 시일 문제보다도 복역 죄수는 형무소 법 규정이 있고 그중에도 한가지 매일 매일 동방요배 정오묵도 신사참배를 실시하려 강요할 것인데 이를 거부하자면 가진 고형을 다 당할 것이니 어찌 이를 이길 것인가?) 하는 생각이 나면서 공포를 느끼셨다는 것이다. 그래서 언도 후부터 형무소에 들어가는 날까지 일주일간 시일의 여유가 있었으므로 앞으로 닥쳐올 이 악형에 감당할 수 있는 힘을 주십사고 결사적으로 기도하였던 것인데, 제 7일 마지막 날 큰 힘을 얻으셨던 것이다. 기도하던 중에

"주를 위해서 받는 고통은 주를 위해 사는 자의 면치 못할 사실이니 내 몸에 있는 석되의 피를 우리 주 위해 다 쏟고 2백여 개의 뼈를 우리 주 위해서 다 깨뜨리면 내 할 일 다 한 것이다. 모든 염려 모든 고통 내 알바 아니니 다만 주께서 이끄시는 대로 복종하겠나이다.…운운"

기도를 마칠 때에 새 힘을 얻어서 기쁨 중에서 형무소로 가게 되었다. 그래서 그 다음날부터는 부딪치는 모든 문제를 신앙중심으로 늘 해결하고 또 싸워 나갔던 것이다. 처음에는 때리기도 하고 달

래기도 해서 그 신앙 정절을 빼앗으려 하되 어떤 방법에든지 속지 않고 나가자니 그 고심 그 고민은 이루 다 말할 수 없었다.

한편 죄수가 많은 방에 두면 전도를 하는고로 독방에다 두고 작업을 시켰으나 감방 생활에서도 조석으로 혼자서 찬송을 부르고 기도하여 예배를 보고 주일이면 절대로 일하지 않고 해서 여러 번 간수들에게 끌려가서 감식형을 받았으니 그럴 때마다 겉사람은 후패하나 속사람은 날로 새로워져 가는 느낌을 받았다. 감식형을 받아서 쇠약해진 몸이 더욱 쇠약해져서 독감에 걸려 사선을 방황하는 때도 있었다. 그래서 어떤 날은 이런 시를 지어서 혼자 위로를 받기도 했다.

비인방 혼자 지키어 고적을 느끼나 (獨守空房 孤寂感)

성삼위 함께 지내니 네 식구 되는구나 (三位同居 四食口)

갖가지 고난아 다 오려거든 오너라 (多種苦難 皆來襲)

괴로운 중에 진리를 모두 체험하리라 (苦中眞理 皆體得)

"99번 결정서 받으시오."

으레 무뚝뚝하게 취급할 죄수에게 존칭 비슷하게 부르면서 결정서를 전해주는 간수의 얼굴도 다소간 미안한 듯 싶은 표정이었다. 이 소리에 손 목사님은 약해질대로 약해진 몸이나마 벌떡 일으키면서 '네 고맙습니다.' 하고 받아 드는 그 순간의 마음은 무엇이라고 형언키 어려운 놀람과 기쁨이었다. 검붉은 옷빛에 창백해진 그 얼굴은 방금 눈물이 쏟아질 듯한 두 눈과 한숨이 쉬어질 듯한 입으로 꽉 찼다.

'무엇이라고 썼을까?' 하면서 손 목사님은 결정서라는 것을 얼른 펼쳐보았다.

쇼와 18년 예구항(豫拘抗) 제일호

결 정

본적 경상남도 함안군 칠원면 구성리 685번지
주거 부산부 법일정 1474번지
　광주 형무소 재감 중
　목사 성손「姓孫」대촌 양원
　당 42세
우자(右者)에 대한 광주 지방법원 쇼와 18년 예구(豫拘) 제2호 예방 구금
청구사건에 관하여 소화 18년 5월 20일 동원에서 한 결정에 대하여 항고
인(피청구인)이 항고한 것을 당원은 조선총독부 검사 곤도 하루요시(近藤
春義)의 의견을 듣고 결정하기를 여 좌히 함.

주 문(主文)

본건 항고는 이를 기각함.
이 유

본건 기록을 사열한즉 항고인은 기독교의 목사로서 기독신관 급 국가관
에 의하여 여호와 신은 천지만물을 창조하시고 주재 섭리하는 유일 절대
지상전지(全智)신으로 황송하옵게도 천조 대신께서도 그의 지배를 받고
또 신사참배는 우상숭배 되는 고로 할 수 없는 일이요, 장래는 아국까지도
포함하는 현존세계 각 국가의 통치 조직은 필연적으로 멸망하고 재림할
예수를 만왕의 왕으로 하는 영원한 이상 왕국이 실현된다고 망신(妄信)하
고 여사한 이상 왕국의 실현을 기구(冀求)하여 그 반(反)국가 사상을 다수

교도에게 선전 고취하여 우리 국민의 국체의식을 마비 동요시켜 이로써 국체 변혁을 촉진 달성시키기를 기도(企圖)하고 이를 선동하였기 때문에 쇼와 16년 11월 4일 광주 지방법원에서 치안유지법 위반 죄에 의한 징역 1년 6월에 처하여 쇼와 18년 5월 16일에는 이 형기가 종결하게 되나 수형(受刑)중에도 우리 존엄성 국체에 대하여 아직도 각성함에 이르지 못하여 의연히 전현(前顯) 기독교리에 기(基)한 반국가적 궤격(詭激; 과격) 사상을 고집하여 포기하지 않으므로 바로 사회에 석방할 때에는 다시 치안유지법 제일장에 계시한 죄를 범할 우려가 현저하다고 인정하여 치안유지법 제39조 제일항에 의하여 항고인을 예방 구금에 처함이 적당하다고 할 수 있으며 이와 같은 취지에서 나온 원 결정 역시 적당하므로 본건 항고는 기각을 불면(不免)하게 되고 형사 소송법 제166조 제1항 후란에 의하여 주문과 같이 결정함.

쇼와 18년 9월 16일

대구 복심 법원 형사 제1부

재판장 조선 총독부 판사 다카시마 코에츠로(高島 幸悅郎) 印

〃 아리히가시 마사유키(有東政行) 印

〃 지쿠하라 모토(軸原素雄) 印

우토 모토야(右藤本也)

쇼와 18년 9월 20일

대구 복심법원 형사부

조선 총독부 재판소 서기 아리다 케이(有田計) 印

한참 정신 없이 읽고 난 손 목사님의 얼굴에는 눈물이 끊이지 않았다.

'오! 감사합니다. 이 벌레 같은 인생을 이때까지 살려 두셨거니와 오늘도 이와 같은 기쁜 소식을 듣게 하시니 무엇이라고 말로 다할 수 없습니다. …운운'의 기도를 눈물과 함께 드리니 이런 결정서를 받기까지의 경위는 이러했다.

5월 17일, 이 날은 광주 형무소에서 1년 반 체형 언도를 받은 후 만기 되는 날이다. 그래서 그날을 눈이 빠지게 기다리는 것은 손 목사님 자신은 물론 그의 식구들과 또 그를 사모하는 애양원 일부 신자들까지였다. 그래서 2월 15일에 옥종산 신도들에게 보낸 편지에 의하면 4월경에 면회오겠다는 것도 그만두고 5월 17일에 광주 형무소 앞에서 반갑게 만나자고 쓰셨던 것이다. 손 장로님이나, 사모님이나, 황 선생이나, 동인이 동신이에게는 말할 수 없이 기다려지는 날이었다.

그러나 1년 반 복역을 하였다고 해서 손 목사님의 신앙에 어떤 변동이 생기기는 고사하고 점점 더 굳어지는 것이었다. 그러니 검사국에서는 이 일이 새로 문제가 되었던 것이다. 그래서 검사국에서는 요시다(衣田) 검사를 파견해서 그의 신앙을 한번 검토해본 것이었다(전편 제4장 참조). 그 결과 5월 20일에 손 목사님은 예방 구금소로 갈 결정 언도를 받았다. 그 일에 손 목사님은 불복 항고서를 대구 복심 법원에 제출해서 좀 더 높은 고관들에게 성경 교리를 증거할 기회를 얻어 보려고 했던 것이다. 그래서 1943년 6월 8일 손 장로님에게 드린 편지에 의하면

"상략(上略)… 세월을 주름잡아 굴지대망하시던 5월 17일에 얼마나 놀라시며 근심하셨나이까? 불초 양원은 무슨 말로써 위로를 드리리요. 아무 도리 없사옵고 다만 믿기는 아브라함과 욥 같은 그 신앙으로 위로와 복을 받으소서. 5월 20일에 예방 구금소로 갈 결정 언도를 받았습니다. 그것은 성경 교리 그대로 절대 신앙한다고 한 까닭입니다. 그래서 6월 2일에 소송할 수속으로 항고서를 법원에

수속을 하였습니다. 이는 불평의 감정이나 벌을 면해보려는 것보다도 성경교리를 증거하려는 것 뿐이올시다. 아마 이달 20일경에나 그믐 안으로 대구에 가면 8월 중으로 끝이 나서 경성 구금소로 가게 되겠습니다… 운운."

그러나 사건이 그리 단순치 않았던지 몇 달이 걸려 9월 16일부로 무조건 기각을 당하고 말았던 것이다. 즉 치안 유지법 제 39조 제 1항에 의한 처사를 잘한 것이라고 해서 경성 구금소행으로 결정되었던 것이다. 이것이 손 목사님에게는 기쁜 일이었다. 그해 9월 25일 손 장로님에게 드린 편지에 의하면 잘 알 수가 있다.

"전략(前略)… 아버님이여 오늘은 때마침 9월 25일 당했습니다. 지금부터 4년전 이날밤 9시에 본 집을 떠나 여수 유치장에 들어가니 0시 45분이었나이다. 그래서 오늘까지 영어지수인(囹圄之囚人; 감옥에 갇힌 사람)이 되었나이다. 또는 이제는 구금소로 갈 결정서를 받아 수일내에 광주를 떠나게 되겠습니다. 그러나 주 안에서 안심을 바라나이다.

멀리 집을 떠나 옥 가운데 들어오니(遠離本家入獄中)
깊은밤 깊은 옥에 가득찬 근심 깊구나(夜深獄深滿愁深)
밤 깊고 옥 깊고 사람 근심 깊으나(夜深獄深人愁深)
주와 더불어 함께 사니 항상 기쁨 찼구나(與主同居恒喜滿)
옥고 4년 많고 많은 날이나(獄苦四年多多日)
주와 더불어 함께 즐기니 하룻날과 같았구나(與主同樂如一日)
과거 4년 동안 안보하신 주께서는(過去四年安保主)
미래에도 함께 하실 주신 줄 확실히 믿노라(未來確信亦然主)

옛날 요셉과 바울과 함께 하신 하나님은 오늘에 소자와 함께 하시며 나를 안보하신 주는 또한 부주(父主)와 처자와 함께 하실 것을 믿고 안심하고 경성으로 향하나이다. 운운"

또 어떤 날은 이런 시도 지어서 신앙을 격려하는 일도 있었다.

가을 까마귀 뭇 떼들은 때를 찾아 날아들고
3월 3일 왔던 제비 고향 강남 가되
고향 떠난 옥중 고객 돌아갈 길 막연하다.

아침 저녁 찬바람 가을 소식 전해주고
천고마비 금풍냉월 낙엽 또한 귀근(歸根)하되
고향 떠나 3년 넘어 돌아갈 길 막연하다.
우주 만유 모든 징조 인생 가을 전해주고
억천만인 모든 죄악 심판주를 촉진하되
준비 없는 이내 몸은 천당 고향 막연하다.
-9월 9일-

"손 목사도 너무 그리 고집하지 말고 좀 자유의 몸이 되어 나갈 도리를 강구해 보시오."

횡전이라는 이의 권면하는 말이다.

"네 - 고맙습니다. 그러나 나가는 것이 문제가 아니라 더 큰 문제가 있습니다."

손 목사님은 얼토당토 않은 화제로 돌린다. 횡전이는 무슨 뜻인지 몰라서 반문한다.

"큰 문제는 무슨 큰 문제?"

"일본은 앞으로 반드시 망할 것이오. 그렇게 되면 그 책임은 당신이 져야 합니다. 문제는 출입이 아니라 책임에 있으니 말이오."

깜짝 놀란 사람은 횡전이었다. 일본이 반드시 망하겠다고 하는 말도 괘씸하고 놀라웁거니와 더 놀라운 것은 그 책임을 지라는 말이었다.

"에 그 무슨 불온한 언사요. 도대체 일본이 망한다는 말도 불온하거니와 그런 책임이 왜 내게 있다는 말이오?"

"그것은 내가 들으니 과장이 신학을 졸업했고, 또 일본 기독교회의 장로라고 하니 말이오."

"내가 신학을 했거나 장로이거나 그 무슨 관계란 말이오?"

이렇게 주고 받는 곳은 경성 구금소 교무과였다. 광주를 떠나서 경성 구금소까지 온 손 목사님은 다시 이 교무과에 가끔 불리워 나와서 문답을 하는 것이었다.

광주에서 경성 구금소로 넘어 올 때에 사상범이 63인이었는데 그 중 2인은 민족주의자였고, 60인은 공산주의자였고 기독교인으로는 손 목사 한 분뿐이었다. 그렇게 되고 보니 구금소에서는 손 목사님의 신앙 사상을 전향시키기 위해서 여러 가지 방법을 쓰는 것이었다.

어떤 때는 기독교 목사님을 청해서 권유케도 하고 어떤 때는 다른 종교가를 청해다가 변론을 시켜서 신사참배란 국민의식이지 결코 종교가 아니라고 주장하여 설복케 해보려고 애를 쓰는 것이었다. 처음에 담당인 요코다(橫田) 과장은 1개월 이내에 능히 손 목사님 신앙을 전환시키겠다고 호언장담하였다는 것이다. 그러므로 요코다는 지식을 총동원시켜서 변론했던 것이다. 그래서 오늘도 불러 내어서 손 목사님과 문답을 하는 것이었다.

"그러니 적어도 기독교 교리를 당신이 더 잘 알 것 아니겠소, 성경을 보나, 교회사기를 보나 또는 전 세계 역사를 보나, 우상을 섬기던 나라는 반드시 망했고, 여호와 하나님을 섬기는 나라는 흥한 기록을 보지 않았습니까? 그러니 불신자는 그 원리를 몰라서 우상숭배가 되는 신사참배를 강요하여 국민의식이라고 이해시킬 점도 있겠으나 신자인 과장은 번연히 그것이 하나님의 뜻에 위반되는 줄 알면서 그 일에 협력해서 일본 나라가 망하는 것을 협력하는 것처럼 하고 있으니 그 책임을 당신이 지지 않고 누가 지겠습니까?"

"죄를 범하면 망할 줄도 아나 그러나 그 죄란 우상숭배만이 아니오."

궁지에 몰려 변명하는 것을 손 목사는 다시 한 번 강조한다.

"다른 죄란 망국의 근본 죄가 아닙니다. 그러나 근본 죄는 우상숭배하는 죄입니다. 다른 죄란 이 우상숭배죄의 지엽죄요. 로마서 1장을 알지 않습니까? 이방인들이 우상 숭배죄를 범하니 그 이하 모든 죄가 생기지 않았습니까? 일본의 국민성과 그 단결심은 좋습니다. 그러나 우상신이 8백만이나 되니 그 죄로 안 망할 수 없을 것입니다. 일본이 만일 이것을 회개치 않으면 반드시 망할 것이니 기억해 두시오. 또 망하면 그 책임은 기독교인이라고 하면서 신사참배를 강요하는 당신들의 책임이니 잘 기억하여 두면 내 예언한 말이 진리이었음을 깨달을 그날이 있을 것이요."

이처럼 권유는 안 되고 오히려 신앙의 격려를 받게 되니 그 다음부터는 자기가 변론하기보다 다른 고명한 선생을 청해다가 변론을 시키는 것이었다. 하루는 구금소장과 감찰과장 또 보도과장 3인 임석 하에 오오하라(大原)라는 고명한 일본인 중을 청해다가 변론을 시켰다. 오오하라는 기독교를 저속한 종교라고 생각하는 사람인고로 묻는 말에 유치한 점이 많았다. 최후로 묻는다.

"신을 본 일이 있느냐?"

"신은 육안으로 볼 수 없습니다. 일국의 왕도 뵙기 황송하거든 어찌 신을 육안으로 능히 볼 수 있겠습니까?"

이와 같이 따라서 손 목사님의 태연 자약하고 침착한 태도와 변론에 흥분한 오오하라는 억지를 부린다.

"그리스도의 신을 보여주기 전에는 너의 주장과 신앙을 시인할 수 없으니 그리스도의 신을 보여달라."

이 말에 손 목사님은 반문한다.

"불교의 신을 보여달라. 그러면 그리스도의 신을 보여주겠소."

그러자 오오하라는 별안간 벌떡 일어서더니 손으로 손 목사님의 뺨을 치면서 말한다.

"이것이 불교의 신이다."

그러더니 계속해서 3, 4차 때리고 차고 하였다. 변론에 이기지 못한 오오하라는 폭력으로 이겨보려고 했던 것이다. 손 목사님은 꼼짝 않고 때리는 대로 다 맞았다. 생각하시기를 (대자대비하다는 부처를 믿는다는 네가 고독한 죄인을 함부로 때리는구나. 변론에 못 이긴 네가 폭력으로 이기려고 하나 사실은 네가 졌다)하면서 냉소를 금치 못했다.

이 광경을 본 다른 이들은 깜짝 놀라서 오오하라를 말렸다. 그 다음부터는 오오하라에게 매주 두 차례씩 청해서 듣던 강연도 중지하고 말았다는 것이다.

"손 목사님 얼마나 고생하십니까? 그러나 조선 교회의 수난기라고 볼 수 있는 때에 목사가 양떼를 버리고 여기 피신하고 있는 것은 베드로가 로마에 있다가 네로 황제 박해 때에 로마를 떠나려고 하던 것과 같지 않을까요?"

이는 청주 구금소로 옮긴 후 소장 이하 몇 직원이 특히 사상 전환시키는 기관인 대화숙 사람을 몇 명 초대해서 손 목사님을 설복시키고자 회합을 열었는데, 그중에 기독교 계통의 학교를 마치고 일본 모 대학을 졸업한 예수 믿다가 낙심한 인물이 있었는데 그를 통해서 손 목사님에게 변론하는 말이었다.

이 말을 들은 손 목사님은 기가 막힌다는 듯이 대답을 했다.

"네— 지금은 당신의 말대로 조선 교회의 수난기외다. 이런 수난 시국에는 진리를 진리대로 전할 수 없는 시국이요, 진리를 진리대로 바로 못 전하는 시국이란 비진리를 진리로 속여 전하여야 하는 시국이란 말입니다. 그런즉 진리를 진리대로 못 전하여 양떼를 죽이는 독초와 같은 비진리를 진리처럼 전하여 모든 양떼를 독살시킬 바에야 차라리 그 목자가 옥중에 앉아서 함구불언하여 침묵하는 것이 위대한 무언의 설교가 될 줄 압니다."

"당신들이 기독교를 신앙하는 것에 대하여는 정부가 반대하는 것이 아니요. 기독교를 믿되, 미국적 기독교나 조선적 기독교를 믿는 그 일을 고치라는 것이외다. 즉 일본적 기독교를 믿으라는 것이외다. 그렇게 믿는 자들은 정부에서 대대적으로 보호를 할 것이외다."

"기독교가 일본적이나 미국적으로 분리될 수 없을 줄 압니다. 기독교적 일본이나 기독교적 미국이 있을지언정 그와 반대는 있을 수 없습니다. 미국을 기독교적으로 개조할 수 있으나 기독교를 미국적으로 할 수 없는 것같이 일본도 마찬가지인 줄 압니다. 만약 기독교를 일본적으로 한다면 그것은 기독교가 아닐 것입니다. 유일무이한 하나님의 도리를 일본 국체에 맞도록 되어지게 하려고 하지 말고 일본이 유일무이하신 하나님의 법대로 개조되어야 하지 않겠습니까?"

"일본은 종교 창조국이요 또 개조국이요, 완성국인 것을 당신은 모릅니까? 저 불교를 보시오. 석가가 비록 인도에서 났으나 인도에서의 불교는 불완전했던 것인데 불교가 일본에 들어와서 비로소 완성되었고, 또 유교를 보시오. 공자가 비록 지나에서 났으나 지나에서의 유교는 불완전했던 것인데 일본에 수입되어 일본에서 유교답게 완성된 것이오. 마찬가지로 기독교도 구미제국에서의 기독교는 불완전한 것이 많소. 그러므로 일본에 수입되어서 이제 일본적으로 개조해야 할 것이오. 이제 곧 그 완성을 볼 것입니다."

의기양양한 궤변을 늘어놓았다. 손 목사님은 변론에 조금도 서슴지 않고 답변을 했다.

"종교라는 것은 그 종지가 각각 다를 것이요, 그 종교적 특성이 있는 법인데 일본이 불교를 고치고 유교를 완성했다지마는 불교에는 석가의 정신대로 하는 것이 원리가 될 것이요, 유교엔 공자의 정신대로 전하는 것이 원리가 아니겠습니까? 이 정신을 제하고 일본 정신으로만 한다면 그것은 벌써 참 불교나 참 유교가 아닐 것입니다. 또 불교나 유교는 당신 말대로 일본식으로 개조할 수 있다고 가정하더라도 기독교는 절대 못 합니다. 그것은 유교는 인본주의 중심의 종교니 그렇게 변경시킬 수도 있을지 모르나, 기독교는 인본주의 중심의 종교가 아니라 신본주의 중심의 종교이니 가정(假定)의 상상도 할 수 없는 일입니다. 천지만물을 창조하신 유일무이하신 여호와 신을 작은 일본의 신 아래 속하게 하려고 하니 일본의 심산은 지극히 무모한 일인 줄 압니다. 독 속에 접시를 넣을 수는 있을지언정 접시 안에 독을 들여 놓을 수는 없는 일이 아니오? 역천자는 망하고 순천자는 흥한다는 말은 만고에 금언이요, 이는 진리일 것이외다."

"국가가 있고 종교가 있는 법이오, 국가 없어진 곳에 그 종교는 건전한 발달을 할 수 없는 것이오. 유대국을 보지 않았소? 유대국 멸망 후 기독교는 어찌 되었소?"

"나는 그것이 틀렸다는 것입니다. 즉 국가가 있어야 종교가 있다는 것은 아주 그릇된 관념입니다. 기독교 이외의 종교들은 그 논법에 해당할지 모르나 기독교만은 절대로 그렇지 않습니다. 하나님이 계신 후에 국가가 생겼지 국가가 있은 후에 신이 생긴 것이 아니지 않습니까? 신은 일본국이 생기기 전에 계셨지 일본국이 먼저 생긴 것은 아닐 것입니다. 또 유대국의 예를 말씀하지만 유대국은 기독교의 온상이었던 것입니다. 유대국의 멸망을 기독교의 멸망으로 보는 것은 크게 그릇된 견해입니다. 우리는 유대국의 멸망을 우리 기독교에 있어서 완성적 멸망이라고 봅니다."

이렇게 답변해 대화숙 사람은 이상할 만큼 찡그리는 얼굴이었다.

"무엇이오, 완성적 멸망이란 무슨 말이오?"

"네— 완성적 멸망이라고 보는 것은 세 가지 이유가 있습니다.

첫째로 유대국의 멸망이란 예루살렘의 성전 파괴된 것을 말할 수 있는데, 유대인의 사상에 여호와 하나님은 유대 민족만의 신이요, 유대국만의 신으로 믿었던 것입니다. 그리하여 여호와 신은 유대인만을 사랑하고 유대국만을 구원할 신으로만 믿었고, 여호와 신은 예루살렘 성전에만 계시는 하나님인 줄 알아 그 하나님을 예루살렘 성전에서만 섬기는 줄 알았던 것입니다. 그러나 예수 그리스도의 강세(降世)하심으로 여호와 신은 만국 만민은 물론 전 우주의 신이심을 나타내시었는데 이를 나타내기 위해서 예루살렘 성전이 파괴되었으니 즉 유대의 멸망은 장소 관념의 완성을 위한 것이었습니다.

둘째로 유대국의 멸망은 율법적 의식이 깨어진 것을 말합니다. 예수 강세(降世)로 해서 생명적 복음이 나타나게 되었으니 해골만 남은 율법적 의식은 깨어져야 할 것이며 그 의식이 깨어짐으로 생명의 복음이 나타나게 된 것인데 유대국이 멸망치 않고는 그 의식이 깨어지지 않을 것이므로 하나님께서는 유대국을 멸망케 하셨으니 이는 의식의 완성을 위한 것이었습니다.

셋째로 유대인으로 기독교인이 된 자들도 그 당시에는 기독교는 유대국 일국만의 종교로 앎으로 이 생각을 고쳐서 세계신의 세계 종교임을 알게 하려면 유대국을 멸망시켜야 하겠기로 하나님께서는 유대국을 멸망시킨 것입니다. 그러나 오늘날의 일을 볼 때에 유대국의 멸망이 기독교의 멸망이라고는 볼 수 없는 줄 압니다. 유대국이 기독교의 발상지일 망정 유대국에 소속된 것은 아닙니다. 그런즉 기독교를 유교나 불교를 보는 눈으로 보지 말아야 할 것입니다. 유교나 불교는 국가가 있은 연후에 종교가 있다는 당신의 말이 부합될지 모르나 기독교는 절대로 그렇지 않습니다. 성경말씀에 '이 돌 위에 떨어지는 자는 깨어지겠고 이 돌이 사람 위에 떨어지면 저를 가루로 만들어 흩으리라.' 라고 하셨습니다. 지금은 우리 기독교가 어떤 면으로 보아 어느 정도 상함을 받고 있는 것 같습니다. 그러나 이 큰 돌인 하나님의 복음의 심판이 당신네들 위에 떨어질 때는 가루가 될 것이니 그리 아시오.

이렇게 자신있게 변론을 마치니 대화숙 사람들은 한편 불경한 논조라고 느끼면서 멸시하는 말로 대꾸했다.

"잘 믿고 계십시오. 당신도 딱합니다."

더 묻지도 않고 말을 마치고 말았다. 이런 일이 있은 후인지 모르나 교화사가 신관에 관한 서적을 읽게 한 후에 감상문을 쓰라고 하여 쓰신 산문은 이러하였다.

유일신 종교

하늘에 두 해가 있을 수 있고, 일국에 두 임군 있을 수 있으랴.
우주의 주인공이 어떻게 둘 되겠으며, 십자가의 도 외에 구원이 또 있으랴.
세상에는 주인도 많고 신도 많으나, 여호와 이외에는 다른 신 내게 없구나.
석가도 유명하고 공자도 대성이나, 오직 내 구주는 홀로 예수 뿐이니
내 어찌 두 신을 섬길 수 있으며 예수님 이외에 속죄자 또 어디 있으랴.
이 신을 위하여는 아까울 것 무엇이며, 이 주를 버리고 내 어디 가랴.

추국(秋菊) 성도의 모형

1 백화는 기락(旣落)하고 풀 또한 말랐으나 국화만은 피었네. 꽃 없는 가
  을 동산 아름다운 국화꽃
2 가을 또한 깊어지니 단풍잎은 찬란하다. 탐화 군봉 광분하니 꽃 없는
  가을 동산 향기로운 국화꽃
3 춘야(春夜)에 떨어지는 사꾸라와는 아주 달라 백절 불굴 굳은 포부 추
  풍에 홀로 남은 승리로운 국화꽃
4 추국은 성도들의 모형인가 하노라 미(美)와 향(香)과 승리 주 위한 일
  편단심 이름에만 꽃피어 추국될까요.

　이 시 역시 독서 후 감상문 쓰는 때에 쓰신 손 목사님의 시인데,
구금소 뜰에 핀 가을 국화를 보고 쓰신 것인 바 이 글을 본 후에는
다시는 감상문을 쓰시지 않았다는 것이다.

　(주 : 손 목사님이 목사 안수를 받으신 때는 8.15해방 후였으나 경관이나 검사
나 판사들이 손 목사님을 취급할 때에는 전도사와 목사 구별없이 목사라는 칭호
로 취급했기로 그대로 기록했다.)

제4장

전 도 일 지

"목사님 오늘 하루만 더 쉬시고 내일 떠나시지요. 전보나 치고……."

"아닙니다. 오늘 가야 합니다."

손 목사님은 서두르셨다.

"아무리 가야 한다고 하시지만 지금도 열이 있고 어제 저녁도 굶으셨고……."

"글쎄 그래도 갈 길은 가야합니다."

손 목사님은 주섬주섬 옷을 집어 입으시고 있다. 그러나 손 목사님 주위에 죽 둘러 앉은 인천 제일교회 이기혁(李基赫) 목사님을 위시한 몇 교인들은 한사코 말리는 것이었다.

때는 1949년 10월 하순 인천 제일교회에서 부흥 집회를 하시던 때였다. 어떤 까닭인지 부흥회를 끝 마치던 날 저녁 때부터 몸에 열이 오르셨다. 그래서 저녁도 못 잡수셨을 뿐 아니라 밤 집회도 강대상에까지 올라가셨다가 설교도 간단하게 하셨다. 마치고 돌아오셔서 밤새도록 앓으셨는데, 다음날 대구 서남교회에 약속하신 부흥

집회 때문에 다시 길을 떠나신다는 것이었다. 그래서 거기에 모인 이들은 모두들 말리는 것이었다.

"글쎄 아무리 그래도 가시는 길도 길이려니와 집회도 못하시고 또 병환만 더 심해지시면 어떻게 합니까?"

"병이 나는 것도 하나님의 뜻이요, 병이 낫는 것도 주의 뜻일 것입니다. 그러나 내가 맡은 일은 해야 하지 않겠습니까? 갔다가 강단에서 쓰러지는 한이 있더라도 가야 합니다."

약간 여윈 얼굴에 진땀을 쭉 흘리셨다. 그러나 배가 고프거나 얼굴이 빠지거나 진땀이 흐르거나 약속한 일은 더구나 주의 복음을 전할 집회 약속을 해놓고 안 갈 수 없었다.

연전(年前; 몇 해 전)에 동인, 동신이 순교 당한 후에도 장례식을 마친 후 바로 불편한 교통을 무릅쓰고 부산 초량교회로 집회 인도하러 가신 일도 있었는데 그야말로 자기 자신에 대한 문제는 아무렇지도 않게 생각하시는 것이었다.

그러나 이를 보는 이들은 염려스럽고 또 안타까워서 어쩔 줄을 몰랐다. 그러나 끝끝내 그 길을 떠나셨다. 보내는 이들은 눈물로써 보냈으나 가는 손 목사님은 아무렇지도 않게 여기셨다. 손 목사님이 대구역에 도착하니 어떻게 알았는지 어떤 교인이 약을 달여가지고 나와서 마시셨다. 그리고 나서 그날밤 집회하시려 강대상에 바로 올라서시니 열이 없어졌던 것이다. 그때 집회는 더욱 큰 은혜가 있었다는 것이었다.

"목사님 분망하신데 미안하지만 요즈음 다시 문제가 되는 국기배례 문제로 해서 대통령 좀 뵈옵고저 하는데 그 길 좀 가르쳐줄 수 없겠습니까"

1950년 3월 하순경 방금 국무회의에 가야 할, 과거에 목회하시다가 지금은 정계에서 대활약하시는 모 목사님을 찾아간 손 목사님은 미안스러운 태도로 말을 꺼냈다.

"네, 목사님의 말씀은 잘 알겠습니다마는 내 생각에는 아무리 이 대통령을 뵈어도 문제 해결이 잘 안 될 것입니다. 아시는 바와 같이 민주주의 시대라는 것은 글자 그대로 민주주의대로 하는 것이니 아무리 이 박사께서 하시고 싶으셔도 독단으로 하실 수 없으실 것입니다. 이 문제를 해결하는 길은 첫째 문교부 장관이 바뀌어야 할 것이요, 둘째 국무회의에 참석하는 정부요인 중에 기독자가 많아지도록 되어야 할 것이요, 셋째 국회의원 중에 기독자가 많아져야 할 것입니다. 그때야 비단 이 국기 문제뿐 아니라 모든 문제를 기독 정신으로 할 수 있을 줄 압니다."

이로정연하게 대답하시는 것이었다.

그러나 손 목사님에게는 이 모든 설명이 미지근하고 비신앙적이라고 생각되었던 것이다. 방금 경향 각지에서 국기 배례 문제로 해서 많은 기독자의 자녀들이 출학을 당하고 또 교역자들이 구타 혹은 구금을 당하는 것이 아니냐!

사실인즉 1949년 5월 경에 대한 예수교 장로회 총회를 위시로 해서 각 교파 각 기관에서 국기 배례 문제에 대하여 성명도 하고 이 대통령 각하 이하 제 장관을 역방해서 설명도 했었다. 그러나 문교부 장관이 이를 이해치 않고 강경히 나감으로 이 결과로 해서 벌써 상당한 영향이 있었는데 어느 겨를에 문교부 장관이 바뀌기를 기다리고 또 국무위원이나 국회의원 중에 기독교인이 많아지기를 기다릴 것이냐!

들은 바에 의하면 국기 배례 문제가 처음 대두되었을 적에 국무회의에서 문제가 되었다. 이때 소위 기독자인 국무위원에게 이를 문의한즉 그 답변이 신통치 않아서 문교부 장관에게 반박을 당하고 국기 배례 거부는 비애국자 행위로 되고 말았다는 말이 있었다.

그래서 손 목사님은 시일의 여유를 줄수록 민간과 교계에 미칠 결과가 급함을 알았으므로 병중에도 집회 약속을 어기지 않던 그가 신태인(新泰仁)이나 광주(光州)에 약속하신 집회를 물리쳐 가면서 다시 대통령을 만나뵙고 진정하려고 이렇게 기회를 찾는 것이었다.

그러나 어찌된 셈인지 적어도 면회 가능성 있다고 보는 5, 6처를 통해서 면회코자 4월 17일까지 서울에서 집회를 하면서 그 기회를 엿보았으나 그 길은 이상하게도 막히는 것이었다. 그때에 드리고 싶던 진정서는 다음과 같았다.

대통령 각하.

40년의 풍상을 겪어 온 이날, 동방의 여명이 빛나는 아침, 3천만의 지도자로 일어나시어 민족의 생존과 번영을 위하여 또는 실지의 회복과 세계 인류의 평화와 행복을 위하여 신명을 받들고 백발을 휘날리면서 분투 노력하시는 우리 대통령 각하의 머리 위에 하나님의 축복의 손이 임재하심을 충심으로 빌어마지 아니하나이다.

왜정 40년간 우리는 쩌들에게 압박과 고통과 희생을 당하였음은 일일이 들 수가 없사옵고 특히 우리 기독교 신자들은 쩌들의 소위 황민화 정책으로 인한 교회 박해와 신앙 유린을 받아오던 중 일제의 파멸과 함께 해방되었고, 잃었던 국권을 회복케 됨을 실로 하나님의 특은이라 아니할 수 없나이다. 그러므로 이제는 군, 관, 민 할 것 없이 일심 합력하여 여묘 포서(如猫捕鼠)' 여계 포란격(如鷄抱卵格)'의 정성을 다하여 이를 받들고 육성하지 아니해서는 아니될까 하나이다.

---

* ─여묘포서(如猫捕鼠) 여계포란격(如鷄抱卵格)의 정성: 고양이가 쥐를 잡듯이, 닭이 알을 품듯이 하는 지극한 정성을 일컫는 말.

그리하온데 38선으로 아직 국토가 양분되어 있고 사상은 혼란하여 민족 상잔의 비통한 행동이 불식하오며 개인주의의 부패성은 도처에서 발견되고 있는 이때에 국가와 기독교간에 조화를 잃고 사방에서 경찰, 학교, 청년단 등 제기관에서 교역자와 신자들을 구타 구금 악형 축출하는 행동이 계속되고 있을 뿐 아니라 앞으로 불의의 참변이 일어날 기미가 돌고 있사오니 현명하신 대통령 각하께서는 이를 선찰(善察)하시사 '하나님이 보우하사 우리 나라 만세'를 전 국민이 진심으로 기구(祈求; 바라다)하며 단군께서 섬기시던 그 하나님을 숭배함으로 자손 만대로 내려가며 길이 자유와 행복을 누리게 하심을 우리 백만 신도들은 주야로 빌어 마지 아니하나이다.

옛날 로마 제국이 3백여 년간 기독교를 박해하였으나 종말 그 나라는 도리어 기독교국으로 화하였고 독일과 이태리는 국가 지상주의인 전체주의를 실행코자 기독교를 압박하다가 패망하였고 일본은 소위 팔굉일우* 황민화 정책으로 신사참배, 황거요배, 국기 배례를 강요함으로 신자들은 이를 항거하다가 50여명이 희생되었고, 2천여명이 투옥을 당하였으나 저들은 하나님의 공의로우신 심판을 받았나이다.

가석하게도 우리 나라의 일부에서는 하나님의 이 엄연하신 섭리를 망각하고 일본인의 망국의 그릇된 사상과 정책을 모방하여 신사참배 대신에 단군 신사참배, 황거요배 대신에 천산(天山) 요배, 일장기 배례 대신에 태극기 배례를 강요하오니 이러한 정책은 부지 중에 민족 지상의 국수주의로 화하여 민주주의 진영에서 물러나게 되기 쉽겠나이다.

진정한 애국자는 나라의 흥망의 길을 밝혀 주는 자인가 하나이다. 동조와 히틀러를 당시에 누가 비애국자로 지적하였나이까? 국가 민족을

---

* -팔굉일우(八紘一宇): 일제 말기 일본이 제국주의 침략전쟁을 합리화하기 위해 내세운 구호로 '온 세계가 한 집'이라는 뜻이다.

영원히 번영케함이 진정한 애국자이니이다. 무신론자들이 나라를 망친다면 하나님의 뜻을 반역하는 정책은 더욱 나라를 망케할 것이니이다.

기독교의 교역자들과 신자들을 구타 구금하고 학생들을 출학시킨다면 민주주의 국가의 신앙 자유란 법칙을 위반함이 아니옵니까? 중앙에는 아직 큰 영향이 없사오나 지방에는 처처에서 국기 배례 문제가 일어나서 신문 지상에까지 불상사의 보도가 되고 있사오니 장차 세계 각국에서 이 사실을 알게 된다면 국가 체면에 일대 손상이 될 뿐 아니오라, 어떠한 악 영향이 미칠는지 모르겠나이다.

각하께서는 대한민국의 건국조(建國祖)로서 조국의 기초를 만세 반석 위에 세우시사 자손 만대로 내려가면서 만국 국민들에게 칭송을 받는 워싱턴 대통령처럼 이 국가 이 민족으로 하여금 하나님의 축복을 받도록 지도하심을 비나이다.

시 33 : 12-17

제 의 건

1. 기독교 신자들의 신앙 압박을 금지하라는 담화를 발표하실 일
2. 주일에 국민적 행사를 금지하도록 하실 일

주후 1950년 3월
대한예수교 장로회 목사 손양원 백

이 진정서는 드리지는 못했으나 3월 22일경부터 4월 17일까지 서울에 체류하시며 삼처(三處) 교회에서 집회를 인도하시면서 늘 기도하였는데 대구에서 36회 총회가 있는 중에 4월 27일 조선일보에 국기에 대한 의식을 변경한다는 보도가 있었다.

"···국기에 대해서 주목하면서 차렷한 후에 오른편 손을 왼편 가

슴 심장 위에다 대기로 하였다. …운운"

　이처럼 신앙 문제나 복음 전파에 있어서는 언제나 자기를 잊고 동분 서주하면서 그 자리가 따뜻하여질 여가가 없으셨던 것이다. 8.15 해방 후 순교 직전까지 인도하신 부흥 집회수만 해도 93처요, 그 설교 회수는 2천을 넘을 정도였다. 물론 애양원 교회에서 정기로 인도하신 집회 수는 들지도 않은 것이다. 이렇게 많은 집회를 통해서 영적 생명을 소생케 하여 천국 운동에 이바지하면서 기록하신 1949년 일기의 일부를 나는 독자에게 소개하고자 한다. 우선 부흥회 때에 먼저 읽으시고 또 광고하시는 글을 기록하겠다.

나의 부흥회 시에 먼저 읽을 것

(약 3 : 1 – 끝)

1. 하나님의 지능을 의뢰하고 나의 지(知)를 믿지 말 것(전례지식).
2. 주님을 나타내지 않고 자기를 나타낼까 삼가 조심할 것.
3. 성경 원리를 잘 모르고 내 지식대로 거짓말하지 않게 할 것.
4. 간증시에 침소 봉대하여 거짓말 되지 않게 할 것
5. 나도 못 행하는 것을 남에게 무거운 짐 지우게 말 것.
6. 내 한 마디 말에 청중 생명의 생사 좌우관계 있음을 깊이 알고 말에 조심도 열심도 충성도 다 할 것.

이 한 시간 내 성경 말씀 한 마디에 인령(人靈)이 생사 좌우되는 것을 잘 생각해야 된다. 지옥에서 끌어올리게도 끌어 내리게도 되니까.

7. 음식과 물질에도 크게 주의할 것이니
　1) 주님 대신 받는 대접이니 대접받을 자격 있는가 살피라.
　2) 배 위하여 입맛에 취해 먹지 말고 일하기 위하여 먹으라

3) 물질 선물에는 하등에 관심을 두지 말 것이다.

(결론) 오- 주여 이 한 시간에 주 앞에서 범죄되지 말게 해주시고 사람 앞에 비 없는 구름같이 은혜 못 끼치고 돌아갈까 주의하게 하소서.

또 내 유일한 참고서는 오직 성경 66권이 되게 하고 교수의 지능은 오직 기도가 되게 하소서. 아-멘.

부흥회 초두의 광고사

1. 꼭 만사 제폐하고 1주간 만은 전력을 합치자. 나도 만사 제폐하고 왔다. 생사 판결하자.
   1) 예수 믿었다고 한 번 복 받아 보자.
   2) 말세니 준비해야 한다.
   3) 육신사업은 언제나!- 1년 동안 다 할 수 있으니 이제는 영혼 문제 해결하자.

(특히 나병자(癩病者)위해 기도하는 것을 이야기 할 것)

2. 새벽기도 제일 중요하니 꼭 오라. 꼭 일찍 자게 할 것 (졸음마귀 이야기)

3. 오순절 부흥을 원하는가?(이야기) 1주일간 (옥중이나 병난 것 생각함

*시간 정확히 할 것. …나와 합하여 이행할 것.

5월 8일 주일 청(晴; 맑음) (음 4월 11일)

오늘부터 일기 쓰기를 시작하였다. 과연 일기의 생활이 되어야 하겠다. 일과의 생활을 하여야 하겠다.

오늘이 내 날이다. 오늘만 내 날이다. 어제는 지나갔으니 나와는

관계가 없어졌고 내일은 아직 오지 않았으니 오늘밤 어찌 될지 믿을 수 없으니 오늘만 내 날이다. 선을 행할 한 날도 오늘이요, 죄를 지을 날도 오늘이다. 천당 가고 지옥갈 선악의 한 날도 오늘 행동에 달렸다. 천만인을 살리고 죽이는 일도 오늘의 나의 행동에 달렸다. 과거를 반성할 날도 오늘이요 미래를 준비할 날도 이 한 날이다. 오늘이란 참 중시할 이 하루다. 한 날 생활은 이같이 중요하다.

우치무라 간죠(內村鑑三) 선생은 말하기를 "하루는 곧 일생이다. 좋은 일생이 있는 것같이 좋은 하루도 있다. 불행의 일생이 있는 것같이 불행의 하루도 있으리라. 하루를 짧은 일생으로 보아 한 날에 생활을 등한시하지 못할지니라."

나는 지금 6일날부터 부흥회를 인도하는 중이다. 서울시 마포구 신수동 성결교회 양석봉 목사님께서 시무하시는 교회다. 2백여 명 회집하는 작은 교회에서 박봉받으시고 곤란한 생활을 하시는 것을 보니 심히 답답하다. 과연 주의 종은 지상에서 십자가를 지고 가게 됨은 옛 성도와 일반인 것 같다. 성도 수난은 고금동(古今同)이니 주종제자(主從弟子)의 당본분(當本分)이겠다.

오전 예배 때에 차종석 선생이 안용준 선생과 같이 와서 예배에 참석하게 되었다. 걱정하던 애양원의 한센환자 식량이 반감되었던 것이 다시 복구되어 4홉이 되었다는 말을 듣고 나는 심히 기뻐하였다.

오후에는 이 동네 신수동 대한청년단 결성식에 청함을 받아 '혈족을 사랑하자'는 제목으로 여수 반란사건을 말하고 이러한 민족간에 1장 비극을 연출케 되는 그 원인은 한국인의 전통적 사상 즉 단군 할아버지의 근본적 정신에 탈선된 연고라고 하였다. 경천애인의 정신이 떠난 자 무신론자들의 행동들이라고 외쳤다.

나는 주께 빌어마지 않는다. 오늘부터 일기 쓰기를 시작케 되고로 나의 선악간 있는 그대로 숨기지 않고 다 쓰기 위하여 또는 나의 사행(思行; 생각하다) 그대로 써서 놓아 부끄럽지 않은 생활이 되기 위하여 나는 기도한다.

5월 10일 화 반청(半晴; 반쯤 맑음) (음 4월 13일)

오늘도 여전히 신수동 교회의 부흥회는 계속 집회 중이다. 오늘 아침까지도 새벽 집회 50여 명에 불과했다. 집회가 잘 안되느니 기도를 잘 하지 않느니 은혜가 없느니 하여 교인들에게 본 교회 목사는 책망하지마는 나는 가만히 나 자신을 살피게 되었다. 내가 기도하지 않는 고로 내가 은혜가 없으니 장내가 쓸쓸함을 깨닫는다. 내게 과연 성신의 큰 불이 있다면 나도 오순절 베드로같이 성신 충만하다면 어찌 3천 명 5천 명이 집회하여 큰 불이 붙지 않을까 하여 나의 부족에만 자책 자탄할 뿐이었다. 내게 큰 불이 붙었으면 오지 말라고 기도하지 말라고 할지라도 누가 금할 수 있으리요. 오— 주여 나에게도 모세의 지팡이, 엘리야의 두루마기, 베드로에게 주신 성신을 내게도 주시옵소서!

오늘 5월 10일은 즉 50선거 일주년 기념일이니 우리 대한민국 동포의 기쁜 날이 되겠다.

5월 11일 수 반청(半晴; 반쯤 맑음) (음 4월 4일)

금야로 마포구 신수동 성결교회 집회는 마치게 된다.

오늘 오후 4시에 이 대통령 각하를 면회하게 된다. 총회 총대로 회장 최재화 목사 이하 여섯 분과 감리교회 대표 한 분과 기독공보사 기자 한 분과 더불어 나와 합 아홉이 면회케 된다. 이유는 총회에서 내가 제의한 국기 배례는 하지 말자는 것이다. 총회에서는 하지 않기로 가결되었으나 국가에까지 않기로 하여 대통령에게까지 진정하기로 한 것이었다. 지난 6일, 7일에는 국무총리로부터 문교부 장관에게까지 면회하여 상의할 때는 우리들의 말에 이해하지 못하시어 다소 상치가 되었다. 오늘 대통령께서는 잘 이해하여 주시어 대단히 감사하였다.

5월 12일 목 오전 우(午前 雨; 비) (음 4월 15일)

마포 성결교회는 마치고 용산구 보광동교회로 가다. 경기노회 마치는 날 총회장 최 목사님과 이대영 목사님과 교통부 장관을 면회하여 국기 배례 문제는 잘 이해되어 우리는 기뻐하였다. 6월 2일(목) 저녁부터 춘천(春川) 대운동교회(對雲洞敎會)와 6월 10일(금) 저녁부터 대전에 가기로 작정하고 마침 차 과장 만나서 애양원 장로들과 연락케 하다. 금야부터 보광동교회 부흥회 시작(라오디게아 교회 공부).

5월 17일 화 우(雨; 비) (음 4월 20일)

5월 17일 나의 일생에 잊지 못할 5월 17일, 9월 25일에 여수 경찰서로 들어가 10개월 검사구류(檢事拘留)*를 받고 광주 감옥에 가서 1년반 징역 마치고, 붉은 홍포 벗고 퍼런 청의로 갈아입던 날이요, 내 아버님께서 손꼽아 부자상봉 점근내라고 석방을 고대하시던 5월 17일이요, 내 아내가 광주 옥문전에서 새 옷을 가지고 고대하던 5월 17일이 오늘이다. 아니 보담도 나의 일생에 고민하던 죄악에서 해방을 받아 심령의 자유와 평화를 느끼던 오늘이다.

1. 죄악의 붉은 홍포를 벗게 된 오늘 죄가 고형의 만기 지났고,
2. 부자상봉을 고대하더니 천부와 상봉케 되었고,

---

* -검사구류(檢事拘留): 정식으로 공소를 제기하기 전의 수사단계에서 수사의 필요에 따라 혐의자를 가두어 두는 일.

3. 아내가 가지고 고대하던 흰옷 대신 빛난 세마포 옷을 이 날에 입게 됐다.

그래서 이 빛난 세마포 옷은 나의 개인 사생활에는 성결의 세마포 흰옷이 되고 강단에서는 권능의 두루마기가 된다.

오늘까지 나를 지도해주신 목자 주님의 지팡이는 이제부터 이 강산 민족을 지도하는 권능의 지팡이 되어 이 양떼들을 지도하게 하소서. 아멘 할렐루야

오후 한시에는 교통부 YMCA에서 혈족애란 제목으로 강연하다.

5월 21일 토 청(晴; 맑음) (음 4월 24일)

군산 개복동(開福洞) 새벽 집회는 많은 자복 기도가 있었다. 오후에는 여전도회에서 국기 배례는 기독교 교리상 죄되니 회개하기로 하고 국가에까지 해로 여겨 하지 않게 결의하고 신문에까지 내기로 가결을 지어간다 하였다.

5월 23일 월 청(晴; 맑음) (음 4월 26일)

여전히 군산 노회 도사경회 중 큰 은혜는 계속 중이다. 오늘 아침 기도 중에 인생은 단점에만 실수와 범죄하는 것이 아니라 장점에도 방심하면 교만 죄에 기울어지기 쉽다. 악마는 단점에서 낙심케 하려 하고 장점을 이용하여 또한 범죄케 하려 하니 사람은 누구나 장점 단점에 다 유의하고 조심하여 장점에 교만치 않게 단점에 낙심치 않게 되어야 하겠다. 인생은 방심 낙심 모두 대 금물이다. 다만 믿음을 주장하사 온전케 해주시는 오직 예수님만 바라다 볼 뿐이다.

김현정 목사가 총대 5인 중 1인으로 경남 고려 신학교의 신앙과 교리 사상을 조사하기 위하여 오늘 출발하시는데 대단히 조심스럽다.

5월 24일 화 청(晴; 맑음) (음 4월 27일)

개복동교회 집회 중 오후 세시에 나는 형무소에서 강연케 되다. 청주 구금소 부장으로 있던 황용운 씨(군산 형무소 부소장)를 만나 반가이 강연해주기로 허락하다. 옛날에 나를 옥중에서 도와주던 것 생각하고 감사하여 예수 믿게 하여 은혜 갚고자 한다.

감옥 여죄수에게 설교하시는 김지호 선생의 말씀에 나는 감격하였다. "가서 다시는 범죄치 말라."고 하시었다.

6월 3일 금 청(晴; 맑음) (음 5월 7일)

오늘 밤으로서 부산 지방 청년 신앙운동 부흥회는 마치게 되는데 금야에는 대성황을 이루게 되었다. 금번의 집회는 부산에서는 초유의 역사라고 한다. 4만여 호에 가정 전도함과 5백여의 결심자의 열매를 거두게 됨과 3천명 회집의 수보다도 집회 중 성신의 큰 은혜는 더욱 말할 수 없었다. 나 같은 죄인을 통하여 신은 역사해 주시니 그 감은은 무엇이라고 말할 수 없다. 내 아내와 애양원 교우의 기도와 부산 고려신학교의 선생과 학생들의 기도의 열매로만 믿고 나는 더욱 신께 감사를 드렸다.

6월 9일 목 반청(半晴; 반쯤 맑음) (음 5월 13일)

1. 대구 집회를 마치고 서울에서 하룻밤을 지내고 청량리 역에서 강원도 춘천으로 가는 차를 타게 되었다. 일생에 초행인 강원도의 산수 경개는 참으로 말로 할 수 없다. 사람은 산도 좋다하고 물도 좋다하거든 산 좋고 물 맑은 한강 연안 경개리오. 강원도 산곡 사이에서 흘러난 한강의 경치만은 말할 수 없다.

차는 좌우 수림 산곡 사이로 통하고, 한강은 춘천에 다 올 때까지 그 맑은 옥수 그 위에 백사장으로 장식하였으니 선경인가 하노라. 문자 그대로 강원도는 강의 근원의 강원도요, 시내 좌우에는 수림이 둘렀으니 사시 장춘에 춘천이라. 맑은 물, 흰 모래는 보혈로 씻은 내 맘되고, 푸릇푸릇 상록송은 내 신앙의 절조되어 산수 경개 조물주께 이내 충성 다 하리라. 타락한 이 강산이 이렇게 좋을 때야 무죄 세계 생명강가 기화 향초 만발하는 천년 세계 어떠하리.

2. 한강 근원 북에 있고 척량산맥*은 연했건만, 38선은 왜 막혔나? 금강산은 더 크건만 견이불견(見而不見)** 내 한이며, 산상에서 내려보니 대한 동포 분명컨만 보고도 말 못 하니 38선 탓이로다. 북에서 흘러오는 이 강수의 물 많음은 북한 동포 눈물인가? 내 눈물도 떨어지니 이 강수에 합류되어 내 주님께 호소하리.

38선 경계 땅의 부흥사된 나의 사명 크고 많아 지중컨만, 무지 무능 나의 탄식 새삼스리 두렵도다. 대한 동포 여러분은 불평 원망 말아주소. 38경계 누구 원망, 지리 문제 이 아니며 미국 정치 한 말지며, 김일성도 원망 말며, 소련 심술 탓보다도 내 죄악의 거울이다. 신과 나 사이 죄악, 38문제만 해결하라.

대한민족 죄값이라고 멀리가서 생각말며, 너니 나니 탓보다도 자기 반성 필요하다. 3천리 강토라고 멀리 바라보지 말라. 내 발민이 그 깅토며 3천만의 계수라도 내 한 사람부터로다. 각자 죄악 통회하고 서로 사랑 호상부조 내일 아침 백운상봉 여전하게 빛나리라.

3. 금번 집회의 사명 크다. 성신역사 크신 권능 임케 하사 38경계

\- 척량산맥(脊梁山脈)은 연(連)했건만: 산맥이 등뼈처럼 이어져 있건만.

\- 견이불견(見而不見): 보고도 알지 못한다는 뜻.

파괴하자. 나 오기 전부터 각 신문지로 통하여 얼굴이라도 보고자 하던 모든 군중의 고대 천만 하던 강원도 춘천교회 부흥회는 5월 13일 저녁 8시 30분에 개회케 되다. 집회 성수는 천여 명에 달케 되다.

남단 여수 반란 지구에서 전국 경계지까지 온 나의 사명 남단 부산 집회에서 불 붙던 그 불이 곧 38선 경계에서도 성신의 큰 불이 임하사 여리고성을 파하시고 바벨탑을 깨뜨리신 그 여호와는 오늘에도 그 하나님이시니 금번 집회에는 부산에 붙던 그 불 이상 갑절이나 오 주여 부어 주시옵소서 하고 38선상에서 일행과 합해서 찬송 기도 예배하다.

나는 이 교회까지 부흥회 한 수는 해방 후에 꼭 60회요. 또는 38선 이남까지는 각도에 다 다녔으나 아직껏 강원도만 못했더니 금번에 강원도에까지 복음을 외치게 되니 주님께 감사만만이다.

강원도는 아직 노회가 없을 뿐 아니라 단 두 교회만 불과 10년 전에 들어오고 해방 후에 다 들어왔다는데 목사는 시내에만 있는데 3인이요, 장로 13명, 남전도사 4명, 여전도사 1인이라고. 감리교는 50여 년 전에 들어왔는데 6처요, 성결교회 3처, 그외 장로교회가 전 도내에 10처뿐이라고 한다.

6월 10일 금 운(雲; 구름 낌) (음 5월 14일)

오늘 새벽 기도회 때에 나는 말하였다. 우리 집회는 38선 깨뜨리는 부흥회가 되게 하자고. 나의 기도 중에 '너는 나의 이 동산을 지키는 파수꾼이 되라' 고 말씀하였다. 오늘에 대한민국 중에는 파괴주의자가 활동 소란 중이다. 국내에 비단 공산주의자만 파괴자가 아니라 교회 내에도 비진리자가 대 활동하니 너는 나의 파수꾼이 되라는 천사의 영음(靈音)이었다.

1.파계자 2.파경자 3.파교자 4.파절자가 활동 중이다. 그래서 교내

주내 평화를 깨뜨리는 악마는 대활동 중이다. 개인 신앙의 정조를 깨뜨리는 자, 가정의 화목을 깨뜨리는 악마, 교내의 화평, 노회 내, 총회 내, 국가 내의 모든 의와 사랑과 진리 평화를 깨뜨리는 악마는 대활동하니, 너는 이를 지키기에 사수하는 진리의 파수꾼이 되라 는 음성이시다.

나는 이 강산 이 교회를 지키는 파수꾼이 되고 싶다. 내가 전날 전남 함평 궁산교회 박요한 목사님의 방안 벽에 써 있던 '1.성경신수 2. 교회보수 3.절의순수' 는 나의 성직생활의 삼수(三守)로 삼고 싶었다.

6월 11일 토 청(晴; 맑음) (음 5월 15일)

오늘 새벽기도 때에 여전히 은혜가 많았다. 낮에 정 선생의 간증에 큰 죄인임을 깨닫고 나는 두렵게 떨고 울었다. 나에게는 큰 이적 두 가지가 있다.

1. 나 같은 죄인에게 호의호식케 하신 것. 내 죄 소행보면 벗기고 굶겨도 오히려 죄는 남는 나 같은 것에게

2. 또한 나 같은 죄인을 택하여 성신의 역사가 있게 하시고 한국의 부흥사로 역사케 하시는 것은 내 참 알 수 없다.

옛날 프란시스는

1) 이렇게도 많은 인간이 따르니 네 마음 어떠냐?

답) 나는 다만 죄인 괴수요, 못 난자 중 못 난자라고만 알 뿐입니다.

2) 겸손한 말 말라 세상에는 너 이상의 더 크고 죄 많은 죄인이 많은데 공연한 말 아닌가?

답) 만약 내게 주신 이런 큰 은혜를 그들에게 주셨더면 이 이상 더 큰 일을 할 것입니다.

3) 그렇다면 하나님은 그들에게 주어 더 큰 일을 하게 안 하시고

너 같은 자를 택했을까?

　답) 예 옳습니다. 하나님께서는 못 난 자 약한 자 죄인을 택하여
　　　그들을 통해서 자기의 지혜와 능력을 나타내시는 것이외다
　　　라고 했다는 것이다.

　나는 다만 나의 선악이나 장래의 상벌 생사 문제는 이제부터는
상관치 않고 이미 내게 주신 은혜에 감격하여 보은 생활과 나의 이
미 진 은혜 빚 죄 빚 갚기 위해 내 일생을 주가 힘 주시는 대로 충성
만 하려 할 뿐이다.

6월 14일 화 청(晴; 맑음) (음 5월 18일)

　오늘 아침에 기도하는 중 내가 참으로 하나님의 아들의 자격, 예
수님의 신부의 자격, 성신의 전의 자격을 가지고 있는가 검토해 보
다. 나는 과연 하나님의 아들의 영광, 주의 신부의 영광, 성신의 전
된 자의 이외에 무슨 영화를 위하는 자가 되지 말고 진정한 꼭 내 주
의 영화만을 위하여 내 것을 희생하는 자가 되게 하여 주소서. 나라
는 인간 자체는 내 집을 위하여 내 애양원 교회 위하여 대한의 기독
교를 위하여 오직 신영(神榮; 신의 영광)만 위하여 나 자체는 녹아지
고 썩어지고 낮아지고 죽어지는 희생 자체가 되게 하소서.

　1. 나의 가족을 위하여 내 일신을 희생시키는 애자(愛者)가 되고
　2. 나의 교회를 위하여 나의 일신 일가를 희생시키는 애자가 되고
　3. 나의 국가를 위하여 나의 일신 일가 일교회를 희생시키는 애자
　　　가 되고
　4. 내 주 위하여는 일신 일가 일교회 일국가까지 희생하고 우리
　　　만국 만민의 하나님을 위하여는 모든 일체를 희생하는 애자가
　　　되고 싶다.

　오후 3시에 시외 십리 되는 곳에 사회국장, 과장급 직원들과 교회

중 목사 장로님들 15명이 애성원에 가서 예배 보고 큰 은혜를 받았다. 나는 한센환자를 통하여 신영(神榮; 신의 영광)의 재료 있음과 한센환자의 사명을 말했다. 한국교회와 국가 위하여 기도의 큰 역사자임을 말했다. 기도의 공장 되기를 권했다.

6월 15일 수 반청(半晴; 반쯤 맑음) (음 5월 19일)

금야로 춘천 교회 부흥회는 마지막 날이다. 나의 오늘까지 시편 23편에 "푸른 풀밭과 잔잔한 물가"로 나를 인도해 달랬더니 과연 푸른 풀밭인 춘야(春野) 잔잔한 시내인 천(川) 즉 춘천(春川)이 아닌가? 과연 주께서 나를 푸른 잔디의 동산에서 굴레 벗은 송아지같이 심령의 자유 동산에 춘야(春野)가 되고 내 속에 생수가 강같이 흐르는 시냇가에 선 나무가 자연히 시절을 따라 자람과 같이 시냇가에 사시 장춘 사시 부절의 흐르는 춘천 부흥회는 나 개인에게와 전 대한 전 국가 3천리 금수강산 위에 3천만 민족에게까지 미치는 38선 경계로 3천리 동산의 중앙인 중심지에서 큰 부흥이 일어날 것을 확신하여 마지 않는다. 오후 한 시에는 38선 경계선 상봉에 올라가니 바로 산하부터는 북지였다.

6월 16일 목 청(晴; 맑음) (음 5월 20일)

순천을 떠나 서울을 향하여 서울시 성동구 신당동 김자매 댁에서 평안히 쉬게 되었다. 옛날부터 오늘까지 여성도의 그 신앙은 하나님의 특별히 주신 은혜인 것 같다. 그 위에 사랑은 더 말할 것 없는 여성에게만 주신 신의 특은인 것 같다. 마리아가 주님의 발에 향유 바르던 그 사랑의 신앙을 이해치 못하던 가룟 유다의 우신(愚信; 어리석은 믿음)은 옛날이나 오늘이나 기독교의 여성도의 사랑의 신앙을 보통 남성도로는 이해치 못하며, 여성이라 해도 신앙을 소유치 못한 자는 깨닫지도 못할 크리스천 여성도의 사랑이다. 하와의 불신 타락도 여성이었으나, 신약 은혜 시대는 죄 있는 곳에 은혜가 많다 하시더니 여성도의 은혜는 더욱 많다.

어떤 누님이 내게 묻기를, 목사님의 생신이 어느 날이시며 주소는 어디신지 좀 적어달라고 종이를 주기로 짐작에 생일날에 무슨 선물을 할 모양 같다. 나의 답서에 '나의 주소는 내 주님의 품속이며, 나의 생일은 중생된 그날이오나, 중생한 일자는 미상합니다. 고로 땅 위에 사는 나는 장막생활이며 나의 생일의 기쁜 잔치는 천당에 들어가는 그날 뿐이외다.' 라고 답서를 보내고 말았다.

6월 20일 월 청(晴; 맑음) (음 5월 24일)

오늘 오후에는 제2 육군병원에 찬양대원과 합 30여 명과 함께 가서 위문하였다. 3백여 환자 중 2백여 명이 출석하고 각 방에는 마이크로 들리게 하였는데 큰 은혜가 있었다. 특히 금야에도 간청에 못 이겨 순교 실담을 하게 되었는데 많은 사람은 내가 훌륭한 일이나 한 것처럼 높여도 보아 주는 것 같고, 참 성자같이 여겨주는 감도 보이나, 나에게는 이 따위 순교 실담을 이야기 시키지 아니하였으면 좋겠다. 어떤 이는 3부자의 사진까지 찍어서 팔며 순교성자라 하여 이름을 드러내게 하는 이도 있으나 이에는 내 마음 너무 아프고 괴롭기 짝이 없다.

나는 참으로 큰 죄인인데 침소봉대 격의 나의 작은 선이라 하기보담도 바로 주님께서 행하신 일일 뿐이고 작은 죄 하나라도 내 힘으로 이겨 본 일이 없는 가장 무력하고 악한 자인 나에게 이러한 대접은 참으로 감당키 난하여 나는 남모르는 눈물이 많이 흐른다.

고로 나는 항상 말할 때에 나로 내 신앙정도에서 지나치게 보아 줄까 보아 또는 내 말에 자랑 같은 무슨 언사가 나올까 보아 참 조심한다. 오 주여 내 혀를 붙드시고 내 명망을 붙드시사 지나치지 말게 하시고 다만 주의 영광만 위하옵고 듣는 자에게 은혜만 되게 해주시고 나는 절대 숨겨 주시옵고, 심지어 내 죄까지도 주님 품 안에서 숨겨 주시옵소서.

6월 24일 금 청(晴) (음 5월 28일)

나는 이 새벽에 기도가 잘 되지 않아서 대단히 답답하였다. 김창근 목사와 합하여 피차에 기도한 후 기도의 은혜를 받게 되었다. 나는 지금부터 27년 전 일본 동경에서 성결의 은혜를 받기 위하여 기도하기 시작해서 이날까지 신혼체(神魂體)의 성결의 은혜 받고자 위해 기도 중이었다. 왜 오직 내게서만은 죄악의 근성이 물러가지 않고 내 마음에 고민이 될까 기도했다.

김창근 목사님 말씀이 성결설을 맨 먼저 창시한 요한 웨슬레가 말하기를 죄는 성결 전보다도 성결된 후가 더 많더라고 하였다고 한다. 성결은 인간편의 행위이니 완전한 성결은 절대로 가능한 일이 아니요 신편에 있어서 나를 성결한 자로 보아 주시는 것 뿐이다. 즉 신편 성결이오 인편 성결은 안되는 것이다. 고로 하나님께서 나를 의롭다고 보아 주신다는 것을 믿는 나의 신앙이 곧 성결자라고 나는 생각한다.

나는 오늘까지 신혼체의 성결 완전을 구해 왔더니 성결완전의 주님은 내 마음 속에 은혜로 계시며, 신망애의 철두 철미한 자 되기 위하여 구해 왔더니 그 자체 되신 주님은 내 안에 오셨네. 지혜와 능력을 간구해 왔더니 주 안에 계신 보혜사 신이 내 안에 오셨네. 감사 감사 할렐루야 감사합니다.

이제부터는 나는 낙심치 않을 조건이 있으니 나 혼자만 구하고 찾고 두드림이 아니라 나 위하여 대신 기도하는 자가 많음이다. 애양원 천여 명이 나 위하여 주야 조석으로 기도해 주고, 소록도(小鹿島) 4천여 명, 애락원 7백여 명, 부산 상애원(相愛園) 8백여 명, 박애원 4백여 명 그외에 20여 처 한센환자 단체마다 나 위해 기도해 주고, 고려신학교 선생님들과 학생들을 위시하여 한국 안에 학생들 그 외도 한국 교우 수십만의 기도하는 이가 있고 나의 성신의 탄식 기도와 천당보좌에 다섯 상처 내여논 큰 내 주님의 기도 받고 있는 나는 절대 낙심치 않는다. 만약 내가 실패한다면 나의 실패가 아니라 누구의 실패겠느냐? 할렐루야 감사합니다. 고로 나는 낙심치 않는다.

자 이제부터는 주께서 내 죄근을 뽑아 주시든지 범죄 기회 안 주시든지 천당이고 지옥이고 내 문제할바 아니고 나는 다만 십자가만 주만 앙모할 뿐 일체 뒤의 것 땅의 것 내 육에 관한 것은 다 잊어버리고 하늘의 것 앞에 것만 바라보기로 한다.

오후에는 도지사와 사회국장을 면회하여 한센환자 형편 이야기 하다. 한센환자 위해 동정자는 없고 도와준다는 것도 자기 위하여 사회의 위생 위하여서만 도와주는 것 같다.

7월 1일 금 청(晴; 맑음) (음 6월 6일)

금조(今朝; 오늘 아침) 4시경 기침하여 바로 주의 전에 나아가 나 같은 죄인에게도 기도의 대은 주심을 감사하였다. 기도를 끝마치고 일과 성경을 펴서 예레미야 31장을 읽으니 꼭 내 형편에 적당한 은혜가 되어 대은을 받아 위로와 용기를 얻게 되다.

금년은 특히도 나의 결혼 만 25주년 되는 은혼식년이요, 애양원에 들어온 지 10년 되는 해로 맞이하였다. 그래서 가족 사진을 찍고, 또한 부부 사진을 찍으려고 순천에 가족 일동이 갔다왔다. 또는 오늘 원 목사 한국에 나오시는 편에 어떤 이가 내게 양복과 구두와 양말까지 보내서 받게 되었다.

나는 이제부터 새옷 입고, 새 길 가게 되는 표로 좋은 선물로 받아 감사만만 주께 영광.

7월 5일 화 우(雨; 비) (음 6월 10일)

금일은 김구 선생님의 장례식이라고 한다. 김구* 선생을 국민장으로 하게 된다는데 사회식으로 우상식은 오히려 김구 선생에게는 도리어 잘못이다. 김구 선생을 위하지 않고 자기 중심 뿐이다. 김구 선생이 평생에 싫어하던 우상적 장례식은 대단한 잘못이라 하기보다는 도리어 김구 선생을 괴롭게 하는 일로 본다. 김구 선생을 죽인 안군은 전에 선생에게 지도를 받던 자라는데 전에 써준 글에 日

雖死 義氣衝天 壯血滿地(수사 의기충천 장혈만지)**

저녁부터 경남 노회 임시회가 열렸다.

---

* -김구(金九, 1876-1949): 황해도 해주 백운방(白雲坊) 텃골(基洞) 출신의 독립운동가이자 정치가이다. 호는 백범(白凡). 20대 후반에 기독교에 입교하여 진남포예수교회 에버트(Evert)청년회 총무로 일했다. 1909년 전국 강습소 순회에 나서서 애국심 고취에 열성을 다하는 한편, 재령 보강학교(保强學校) 교장이 되었다. 그때 비밀단체 신민회(新民會)의 회원으로 구국운동에도 가담하였다. 그 해 가을 안중근 의사의 거사에 가담했다는 혐의로 해주감옥에 투옥되었다가 석방되었다. 1919년 삼일운동 직후에 상해로 망명하여 대한민국 임시정부의 초대 경무국장이 되었고, 1923년 내무총장, 1924년 국무총리 대리, 1926년 12월 국무령(國務領)에 취임하였다. 이듬해 헌법을 제정하고 임시정부를 위원제로 고치면서 국무위원이 되었다. 1934년 임시정부 국무령에 재임되었고, 1939년 임시정부 주석에 취임하였다. 항일투쟁에 전력을 다하다가 8·15해방을 맞이했다. 1945년 11월에 귀국했고, 신탁동치 및 남한 단독정부수립 반대운동 등을 전개했다. 그리고 1949년 6월 26일 서울 서대문구에 있던 자택 경교장(京橋莊)에서 육군소위 안두희에게 암살당하였다. 저서로는 『백범일지』를 남겼다.

* -수사(雖死) 의기충천(義氣衝天) 장혈만지(壯血滿地): 비록 죽더라도 의로운 기세는 하늘을 찌를 듯 하고, 뜨거운 피는 땅에 가득하다.

7월 7일 목 청(晴; 맑음) (음 6월 12일)

금조(今朝; 오늘 아침) 설교는 또 다시 내가 하게 되었다. 아무래도 피하지 못하게 됐다. 이약신 목사님께서는 아무래도 내가 해야 은혜는 되고 청중에 할 만한 이는 나밖에 없다면서 기어이 권하신다.

금번에는 내가 기어이 안하려고 노타이셔츠만 입고 왔었다. 나는 내 말만 하고 남의 설교를 들을 여가가 없는 자인 고로 금번은 꼭 나도 은혜 받기 위하여 일부러 설교 안하기 위하여 넥타이까지 안 매고 왔는데 아무래도 피하지 못하게 됐다.

오 주여 나 같은 죄인을 이렇게 쓰시는 것은 내 알 수 없습니다. 세 중에는 허다이도 유식자, 대능자, 건강자, 의로운 자, 많은 중 왜 하필 나 같은 죄인 무지무능 자에게 이 일을 맡기시는지요. 내 참 알 수 없습니다.

노회를 마치고 진주 한대식 목사님 댁에서 잤다.

7월 26일 화 청(晴; 맑음) (음 7월 삭일(朔日))

할렐루야, 아멘. 나의 하나님 나의 아버지 되신 삼위의 하나님이시여, 나 같이도 어렸을 때부터 범죄를 계속하여 불의하고도 불충한 나 같은 죄인 중 괴수에게도 사죄의 은총이 있음을 믿고 참 감사와 영광을 주께만 돌리나이다. 어젯밤까지도 무능의 자탄에서 절망에서 낙망과 비애 중 통탄하던 나에게 금조 기도에 자복케 하시고 일과 성경을 읽게 되니 에스겔 16장이었다.

끝에 여호와 내게 이르시되

"네가 이미 그 맹세를 멸시하고 그 언약을 배반하였은즉 내가 장래 네 행한 대로 너를 대접하려니와 그러나 어렸을 때에 내가 너로 더불어 세운 언약(보혈 예정 내게 축복)을 기억하고 다시 너로 더불어 영원 언약(구약 무지개 구원 불변 영생)을 세울 것이오"(겔 16 :

59−60) 할렐루야, 아멘.

과연 여호와는 나의 구원의 반석이시요, 영광의 주시로소이다. 홍해와 요단강을 갈라지게 하사 길내게 하신 내 하나님, 아론의 지팡이에 새싹이 나게 하시고 백골로 부활케 하신 내 하나님, 화(禍)도 창조하시고 복(福)도 창조하시는 내 아버지 하나님, 오−주여 내가 살았나이다. 영원히 은총 중에서 살겠나이다. 일과에 나타난 자연한 순서장은 꼭 내 환경에 이렇게도 적당하게 보여주심을 진실로 주께만 영광 돌려 마지 않나이다. 나는 영원히 노래하겠고 여호와는 영원토록 나의 목자가 되어 주시리이다. 할렐루야, 아멘.

추수할 일꾼

추수할 것은 많되 일꾼은 적다구요.

영웅은 풍운을 일으켜 그 자리 잡기에 바쁘고
호걸은 물결을 일으켜 그 앞날을 꾸미려 하되

민족은 강토를 넓히어 영원히 지키려 하고
백성은 계획을 세워 영구히 빛내려 하되
역사는 말없이 흘러 그 뜻을 이루지 못하게 하고
시대는 덧없이 변해 그 자취를 감추어 버리나니

역사의 바람은 불되 그 끝이 없고
시대는 물결을 치되 그 한(限;끝)을 모름이여.

모르면서도 아는 것 같고

없으면서도 있는 것 같고
속으면서도 지혜로운 것 같은 인생

그 무엇이 이루어질 것 같고
그 어디가 보일 것 같고
그 누구가 부르는 것 같은 행로

씨 뿌리는 봄철이 믿음의 출발이라면
자라나는 여름이 소망의 길거리라면
넣어두는 겨울이 사랑의 안식처라면
거두는 가을은 심판의 일터이리니

만화 방초의 봄 아침도 향기롭고
만물 성장의 여름 낮도 귀하겠고
영원 안식의 겨울 밤도 중하겠으나
금파 옥야(金波沃野)'의 가을 저녁은 더욱 귀하고 또 중하니
아브라함은 모리아산에서 믿음의 조상이 되었고
요셉은 노예 생활에서 애굽의 대신이 되었고
모세는 바로 앞에서 이스라엘의 지도자가 되었고
다윗은 사울 밑에서 의로운 임군이 되었고
엘리야는 우상 앞에서 여호와의 투사가 되었고
다니엘은 사자굴 속에서 하나님의 증인이 되었고
세례 요한은 쟁반 위에서 복음의 선구자가 되었고
스데반은 돌무더기 속에서 십자가의 후계자가 되었고

* −금파옥야(金波沃野): 금빛으로 넘실거리는 기름진 들판을 뜻한다.

베드로는 네로 앞에서 교회의 반석이 되었고
바울은 감옥 속에서 편지의 사도가 되었고
모든 순교자들은 극형 아래서 천국의 소유자가 되었으니
추수할 때는 그 언제냐?
추수할 곳은 그 어디냐?
추수할 일은 그 무엇이냐?
추수할 일꾼은 그 누구이냐를 묻지 마라.
추수할 것은 많되 일꾼은 적다 하셨나니
하물며 원자 무기가 하나님화하고
무자비 투쟁이 평화연하는
20세기 세계 정세에 있어서리오.

하물며 골육 상살이 영웅화하고
불법 권력이 법률화하고
모략 선전이 정로화(正路化; 바른 길이 되다)하고
사기 횡령이 생계화하고
모리 치부가 부귀화하고
주지 육림이 낙원화하고
음담 패설이 복음화하고
봉두혈순(蓬頭血脣)*이 천사화하고
우상 숭배가 경천화하고
탐관 오리가 정당화하고
군경 일터가 상가화하고

---

* ―봉두혈순(蓬頭血脣): 헝클어진 머리와 피 빛 입술.

20세기 대한민국에 있어서리오.

하물며 인위 공작이 성령화하고
발람의 후손이 의인화하고
이단 학설이 정통화하고
신성한 교회가 직장화하여
가증한 심령이 신앙화하고
무너질 바벨탑이 소망화하고
무능한 목회가 사랑화하며
진리파수는 이교파시(異教派視) 당하고
진정한 목자는 독선자시 당하여
삼천여 주의 제단이 폐허화하는
20세기 대한 교회에 있어서리요.

귀가 있어 들을 자는 들을지어다.
눈이 있어 살필 자는 살필지어다.
입이 있어 말할 자는 전할지어다.
뜻이 있어 일어날 자는 일어날지어다.

제5장

신 앙 수 필

(이 수필 중에는 혹 다른 이의 기록을 손 목사님이 베끼신 것이 있는지도 모르나 저자로서는 알지 못하겠기로 그대로 발표하니 혹 그런 것이 있으면 알려주기 바란다.)

무제(無題) 삼제(三題)

천만인의 수령자는 천만인의 각성(各性)을 용인할만한 대해복심자(大海腹心者)'라야 되나니라. 위대한 지도자 모세의 관용과 겸비를 배우라.

만인 만사에 어그러짐에 불평하고 원망치 말라.
다 나의 잘못 본 연고요, 나의 잘못 행한 결과니라.

1950. 8. 26

---

* ‒대해복심자(大海腹心者): 큰 바다를 마음에 품은 자, 곧 바다 같이 넓은 아량을 가진 자.

가난한 것은 애처로 삼고
괴로운 것은 선생으로 삼아
비천한 것은 궁전으로 하며
자연을 친구로 삼으라.

신앙

오─ 주님이시여!
내게 있는 부모나 형제나 처자나 의식주나 기타 모든 것을
다 빼앗아 가실지라도
오직 당신을 신의(信依; 믿고 의지함)하는 신앙만은 빼앗아 가지 마옵소서.

모─든 것은 다 잃어버릴지라도 신앙만 남아 있으면
모─든 것을 다 가진 자보다 유여한 것이오며
모─든 것 다 넉넉히 가진 내가 되었을지라도
신앙의 마음이 없다면 나는 벌써 패망한 자가 된 것이외다.
설중 매화도 역시 봄이어든 하물며 나의 행위랴……

1933. 1. 29

주께서 내게 행하신 참된 사랑

1. 나를 치는 모진 질고여
   너의 강한 세력대로 나를 쳐보라
   모진 질고의 내면에 묻혀 있는
   신애(神愛; 신의 사랑)의 진리를 맛보리라.
2. 참혹한 빈궁이여

(이 부분은 기록이 없어서 생략 — 저자 주)

3. 그러나 아버지께서 뜨거운 오묘한 사랑으로 행하시는 이런 허약 중에서 일어나기를 원치 않노라. 그렇지만 마치 베드로가 예수의 변화산상에서 떠나기를 싫어함 같은 즐거움의 길고나마도 하나님의 뜻이 일어나게 하신다면 그도 또한 기뻐하리라.

성찬식의 감격

오—주여!
너무도 감사의 잔이 넘치나이다.
당신은 모든 이상의 성인이시요.
나는 죄인 중 죄인이옵는데,
어찌 허리를 굽으려 나에게 오시어
자신의 살과 피를 주어 먹고 마시게 하시사
이같은 영체(靈體; 영혼과 육체)를 이루게 하시나이까?
오-주여!
보답은 없사오나
오직 감사의 눈물만 흘리나이다.

1932. 9. 2

나는 기독자다

하나님의 뜻대로 되어감을 믿게 되는 것이 나의 생명이요
하나님의 뜻대로만 순종케 됨이 나의 생활이로다.
고로 나의 뜻대로 부귀자가 되기 보다도
하나님의 뜻이라면 패망자가 되기를 기뻐하는 나이다.

이렇게 나는 나의 생활관을 진리로써 해결한 자가 되어
죽으나 사나 주의 것이 되어
자족한 생활자가 되었노라.

1932. 9. 28

나는 타인의 단처를 말하지 않고자 한다

인간인 까닭에
육성(肉性; 육체적인 것, 곧 세속적인 것)이 없는 자 없는 일인 까닭에
또는 나도 아직 내 앞길이 멀리 남았는 고로
내 앞길에도 어떤 일이 생길지 모르는 고로 나는 침묵하고 경건하여
신앙 인격자만 되고자 한다.
고로 나는 타인에게 좋은 칭찬과 호기심을 얻기 원하지 않고, 오직
신영(神榮; 신의 영광)만 취하리라.

1932. 1. 16

나의 기도

오─주여 나는 여태까지 내 결심과 용기에 많이 속았으며
바로 실패한 자이외다.
과거의 천만번 결정이 다 하나의 것이요,
한 감흥 뿐임이 분명하오니
오─주여 친히 오셔서 나를 붙들어 인도하여
신 인간에 부끄럽지 않고
담대한 신앙 생활을 하게 하여 주시옵소서.
(아─멘)

기독교의 신앙

불 붙듯한 열심, 이것도 신앙은 아니다.

산을 옮길 확신, 이것도 신앙은 아니다.

취하는 감동, 이것도 신앙은 아니다.

고생을 무시하는 인내, 이것도 신앙은 아니다.

현재를 업수이 여기고, 장래의 광명을 안전(眼前; 눈 앞)에 보는 소망,

이것도 신앙은 아니다.

신앙은 진리니라.

진리의 신앙이 참 신앙이니라.

진리는 영원하신 하나님의 참되신 뜻이니

잔잔하며 확실하며 정연(整然; 가지런함)하며 영원하며

때를 따라 변치 아니하며

곳을 따라 동(動)치 아니할지라.

장엄한 우주가 그 표현이요,

정연한 자연이 그 율법이라.

진정한 신앙도 그 진리임이 우주와 같으며 자연과 같도다.

대개 하나님께서 진리로 우주를 지으셨으며

또한 진리로 신앙을 지으셨음이라.

신앙은 인위적이 아니라 하나님의 창조니라.

하나님이 자기 자신을 담아 놓은 조화니 신비하고

영원하여 생명이니라.

영원히 사는 생명이니라.

진리로 살아 그 생은 무한히 쌓아 올라가는 진리의 탑이로다.

영광이 이에서 빛나나니 곧 지으신 자의 영광이요,

또한 신앙 자신의 영광이니라.

나의 기독교의 간명

나는 예수를 믿게 된 이후 벌써 25년이나 되었다. 나는 그 동안에 천태만상의 신앙으로 복잡하였다. 여러 가지의 신앙 방면에서 오는 신앙관념에서 헤매기도 하고 나의 내적 실생활에 있어서 많은 의심과 고민 중에서 헤매었다. 그러다가 30세 되던 해부터 정통의 기독자가 된 것 같다. 그 전에는 기독자는 되었으나 이교도의 색채가 많아서 의심과 고민에서 불만을 종종 느꼈다. 그러던 것이 30세부터 참 기독자의 생활로서 내려오다가 이제는 더욱 명확해졌다. 이제부터는 별 기이한 것을 요구하지 않으려 한다. 세중의 잡다한 학설에나 각 종교 등의 신비한 교리에나 기독자 중의 별 이상한 여러 가지 신앙 관념에도 눈을 뜨거나 귀를 기울여보지 않으려 하고 다만

1. 예수의 죽으심을 나의 죽음으로 하고 그의 부활을 나의 부활의 사실로 하여 그 자신 자체를 받게 되어 나의 사는 현재 생활이 즉 예수의 생활 그대로가 됨을 믿어 나의 평범한 생활에서 그를 믿고 자라 나아감을 믿는 신앙인이 되었으며

2. 그의 부활의 새 생명 씨를 받아 자라 나아가 부절히 연락 교통하며 그를 앙망하고, 나의 자라가는 분량 표준이 예수 그리스도 가신 완성기가 되고 예수 그리스도의 재림되어 나의 현재 신앙의 생활에 소망이 되었으며

3. 이 완전한 신앙 이 완전한 소망의 원동력이 되어 주시고 완성이 되어 주신 예수 그리스도 심장으로 실현되는 뜨거운 사랑에서 뛰놀게 되는 실생활이 사랑의 생활이 되었다.

그리하여 날마다 날마다 사물의 진리를 밝혀 신의대로 순종하기 위하여 부절한 기도의 생활뿐이었다.

(1) 신앙이란 현재의 예수 그리스도의 자신 전폭을 받아 사는 생활이 나의 신앙 되고

(2) 소망이란 나의 생명 성장 표준대상 장성의 장성기를 부절히 소망케 됨이요
(3) 사랑이란 의의 원동력이요, 완전한 생활에 그리스도와 합한 애화(愛化)이다.

나는 다른 아무 이상한 것을 요구치 않으려 하고 다만 믿는 일에만 거하고 주만 앙모하고 사랑의 생활에만 평범하게 살아가고자 하노라.
(남창 새벽 기도에서 드린 나의 기도다.)

1933. 9. 28

기독교의 간명화(簡明化)

나의 기독교는 간명하여졌다.

그것은…… 기도하는 일이요, 또한 진리 생활을 하는 일일 뿐이다. 기도는 영의 호흡이다. 진리 생활은 부딪치는 사물에 참 모양을 보아 그 일을 처리하는 일이다. 영을 살리기 위하여 항상 기도하고 부딪치는 사물에는 육의 뜻이 아니고 영의 뜻을 행하리니 이에 나는 기독교 생활을 하는 자다.

그리하여 나의 기독교는 깊은 학문을 아는 일도 아니고, 성경을 연구하는 일도 아니고, 학문의 대성으로 바울의 기독교를 쳐다보아 탄상(歎賞; 반복하여 칭찬함)하는 일도 아니고, 요한의 기독교를 바라보아 흘리우는 일도 아니나. 다만 성령의 인도를 받아 기도하고 인생의 사실을 진리대로 살기를 힘써 나가는 기독교를 가진 자요, 또한 기독교 생활을 하는 자다.

기도 진리의 생활 나의 기독교는 간명하여졌다.

1937. 11. 9

새벽 기도

땅에 있는 너희 지체를 죽이라(골 3 : 5), 너희가 죄를 대적하되 오히려 피 흘리기까지는 힘쓰지 않고(히 12 : 4), 너희가 인내로써 영혼을 보존하리라(눅 21 : 19), 네가 죄에 못 이겨 죄를 범하고 죽거나 죄를 이기기에 죽음을 당하게 되거나 기왕 죽게 될 경우라면, 너는 어느 편으로 죽는 것이 낫겠는가?

죄짓고 사는 것보다 차라리 깨끗한 죽음이 신앙 정절의 기상이 되리로다!

오─주여

하루를 살지라도 무죄의 생활

백 년의 괴롬이라도 무죄의 생활

나는 원하고 또 원하오니

피묻은 그 손으로 나를 도와 주소서.

죄 짓고야 이 땅에 살맛 없사오니

차라리 이 몸을 데려 가소서.

항상 기뻐하라 범사에 감사하라

양춘(陽春; 따뜻한 봄)이 간다고 애석타 말지며,

염천이 온다고 꺼리지 말라.

가을 달이 진다고 탄식치 말지며,

백설이 온다고 겁내지 말라.

꽃 떨어진다고 낙망치 말지며,

슬픈 눈물에도 과념치 말라.

청춘의 행락도 자랑치 말지며,

귀밑에 백발도 한탄치 말라.

순경(順境; 순조로운 환경)의 찬송도 치우치지 말며,

역경(逆境; 순조롭지 못한 환경)의 진리를 무시치 말라.

주시고 거두시는 하나님의 경륜이니,

세상의 어느 누가 막으며 피할 손가.

차라리 주신 진리 찾아서 배울지며,

당하는 사변에서 범사에 감사하라.

감사의 찬송은 주전에 희곡(喜曲; 기쁜 곡조)이 되고

회개의 눈물은 비곡(悲曲; 슬픈 곡조)이 되리니

희곡의 찬송 비곡의 눈물이 상합되어 기독자 생활에 진리가 되도다.

(살전 5 : 16−17)

죄 근성의 고민을 당하면서

네 한 번 이제부터는 성령의 힘을 믿고 결사적 인내에 들어가 의의 습관에 숙달하도록 힘써 보라.

네 손을 찍고 네 눈을 빼는 지경 네 지체를 죽이는 생활에 노력해 보라 (긴장한 신앙생활−인내로 영혼 보존).

너는 어찌도 한 가지만 꾀를 내느냐? (십자가 피하려느냐)

기독교란 적극적 종교가 아닌가. 뒤로 물러가지 말고, 앞을 향한 돌진 자 되라. (십자가를 지고 예수를 따르지 않는 자 불합당)

나는 일곱 번 엎드러질지라도 또 다시 일어나(七顚八起; 칠전팔기) 십자가를 바라다 보아 구원을 얻으리라. 고로 나는 일후부터는 절대로 타인을 비평치 말고 교만치도 말고 있나고 자랑노 말고 자력과 결심도 믿지 말고 큰 소리도 말고 그저 절대로 겸손하고 십자가를 지고 십자가만 앙망하는 신앙생활자만 되고자 한다.

하나님은 사랑

하나님은 사랑이시다. 그 자체가 사랑이시요, 그의 행하는 전부가 사랑이시요, 그의 내용이 사랑으로 우주 만물을 지배하시고 계시는 자이시다. 그리하여 내게 나타나는 모든 사변을 다 사랑으로 운전하고 계시는 나의 아버지시다. 내게 대하여 모든 범사를 사랑으로 하시나 어찌하여 나의 눈이 이같이 멀어서 주의 사랑을 낱낱이 다 찾지 못하게 되는가? 내 입이 어찌 이같이 둔하여 주의 사랑을 찬송하지 못하는가? 하나님은 사랑이시요, 모든 우주도 사랑으로 지으셨고 이제도 사랑으로 운행하시는 나의 아버지심을 믿는 자가 되어야 하겠다.

내게 주신 모든 것이 사랑이시매 눈물도 사랑도 괴롬도 사랑, 육성(肉性)에서 그냥 있게 하심도 사랑이시요, 세상에 더 있게 하심도 사랑, 죽음까지도 그 사랑의 내용으로 행하시는 광대하신 사랑이시다.

하나님은 그 자체가 사랑, 우주 만물은 그 사랑의 발로, 나는 그 사랑을 찬송할 자다.

오 주여 나로 그 사랑을 다 찾아 모든 사변에서 찬송의 곡조가 되어 주를 노래하는 자만 되게 하여 주시옵소서.

나의 생활에 자책, 나는 기독자다

기독자의 생활이란 바로 예수의 생명을 받아 예수 그리스도의 생활화 그대로 되어야 하는 것이다. 무엇보다도 바로 생활이 되어야 한다.

기독교는 바로 생활의 실행이다. 생활에 나타나지 않는 것은 받았다는 것도 가졌다는 것도 의심이겠다. 물론 인간이 미해(未解; 이해 못함)하는 행동도 있겠으나 자기는 분명히 아는 생활 변천이 되리라 중심에 담대하게 되리라.

기독교는 두말 할 것 없이 말의 종교, 교훈의 종교, 철학의 종교, 의논의 종교, 학문의 종교가 아니라 실제적 종교이며 능력의 종교다.

기도만도 아니요, 남을 잘 가르치는 것으로도 불만이요, 바로 그대로 받는 대로 사는 그것이 참 힘이요, 실제요, 크리스천의 생활이 되리라.

나의 무식한 것도 문제가 아니요, 못 났다는 것, 가정이 불만이라는 것, 내가 대접을 받지 못한다는 것, 내 이름과 명예가 나타나지 않는다는 것, 내 마음과 몸이 약하다는 것 등이 문제가 아니라, 내가 참된 그리스도의 생활을 풍성히 가지지 못한 것이 문제이며, 내 생활의 능력이 문제이며, 기독자라 하면서 좋은 목사가 되는 것보다 먼저 신자(神子; 신의 자녀)가 되어서 그리스도의 생활 그대로가 내게서 나타내지지 않음이 내게는 일대 문제이다.

이럼에도 불구하고 아직까지도 내 마음에 쌓여 있는 것이 무엇이며 나의 생각에는 밤낮 무엇을 사모하고 생각하며 이에서 나타나는 나의 생활 태도는 무엇인가?

나는 하나님만을 영화롭게 하는 생활, 남의 유익을 주는 소금과 빛의 책임자인가? 나의 생활이 그랬는가? 신영(神榮)보다 사람의 환심, 사람의 유익보다 악영향을 끼침이 있었는가?

지금은 마치 갈멜산 시대가 된 것 같다. 너의 신앙 나의 신앙, 너의 종교 나의 종교, 너의 하나님 나의 하나님, 어느 것이 진부(眞否)라는 것을 명확하게도 구분 판결하게 되는 시내인 것 같다.

비상타고는 운운이나 비상한 힘은 내지 않고 말세가 실현이라 하나 준비는 없다. 공연히 헛 탄식만 하는 내가 아닌가.

나의 크리스천 됨이 어떠하뇨

1. 천생만민 하였으니 신자의 임무로 기독자도 아니요,

2. 내세 영죄의 지옥 염염(炎焰; 불꽃)을 두려워하는 기독자도 아니요,

3. 대신 못박혀 주신 예수의 은공을 보답하기 위하여서의 기독자가 아니라, 다만 영이 되어주신 예수 그리스도의 생명으로 중생하게 되어 영적 생활을 하는 크리스천이 되며 크리스천의 생활을 하는 자이다.

(1933. 1. 1 새벽의 감상)

나의 25주년 신앙생활의 계단

1. 나는 소학시는 맹목적의 신앙자였고

2. 중학시까지는 미 분명의 말세자니 준비적 신앙자였고

3. 너무나 지옥의 형벌이 무섭고 천당의 향락이 하도 탐스러워 신앙생활 하는 신앙자였고

4. 지옥 형벌 피하기보다도 천당 행복 탐스럽기 보다도 하나님 예수님 당신님께서 내게 행하신 크신 사랑을 감히 떠나 버릴 수 없고 섭섭히 여기실까 해서 신앙생활 했다.

5. 30세 이후는 예수 그리스도의 영적 생명을 받아 내 안에서 그리스도가 움직이게 하시는 대로 영적 인간 기독자의 생활을 하는 자가 되었다.

신앙과 학문의 필요

1. 기독교를 헬라 철학화 하려던 노스틱파*는 이단으로 망하였거니와 도리 증거에 학문을 이용하여 그릇된 철학화 사상상 공격에는 학문의 필요도

---

* -노스틱파(The Gnostics): 2세기 그리스 로마 세계에서 두드러졌던 철학적 종교적 운동을 전개했던 학파로 그들의 사상을 '영지주의(靈知主義)' 라고 한다. 영지주의라는 이름은 그리스어 〈그노스티코스〉(혹은 '그노시스', 이는 '비밀스런 지식' 을 소유한 사람을 의미)에서 유래했다. 영지주의자들은 영적인 지식, 영적인 깨달음을 강조했다. 그래서 그들은 육체는 악하다는 신

많으리라. 그래서 대 변증가 유스티노ᵒ가 일어났고, 알렉산드리아 학파ᵒᵒᵒ에 글레멘스, 오리겐 같은 신학자도 나고, 갈타고를 중심한 라틴 학파ᵒᵒᵒᵒ에 터툴리안ᵒᵒᵒᵒᵒ, 어거스틴ᵒᵒᵒᵒᵒᵒ 같은 석학정신(碩學正信)이 배출하여 도리를 증거하였다.

념에 따라 예수의 인성(人性)을 인정하지 않았다. 영지주의는 여러 전통 종교들로부터 영향을 받고 또 영향을 주었지만, 초대 그리스도교에 많은 영향을 주어 교회법, 주교조직 등을 생겨나게 하기도 했다.

** ─유스티노: 성 유스티누스(St. Justinus)라고도 한다. 그는 서기 100-110년 사이에 팔레스티나(Palestina)의 사마리아 지방에 세워진 플라비아 네아폴리스(Flavia Neapolis)의 이교 가정에서 태어났다. 어렸을 때의 성장 과정은 알려져 있지 않다. 그는 기독교 사상과 기독교 순교자들의 영웅적인 행적 등에 감동받아 기독교인이 되었다. 유스티노가 에페수스(Ephesus)에서 세례를 받고 기독교 신자가 된 것은 130년경이다. 그는 비록 평신도였지만 기독교 역사에서 중요한 스승이며 복음의 사도가 되었다. 유스티노는 기독교인들을 박해하는 것에 대해 항의하는 2편의 「호교론」을 썼다. 그는 기독교의 첫 번째 호교론자이자 기독교에 대한 장문의 글을 남긴 최초의 평신도이기도 했다. 이방 신전에 희생물을 바치라는 요구를 거절하고 수많은 고문을 당한 후 참수형을 당했다.

*** ─알렉산드리아학파(School of Alexandria): 2세기 중엽 알렉산드리아에 세워진 최초의 기독교 학파이다. 유명한 지도자들(판타이누스, 클레멘스, 오리게네스 등) 아래서 이 학파는 알레고리적 성경해석 방법의 중심지가 되었고, 그리스 문화와 그리스도교 신앙을 절충하는 사상을 따랐다. 특히 이단적인 주장들에 맞서 정통 기독교 사상을 확립하는데 심혈을 기울였다. 알렉산드리아학파에 대해 반대 입장을 취한 학파는 안티오크학파였는데, 이 학파는 성경의 문자적 해석을 강조했다.

**** ─라틴학파: 라틴 교부(카르타고를 중심한 일명 북아프리카 학파)

***** ─터툴리안(Tertullian, 160-240): 북아프리카 카르타고의 백부장의 집에서 출생하여 법학을 공부한 후 로마에서 법률가로 활동했다. 40세 때 기독교로 개종한 후 신학을 깊이 연구했는데, 현재 그는 라틴신학의 아버지라 불리고 있다. 그는 하나님은 입법자로, 인간은 범법자로 보았고, 구원은 하나님의 은총에 근거하여 세례 후의 죄는 보상을 해야 한다고 주장했다. 또한 원죄를 말했고, 신약 및 삼위일체라는 말을 처음으로 사용했다.

****** ─아우구스티누스(Aurelius Augustinus, 35-430): 성 어거스틴(St. Augustine)이라고도 한다. 로마령 아프리카에 있던 도시 히포(Hippo)의 주교(396-430)이다. 서방교회의 지도자이자 고대 기독교의 가장 위대한 사상가로 일컬어진다. 그의 사상은 중세 로마 가톨릭 세계로 이어졌고 르네상스 시대의 개신교를 낳았다.

신교 시대에 들어와서도 위클리프[*******], 루터[********], 쯔빙글리[*********], 칼빈[**********] 등은 당세의 유명한 학자들이었다. 오늘의 우리도 신학 정신을 위한 도리 증거에 필요한 학문을 권하지 않을 수 없다. 오늘 조선에도 구교가 들어 온지 근 200년이요, 신교가 들어온지 60년이나 지나게 되었고, 보담도 건국 초기에 이른 현대인에게는 현대지식이 필요하고 한국인에게는 한국 동양 지식이 필요하다.

2. 예수를 믿어 구원을 얻는 데에는 바른 진리를 아는 지식이 필요하려니와 무식한 신앙보다는 유식한 신앙이 더 좋지 않을까요. 보물을 구하는 데에 단 그 보물 그대로만을 집어내지 못하고 모든 거치는 것들을 헤치는 일이다. 집어 내어 오는 기계도 필요하지 않을까?

[*******] –위클리프(John Wycliffe, 1330년경-1384): 잉글랜드의 신학자이자 철학자이며, 교회 개혁가였다. 최초로 영어 성경 완역을 추진했으며, 프로테스탄트 종교개혁의 선구자들 가운데 한 사람이었다. 특유의 사상을 가지고 있었던 위클리프는 교회에 대해서 세속적인 재산을 포기할 것을 요구했다. 또한 교회의 신앙과 의식에 대해서 체계적인 비판을 했다.

[********] –마르틴 루터(Martin Luther, 1483-1546): 독일의 성직자이자 성경학자이며 언어학자이다. 교회의 부패를 공박한 그의 95개 조항은 종교개혁을 촉진시켰다. 그는 부패한 로마 가톨릭 교회에 대항하여 성경의 기독교 신앙에서의 유일한 권위와 하나님의 은혜를 통한 구원을 강조한 종교개혁자이다. 그의 사상과 저술에서 비롯된 종교개혁운동은 개신교를 낳았으며, 사회, 경제, 정치사상에 커다란 영향을 끼쳤다.

[*********] –쯔빙글리(Huldrych Zwingli, 1484-1531): 스위스 종교개혁 당시의 가장 중요한 개혁가로 교회 내에서 운동을 전개하지 못한 16세기의 유일한 인물이다. 마르틴 루터와 같이 성경을 최고의 권위로 받아들이면서도, 그보다 더 엄격하고 포괄적으로 모든 교리와 의식에 성경을 적용시켰다.

[**********] –칼빈(Jean Calvin, 1509-1564): 프랑스의 신학자이자 교회행정가이다. 또한 16세기에 가장 중요한 종교개혁가이다. 칼뱅파의 교조로, 제네바에서 종교개혁을 단행하여 일종의 신권정치를 하였다. 개신교의 교설(敎設)을 체계화하고, 예정설에 따른 금욕의 윤리와 같은 엄격한 규율을 만들었다. 저서로는 『기독교 강요(綱要)』가 있다.

주의 뜻과 나의 뜻

오 주여, 나의 품은 뜻이 주의 뜻 같이 되게 하여 주시옵소서. 당신의 품은 뜻과 나의 품는 뜻이 매우 다른 것을 나는 발견하였습니다. 주여 당신은 밀알 하나 속에도 당신의 진리가 감추인 것을 보시건마는 나는 밀알 하나를 볼 때에 먹고자 하여 충복에만 생각이 미치게 되나이다.

주는 꽃 하나를 보시고 노래하셨으나 나는 다만 꺾어 보려는 호기심만 날 따름이외다. 주께서는 죄인을 보시고 그 영을 불쌍히 여겨 구하려 하시나 나는 그를 싫어하여 피하게 되오며, 당신은 창기(唱妓)를 보시와 그 영까지 불쌍히 여기시나 나는 창기를 볼 때 무섭고 미운 생각만 나오니 내게도 주의 자비가 있게 하소서.

주께서는 만물의 진리를 요구하시나 나는 만물의 물질에 이끌리고 있사오며 주께서는 인간에게 진리로 찾으시나 나는 인간에게 육정으로 대하는 자 같나이다. 주여 내 눈을 여사 당신이 보신바 만물의 진리를 나도 보게 하여 주시옵고 주여 당신이 사시는 진리 세계에 나도 살게 하여 주시옵소서.

주여 나는 아침부터 저녁까지 도모하는 것이 무엇이며 하는 일이 무엇입니까?

오 주여 나를 구원하여 주시옵소서.

돈과 마음

돈이 악하냐, 마음이 악하냐? 돈이 선하냐, 마음이 선하냐? 돈으로써 마음이 악해지기도 하고 마음으로써 돈을 잘못 쓰기도 하고, 돈으로써 좋은 사람을 만들기도 하고, 마음으로써 돈을 잘 쓰게도 하고, 돈으로써 사람을 악하게도 하고, 마음으로써 돈을 악하게 만들기도 한다니, 돈은 좋아도 마음이 악해서 그런지, 마음은 좋아도 돈이 악해서 그런지, 돈을 마음이 시키는 대로 쓰게도 되고, 돈으로써 사람을 쓰게도 된다니 돈과 마음은 구별하기 어렵도다.

돈이 사람을 운전케도 되고, 마음이 돈을 운전하기도 하지만 나는 이런 것 등을 문제시 하지 않는 자다. 돈으로 새 사람을 만들게 되든지, 좋은 마음으로써 돈을 잘 쓰게 되든지 이런 문제에 하등 상관되지 않는 인간이라야 참 인간이니라. 돈과 마음에 하등 무관계 되는 인간이 되어야 할 것이다.

이러한 문제 등에 상관하지 않는 인간이 즉 기독자니라. 기독자만이 이러한 문제에 걸리지 않게 되느니라. 아직도 이러한 문제의 해결을 받지 못한 자가 교회당 내에 있다면 아직 기독자라 하기는 어렵다.

돈이 사람을 악하게도 선하게도 못 하고 마음으로 돈을 지배하는 것도 어렵더라. 만약 돈이 만들어 내는 좋은 사람의 마음으로 돈을 잘 쓰게 된다는 인간이 있다고 할지라도 나는 모르겠다.

사람의 심중에서 잘 쓰게 되는 그러한 돈이나 돈으로서 나오는 그러한 인간을 요구하는 기독교도 아니거니와 또한 나도 그러한 훌륭한 인간만은 되고 싶지 않다. 고로 기독교란 돈과 마음에 하등 무관계 되는 종교임을 단단히 알아 두기를 바란다. 다만 돈이란 인간의 이 땅에서 일상 생활에 그저 사용하는 좋은 사환에 불과한 것 뿐으로만 생각할 따름이요, 그저 돈이 가고 오는 것 뿐이다.

(1933. 11. 4)

너는 누구를 위하여 일하는 자냐?

나는 하나님의 만세 전 예정자로 신국을 위하여 난 자며 죽을 자로서 피택된 자가 아닌가. 그러나 소위 나의 신앙 생활 교역자 생활의 내면을 살펴보니 꼭 내 중심에서 나 위하여 살고 있는 자 같다. 나의 날마다 마음에 사무치고 원하는 활약상을 보니

1. 나의 배 위하여
2. 나의 명예 위하여
3. 나의 주의 위하여 일하는 것 같다.

나는 다만 주께서 자기의 일로 인하여 모든 일을 내 손에 붙여서 양을 위하여 행하게 하심인데

1. 양의 털을 깎아서 내 옷을 해 입고
2. 양의 젖을 짜서 내 배를 채우고
3. 양의 두목으로 나서서 날뛰면서도 조금도 양을 위하여 진심과 전력을 기울이지 않으니 나에게 화가 있으리라.

나의 어떤 때 자문 자답

나는 예수의 중독자가 되어야 하겠다.

1. 술의 중독자는 술로만 살다가 술로 죽게 되는 것이고,
2. 아편 중독자는 아편으로 살다가 아편으로 죽게 되나니
3. 우리도 예수의 중독자 되어 예수로 살다가 예수로 죽자. 우리의 전 생활과 생명을 주님 위해 살면 주같이 부활된다.

주의 종이니 주만 위해 일하는 자 되고 내 일 되지 않게 하자.

사랑하는 벗에게 기도를 권하나이다.

―사제(舍弟)에게 기도를 권고함―

너는 기도의 사람이 되기를 나는 바란다. 예수 그리스도가 기도의 사람이었느니라. 머리털로부터 발뿌리까지가 기도의 사람이었으며, 말구유에서부터 십자가 상까지 기도의 사람이었으며, 부활하신 후부터 오늘날까지 기도하시는 예수 그리스도시니라. 고로 기독교란 기도의 종교요, 기독자란

기도의 사람이다.

너도 기도의 사람 된 것을 확신하고 또한 기도하여야 될 사람인 줄로 알아야 하겠다.

기독교의 기도란 의식적이거나 형식을 이룰 때만 기도하는 것도 아니요, 인간성의 기도로서 이루어지는 기도도 아니니라.

즉 기독자의 생활과 기도를 나눌 수도 없는 것이요, 기독자의 진리생활 전부가 즉 기도가 되는 것이라. 고로 기독자의 기도란 못 이루게 되는 기도라고는 하나도 없느니라. 기독교의 기도란 자기의 욕심을 채우는 기도도 아니요, 인간 의지에 맞추어 주는 소원 성취적 기도가 아니라, 진리를 알지 못하는 세인의 기구(祈求; 바람)나 호불호 진위(眞僞; 참과 거짓) 시비를 부지하고 인간에게서 나오는 그 욕심을 채워주는 기도 이외의 기도다. 기독교의 기도란 땅에서 올라오는 기도 말고 하늘에서 완숙하여 주시는 기도가 곧 기독교의 기도니라. 고로 기독자의 기도란 못 이루는 기도는 곧 하나도 없는 것이니라. 자 이제는 기도할 때가 왔느니라. 제자 등이 주께 나아와 주여 우리에게 기도를 가르쳐 주시옵소서 할 때에 "그런고로 이렇게 기도하라"고 말씀하셨다.

"그런고로 이렇게 기도하라"는 말씀의 내용은 아주 큰 기도가 된 것을 의미하는 것이니라. 크게 외치시는 큰 음성이시니라. 이렇게 외치시는 일대 음성이 대발하시니 여태까지의 세인의 기도 등, 구약의 법률적 기도, 의식적인 기도, 인간 성의적 기도 등등 여태까지의 기도란 기도는 다 실패를 당하고 종적을 감추게 되었다. 마치 빛의 근원인 태양이 떠오르게 되니 모든 뭇 별이 사라짐 같으니 즉 예수의 기도가 나타나게 되자 세인의 기도는 그치게 되고 세례 요한의 기도가 여기에서 종막을 고하게 된 것이니라.

고로 의원(義源)아 너는 기도의 사람으로 중생된 너임을 믿어 쉬지 말고 기도하며, 범사에 기도하며, 열심으로 기도하는 자가 되라.

어떤 기독자 보니 헛되이 공연히 걱정만 하고 기도는 하지 않는 자도 보았고, 입으로는 진리 생활 운운 하나 진리 생활과 기도하는 것과는 다른 것으로 아는 자였더라. 즉 사물에 부딪친 신의를 기도로써 발하는 것임과 진리 생활이란 기도하는 것임을 못 깨닫는 우자(愚者; 어리석은 사람)들을 나는 많이 보았다. 너는 이를 더욱 깨닫고 기도의 사람이 되라.

범사에 기도하고, 쉬지 말고 기도하고, 열심으로 기도하는 사람이 되기를 나는 간절히 바란다. 육을 이김에도 기도하고 죄를 이기는 모든 힘이 기도에 있음을 실제로 체험하고 모든 일에 원동력이 됨을 깨닫고 만사 제외할 중대한 일이니 그런 자가 되라. 그 종교의 내용 여하와 진가의 여부는 그기도를 보아 판정하게 될지니, 너도 기독교의 진가를 우리의 기도로서 체득케 하라.

(1933. 12. 10)

나의 사모하는 신앙 지우에게

하루 하루의 생활, 한 걸음 한 걸음씩 신천 신지의 동산을 밟아 가시는 형이여, 그동안에 얼마나 영의 깊은 체험을 하였사오며 그와 접촉하여 무수한 아침과 저녁을 당하시는 거기에서 생명은 오를 대로 오르며 자랄 대로 자라게 되옴을 믿사옵고 이로써 기뻐하며 즐거워하나이다.

만세 전부터 택하시고 예정하신 약속을 변치 않으시고, 값없이 주시는 큰 생명을 받아서 이 사물과 저 사변을 찬미의 곡조로 높고 낮은 찬송을 재미있게도 부르면서 이 땅을 밟아 가시는 형님의 생활, 풍파가 자심한 고해 바다의 세상을 태연하게도 밟아 가시는 형님의 생활이야말로 신비하며 오묘하도소이다. 오묘를 알 자가 몇이며, 이 즐거운 찬송을 재미롭게 부르면서 이 땅을 걸어 길 부름 입은 자 얼마나 될까요!

진실로 이 진리를 깨닫고 살게 되는 자만이 복 있는 자로소이다. 아 위대한 생명이며 거룩한 진리로소이다. 밤낮으로 쉬지 않고 출렁거리는 대해의 물결 소리에 부딪치는 파도! 이 우주의 혈관에 흘러가는 그리스도의 피는 율려적(律呂的; 음악의 가락) 음의 조화로소이다. 이 음률의 고저 장단에 맞추어 찬미의 생활을 하는 우리에게는 원망과 시비가 없으며 빈부와 귀천이 없고 또한 밤과 낮의 분별이 없으리이다.

우주의 전력으로도 굽히지 못한 진리를 어찌 시간이 우리를 다스리며 공간이 어찌 우리를 막겠나이까? 영되신 그의 피는 썩은 냄새 나는 내 살을 삼키고, 생명이 되신 그의 살은 해골이 된 우리의 무덤 위에도 움직이고 있나이다. 부활의 천국에는 내 살과 내 피가 노래를 부르고 있사오며 영광의 신천지에는 우주와 통일된 우리의 생명이 춤추고 있사오니, 이 몸이 찢어진들 탄식이 무엇이며 사망과 음부도 우리 앞에는 굴복하나이다.

사망아 너의 이기는 것이 어디 있느냐? 음부야 너의 삼키는 세력이 어디 있느냐? 살려주시는 로고스가 이 땅을 통치하시니 우주는 생명의 지성소가 되어 모든 만유는 그 속에서 춤추고 있나이다. 사망의 진행된 해골 위에까지도 그 피와 그 살은 생명력을 주나이다. 내 영에 부딪친 그의 생명이 또한 불사르고도 더욱 남음이 있겠나이다. 하나님의 사랑을 받아 희락만으로서만 알아서는 스스로 속는 자가 되겠나이다.

하나님의 사랑이 인간에 부딪쳐서는 한숨도 되고 눈물도 되며 죽음까지도 되어 너무도 신비하고 오묘하여 육에 있는 자 중 누가 이 무한하고 오묘한 신의 사랑을 알겠습니까? 성안(聖眼; 거룩한 눈)의 계시가 열린 자 외에는 아무도 깨닫지 못하겠나이다.

오 놀랄만한 오묘한 사랑의 진리요 죽음을 통하여서는, 죽음 저편에 있는 보다 더 큰 은혜를 맛보겠사오며, 눈물을 통하여 눈물 속에 있는 하나님의 크신 사랑을 먹겠사오며, 모든 역경 비경을 통하지 않고는 그 속에 감추어 있는 진리와 사랑을 맛보지 못하겠지요.

고로 범사가 감사요, 항상 기뻐하는 우리들이겠나이다. 이를 깨닫게 된 우리에게는 만족이고 자족뿐이로소이다. 고로 신앙의 법으로 천국을 완성하겠고 신앙에서 온 우주는 영광의 화관을 쓰게 될 것이외다.

이러한 신앙을 가진 자 앞에는 모든 만사까지 머리를 숙이고 예배하겠사오며 자연은 신앙자 앞에서 손뼉을 치고 노래하겠나이다. 이로써 신앙을 창조하신 자의 영광이 되겠고 신앙 자체의 영광이 되어 영원히 빛나는 이 생명은 무궁(無窮; 끝이 없음)을 통하여 빛나리로소이다. (아멘)

"이는 만물이 주에게서 나오고 주로 말미암고 주에게로 돌아감이라. 영광이 그에게 세세에 있으리로다 아멘." (롬 11 : 36)

제6장

한국의 겟세마네

"목사님 언제 오셨습니까?"

"어제 왔습니다."

"재미 좋으셨습니까?"

"네, 그대로 제대로 감사했습니다. 그러나 목적지인 부산으로는 못 갔습니다."

"왜요?"

"전쟁이 시작되었기 때문에 교통기관에 변동이 생겨서 그렇게 되었습니다."

"목사님, 무슨 특별한 소식 못 들으셨습니까?"

"네, 못 들었습니다. 집사님도 못 들으셨습니까?"

"오늘 아침에는 못 들었습니다. 어젯밤 라디오는 들었으나"

"무엇이라고 합디까, 어젯밤에는?"

"수원도 적의 손에 들게 되어서 방금 작전상 후퇴를 한답니다. 그러나 미국 비행기 B29가 극동 방면에 출동하기 시작했다고 하고 미국 정부에서는 한국사태에 대해서 대단히 낙관을 하는 모양입니

다." 하고 희망적으로 설명을 하니

"B29 – 미국 정부 – " 하시고 대답이신지 질문이신지 혼자 군소리같이 두어마디 하시는 손 목사님의 눈에 눈물이 고였다.

때는 1950년 7월 7일, 애양원 입구에서 부흥회 인도하러 나가셨다가 작일 돌아오신 손 목사님과 이 집사와의 이야기였다.

이 집사는 B29와 미국 정부 말을 하며 곧 문제가 해결될 것같이 말했다. 손 목사님 생각에는 이번 이 사건이 한국 민족의 대환난의 시작 같아서 이 민족과 이 교회가 진심으로 회개하지 않으면 간단히 수습될 것 같지 않았다.

대한민국, 대한민족의 현재뿐 아니라 유구한 장래에 이르기까지 잊을 수 없는 불행의 날은 6월 25일이다. 수도 서울은 인민군에게 점령된 바 되어서 불시에 천도(遷都; 수도를 옮김)를 할 수밖에 없이 되자 그 뒤를 이어서 남하 하는 국민들이나, 때를 못 만나서 점령지대에 남아 있던 국민들은 그 각양 각종의 고생을 당했다. 하루 한시 한초를 다투면서 전국(戰局; 전쟁 중인 상황)을 바라보던 그들의 안타까운 심정이야말로 몸이 바싹바싹 타서 오그라지는 것 같았다.

처음에 이 애양원에서도 다른 사회처럼 수도 함락의 비보를 라디오로 들었다. 맥아더 사령부나 공보처의 뉴스를 듣고는 바로 탈환해서 38선을 넘어 이북까지도 무난히 회복시킬 줄 알았다. 그러나 전국(戰局)은 그와는 정반대였다. 수도 함락 후 수원까지는 못 오리라 했더니 빼앗기고 말았으며 전쟁은 본격적으로 자꾸 악화되는 것 같았다. 손 목사님은 6월 26일부터 일주간 집회를 부산 서부교회에서 하려고 떠났으나 갑자기 선박 형편으로 삼천포에서 부산행은 정지를 당하게 되니 가셨던 길에 삼천포 교회와 하동중앙 교회와 또 하동읍 교회에서 집회를 인도하시고 7월 6일에 애양원으로 돌아오셨던 것이다. 사실은 무리를 해서라도 거기에서 부산으로 가

실려고 했다면 가실 수 있었을 것이로되 전세가 어떻게 될지 모르니 만일을 염려해서라도 애양원으로 얼른 돌아가야 하겠다고 생각하셨던 것이다. 하동 집회 때에 참석했던 배삼술(裵三述) 조사 말에 의하면

"이것이 마지막 부흥집회일 것 같다." 하시면서 길거리에 나가셔서 노방전도하시기를

"심판 때가 왔다. 마지막 때가 가까왔으니 회개하라"고 외치셨다는 것이다.

♥　♥　♥

"손 목사님 아무래도 피신하심이 좋을 줄 압니다." 하고 아주 긴장한 기분으로 조반을 마친 다음에 권하는 김 집사 말에

"내 걱정은 마시고 얼른 여러분들이나 피난오신 터이니 남해도로 피하십시오." 하고 얼른 자기에 대해서는 말씀을 않는다.

"그러나 사실은 우리들보다도 손 목사님이 더 귀하신 몸이니 피하셔야 하지 않습니까? 제가 바로 제주도로 안 가고 이리로 온 것은 박 목사님께서 그리로 가시면서 손 목사님 역시 신변이 대단히 위험하실 것이니 꼭 그곳에서 제주도나 부산으로 피신하시도록 하라는 부탁이시기로 일부러 온 것입니다." 하고 간곡히 권하나,

"글쎄 내 걱정은 마시라니까요. 나야 피하고 싶으면야 여러분들보다 쉽게 피할 수 있으니 내 염려는 마시고 여러분들이나 먼저 피하십시오. 나는 좀더 기도하고 태도를 취하겠으니 다만 위해서 기도하여 주시오." 하고 역시 그리 급하지 않은 것 같은 태도이시다.

7월 24일인가 싶다. 서울이 적의 손에 든 뒤에 수원까지 빼앗기었으나 설마하니 대전까지야 오랴 했더니 그도 많은 희생을 내고서

빼앗기고 말았다. 계속하여 충청남도 전라북도도 파죽지세로 점령을 당하였을 뿐 아니라 벌써 순천이나 여수로 쳐들어 올 것도 시간 문제로 되어진 것같이 느껴질 때인지라, 박재봉 목사님의 부탁으로 손 목사님을 방문한 김흥복 집사의 마음은 바싹바싹 타는 것 같아서 권하는 것이었다. 그러나 벌써 김 집사가 오기 전에 서울, 전주, 순천 등지에서 내려오신 친분 있는 어른들도 자기의 피신과 아울러 손 목사님께서 권했으나 역시 듣지 않으셨다. 7월 21일인가 순천에서 오신 나덕환 목사님께서 권하셨을 때는

"기도해 보고 하나님의 지시대로 하겠습니다. 결코 사람의 뜻대로 되어지지 않도록 하겠습니다." 하시더니 7월 22일인가는

"주의 이름으로 죽는다면 얼마나 영광스럽겠습니까? 나는 기왕 감옥에서 죽었을 사람입니다. 8.15 해방 이전에 죽지 않고 더 산 것만 해도 감사합니다. 내 눈을 빼고, 내 코를 베고, 내 입이 찢기우고, 내 손이 잘리우고, 내 발이 떨어지고, 내 목이 끊기워서 석 되 밖에 안 되는 피가 다 쏟아지고 내 뼈가 부서져서 가루가 되어도 내 주의 사랑을 다 갚을 길이 없는데 내 어찌 피신하겠소?"라는 말씀을 하셨다는 것이다. 그러나 김 집사는 다시

"그렇게 자꾸 좀 더 기다리라고 하시나 시기가 있는 것인데 이제는 그만 피신하셔야 하지 않겠습니까? 차라리 우리들이 이곳에 남아 있더라도 손 목사님은 실로 급합니다. 그러시지 말고 우리와 함께 가도록 하십시다. 시급한 문제입니다." 하니 손 목사님은 정색을 하시며

"여보 김 집사님 고맙습니다. 그러나 이러한 난국에 무슨 일이 제일 급한 일이겠습니까? 양을 먹이던 목자가 그 양을 돌보아서 이리 떼 같은 악한 원수에게 해 받지 않도록 하는 것이 급한 일 아닙니까? 내 한 사람이나 한 가정의 안전을 위해서 피신하는 것이 급한

일입니까? 사실로 우리 애양원 식구들이 전부 피할 곳이 있다면 나도 함께 그들과 피할지 모르겠습니다. 그러나 그렇지도 못한 것이니 내가 만일 피신을 한다면 1천 백 명 양떼들을 자살시키는 것이나 다를 것이 무엇입니까? 이 양떼들을 자살시키고 나 하나 피해서 산들 무엇하겠습니까?" 하시는 그 태도는 벌써 애양원교회 사수(死守)를 표명하시는 것이었다.

벌써 근 1개월을 밤낮 쉬지 않고 금식기도 혹은 철야기도 혹은 특별 집회를 열어 그 양떼들을 위로하고 격려해서 만일의 경우에라도 서로가 결코 신앙적으로 실패함이 없게 하려고 노력하시는 까닭인지 그 전에 뵙던 신색은 벌써 찾아 볼 수 없었고 대단히 쇠약해진 모습이시었다.

역시 김 집사가 오기 전에, 6.25 이후 서울에 있던 목사님들이 남하했다는 말씀을 듣고, 어느 누구에게 하신 말씀 중에 '아ㅡ 큰일났다. 이 민족의 죄값으로 이렇게 하나님께서 채찍을 드셨는데 수도 서울에서 죄를 외치다가 그리고 회개를 전하다가 제물이 되어야 할 선지자들이 모두 내려왔다니 어떻게 하겠느냐? 나라도 대신 올라가야 하겠다.'고 하셨다는 것이다. 실제로 상경할 길을 알아 보시기까지 했으나 애양원에서도 말릴 뿐 아니라, 길이 열리지 않아서 못 가셨다는 것이다. 이런 말씀이 생각날 때에 과연 손 목사님이시로구나ㅡ 선한 목자는 양을 위하여 목숨을 버린다고 주께서 말씀하셨더니 (과연 저런 목자야말로 진정한 목자로구나!) 싶은 생각이 김 집사에게 들자 손 목사님이 그러실수록 김 집사에게는 더 위험시되어서 다시 더 큰 문제로 권면을 했다.

"목사님, 목사님 말씀은 잘 알아 듣겠습니다. 그러나 애양원교회가 중한 것처럼 한국 교회의 장래, 한국 민족의 구원 문제 또한 더 중하지 않겠습니까? 이 일 때문에라도 일시 피신할 필요가 있을 줄

압니다." 하고 가장 적절한 말을 했다고 생각하였으나,

"김 집사, 그것입니다. 한국 교회의 하나가 애양원 교회요, 한국 민족의 하나가 애양원 식구들입니다. 교회 양떼들을 등한시하고 한국 교회, 한국 민족을 중요시 할 수 없는 것입니다. 개체 교회나 개인을 무시하는 것은 한국 교회나 한국 민족을 무시하는 것이요, 한국 교회나 한국 민족을 중요시한다면 개체 교회나 개인의 영혼을 중요시 할 것입니다. 노회가 합하지 못하고 총회가 싸움터로 되는 것은 목자들이 이를 깨닫지 못함입니다. 또 회개하지 아니한 죄값일 것이요, 남북이 갈라지고 민족이 분열되어서 살상을 일삼게 된 것이 우리 회개하지 아니한 교회의 지도자 책임일 것입니다. 김 집사, 생각을 해 보시오. 얼마나 감사했어야 하였을까를. 하나님께서는 자비의 하나님이시라, 신사참배 반대하다가 순교한 50여 명 순교자의 피값으로 무혈로 8.15 해방을 주셨습니다. 그러나 모든 사람이 이 피값을 깨닫지 못하고 누구 때문에 저들이 그렇게 된 것을 생각도 안 하고 회개치 않으니, 여순사건이니, 제주도 사건이니 또는 대구사건이니 하는 일시적 경종을 울리시어 회개를 기다리셨습니다. 그래도 자꾸 강퍅해지니 하나님께서는 수도 서울을 쳐서 오늘의 현상을 이루었습니다. 보시오, 이럼에도 또 교회 지도자들이 회개치 않고 필요할 때는 양을 먹인다고, 교회를 지킨다고 하고 위급할 때는 양떼를 버리고 달아나서 자기 일신의 안전을 도모하니, 이대로 가다가는 삼천리 강산이 소돔 고모라처럼 되어지고 말 것입니다. 만일 이대로 가다가는 더 큰 매질을 하실 것이니 한국 민족이 땅 위에서 도말을 당할 날이 있기 쉬우리이다." 하셨다. 이 말씀에 김 집사는 머리가 쭈뼛해졌다. 너무도 무서운 예언 같아서였다. 말씀은 다시 계속되었다.

"그러니 우리는 다시 하나님께 의인의 피와 땀을 바쳐야 할까 합

니다. 나는 비록 불의 불충하나 우리 주 예수의 의를 힘입어 이번에 주께서 허락만 하신다면 제물이 되어 볼까 소원합니다." 하는 그 말씀의 정연한 이론과 결연한 그 태도는 우주와 같고 태산과도 같았다. 김 집사는 이제는 더 할 말이 없었다. 무슨 말로 이 이상 피신을 권할 수 있으랴!

"그래도 목사님 우선 살아야 일하지 않겠습니까?" 하고 다시 말해보니 이 말에

"여보시오, 김 집사 그 생각과 그 말이 나는 틀렸다는 말이오. 우선 산다는 말이 틀렸다는 말이오. 우리 기독교란 잘 살기 위한 종교가 아니요, 그 나라와 그 의를 구하기 위해서 잘 죽기 위한 종교입니다. 하나님께서 한국 기독교를 통해서 영광을 얻고 또 얻을 때가 왔는데 우리가 어디로 피할 것입니까?" 하시면서 완강히 거절하시는 것이었다. 할 수 없다고 생각한 김 집사는 마지막으로

"얼른 부산으로 가서 비행기를 보내어 강제로 모셔 가기나 해야할 것 같습니다." 하니 싱긋 웃으시면서

"그것도 주께서 허락하시면 몰라도 아마 주의 뜻이 아닐 것입니다." 하고 일소에 붙이고 마시는 것이었다.

"아니 네가 어떻게 왔니?" 하시고 깜짝 놀라시는 목사님께

"아버지 어머님 모시고 애들 데리고 부산으로 가는 것이 좋을까해서 말씀 드리러 왔습니다." 하는 대답을 들은 손 목사님은 눈물이 나올 지경으로 놀랍고 고마움을 느끼시는 것이었다. (저것이 우리 식구를 구하겠다고 오다니…) 그러나 무엇이라 대답하기 어려운지라

"너 지금 어디서 왔느냐?" 하고 딴 말씀으로 물으셨다.

"네, 신성포(新城浦)에서 왔습니다."

"어머님 아버님도 함께 계시냐?"

"네……"

"형님들도?"

"큰 형의 식구만 갔습니다. 둘째, 셋째는 서울에 있었는데 소식을 모르겠습니다."

이렇게 묻고 대답하는 것을 서울서 내려온 몇 손님들은 곁에서 이상스럽게 듣고 있었다. 손 목사님 자기에게 '아버지, 어머님 모시고 애들 데리러 왔다.' 고 했는데, 손 목사님은 '어머님, 아버지 함께 계시냐?' 고 하니 말이다. 그는 다른 사람이 아니라 바로 신앙과 사랑으로 맺어진 아들 안재선 군이었다. 7월 24일 낮 때쯤 해서 재선 군이 손 목사님을 뵈러 왔던 것이다. 전주에서 학교를 다니던 안 군은 몸이 쇠약해져서 순천 생가에 있으며 정양 중이었다. 그러다가 6.25사변을 듣게 되었다. 그는 전세가 불리해서 자꾸 남쪽으로 밀려 내려오고 있으니 순천에 있으면 자기의 입장상 처신이 곤란할 듯했다. 그래서 생가 부모와 상의하고 신성포라는 곳으로 일단 피신하였다. 지금 30리 되는 길을 걸어서 신풍리 애양원으로 그가 찾아온 것은 목사님 온 가족을 모셔다가 부산으로 피하시도록 하자는 상의를 하러 온 것이었다. 그래서 온 목적을 말씀드리니 그 말씀에 대한 대답은 안 하시고 생가 안부만 물으시는 것이었다. 안 군은 더 독촉하려고 하는데

"너 참 나 목사님 뵈었느냐?" 하신다.

"네, 아까 저 길거리에서 만나 뵈었습니다. 그런데 아버지 어떻게 하시겠어요?" 하고 재차 물었다. 이 두 번째 간청에는 대단히 입장이 곤란하신 듯이 한참 있다가

"네 말은 고맙다. 그러나 너의 어머님에게 문의해 보아라" 하고 직접 대답을 피하시면서도 대단히 조심스러운 태도이시었다. 만일 동인이나 동신이가 있어서 권했다면 딱 거절하기 쉽겠으나 재선

군이 권하는 데는 간단하게 거부하기가 대단히 난처해서인가 싶었다. 그래서 사모님에게 문의하라고 말씀하시었던 것이다. 재선 군은 안방으로 들어가서 모친에게 물었으나

"피난처가 어디 있느냐? 피난처는 주의 품뿐이다. 재림도 가까웠는데 어디로 간단 말이냐?" 하시면서 사모님은 피난을 거절하셨다. 그래서 동장이나 데리고 피하려고 원하였으나 이 역시 목사님이 허락치 않으셨다. 하는 수 없이 어떻게 할까 하다가 제일 잘 아는 나 목사님에게 상의하니

"손 목사님은 절대로 피하시지 않으실 것이다."라고 하시더니

"그러지 말고 너나 나하고 함께 남해도로 피난하자." 하시었다. 그러나 재선 군은 손 목사님이 피신 안하신다면 나도 피하고 싶지 않다 하고 동행하지 않았다.

> "우리 다시 만나 볼 동안 하나님이 함께 계셔
> 훈계로써 인도하며 도와주시기를 바라네
> 다시 만날 때 다시 만날 때 예수 앞에 만날 때
> 다시 만날 때 다시 만날 때 그때까지 계심 바라네."

그날 오후에 애양원 바닷가에서 애양호로 제 일차로는 서울이나 전주에서 피난 온 사람들을 남해도로 보냈고, 제 이차로는 나머지 피난민을 보내려고 부르는 송별의 찬송가는 보통 송별 집회에서 부르던 경우와는 달랐다.

더구나, 2절에 「간 데마다 보호하며 양식 주시기를 바라네.」이 구절에는 보내는 이들의 간곡한 염려이며 떠나는 이들의 당연한 걱정이었다. 살던 집 다 버리고 입던 옷 다 버리고 롯의 식구들처럼 나온 이 모양으로 어느 날까지 계속될 것인가 생각할 때에 떠나는

이들의 눈물이요, 적군은 건강한 사회 사람들도 죽이기를 파리 죽이듯 한다는데 기생충처럼 살려고 하는 한센환자들쯤이야 따발총이나 죽창 신세감 밖에 더 될 것이겠는가? 생각할 때에 또한 남는 이들의 한숨거리였다.

또 다음 절 「위태한 곳 면케 하고 품어주시기를 바라네」 피난 가시자고 해도 안 떠나시니 위태롭고, 초만원 된 일엽 편주를 만경창파에 떠나 보내는 것도 위태로우니 품어 주시라는 호소이다.

끝절에 「세상에서 떠날 때에 영접하여 주시기를 바라네」를 부를 때, '그렇다 오늘 이 순간은 모여 기도도 하고 떠나기도 하지만, 이 다음 순간 물고기의 밥이 되는지 따발총 끝에 이슬이 되는지 모르나 주의 영접하여 주시는 신앙의 소유자가 되어지이다' 하는 소원들이다. 이들의 느끼는 은혜와 감격은 다른 어떤 부흥회 때의 정도가 아니었다.

구름 뜬 푸른 하늘 밑에 묵묵히 대지를 내려다 보는 저 애양원 교회당 종탑 위의 십자가는 하늘을 향하여 그 무엇을 원하는 듯 싶었다. 더구나 매 절마다 부르는 후렴 중 「다시 만날 때 다시 만날 때 예수 앞에 만날 때」를 부를 때에는 울면서 웃는 격, 비애를 통과한 희락을 맛보지 않는 이가 없었다.

배는 이 일을 아는지 모르는지 파도에 출렁거리며, 물결도 이 일을 아는지 모르는지 바람에 움직이고, 바람도 이 일을 아는지 모르는지 구름을 몰아오니 부운 같은 인생, 바람같은 행로에 물결 같은 흥망성쇠가 판자 하나를 격한 고해 생활이 아니고 무엇이겠느냐? 이럴 때마다 손 목사님은 또 간곡한 기도로 그들을 보내고 남은 무리들을 위로하는 것이었다. 눈물에 젖은 얼굴이 바다 바람에 시원함을 느꼈다.

「우르르르르……」하는 비행기 소리,

「다다닥 다다다닥……」하는 기총소사 소리,

「쿵 - 쾅 -」하는 장거리포 소리.

「우르르 우르르 우르르」하는 탱크 소리,

「따다다다닥 따다다다닥,」 하는 따발총 소리,

「딱 - 쿵 - 팽 - 팽 -」하는 엠완총 소리,

이 소리 저 소리가 순서 없이 서로 얼키어 멀리 혹은 가깝게 들려오던 격전도 한바탕 지나갔다. 도시는 도시대로 농촌은 농촌대로 인공기 달고 붉은기 들고 인민공화국 만세를 부르게 되었다. 밤인지 낮인지 모르며 제 세상 만난 줄 알고 날뛰는 노동자 농민들의 세상이 되었다. 여순사건 때에 사세 불리해서 이북이나 지리산 속으로 피했다가 고향으로 돌아온 자칭 애국자들의 판국이 되었다. 이렇게 되니 반동분자라고 해서 아무개 면장 아들이 잡혀갔느니, 아무 동네에서 숨었던 경관이 몇이 죽었느니, 서울서 오던 아무 목사가 도중에 붙들리어 순교를 했느니, 순천서는 아무개 부자가 인민재판을 받아 참사를 당했느니 하는 소문이 빗발같이 들려오는 7월 말 경이었다. 이미 여수가 7월 27일에 완전히 함락당했다.

애양원도 역시 사람들이 모여 사는 곳이라 이곳에서도 이런 소문 저런 이야기를 듣게 되었다. 애양원 총무과 차 과장은 그대로 가만히 있을 수 없어서 6부의 각 부장, 교회 제직, 학교직원 및 유지 약 40여 명을 한 자리에 모이게 하여 앞으로 취할 태도를 결정하고자 하였다.

"그러면 이제부터는 첫째로 인민군을 환영하느냐에 대한 문제를 생각하겠습니다." 하고 기도가 끝난 다음에 순서를 따라 토의 제목을 내놓는 것이었다. 그러나 누구하나 이 사건에 얼른 나서려고 아니해서 한참 침묵이 계속되었다. 왜 그런고 하니 바로 눈앞에 박도한 문제이니 생각해 볼 수밖에 없는 문제이기는 하나 벌써 애양원에서는 이 문제는 문제될 수 없는 문제였기 때문이다.

서울이 함락된 후부터 손 목사님은 개인적으로 만날 때나 공중적으로 모일 때나 또 설교할 때에 과거에 우리들이 예수 이름으로 대접 받았으니 이제는 예수 이름으로 고난을 받을 때라고 말씀하시는 것이었다. 소위 사회 사람들은 부모, 형제, 처자나 재물이나 지위 때문에 순교의 제물되고 싶어도 못 되지만 우리들이야 부모도 형제도 재물도 지위도 아무것도 없으니 가벼운 몸이다. 그러니 우리 1천백여 명이 3천만 대신해서 내 오른손과 왼손 붙잡고 순교하자고 늘 말씀하셨다. 그렇게 순교할 기회를 기다리는 사람들이 어찌 인민군을 환영할 수 있겠느냐 해서이다. 인민군을 환영한다는 말은 벌써 순교를 피한다는 것이나 마찬가지인 까닭이었다. 그러자 한 사람이

"내 생각에는 인민군이란 다른 민족도 아니고 같은 우리 민족인데 정치상으로 바뀌어졌을 뿐이니 그들을 환영하는 것이야 이 변해진 판국에 안 할 수 없지 않습니까?" 하였다.

"그것은 틀린 말이오." 하고 얼른 손 목사님은 받아 말씀하셨다.

"내가 지을 수도 없는 동시에 여러분에게 죄 지으라고 방관할 수도 없어서 내가 이 말을 하는 것이오. 물론 그들은 우리와 같은 동족입니다마는 그들은 무신론자인 유물주의자들일 뿐 아니라 반신론자(反神論者; 신을 믿지 않는 사람)입니다. 따라서 인민군이란 주의나 주장이 없는 어떤 군대가 아니라 반신론자들의 군대입니다. 다시 말하면 우리 하나님을 대적하는 마귀를 대표하는 군대입니다. 그래서 이는 동족을 살상하는 것만이 아니라 하나님을 대항하는 마귀의 싸움이라고 볼 수 있으니 결코 환영할 수는 없습니다." 하시고 좌우를 둘러 보셨다.

"그렇게 알고 만일 일체 환영도 안 하면 언제 올지 모르나 우리 상급 층은 모조리 죽여버리지 않겠습니까?" 하고 누구인가 다시 애원 비슷한 질문을 하니

"그래도 할 수 없습니다. 죽더라도 할 수 없을 것입니다. 그 동안 예수의 이름으로 많은 은혜 받았으니, 이제는 다 죽더라도 배신을 할 수 없습니다." 하고 결연한 태도이셨다.

"그러나 목사님, 그렇다면 저들이 우리를 찾을 때 누가 나가서 그들을 상대하겠습니까?" 하고 반문을 하니

"내가 대표로 나서겠으니 염려마시오. 내가 다 당하겠습니다. 내가 나가다가 희생이 되거든 다음에는 여러분들 마음대로 하시오." 하고 냉정하시었다.

"그렇게 해서 잡히신다 치고 또 원내가 무사하면야 관계 없을지 모르지만 목사님이 체포된 다음에도 애양원은 애양원대로 또 일을 당하면 어떻게 합니까?"

"어떻게 하기는 무엇을 어떻게 해, 순교하기로만 하라니까?" 하고 힘 안 들이고 대답을 해 버리시니 무엇이라고 다시 대할 말이 없었다.

멀리서 폭음이 들려오는 것은 트럭 소리인지 비행기 소리인지!

"그러면 목사님, 우리 환영은 그만 두더라도 형식으로 인공기나 다는 것이 어떻겠습니까?" 하고 누가 물었다.

"그 역시 안 됩니다. 국기를 단다는 것은 그들을 환영한다는 의미이니 할 수 없습니다." 단호하게 거절하시었다.

"그러면 목사님, 그 기를 다는 것이 무슨 죄가 되겠습니까? 성경에 무슨 관계가 있습니까?" 하고 이론을 캔다.

"국기 자체야 아무 관계 없습니다. 우리가 일제시대에도 일장기를 달았고 태극기와 아울러 미국기를 달아 주는 것도 관계 없을 것

입니다. 그러나 인공기란 먼저도 말한 대로 반신론자들을 대표하는 것이니 어떻게 달 수 있겠느냐 말입니다. 일장기도 국기 배례는 할 수 없었고, 태극기에도 그렇게 할 수 없는 것이 아닙니까? 내가 우리 태극기에 대해서 얼마나 가르치고 다녔는지 여러분도 잘 알지 않습니까? 좌우간 일제 시대에도 시대 이론에 속았으니 시대 이론에 속지 맙시다."

이 문제에 대해서 묻는 이도 몇이 없었지만 대답하는 이는 목사님 한 분 뿐이었다. 그래서 결국은 손 목사님의 말씀대로 따르는 수 밖에 없이 되고 말았다.

"다음에는 우리 피난 갈 것에 대한 문제를 생각하십시다." 하는 사회자의 말에

"그야 가도록 해야지요. 사실은 벌써 늦었습니다. 여수가 함락 되었으니 간다면 빨리 서둘러야 할 줄 압니다."

"그러나 어떠한 방법으로 가겠습니까?"

"우리 중요한 즉 저 사람들에게 주목당할 만한 지도급들부터 먼저 부산 쪽으로 가고 그 나머지는 좀 서서히 기회 봐서 옮기도록 하면 되지 않겠습니까?" 하니 얼른 손 목사님은

"그 역시 안 됩니다. 지도급들이 자진해서 먼저 피한다는 것은 안 될 말입니다. 일반을 데리고 간다는 것은 몰라도 그들을 못 데리고 갈 바에야 자진해서 먼저 간다는 말은 절대로 안 됩니다. 차라리 일반 교인들은 자유로 피신하게 하고 우리 24제직만은 함께 순교합시다." 하시며 언제나 순교하자는 결론으로 돌리시는 것이었다. 그래서 피지배급이라고 할는지 일반급들은 피할 수 있는 대로 피신시키도록 하고 그날 집회는 해산했던 것이었다.

1에도 순교, 2에도 순교, 3에도 순교, 개인적으로도 순교, 공적으로도 순교, 가정에서도 순교, 교회에서도 순교, 이야기에도 순교, 설

교에도 순교, 순교다!
　"내가 죽을 때와 장소는
　　강단에서 설교하다가 죽거나
　　노방에서 전도하다가 죽거나
　　고요한 곳에서 기도하다가 죽거나 할지언정
　　약사발 들고 앓다가 죽을까 두렵다."고 늘 말씀 하시던 손 목사님
에게 이 이상 더 좋은 기회가 있을 수 없었다.

「뎅뎅 뎅뎅 뎅뎅 뎅뎅
　뎅뎅 뎅뎅 뎅뎅 뎅뎅」
　멀리 또는 가깝게 울려지는 저녁예배를 알리는 종소리

　종교신성 부부신성 노동신성을 표현하는
　밀레의 <만종>을 연상할 수 있는 저녁 노을을 타고
　저 멀리 바다 넘어까지 울려 퍼지는 종소리

　불안과 공포와 허무를 느끼는 인간들에게
　그 무엇이라고 말로 할 수 없는 평안과 위안과 소망을 주는
　천당, 천당의 묵직한 종소리

　더구나 일가와 친척과 동포나 사회에서 격리를 당한
　원망과 비애와 낙망의 소유자 한센환자들에게
　무시로 영의 양식 줄 것을 알려주는 은근한 종소리

　때가 다른 때요 곳이 다른 곳이었다면
　그치는 것이 아까울 만큼 듣고 또 듣고 싶겠건만

그 무슨 불길한 예감이 깊어가는 종소리

애양원 교회 종탑 속에서는 시대에 맞지 않는 종소리가
거칠 것 없이 저물어 가는 저녁을 뒤흔드는 것이었으니

때는 8월 23일이었다.

소위 인민군이 순천과 여수에 침입해서 해방시켰다고 하여 인민공화국을 세워 놓고 그들의 생각대로 뜻대로 세상이 다 붉어가기 시작한 지도 1개월이 지난 때였다.

이날 밤은 수요일이다. 보통 때에도 삼일 예배를 볼 터인데 하물며 지상 소망이 2중 3중으로 끊어져 가는 이 초비상시에 있어서랴!

7월 24일인가 총회에서 방송하기를 우리 기독교인들은 하나님께 하루 바삐 승리를 주시도록 기도하자고 광고를 하였다. 말을 들은 그 다음부터는 매일 3차씩 종을 치고 모여서는 예배를 보았다. 손 목사님은 일주일간 특별 집회를 하시고 끝날인 토요일에는 일체 금식까지 하게 하셨다. 그 후로는 집회시는 물론 보통 때에도 순교를 각오하라고 권하시는 것이었다. 오늘도 삼일 기도회 정식 예배를 보고자 종을 치는 것이었으니 이 종소리에 모든 원내 식구들은 긴장된 마음으로 모여 드는 것이었다.

찬송가 89장(성령이여 강림하사)을 부르고 다시 204장(내 주는 강한 성이요)을 부를 때 그 열심들은 인민군 민청원 여맹원 정치 보위원 같은 무신론자는, 말할 것도 없이 모스크바 크레믈린 궁전을 지나 마국(魔國) 귀가(鬼家)의 주춧돌이 빠지라는 듯이 힘차게 부르는 것이었다. 풍금 반주도 필요 없었고 인도하는 사람도 필요 없었다. 모두가 제 일선에서 폭탄을 짊어지고 적진으로 돌진하는 용사들 같았다.

성경 말씀은 계시록 2장 10절이었다. 읽으시는 손 목사님 머리 속에는 10년 전인가 여수 역전에서 사모님이 격려해주시던 때의 일이 생각났으리라.

"여러분 잘 아시는 바와 같이 계시록에 기록된 일곱 교회란 때의 고금(古今)이나, 양(洋; 바다)의 동서를 막론하고 온 세계의 교회를 각각 대표하는 교회입니다. 그 중에도 둘째 교회인 서머나 교회는 오늘날의 한국 교회를 표시하는 것이라는 것은 환난과 궁핍 속에 있다는 것이겠습니다."라고 시작하여「네가 죽도록 충성하라.」는 제목으로 말씀하시고

"실제 문제에 있어서 어떻게 행하는 것이 죽도록 충성하는 것이겠는가? 첫째로 충자(忠字)는 구자(口字)와 심자(心字)를 요지부동하도록 한데 못질해 놓은 자입니다. 즉 인간의 입에서 나오는 말이 마음에서 움직여 행실로 합치되는 것이 충(忠)입니다. 감사와 회개와 찬송과 기도가 합치 되어야 할 것이요, 가족이나 친우를 권면하는 말과 자기의 생활이 합치되어야 할 것이니 우리의 언어 행동이 합치 못할진대 어찌 충성이라고 할 수 있겠습니까?" 하는 말씀은 실로 힘있는 말씀이었다. 보통 때에는 모르지만 이 긴박한 현실에서 평상시에 말씀하시던 그대로 실제에 옮기려는 일이 어려움을 느끼시는 것이었다.

몇 번이나 내무서에서 손 목사님의 유무를 알려고 왔었다. 애양원 교인들은 행여나 잡히실까 겁이 나서 방공호를 파고는 숨어서 기도하시라고 했다. 또는 한센환자 입원실 안에다 궤짝을 들여놓고 그 뒤에 숨으셔서 기도라도 하시라고 했다. 그러나 '당신들이 왜 나의 마음을 약하게 만들려고 하오? 당신들이 나에게 이렇게 하는 것은 나를 사랑하는 것이 아니라, 나를 괴롭게 하는 것이외다. 하나님의 성전이 있는데 왜 다른 곳을 취할 것이오?' 하시면서 끝끝내

숨으시지 않으셨다. 이러한 사실을 아는 교우들은 진실로 충성이라는 설교를 말씀으로만 아니라 생활로써 하시는 것임을 안 느끼는 자 하나도 없었다.

"둘째로, 자기가 가진 힘대로 힘을 다하는 것이 충성입니다."라는 의미의 말씀을 하시고 나서, "그리고 여러분!" 하시는 손 목사님의 긴장한 얼굴은 희미한 석유 등잔불에 반짝이는 안경 속으로 보이는 것 같았다. 천여 명의 시선은 그 반짝이는 안경 속으로 모두 쏠리었다.

"셋째는 죽음을 불고하는 모험적 신앙이 충성입니다. 죽음을 무릅쓰고 죽음을 두려워 않고 제 죽음을 겁내지 않고, 그 나라와 그 의를 위해서 하나님을 위해서 예수 그리스도를 위해서 신앙을 지키기 위해서 피를 흘려 죽기까지 하려는 신앙이 충성입니다. 진심으로 솔직하게 단순하게 일편 단심으로 주를 사랑하는 굳은 마음의 결과로 희생이 되는 법이니 이것이 자연스러운 순교일 것입니다. 따라서 모두 앞서간 순교자들은 모두가 그 신앙생활에 있어서 순교의 준비가 평상시부터 되어 있었지 우연히 일시의 기분으로 되어진 일은 절대로 없었습니다."

이 말씀을 여간 강조하는 것이 아니었다.

이런 일이 있었다. 어느 날 별안간 율촌면 인민위원회에서 와서 전범자라고 인정하는 사람의 이름들을 이 박사 이하 9명인가 적어 가지고 왔다. 이들을 처단하라고 유엔에다가 진정한다고 거기에 찬성하는 서명 날인을 최소 6백 명을 원했다. 그러나 이것 역시 일축해 버리고 다만 기도하자고 말씀하셨는데 이상하게도 도장 찍은 종이를 찾으러 온다는 날 안 오고 말았다는 것이다.

또 한 번은 시일이 길어져서 애양원 안에 식량이 떨어지게 되어 모시고 있던 사람 중에서 손 목사님께 말씀드리기를

"이제는 할 수 없으니 정식 예배나 보고 붉은 기를 형식으로나마 달아 두어 그들의 환심을 사서 생활의 길을 열어 보십시다."고 하니 손 목사님께서는 책상을 치면서

"배은 망덕도 분수가 있지 않소? 신앙상으로 무신론을 주장하는 공산주의를 용납할 수 없는 것은 말할 것도 없거니와 8.15 해방 이후 이때까지 대한민국에서 하루 3홉씩 배급을 받아서 배불리 살아온 우리들이 몇 날쯤 굶게 되었다 하여 그런 짓을 할 수 있겠는가? 도의상으로도 할 수 없다. 깨끗이 살다가 깨끗이 죽어야 할 것이니 내 눈에 흙이 들어가기 전에는 붉은 기는 절대로 달지 못한다." 하시고 큰 소리로 책망하신 일이 있었다.

실로 하나님을 섬기고 예수 그리스도의 뒤를 따르기 위해서는 어떤 일이 있거나 어떤 일이 오거나를 불구하고 두려움을 무릅쓰고 죽음을 겁내지 않고 피흘려 죽기까지 뛰어드는 손 목사님 자신의 체험을 그대로 말씀하시는 것 같았다.

"넷째로 죽는 날까지 참는 힘이 또한 충성입니다. 매일 당하는 모든 일에서 매사 매사를 해나가면서 참고 참고 또 참아 가면서, 일보 전진하는 생활이 충성입니다. 동시에 순교의 생활입니다. 땀을 흘리면서 일하고, 눈물을 흘리면서 기도하고 피 흘리기까지 죄와 싸워 나가는 것이 충성입니다. 그것이 순교입니다. 그래서 땀이 귀한 것이요, 그래서 피가 귀중한 것입니다. 오늘 하루가 내 날이요 지금이 시간이 내 시간인 줄 아는 자는 날마다 충성할 수 있고 시간마다 순교를 하게 되는 것입니다. 기쁜 마음으로 만족을 해 가면서 죽도록 충성을 하는 법입니다."

손 목사님의 설교에는 인민군이 어떠하니 국군이 어떠하니 하는 말은 일체 없었다. 언제나 순직한 기독자로 어떻게 살아야 주께 영광이 되고, 어떻게 죽어야 생명의 면류관의 소유자가 되는 법인가

를 가르치는 신앙적 설교를 하는 것 뿐이었다.

"신 장로님 장로님, 목사님, 목사님……." 하고 누구를 부르는지 모르게 부르는 젊은 청년은 숨이 차서 헐떡거리는 것이었다.

"장로님, 장로님, 목사님, 누워 계십니까?" 하고 다시 잠시 후에 또 부르는 것을

"왜―누구시오?" 하고 손 목사님은 누웠던 몸을 일으키면서 물으시는 것이었다.

"목사님!" 하고 청년은 손 목사님의 음성을 듣자 그만 벙어리가 되어버렸다. '피하시라고 해야 할 것이냐! 그렇지 않으면 교회로 가시라고 해야 할 것이냐!' 하고.

벌써 6.25사변이 일어난 이래 서울이나 전주나 순천에서 자꾸 손님들이 애양원을 찾아왔었다. 그 중에는 손 목사님을 잘 안다고 하나 손 목사님은 잘 모르는 사람들도 있었다. 애양원 직원들은 만일에 그 중에 소위 빨치산이라도 끼어 들어오지나 않을까 염려가 되었다. 그래서 억지로 애양원 안으로 목사님의 가족을 옮겨 모셔 왔다. 그러나 들어온 그 후에도 손 목사님은 기회 있을 때마다 늘 말씀하시기를 '누구든지 나 찾아 오거든 교회에서 기도하고 있다고 하시오.' 라고 하셨다.

그 동안에 몇 번인가 모르는 이가 목사님을 찾으러 왔으나 올 때마다 벌써 피난 가셨다고 해서 돌려 보냈었다. 그러나 오늘은 하는 수 없이 목사님에게 쫓아와서 피하시라고 해야 좋을지 교회로 가시라고 해야 좋을지 몰라서 망설이는 것은 까닭이 있었다.

9월 13일 점심 때도 지난 때였다.

위원장 외 6부장이 각각 애양원 정문 안쪽 사무실에서 통행인을 감시하고 있었다. 그때 여수 내무서 율촌 분주소 소장, 부소장, 방위

대장, 또 다른 두 사람 합 다섯 사람이 무장을 하고 찾아 왔다. 6부장이란 애양원을 운영하는 총무부, 재무부, 경리부, 의무부, 종교부, 문교부, 산업부의 부장들이고, 위원장이란 것은 본래 목사님 몰래 대외적으로 만일을 염려해서 정해 놓고 무슨 일이 있을 때에 일 시키려고 뽑아 놓은 애양원 위원회 가짜 위원장이었다.

"여보 김 동무, 요새 애양원 식량 배급은 안 받아 가시오?" 하고 가장 친절하게 묻는 이는 위원장실에 들어온 일행 중의 한 사람이었다.

"예, 곧 찾으러 가겠습니다."

"그런데 위원회 인명부는 다 되었습니까?" 하므로

"네, 이것입니다." 하고 내어주니 한참 뒤적거리면서 자세히 보다가

"손 목사는 빠졌는데요." 한다.

"안 계신 분도 적습니까?" 하니

"무엇이오? 손 목사가 없어요?" 하고 지금까지의 태도와는 아주 다르게 변했다.

"기도하러 가시고 없습니다."

"거짓말 마라. 지금 손 목사가 있다는 말을 듣고 왔는데 기도하러 갔다는 것이 무엇이야?" 하고 따져 물었다. 이 말에 깜짝 놀란 사람은 위원장 김씨 뿐이 아니었다. 둘러 있던 사람들은 모두 놀랐다. 그러나 얼른 저들이 넘겨짚고 하는 말인가 싶어서

"안 계시니까 안 계시다는 것 아닙니까?" 하는 소리는 약간 떨리는 소리였다.

"거짓말 말라니까. 이번이 네 번째야 그동안 우리가 동무들 말하는 대로 들어주니까 끝끝내 속이려고 그러는 것이야?" 하고 눈치 빠른 그들은 이들의 태도만 보는 것이었다.

"거짓말 한 것 아닙니다."

"거짓말 한 것이 아니면 거짓말시키는 것이야? 우리가 들어가서 손 목사 찾아 낼 테니 어떻게 할 테야?" 하고 한 사람이 쑥 애양원 안으로 들어갈 것같이 서두른다. 이 말에 일동은 가슴이 덜컥 내려앉는 것 같았다. 젤그덕하고 그 중에 한 사람이 따발총 탄환을 재이는 것 같았다.

"그러지 말고 같이 들어가서 얼른 손 목사 있는데 가르쳐 주어"

"……"

무엇이라 대답하는 것이 좋을지 몰라서 망설이는데

"왜 – 아무말 못해 거짓말 또 할 수 없어 그래?"

"얼른 말 안하면 내 문둥이들 다 죽여 버릴테야 먼저 하나 없애버린 것 몰라?" 하고 다시 위협이다.

이 말에는 모두들 전율을 느끼는 것이었다. 먼저 하나 없앴다는 말은 바로 8월 첫 주일 새벽이었는데 그날도 여전히 새벽 집회를 하느라고 종을 친 일이 있었다. 뜻밖에 12명의 인민군이 애양원에 찾아와서 문에다 총을 겨누고 잠가 놓은 문을 열라고 했다. 그때 마침 짖고 있던 세퍼트를 총을 쏘아 죽이고 또 문간 방에서 자던 어떤 청년이 이 급보를 알리려고 했든지 혹은 겁이 나서 그랬는지 원내로 달음질쳐 들어가다가 권총에 맞아서 말 한 마디 못하고 피살당한 일이 있었다. 그 바람에 벌벌 떨고 문을 열어주니 여기 어디 개새끼들 있다고 해서 잡으러 왔다는 것이었다. 경관과 군인이 숨어있다고 해서 붙잡으러 왔다는 말이었다. 그러나 모두가 불구자라고 말하며 겨우겨우 달래서 보낸 일이 있었는데 '먼저 하나 없애버린 것 몰라?' 라는 말에는 모두들 놀라지 않을 수 없었던 것이다.

"자 – 동무들 들어갑시다." 하고 서두르는데 이 때에 젊은 청년이 뛰어 들어오며

"저 ─ 목사님 아까 섬에서 돌아 오셨답니다. 지금 교회에서 기도하신답니다." 하고 보고를 해버렸다. 찾아온 일동은

"그렇지 다 ─ 알고 왔는데 쓸데없는 거짓말을 해" 하고 들어선다.

애양원 사람들은 이 어찌된 셈인가 싶었으나 곤란한 입장에서 벗어난 것이 다행인 것도 같았다. 그것은 한참 야단칠 적에 눈치 빠른 청년 하나가 박 장로에게 쫓아가서 '사세가 이렇게 되었으니 어떻게 하면 좋겠느냐?' 물으니 박 장로님은 아주 딱한 듯 싶어서 한참 있다가

"그 사람들이 다 알고 온 모양이던가?" 하니

"네, 목사님 계신 것을 다 알고 온 모양이어요, 여간 서두르는 것이 아닙니다. 만일 바른대로 말 안 하고 손 목사님을 찾아 낼 때는 우리 일천 백 명을 모조리 총살한대요."한다.

'어떻게 할까?' 생각하는데 그 아침인가 손 목사님을 만났을 때

"목사님을 찾는 횟수가 많아지니 목사님이 여기 계시고는 우리가 안심하고 안 계시다고 못 하겠으니 피신하십시오." 하니

"그러지 마시고 바른대로 말해주시오. 나는 순교를 각오하고 준비했습니다. 하나님께서 기회만 주시면 언제든지 하겠습니다. 지금이라도 묻거든 교회에서 기도한다고 해주시오." 하셨던 것이었다. 그래서 박 장로님 생각에 차라리 목사님 부탁대로 하는 것이 하나님의 뜻인가 싶어서 방금 기도하고 돌아오셨다고 하라고 말해버린 것이었다.

그래서 청년은 얼른 이 말을 전했고, 한편 박 장로님은 다른 청년을 손 목사님 계신 곳으로 보내서 연락해 드렸던 것이었다.

그러나 이런 경우이므로 '피신하시라고 해야 할 것이냐? 그렇지 않으면 교회로 가시라고 해야 할 것이냐?' 하고 망설이는데

"왜 ─ 나를 잡으러 왔나?" 하시니

"네 ─ 목사님을 찾기로 안 계시다고 했더니 막 소리를 지르면서 거짓말하면 일천백 명을 다 죽여버린다고 야단을 치고 먼저처럼 따발총을……" 하고 설명을 하였다.

몇 날 전부터 허리 아픈 증세가 도진 손 목사님은 여전하게 어젯밤도 눈물기도로 밤새우셨다. 다시 그날밤 삼일 예배 때에 하실 설교 초안을 쓰시다가 방에 누워서 피곤을 푸시던 때였다. 그러나 이 말을 들으시자 이제는 자기의 때가 왔다는 듯이 창백해진 얼굴이나마 결연한 태도로, 쇠약해진 몸이나마 태산같이 무겁게 고요히 일어나시었다. 지니셨던 만년필과 시계와 기타 회중품을 주머니에서 꺼내 놓으시고 양복을 입고 나서시는 것이었다.

"어디로 가시렵니까?" 하고 의아한 태도로 물으니

"교회로……" 하고 한숨 비슷한 대답을 하시며 지팡이를 의지하고 억지로 걸어 나서시는 그 모습 그 걸음!

이슬에 젖은 찬 바윗돌을 부둥켜안고 최후를 결정하려 감람산 겟세마네를 향하여 찬송하며 나가시던 주님의 뒤를 따르려 하심인지!

"김 집사 큰일났어, 김 집사" 하고 멀리 서서 외치는 최 집사 소리에

"왜 그래. 왜 왜?" 하면서 뜯던 토끼풀을 손에 든 채로 일어서니

"큰일났어, 큰일났어, 목사님을 잡으러 왔대여 빨갱이가" 하고 더 말 물어볼 사이도 없이 부리나케 되돌아간다. 어찌 된 영문인지 모르는 심 집사는 토끼풀을 손에 든 채로 늘어져서 잘 듣지 않는 다리를 억지로 빨리 움직이면서 손 목사님 계시던 신 장로님 댁으로 달음질쳤다.

손 목사님을 원내로 모셔 온 후에 몇몇 여집사들은 목사님 계시는 신 장로님 댁 부근을 감시하였다. 정문 쪽은 다른 직원들이 있으니 안심되나 바다 쪽은 허술해서 행여나 누가 목사님 계신 것을 탐

지하러 올까 하여 지키는 것이었다. 심지어 멀리 지나가는 배만 보아도 그 배에서 이곳을 바라보는 것 같아서 마음이 안 놓였다. 그러나 그대로 감시하는 것처럼 할 수도 없어서 토기풀을 뜯는 채 하면서 감시하는 것이었다. 그렇지만 한편 손 목사님은 아무렇지도 않은 것처럼 돌아다니시는 것이었는데 밤중이나 같으면 혹 또 모르겠으나 대낮에도 그렇게 하시는 것이 아닌가. 제발 덕분에 꼭 숨어 들어 앉아 계시면 좋을텐데 절대로 안 들으시는 것이었다. 그렇지만 하루가 지나고 이틀이 지나가는 동안에 그럭저럭 근 1개월 반을 무사히 보냈다. 오늘도 또 무사하시겠지 싶어서 무심코 토끼풀을 뜯는데 청천벽력인지 최 집사는 '목사님 잡으러 왔대요' 소리를 남겨놓고 가버리지 않았나. 어찌된 셈인지 몰라서 우선 신 장로님 댁으로 갔으나 벌써 그곳에는 아무도 없었다. 울고 싶은 김 집사는 다리를 다시 끌고 험한 언덕길을 올라가서 교회로 가셨나 싶어 부리나케 쫓아갔다.

아 그랬더니 이게 어찌된 셈이냐! 벌써 눈물만 흘리면서 아무 말도 못하고 멍하니 서있는 장로님들 그 외에 몇 사람들과는 좀 떨어진 곳에서 따발총을 든 인민군에게 감시를 받으면서 가만가만 걸어가시는 목사님! 창백해진 얼굴을 푹 숙이고 지팡이를 의지하고 걷고 있지 않으시는가 ! 눈물이 핑 돌면서 정신이 아찔해진 김 집사는 마침 곁에 있는 소나무를 꽉 붙잡았다.

환도와 몽치를 든 로마 병정 앞에 선 가롯 유다, 칼을 뽑아든 베드로, 열두 영 더 되는 천사가 캄캄한 밤중에 횃불 속에서 휙하고 지나가더니 「탁」하고 김 집사 머리가 소나무 가지에 부딪쳤다. 정신이 다시 들어 자세히 보니 분명히 손 목사님은 아무 말 안하시고 따라가시는 것인데 도대체 둘러선 저이들―장로님 집사님들은 울기만 하고 무엇을 하는 것일까 싶어서 '아, 여보시오, 여러분 왜 이러고 가만히 서서만 계십니까?' 하고 말을 하려고 그이들 앞으로 바싹 가도 아무도 자기를 아는 체 하지 않고 걸어가는 목사님과 인민군들만 바라보고 있지 않은가. 하도 기가 막혀서

"왜 이러고 섰기만 하는 것이여, 따라가지 않고?" 하고 곁에 있는 이 선생에게 물으니

"오지 말래요. 사무실로 가신다고 따라가면 목사님에게는 불리하데요."

"……?"

김 집사는 그 무슨 말인지 무슨 뜻인지를 몰랐다.

분주소 소장 일행들에게 위협을 당하여서 부득이 손 목사님 계신 것을 실토한 애양원 직원들은 목사님이 계실 것이라고 말한 대로 교회당으로 안내를 했었다. 과연 손 목사님은 교회당 안 뒷편에 이층으로 만든 곳에서 강당 쪽을 향하여 엎드려 기도하시고 계셨다. 구두를 신은 채 뚜벅뚜벅 손 목사님 곁에까지 다가간 분주소 소장은

"여보 동무, 동무가 손 목사요?" 하고 물으나 손 목사님은 한참 동안 엎드린 채 기도를 계속하시다가 조용히 고개를 드시고 그들을 쳐다보시었다. 그 얼굴 그 태도, 환도와 몽치를 가진 무리들을 맞이하시던 겟세마네 동산의 우리 주 예수 그리스도를 연상할 수 있는지!

"무슨 일이시오. 여러분?"

"동무가 손 목사요?"

"네, 그렇습니다."

"그러면 저 잠깐만 사무실까지 갑시다. 물어볼 말이 있으니."

이런 간단한 문답이 있은 후 아무 반항도 없이 순순히 그들을 따라 나서시는 것이었다. 벌써 이 소문을 들은 많은 애양원 신도들은

교회 문 앞에 둘러섰다. 쇠약해진 그 몸을 지팡이에 의지하시면서 창백해진 그 얼굴을 약간 수그리시고 교회당 문을 묵묵히 걸어 나서시는 그 길! 둘러선 일동은 악 소리를 지르고 울면서 그 길을 막고 싶었다. 그러나 이런 눈치를 차린 분주소 소장을 따라온 한 사람이

"동무들 조용히 하고 따라오지도 마시오. 목사님은 저 문간에 있는 사무실까지만 갈 것이오. 물어볼 말이 좀 있어서 그러는 것이오. 조용치 않으면 목사님에게 불리할 것이오."

이렇게 미리 얘기를 질러버렸다. 그래서 이들은 어찌 할 줄을 모르고 멍하니 서서 눈물 머금은 눈으로 바라보기만 하는 것이었다. 그러나 이 영문을 모르는 김 집사는 앞서서 따라가시는 손 목사님이 어쩐지 다시 못 만날 것만 같아서

"그게 무슨 소리요. 따라가기나 합시다." 하고 앞서서 절룩 걸음으로 걷기 시작했다. 일동은 이 순간 손 목사님과 김 집사를 번갈아 가면서 쳐다보고만 있었다.

애양원 오후 햇빛은 나무 그늘 속으로 부챗살처럼 새어드는데 마치 독수리에게 채여 간 어미닭을 보면서 어쩔 줄 모르는 병아리 떼들처럼 멍하니 서있기만 했었다.

제7장

이십세기 심판정(審判廷)

"여보시오. 도대체 어떻게 될 모양이요?" 하면서 장 영감은 곁에 있는 신 선생에게 가만히 물었다.

"모르지요." 하고 귀찮다는 듯이 간단히 대답을 하니

"신 선생 같은 이가 모르면 누가 안단 말이오. 아시는 대로 누구든지 이야기나 좀 해주시오. 속이나 덜 타게!" 하면서 늙은 장 영감은 눈물이 나오는 것을 억지로 참는다.

"알기야 누가 알겠어요. 요새는 공습도 좀 덜한 모양이던데요. 아까 저녁때 교양 받으러 나갔을 때 슬쩍 벽에 붙인 것을 보니 마산도 해방시켰다고 쓰여있습디다." 하고 김창수라는 학생이 가만히 장 영감에게 말을 해주니

"마산?" 하고 놀라면서 반문하는 소리가 컸다.

"네!" 하고 힘 없이 대답을 하니

"해방은 무슨 주리를 해방!" 하면서 원망이 가득한 장 영감은 다시 눈물을 쏟는데,

"이 개새끼들아, 시끄러워 누가 말 하라고 했어, 말 안 들으면 물

벼락 또 맞을 줄 알어라." 하고 벽력같이 소리를 지르는 것은 소위 교화장이라는 유치장을 지키는 간수 동무였다. 잠깐 동안 침묵이 계속되었다.

"예수 믿읍시다. 예수, 예수 믿고 천당갑시다. 천당." 하는 어떤 노인의 음성이 어둡고 침울한 교화장 속을 흔들었다. 이 소리만은 막을래야 막을 수 없는 노인의 전도하시는 음성이었다.

여수 순천사건을 한바탕 치르고 난 후에 우익 좌익을 통해서 많은 수의 희생이 났었다. 이번에 인민군이 내려 몰리게 되니 8.15 해방 이후에 좌익 운동에 열렬하던 사람으로 일단 산으로 피신했던 이들이 돌아와서 다시 여수 부근을 지도하는 것이었다. 그래서 그들의 상투 수단으로 경관을 위시해서 우익 청년단체, 지도자, 호농가(豪農家; 땅이 많은 농가), 상업가, 공무원 등을 속속 검거하였다. 부산 방면으로 많이 피해 갔다고는 해도 상당한 수가 검거되었던 것이다. 그 중에 나는 특별한 죄가 없으니 아무 일 없겠지 하고 있다가 붙들린 이도 있었다. 어떤 이는 피한다고 한 것이 집안을 뒤지는 통에 잡힌 이도 있었다. 이랬던 저랬던 여수 경찰서 유치장은 중죄인이라고 보는 이는 직결처분 했음에도 불구하고, 초만원일 정도였다. 유치장 안은 눕기는 고사하고 앉아있기도 어려울 정도였다. 그대로 이야기나 좀 하게 했으면 좋겠는데, 이 역시 절대 엄금이다. 그러나 짬짬이 몰래 몰래 기회를 엿보아서 이야기를 하였다. 어떤 때는 무사하기도 하고 어떤 때는 들켜서 상당한 형벌을 당하는 것이었다.

통털어서 별명이 개새끼요, 국군은 노랑개, 경찰은 꺼멍개, 기독교인은 미국놈 스파이, 목사는 미국놈 양자, 이렇게 특별한 별명을 지어서 부르면서 괴롭히는 것이었다. 그러나 괴롭히거나 말거나 73세의 고령으로 최후 순교를 각오하고, 그 교화장 안에서도 쉬지 않고 곁에 있는 이나 자기를 취급하는 사람에게 전도하는 이가 있으니 이는 덕양 교회의 목사님이신 조상학(趙尙學) 목사님이셨다.

"미국놈 스파이 늙은 개새끼야!" 하면

"예수 믿으시오!" 하고 대답하시고

"그만 그치지 못해?…" 하면

"예! 천당갑시다." 하시니

"이 늙은 것이 귀가 먹었나?"

"예수 믿고 천당갑시다." 하신다.

이 조 목사님은 7월 27일 경에 인민군이 덕양(德陽)에 들어온 후 일단 피신을 하셨으나, 일제 시대에도 순교할 기회를 얻지 못했던 것을 생각하시고 다시 덕양에 돌아와서 교회를 지키시면서 체포되실 때까지 집회를 꼭 하신 것이다. '이때는 저울을 들고 믿음을 저울질 할 때다!' 하시면서 인민군에게까지 전도를 하시는 것이었다. 그러시면서 매일 새벽이면 목욕하고 깨끗한 몸으로 잡히시기를 기다리시었고, 잡히실 때는 새옷 입고 여수로 향해서 떠나신 것이었다. 그래서 여수 내무서에서 검거 당하신 후 쉬지 않고 전도를 하셨는데, 특히 젊어서부터 잘 못 들으시는 귀 때문에 많은 일에 불리하셨지만, 그러나 누가 무엇이라고 하던 어떤 괴로움을 당하던 끝까지 전도에 힘을 다 하시었다.

"여보- 물 좀 주시오."

"시끄럽다. 물 없다."

"왜 없겠습니까? 물소리가 들리는데…"

"물 소리는 무슨 물 소리, 오줌 누는 소리지."

"그렇지 않습니다. 물 좀 주십시오."

"시끄러워 개새끼야, 하고 싶은 대로 다 할 바에야 집에 두지 미쳤다고 모셔와? 이 개새끼야, 회전의자에서 면민(面民) 착취해 먹던 맛이 어떻더냐? 오늘 목 마른 것 하고…….”

이 말에는 할 말이 없는지 물 달라던 사람이 “아이고 –” 하고 말을 못 한다. 그러다가는 다시

“아 여보시오, 동무님. 죽일 때 죽이더라도 물이나 좀 주시오, 몸에 열이 나서 그럽니다.”

“무엇 동무님? 쌍 언제 그렇게 동무가 되었더냐? 이 개새끼야 동무님 소리 듣기 싫다.”

“글쎄 그러시지 말고 동무님 물이나 좀 줍시오. 물.” 하고 곧 숨이 막히는 모양을 하니

“그래라 내가 너 같으면 물을 주겠니?” 하고 큰 적선이나 하듯이 물 한 컵을 갖다가 주니 한숨에 이 물을 마시고 나서는 그냥 살아난 것처럼 눈을 스스로 감으며 ‘아이고 이제는 살겠습니다.’ 한다. 이 물 마시는 것을 보고서 부러워하는 사람들도 많다.

한참 더울 때 정원이 겨우 12명 되는 유치장에 28명을 집어 넣었다. 하루 두 개 혹은 세 개씩 큰 오리알 만한 정도의 꽁보리 밥을 김에다 싸서 주고 혹 날된장 또는 소금 한 줌을 주었다. 그 밥 먹을 때 물 한 그릇 가지고 여섯이 나누어 마시는 외에 물이라고는 일체 구경을 못 했다. 참으로 죽을 지경이었다. 식사 때 먹는 된장이나 소금이 더욱 갈증이 나도록 하였다. 더구나 몸이 좀 불편해서 열이 나는 이에게는 더 말할 것도 없는 고통이었다. 그러나 그런 고통과 달라서 밤에 잠 못 자는 고통도 또한 다른 종류의 고통이었다.

음식이 그렇고 잠자리가 좋을 리 없지만 침구는 바라지도 않으나, 정원 12명인 방에다가 28명 혹은 30명을 몰아넣고 있는 것이다. 눕기는 고사하고 앉았기에도 좁다. 모두들 쪼그리고 앉아 졸린 사람은 졸고, 안 졸린 사람은 고요히 명상을 하고 있는 수밖에 없었다.

또 맘놓고 이야기 할 수도 없었다. 들켰다가는 밤중에 야단이 나는 판이다. 하지만 사실은 편한 잠이 올리도 없었다. 들어앉아 있는 자기들의 생명도 언제 어찌될지 모르나 남아 있는 가족들의 안부를 알고 싶은 생각 이루 말로 다 할 수 없었다.

이럴 때인데 밤중 열두시쯤 되어 밖에서 떠들썩 하더니 제 이호 감방문이 열렸다. 누구인지 한 사람을 그 감방에다 넣었다. 방안 사람들은 또 누가 들어오나 하고 쳐다보는 이도 있었고, 배고픔과 잠에 졸려서 쪼그리고 앉은 채 잠든 이들도 있었다. 새로 들어온 이는 혼자 들어서서 아무 말도 없이 눈을 감고 가만히 있더니 한참 지난 후에 '여러분 고생을 하십니다.' 하고 인사를 했다. 상당히 유치장에 익숙한 듯 싶었다. 이 인사에도 불구하고 모두들 귀찮다는 듯이 아무 대꾸가 없었다. 그렇지 않아도 좁은데 또 한 사람 들어왔으니 이를 어떻게 하느냐 하는 걱정이 더 컸는지도 모른다.

9월 15일 새벽 일찍이 잠이 깬 창수 군은 깜짝 놀랐다. 그것은 언제 들어오셨는지 모르나 분명히 손 목사님이 이방 저편 구석에 오바를 입으신 채 쪼그리고 앉으셔서 기도하고 계시지 않은가? 궁금증이 나서 얼른 여쭈어보고 싶으나 눈을 감고 앉으셔서 기도하고 계신 데에는 자기도 모르게 그 무엇에 끌리는 것 같아서 다시 고개가 숙여지고, 전에도 기도는 했지만 이제는 새로운 힘을 얻게 되는 것 같으면서 기도가 속 깊은 데서 되어지는 것같이 느껴졌다. 김 군은 기도와 동시에 눈물이 쏟아져 나옴을 금치 못했다.

(저 손 목사님 같으신 이가 무슨 죄로 오셨나? 동인이 동신이를 죽인 원수까지도 용서해서 자기 아들 삼으신 저 성자님이 무슨 죄가 있었기에 잡혀오셨나? 저 목사님도 동인이, 동신이 같이 되어질 것인가? 아니 우리와 같은 취급을 당할 것인가? 너무도 착잡하다) 하는 생각이 나면서 같이 놀던 동신이, 함께 학생회에서 일하던 동

신이가 머리에 떠오르고 동신이 순교한 후에 그 언젠가 손 목사님 만나서 위로해 드리니

"동신이? 천당에 갔는데 무슨 걱정이야. 하나님의 뜻대로 된 것이지, 창수도 예수 잘 믿어야 돼!" 하시고 오히려 신앙을 격려해주시던 그 손 목사님이 바로 눈앞에 붙들리어 들어와 계시지 않으냐! 눈물이 나오다가는 자기도 모르게 흑흑 흐느꼈다.

그러나 누구 하나 왜 우느냐 혹은 울지마라 하는 이조차 없었다. 어린 학생이 아침이 되니 집 생각이 나거나 배가 너무 고파서 저렇게 울거니 하고 생각했는지도 모른다.

한편 손 목사님은 목사님대로 지나간 과거 십년간을 돌이켜 보시는 것이었다.

같은 달 9월 – 1940년 9월, 1950년 9월

같은 수요일 – 1940년 9월 25일도 수요일, 1950년 9월 13일도 수요일,

같은 유치장 – 일제 시대에는 여수 경찰서 유치장, 이번은 여수 내무서 교화장에 구금을 당했으매 사건은 다르고 취급하는 인물은 바뀌었으나 손 목사님에게는 꼭 같은 신앙의 싸움이시리니

여수 경찰서에서 10개월

광주 구치소에서 4개월

광주 형무소에서 1년 반

경성 구금소에서 약간

청주 구금소에서 8.15 해방까지 만 5년간

해방의 덕분으로 석방된 몸이었으나

여순 사건으로 두 아들을 바치고 난 후

다시 여수 내무서 교화장에 앉으셨으니, 그동안 10년간은 한토막 모진 꿈이었다고 할는지!

10년간의 괴롭던 필름이 목사님의 머리 속 은막(銀幕; 스크린)을

스쳐감인지, 창수가 손 목사님을 알아본 후 적어도 한 시간이 경과된 뒤에 겨우 눈을 뜨셨다. 겨우 눈을 뜨신 손 목사님께 가만히 창수가

"손 목사님 아니십니까?" 하고 물으니

"네 !" 하고 가만히 고개를 돌려 대답을 하신다.

"언제 들어오셨습니까?"

"어제 밤중에"

"언제 오셨습니까?"

"어제 저녁때."

"언제 이 사람들에게 붙들리셨습니까?"

"13일에, 그런데 그 누구시오?"

"네, 창수올시다."

"누구요?"

"저 율촌 김 장로 아들이고 동신이하고 한 학교에 다니던 창수올시다."

"오 – 오 그래, 언제 왔어?"

"한 10여일 됩니다."

이렇게 가만 가만 문답을 하는데 별안간 밖에서

"여러분 예수 믿으시오. 예수, 예수 믿고 천당갑시다." 하고 외치자

"떠들지 말아 이 늙은이야" 하는 야단치는 소리가 났다. 이 소리를 듣자 손 목사님은 가만히 다시 눈을 감으셨다. 분명히 귀에 익은 음성이었다. 조상학 목사님의 목소리가 틀림없었다. 그 언젠가 만났을 때에

"손 목사님처럼 내가 싸우지 못한 과거가 대단히 부끄럽습니다." 하시던 말씀이 생각이 났다. 또 이 사람들에게 체포당했다는 말씀도 밖에서 들었더니 과연 이곳에 계시구나 하는 생각이 나며 만나

뵙고 싶은 생각이 났다. 이때

　"목사님, 저도 이 방에 있습니다." 하며 한 청년이 가만히 말을 했다.

　"누구요?" 하고 어둔 방에서 다시 쳐다보려고 하니

　"국진이 올시다." 하자

　"최군이여?" 하신다.

　이윽고 소위 점호가 끝난 후에 아침 식사가 들어왔다. 이 식사 시간이야 말로 내일 아니 다음 순간에 그 생명이 어떻게 될지 모르는 이들에게 있어서도 그 순간까지 끌고 갈 힘을 얻는 시간이다. 하루 세 차례 주어지는 유일의 기쁜 시간이었다. 소위 식사라는 오리알만한 보리밥 덩어리, 그리고 날된장 반 숟가락 정도, 그리고 공동으로 마시는 물 한 그릇이었다. 먼저 들어온 이도 벌써 한 달 이상 되는 이가 절반도 넘는데, 들어온 후에 영양 부족과 더위와 초조함에 시달려서 창백해진 중환자 같은 이가 한둘이 아니었다. 그들은 마치 하루 세끼 먹는 시간을 위하여 사는 것처럼 식사가 들어오기를 기다리고 있었다. 혹 안 먹는 사람이나 있지 않을까 기대하고 또 그 중에서 조금이라도 더 큰 덩어리가 차지되기를 바랬다. 받고나면 게 눈 감추듯이 자기 몫을 먹어버리는 것이었다. 최후 한 입을 삼키는 순간 기쁨은 점심 들어올 때까지 연장 되어지는 것이었다.

　이런 식물을 한 몫 받아 놓으신 손 목사님은 이것을 놓고 적어도 십분 동안 감사 기도를 올리셨다.

　"주여 ─ 감사합니다." 하는 소리가 가끔 들리면서 눈물 머금은 기도소리는 식사를 잊은 사람 같았다.

　"아 ─ 멘" 하고 눈을 뜨시자

　"아이 다들 잡수셨나요?"

　"예 ─ 다들 벌써 먹었습니다." 하고 감방장 격인 수염이 길대로 길은 어떤 이가 대답을 하니, 손 목사님은 밥덩이를 들고 반을 뚝 자

르시더니 그 중에 제일 수척한 이에게 주시면서

"이것 더 잡수시오. 이런 데서는 배가 고픈 법입니다." 하자

"네―" 소리와 함께 얼른 받아 들고 먹어버리는 것이었다. 손 목사님은 그 밥 반덩이를 꼭꼭 씹어서 잡수시는 것이었다. 최국진도 율촌 분주소에서는 안 먹히던 밥이 여기에서는 막 먹혔다.

"앉으시오."

"고맙습니다."

"얼마나 고생이 되십니까?"

"아니오……."

불려 오는 길에 율촌 분주소에 들렸을 때 손 목사님은 여수 내무서에서 취조하겠으니 여수로 호송하라는 전화가 있었다고 하면서 다른 이는 교화장에서 밤을 보냈지만 손 목사님은 숙직실에서 지내시게 하였다. 여수에 도착한 후에도 여전하게 친절한 것 같았다. 멋 모르고 어떤 사람이 "네가 손 목사냐? 솔직히 고백해야 한다."고 위협하듯 말한 적도 있었으나 비교적 친절한 것 같았다. 다만 초만원 된 교화장도 부득이한 일일 것이요, 큰 오리알 만한 밥덩어리를 먹임도 부득이한 일일 것이었는지, 취조한다고 불러내간 후의 그 책임자의 언사와 태도는 대단히 친절했다. 어제의 율촌 분주소보다도 더 잘 차려놓은 여수 내무서 안에는 무엇이라고 슬로건을 쓴 포스터와 함께 스탈린과 김일성의 초상화가 높직하게 나란히 걸려 있었다.

"왜정 시대에 옥중에서 많은 고생을 하셨다지요?"

서로 앉으면서 하는 말이다.

"네, 그저, 조금"

"얼마 동안이나 겪으셨습니까?"

"그럭저럭 한 육년간 되지요."

"참 고생하셨습니다. 그런데 대단히 미안합니다마는 이것 좀 기록하여 주십시오." 하고 내어 주는 것은 소위 고백서라는 것이었다.

"이것은 다 형식으로 기록해 두는 것이니 이것이나 기록해주시면 얼른 돌아가시게 하겠습니다."

소위 고백서라는 것을 보니 본적, 주소, 성명, 출신계급, 사회성분, 이력서 그리고 고백서 이런 것들을 써서 넣는 것이었다. 본적이니 주소니 성명은 문제없이 써 넣을 수 있으나 출신계급이란 무슨 뜻이며 사회성분이란 또 무슨 의미인지 모르겠다.

잠깐 생각하다가 다음을 또 보니 이력서와 고백서라는 난이 있다. 이력서는 쓸 수 있지만 또 고백서란 무엇을 고백하는 것인지 몰라서 손 목사님은 우선 종이를 받아서 잠깐 읽고는 기도를 하시는 것이었다. 책임자는 그 모양이 아니꼬운지 담배 한 개를 꺼내서 불을 붙였다. 기도를 마친 다음에 다시 보니 역시 무엇이라 쓸 것이 없는 것 같았다. 특히 누구에게 고백하는 것인지 하나님께 고백을 하는 것이라면 몰라도, 사람들 특히 저들에게야 무엇이라 고백할 사건이 없고 또 고백할 상대도 못 되지 않느냐? 차라리 자랑을 할 자랑서나 쓰란다면 혹 쓸 것이 있을지 몰라도…….

"고백서란 무엇을 쓰는 것입니까?" 하고 새삼스러이 물으시니

"아 그 목사님 그것도 모르십니까? 고백서야 고백하는 것이지요. 과거에 잘못한 것 같은 것."

"네ㅡ" 하고 손 목사님은 한참 생각하시더니 아예 한 자도 안 쓸까 하다가 앞에 놓인 펜을 들어 무엇이라고 한참 쓰신 후에

"이것이요?" 하고 그에게 내여 주시니 받아서 읽어보던 책임자는 어이가 없다는 듯이 목사님을 한참 바라본다.

"이따위가 고백서야?" 하고 태도는 돌변했다.

"그래 이것이 고백서야? 손 목사 정신 못 차리는군 그래!"

그것은 고백서라는 것이, 출신계급이니 사회성분이니는 손도 안 대고 「일찍이 부르심을 받았으나 그 하나님의 은혜를 속히 전하지 못해서 삼천리 금수강산을 복음화시키지 못한 죄 그 한이 없고, 주께서 지신 십자가의 피 공로 깨닫지 못하고 싸우는 현대 인간들에게 주의 복음 진리를 언행으로 못 가르치는 죄 죽어 마땅합니다. 하물며 골육 살상을 일삼고 무력 정복을 꿈꾸는 이 현실에 대하여 무능력하고, 무신(無信; 믿음이 없음)하고, 무애한 이놈의 죄 열번 백번 죽어 마땅합니다. …운운」 하는 의미의 말씀을 기록했으니 기막히지 않을 수 없었다.

"여보, 손 목사 동무, 왜정 때에 무엇 때문에 감옥 생활을 한 것이야?"

"신사참배 하라는 것 반대한 까닭입니다."

"왜 신사참배는 안 한 것이야?"

"하나님 계명에 금하신 것이기 때문입니다."

"그것이 틀렸다는 것이야, 무슨 하나님의 계명이야, 미국놈 계명이지, 미국놈의 양자 노릇 하느라고 배일 사상에 날뛴 것이지, 무엇 하나님의 계명? 도대체 하나님이 어디 있어?"

그 하는 말은 언어 도단이다. 손 목사님은 더 상대하고 싶지 않아서 아무 말도 않고 침묵을 지키고 있는데 다시 묻기를

"이 손 목사 동무야, 우리 공산주의 악선전을 얼마나 하고 돌아다녔어?"

"……"

"왜 말 못해"

"……"

"왜 말 못해, 또 그 도대체 「사랑의 원자탄」이라든가 무엇이라든가는 누가 쓴 것이야?"

"내 친구가 썼습니다."

"누가 쓰라고 해서 쓴 것이야?"

"모르겠습니다."

"모르기는 무엇을 몰라 네가 억지로 시켰지? 향(香)이라는 연극도 시키고"

"……"

다시 더 상대할 사람이 못 되는구나 싶어서 다시 침묵을 지키니,

"왜 말 못해 내 말이 다 옳지? 나는 못 속여" 하더니 또 묻는다.

"이번에 어디서 잡혀 온 것이야?"

"애양원에서 왔습니다."

"시끄러워. 애양원에 우리가 몇 번이나 사람 보낸 줄 알아? 어디로 가서 숨어서 원수 놈들에게 무전으로 연락해 주다가 이제는 더 숨어 있을 수 없으니까 나온 것이지 무엇이야?"

"……"

이 또한 터무니없는 질문이다. 다시 말씀을 안 하시고 고개를 숙이시니

"고개 들어, 꺼뜩하면 고개는 왜 숙여, 우리 얼른 망하라고 기도할려고? 목사 노릇 할려면 앉아서 기도나 하지 왜 친미파 노릇하고 또 개××이 종 노릇하느라고 날뛰는 것이야?"

"……"

"아이 미국놈 스파이 노릇 하느라고 얼마나 지랄한 것이야?"

"……"

"왜 말이 없어. 이 손 목사 동무야. 그래 이 따위가 고백서야? 이것을 고백서라고 쓰고 있어? 이 철면피야!" 하더니 책상 밑에 있던 몽둥이 같은 것으로 손 목사님을 몇 번 후려 때리는 것이었다. 그러나 손 목사님은 일언 반구 대꾸를 안 하시고 때리는 대로 참고 있으려

니 몇 번 때리는데 문이 별안간 열리더니

"조 동무 저 순천 내무서에서 연락이 온 것 있는데 좀 이리 오시오." 하고 취조관을 불러 내갔다. (오! 주여 주께서 맞으시던 매 내 어찌 싫다 하며, 주께서 당하시던 오해 내 어찌 면하리이까. 주께서 받으시던 심판 내 어찌 안 받겠으며, 주께서 참으시던 괴로움 내 어찌 마다 하리까. 주께서 지신 십자가 내게도 주시오니 감사하옵나이다.) 하는 기도라도 하심인지 눈물을 흘리시면서 조 동무도 없는 빈 방에 고요히 엎드리신 것이었다. 시계는 열시를 가리키는지 열 번 치는 소리가 났다. 벽에 걸려있는 초상화들은 승리를 얻을 줄 알았으리라!

그날밤 최국진은 무슨 소리에 깜짝 놀라 깼다.

"으흐흐 으흐흥……" 하는 신음 소리와 아울러

"여러분 나는 죽겠습니다. 으흐흐! 여러분도 예수 믿고, 으흐흥! 하나님 공경하고 천당갑시다. 아이고! 으흐흥!" 하는 소리는 저편에 누어서 정신을 잃고 앓으시는 손 목사님의 신음소리였다. 낮에 정신 있을 때 개인적으로나 일반적으로 예수 믿으라고, 천당 갑시다고 간절히 전도 하시더니, 어딘가 불편한지 앓으시는 모양이신데 앓는 소리를 내는 중에도 전도를 하시는 것이었다. 아마 낮에 구타 당하신 까닭인지 모른다.

(원 앓으시면서까지 전도를 하시니…) 하고 최국진은 매우 놀랐다. 중간에 누운 창수도 이 소리에 놀라 깼다. 그래서 그들은 함께 손 목사님을 간호하려고 목사님 누우신 곳으로 가깝게 자리를 잡고 보살펴 드리다가 날이 샌 후에 간수에게 부탁해서 의사를 불러 주사를 놓아드려 좀 진정이 되었다. 이렇게 해서 최국진과 김창수와 함께 그 동안을 가깝게 지내셨는데 과거 일제 시대의 유치장 생

활과 비교하실 때에 '지금 하루가 일제시대의 한달 만큼이나 괴롭다' 하시며 그동안 식사 때마다 목사님은 꼭 절반을 떼어서 나누어 주시는 것이었다. 또 시간 있는 대로 기도하시고 성경 외우시고 또 전도하시는 것은 실로 놀라운 일이었다.

제8장

대신 온 생명

"여러분 어떻게 해야 좋겠습니까?"

"글쎄요……." 하고 묻는 말에 묵묵히 대답을 못하는 것은 문제가 많을 뿐 아니라 또 급하면서도 딱한 까닭이었다.

"여러분이 말하지 않으면 앞으로 이 문제들을 결정짓기는 대단히 힘들 것입니다." 하고 또 독촉을 하는 박 장로의 말에는 다시 한풀 꺾인 듯한 감이 느껴졌다.

9월 18일에 아무도 모르게 연락해서 애양원 교회 제직들이 모인 것은 현재 당면한 문제를 어떻게 해결하며 앞으로의 태도를 어떻게 취하겠느냐에 대하여 토의 하고자 함이었다. 손 목사님께서 검속당하시던 9월 13일은 수요일이었으므로 의례히 삼일 기도회로 모이는 날이었다. 졸지에 손 목사님을 잃은 애양원 성도들은 남녀노소를 물론하고 자기들의 부모나 처자를 생 이별한 것 이상으로 안타깝고 슬펐다. 그러나 또한 이 원통함을 호소할 곳은 오직 하나님께 뿐이었으므로 삼일 예배 종을 여전히 치고 또 모여서 울고 기도하고, 기도하고 또 울면서 철야를 한 사람이 부지기수였다. 일제

시대에 여수 경찰서에서 와서 손 목사님을 검속해 갈 때에도 모든 교인들이 침식을 잊고 기도했지만 이번은 그 정도가 아니었다. 당장에 가시면 무슨 일을 당하실지 모르는 까닭이었다.

이럴 줄 알았더라면 우리가 모조리 덤벼서 못 잡아가게 할 것을! 아니 이렇게 될 줄 알았더라면 무슨 짓을 해서라도 모시고 남해나 부산으로 피난을 하시도록 할 것을 그보다도 차라리 이렇게 되어질 줄 알았더라면 8.15해방 직후 부산 초량교회에서 초빙하러 왔을 적에 가시도록 했을 것을 그랬다 하는 가지가지의 과거를 생각하고 후회와 간구로 그 밤을 보냈는데 그 다음 다음날인 15일에 분주소에서 또 몇 사람이 나오더니 '누가 종을 치라고 했느냐? 목사 보내 놓고 무슨 비밀회의를 했느냐?' 하면서 상당히 강하게 경책을 하고 한편 애양원 인민 위원회를 조직하라고 하고, 또 다시는 기도회나 예배는 절대 보지 말라는 것이었다.

또 한 가지는 검속 당해 가신 손 목사님에 대해서는 가만히 있어야 좋을 것이냐? 그래도 석방 운동을 해야 할 것이냐? 검속 당해 가시던 날 문 앞 사무실에서 무슨 말을 묻겠다고 하더니 문 앞에 와서는 여기서 조용하지 못하니 다시 분주소까지만 가시자고 하였다. 이 말을 들은 박 장로님이 힘을 다해서 병환 중이시니 다음날에 하자는 등 걷지 못하시니 우리 몇 사람이 들것에다가 모셔다드리겠다는 등 좀 간청해 보았으나 강경히 거절하였다. 그래서 하는 수 없이 정문 앞에 서서 전송을 하였는데 힘없이 그들에게 끌려 가시던 모습이 지금도 눈에 선한데 그후에 어떻게 되셨는지 모르는 것이었다. 다만 구암리(龜岩里) 앞을 지나 가실 적에 길가에 서있는 아는 아이들에게 '잘 있거라 잘 있거라' 인사하시면서 그들을 따라 가시더라는 이야기를 들었다.

또 애양원 가깝게 사는 복례 어머니가 자기 딸네집에 갔다가 오는 길에 우연히 여수 내무서로 호송되어 가시는 손 목사님을 만나 보았는데, 손 목사님이 자기를 보더니 여수로 가는 길인데 어제 저녁도 굶었다고 하시더라는 이야기도 들었다. 그래서 분명히 여수로 호송되어 가신 것까지는 알았는데 그 뒤에는 어떻게 되셨는지 알 길이 막연한 것이었다. 그러하니

　1. 손 목사님 석방 운동 문제

　2. 애양원 위원회 조직 문제

　3. 애양원 교회 집회 중지 문제

　4. 원내에 아직 남아 있는 사회인들에 대한 문제

　5. 그뿐 아니라 과거를 생각할 때 각자 개인 개인들의 앞으로 취할 태도 문제

　그러나 모두가 어떤 것을 먼저 토의하고 어떤 것을 나중에 토의할 것이냐를 생각하기 어려울 만큼 급한 문제들이었다.

　그런 것 외에도 조심스럽고 그리고 한심하고 기막히는 또 한 가지 문제는 그 수야 얼마 안 되지만 평상시에 약간 비신앙적이던 같은 원내 사람으로 저 사람들에게 이용을 당하고 있는 몇몇 사람들의 문제였다. 만일 지금 모인 제직회도 어떻게 저들에게 알려질는지도 모르고 또 알려지는 날은 역시 가볍지 않은 처벌을 당할 이유가 충분히 되는 것이 아닌가! 노골적으로 말한다면 모인 이들 중에도 저 사람들과 혹 내통한 이가 있지나 않을까 하는 의심이 있어서 서로 말을 함부로 안 하려고들 조심하는 빛이 보이는 것이었다.

　"그러면 차례로 한 가지씩 토의를 해 보십시다. 첫째로 목사님 석방 운동에 대해서 어떻게 하면 좋겠습니까?" 하고 박 장로는 다시 물었으나

　"……"

　아무도 대답하는 이가 없었다.

이 문제는 가장 급한 문제이다. 그러나 자기들에게 있어서는 가장 불가능한 문제이기도 하다. 자기들은 신앙적으로 하나님께 간구하는 기도에만은 누구에게도 지지 않을 자신이 있겠으나 사람들을 시켜서 혹은 비용을 써 가면서 무슨 운동을 한다는 것은 불구자들인 자기들에게 있어서는 거의 불가능한 것이다. 그래서 역시 침묵이 계속되는 것이었다. 고양이 목에 방울 달기 같다고나 할까?

"아 이렇게 아무도 말을 안 하면 어떻게 할 작정입니까?" 하고 난처해진 말로 다시 물으니

"우선 내일인가 우리 자동차 운전수가 여수 다니러 간다니 그 편에 돈이나 좀 보내서 혹 차입 같은 것이 되는지 몰라도 그렇게나 해 보도록 하십시다."

"그러나 그들이 그런 청을 들어 줄까요?" 하고 누가 반문하니

"글쎄요 될지 안 될지는 몰라도 아무튼 해 봅시다. 누구의 말을 들으니 일제 시대에 광주 형무소에 계실 때 함께 있던 좌익 한 사람이 지금 여수에 있답니다. 그는 손 목사님을 성자라고 했다는 말도 있으니, 그런 분을 찾아서 교섭해 본다면 될 것 같습니다. 저 사람들 사이에도 우리 목사님은 성자로 알려져 있는 모양입니다. 되고 안 되는 것이야 하나님의 뜻에 있겠지만 해 보기라도 해야 할 것이 아니겠습니까?" 하고 처음 제안한 이가 강조를 했다.

"그렇게 해 봅시다. 들어 줄지 안 들어 줄지 몰라도 미리 겁내고 안해 볼 이유야 없겠지요."

"그렇게 해 봅시다." 하고 찬송을 하고 나서

"금액은 얼마나 할까요?" 하고 계속해 질문을 하니

"한 만원 해 봅시다." 하여 모두들 좋겠다고 찬성을 했다. 그래서 그 이튿날 보내 보기로 했다.

"그러면 그것은 그렇고. 그것만하고 있을 수 있습니까? 목사님

석방운동은?" 하고 다시 물을 때

"우리 참 저 노씨라는 이에게 상의해 보십시다." 하고 한 사람이 제의를 하니

"글쎄요. 그이를 우리는 어떻게 보아야 할지 모르겠는데요? 정말 회개를 했는지 혹은 가면을 썼는지 모르니 말입니다."

"그렇기도 하지만 그의 말대로 순천에서 한 일이나 원내에서 있을 동안에 한 태도를 보아서 능히 알 수 있지 않습니까? 그는 벌써부터 민청에서 와서 일좀 하자고 해도 안 나갔다고 하지 않습니까?" 하고 제의를 한 이가 다시 주장을 했다.

이 노씨란 이는 애양원에서 그리 멀지 않은 동네에 사는 진실한 청년 교원이었다. 그 전에 거문도(巨文島)로 가서 국민학교에 근무하고 있었다. 그가 자기 동생 혼인으로 해서 집에 다니러 오다가 도중에서 어떤 친구를 만났던바 그 친구의 설득으로 유혹을 받아서 비밀로 남로당원이 되었던 것이었다. 그러다가 여순사건이 발생하자 남로당원으로 제법 활약을 했었다. 그러나 3일 천하가 지나간 후 국군 진주 이후에 체포를 당해서 당장에 사형을 받게 되었다. 그러나 시체라도 그 부모가 찾자고 애원을 해서 직결 처분을 면하게 되었다. 그래서 대전 형무소를 거쳐서 마포 형무소에서 20년 복역을 하게 되었던 것이었다.

그러자 1949년 10월 경에 서울 성도교회(聖都敎會)에서 부흥회를 인도하시던 손 목사님이 기회가 있어서 마포 형무소에 가셔서 말씀하신 일이 있었다. 그때에 손 목사님은 형무소에 다니시면서 여수나 순천이나 율촌에서 온 죄수 특히 여순 사건으로 해서 잡혀와 복역하는 죄수는 일일이 찾아서 만나 보시고 전도하셨는데 역시 마포 형무소에서도 찾아서 전도하고 위로를 해 주셨다. 그때에 노 선생은 손 목사님을 면접하게 되어 손 목사님과 사식을 함께 했고

또 기도도 했다. 그때에 받은 인상이 깊어서 노 선생은 손 목사님을 존경하고 신앙 생활을 하기로 결심하게 되었던 것이다. 그후 서면 상으로나 친척을 면회할 때나 손 목사님의 안부를 묻고 또 기도를 원하게 되었던 것이다. 한 번은 노 선생의 아버지가 손 목사님을 찾아 왔다. 그래서 말하기를 자기 아들이 찬송가와 성경을 사서 보내 달랜다고 하며 어떻게 사느냐고 물었다. 손 목사님은 그 책을 사 주셔서 보낸 일도 있었다.

이처럼 늘 연락이 끊이지 않았는데 6.25사변이 일어났다. 그러나 사변이 일어나기 직전에 모든 죄수 특히 좌익 사상범들을 따로 뽑아서 석방시켰는데, 노 선생은 그 차례에 들지 못하고 있다가 공산군이 서울에 들어와서 파옥할 적에 자연 석방이 되었다. 그러나 그는 과거를 마음으로 청산한 바 있어서 서울에서 자기를 아는 사람이 협력을 청해도 쇠약하다고 핑계하고 이를 거절하였다. 더욱이 서울에서 고향까지 남하하여 오는 중에 순천에서 어떤 목사 부인이 공산군에게 살해당할 뻔 한 것을 활동을 해서 구출까지 해놓고 돌아왔던 것이다. 손 목사님은 그가 살아온 것을 끝없이 기뻐하셨고 또 원내에 피하셨을 동안 그이도 함께 들어와서 지내도록 하셨다.

이미 일이 이처럼 되고 보니 노 선생이 정말 회개를 했는지 아직도 가면을 쓰고 있는지 손 목사님이 아닌 제직들로서는 서로 문제가 되는 것이었다.

"그렇지만 열 길 물 속은 알아도 한 길 사람 속은 모른다 하지 않습니까?" 하고 다시 반대를 하는데

"아 그 석방 운동하는 데야 그이가 어떤 이고 간에 부탁해 볼 수 있지 않겠습니까? 더구나 평소에 손 목사님을 사숙하던 이라고 하니 말입니다. 또 했다가 틀린다고 해도 죄 될 것이야 없지 않겠습니

까?” 하고 다른 한 사람이 강조를 하였다. 그 결과 일동은 노 선생에게 내일 아침에 일단 상의해서 부탁하기로 결정하였던 것이다.

이처럼 손 목사님의 석방 운동을 급히 해 보자고 서두르는 이유의 하나는 저희들도 손 목사님을 함부로 총살하지야 못하겠지만 국군이나 유엔군의 반격이 꼭 있을 듯 싶은데 그때에 함포 사격이나 비행기 폭격에 피해를 입을까 염려가 되었던 까닭이었다.

그 다음에 문제되는 것은 애양원 위원회 조직에 대한 문제와 예배, 집회 중지 문제이나, 이 두 문제는 자기들로는 전연 불가항력의 문제들이었다. 위원회 조직을 반대한다 해도 될 리 없고 예배 집회를 결정한다고 해도 언제 무슨 일을 당할지 모르니 그 역시 자기들이 원하는 대로 되어질 것 같지가 않았다.

그러나 그 다음 문제인 원내에 남아 있는 사회인들, 다시 말하면 무병한 사람들이 피난해 와서 환자들 틈에 숨어있는 사람들에 대한 문제는 이렇게 하기로 했다. 즉 애양원도 이제와서는 안전지대가 못되니, 만일 어떤 불상사가 생기면 서로 덕이 되지 않을 것 같다고 하여 일단 퇴거해 받도록 하기로 했다.

그리고 나서 개인 개인이 앞으로 취할 태도는 가결 지을 수 없는 일이었다. 총 결론적으로 사세(事勢; 일이 되어가는 형세)는 제직들의 말대로 되어질 것 같지 않으니, 부득불 소극적 태도를 취힐 수밖에 없다는 것이었다. 그날 그날 닥치는 대로 대할 수밖에 없으나 될 수 있으면 피신하는 태도를 취하도록 결의 없는 결의가 되고 말았다.

그 누구의 말인지 모르나 반동 분자들은 전부 처단하고 건강한 청년은 의용군으로 징병하고, 중환자들은 소록도(小鹿島)로 보내서 이 애양원은 전부 해산시켜 버리겠다는 말이 떠돌았고, 또 사실 애양원 부근에 사는 적색 분자들은 이렇게 되기를 바랐던 것이다. 따발총은 애양원을 땅 위에서 청산시켜 버리려고 했던 것이다.

"사모님, 사모님"

"……"

"사모님 안 계십니까? 양근이도 없느냐?"

"……"

"사모님, 사모님" 하고 몇 번인가 부르니 한참 후에야

"네, 누구십니까?" 하고 나오시는 분은 사모님이시었다. 기도하다가 나오시는 얼굴이었다.

손 목사님께서 저 사람들에게 체포를 당해 가신 후 애양원 내에 있을 필요를 느끼지 않는 사모님은 제직회에서 결정한 즉 사회인은 다 도로 나가 달라는 말도 있고 해서 사택으로 도로 나와서 계신 것이었다. 손 목사님이 체포를 당하시고 나니 사모님은 만사가 다 귀찮으셨다. 어쩐지 마음에 다시 만나보지 못할 것만 같이 느껴지셨다. 그래서 하나님께 울고 굶어가면서 간구하고 싶기도 했다. 뿐만 아니라 만일 목사님이 무슨 일을 당하신다면 나도 그 뒤를 따라서 죽게 되었으면 하는 생각이 나기도 했다. 그러나 달을 짚어보니 이 달이 순산 달인 것이다. 복중에 있는 애기를 생각할 때에는 함부로 굶거나 함부로 몸을 갖지 못할 것 같다. 그렇지 않아도 몸이 무거운 것 같지 않은가!

(그동안 동인이 동신이 같은 두 아들을 사별하고도 살아오지 않았느냐? 그렇지만 그때는 손 목사님이 계시지 않았던가? 그러던 그 남편마저 무슨 일을 당한다면? 또 남아 있는 어린 자식들이 넷이요, 또 복중에 하나가 더 있지 않느냐? 목사님이 무슨 일을 당한다면 이 어린 자식들과 내가 어떻게 될지 모르는데 거기에 나까지 무슨 일을 당한다면 어린 떼거지가 날 것이 아니냐? 도대체 서울에 황 선생과 함께 있는 동희는 어떻게 되었누? 아니다. 우리 목사님은 무슨 일을 안 당하실 것이다. 설마하니……) 하고 날마다 같은 생각, 때

마다 같은 번민 속에서 몇 날을 보내는 중에 오늘도 여전히 하루 해가 넘어가는가 싶어 나오는 눈물 속에서 저녁 기도를 드리고 있는데 누구인지 찾는 사람이 있는 것 같아서 드리던 기도를 마치고 나오시는 것이었다.

"사모님 목사님이 무죄 석방 되실 것이랍니다."

"......?"

"저 박 영감이 그의 아들 석방 운동하러 갔다가 듣고 돌아온 말인데 내일이나 모레에는 무죄로 석방 되실 것이래요." 하고 찾아 온 이는 가장 요긴하고 중한 소식을 전해주는 것이었다.

"정말이래요?"

비로소 사모님의 입은 열리었다.

"네. 박 영감 말이래요. 자기 아들도 목사님과 함께 석방될 것 같다고……."

그러나 어쩐지 사모님의 마음은 쉽사리 가벼워지지를 않았다. 몇 날 전인 9월 19일엔가 자동차 운전수 가는 편에 돈 만원을 애양원에서 보내 보았으나 저들은 일제시대처럼 차입이니 무엇이니는 일체 없다고 하여 드리지 못했다. 또 노 선생이라는 청년을 통해서 여수까지 가보게 했으나 과거에는 몰라도 지금은 노 선생 말이 통하지 않아서 잘 안 되었다고 돈만 쓰고 말게 되있다. 이것은 손 목사님을 미워해서 그러는가 싶었다.

그래서 며칠 동안을 줄곧 괴로운 심정으로 지내왔다. 그런데 의외에 석방된다는 말을 들으니 정말 그럴까 싶어서 곧이 들려지지 않았다. 더구나 국회의원 선거운동 때 대활동을 했고 대한 청년단 간부이었던 박 영감의 아들이 손 목사님과 함께 석방된다는 것은 아무래도 의심을 품게 하는 것이었다. 거짓말 잘하는 그들이니 박 영감을 안심시키느라고 그런 거짓말을 한 것이나 아닐까 싶기도 했다.

"그 말이 정말일까요?" 하고 다시 한 번 재차 물으니

"정말이래요. 박 영감이 아는 빨갱이가 그렇게 기별을 해주었대요."

이 말에는 조금 안심이 되었다. 박 영감이 아는 빨갱이가 누군지 몰라도 일부러 기별을 해주었다는 데는 박 영감이 귀찮게 굴어서 들려준 말이 아닌 듯 싶어서였다. 그리고 또 한 가지 생각되는 것은 누군지 몰라도 원내에 있는 어떤 이의 아주 가까운 친척이 율촌면(栗村面) 무슨 위원이 되어서 그가 늘 여수와 자주 연락한다는 말이 있었는데 혹 그이를 통해서 석방 운동이 된 것인가 하는 생각이었다.

"네, 고맙습니다."

"그러니 너무 염려마십시오." 하고는 그이는 다시 애양원 쪽으로 가는 것이었다.

(목사님이 무죄 석방이 되신다!) 이는 어찌된 셈일까? 싶어서 시름없이 멀리 보이는 저녁 노을 비치는 바다를 한참 바라보고 있었다.

(목사님을 석방시키는 까닭이 무엇일까? 허튼 말인지 정말인지 몰라도 9월 보름날엔가 유엔군이 인천에 상륙했고 뒤를 이어서 군산과 포항에도 우리 국군이 상륙했다고 해서 좌익들이 한풀 꺾인 듯 싶다는 말이 도는데 필연코 그런 까닭에 목사님을 석방시키는 것이 아닐까? 광주 형무소에 있던 좌익 두목이 여수에 있다는 말을 들었는데 아마도 그이의 호의로 되어지는 것일까? 그것보다도 손 목사님을 접촉하는 이들이 목사님의 인격을 알게 되니 비록 좌익일 망정 목사님에게는 차마 손을 댈 수 없어서 석방을 시키는 것이 아닐까?)

이런 생각 저런 생각에 한동안 잠겨 있었다.

(에라 어쨌든 내일 저녁이나 준비시켜 놓고 저녁때쯤 여수 쪽으로 마중이나 나가보자. 그런데 자동차로 오실까? 걸어서 오실까? 벌써 잡혀가신 지 근 열흘이나 되었으니, 신색도 많이 틀리셨으리

라!)

사모님의 눈에는 눈물이 고여서 멀리 보이던 바다가 흐려졌다. 내일이다. 오늘은 이미 다 갔다. 그러나 내일이란 과연 인간에게 무엇을 갖다 줄 것인지!

그런지 닷새 후.

애양원 안팎에는 우선 기쁜 소식이 떠돌았다. 그것은 28일 아침에 사모님은 순산 득남을 하신 것이었다. 24일 아침부터 준비를 하시고 기다렸으나 손 목사님은 안 오셨다. 24일에 석방이 되었더라도 그날 오시지 못했을 것이니 25일은 꼭 돌아오시리라 싶어서 25일에는 아침부터 기다려지면서 사람을 내보내어 신풍다리(신풍교; 新豊橋) 부근에서 기다리게 했으나 그날도 그대로 넘어갔다. 25일에 석방되셨다면 26일에는 돌아오시겠지 싶어서 또 하루를 기다렸다. 박 영감 집에서도 역시 고대하는 중에 같은 날을 보냈다. 사모님은 가끔 박 영감 댁으로 사람을 보내어 알아보고 박 영감 집에서도 가끔 목사님 댁으로 사람을 보내서 소식을 알고 싶어했다.

그러다가 26일도 여전히 그대로 넘어갔다. 27일이 되었다. 그날도 또 넘어가려고 하지 않는가? 그러는 동안 끼니 때마다 진지를 해서 상을 보아 놓고 기다린 것은 말할 것도 없고 옷도 한 벌 준비해 놓고 나오시는 대로 드리려고 했었다. 따라서 사모님은 마음이 바싹 바싹 타는 것 같았다. 더구나 어떻게 되었는지 요즈음은 공습도 자주 있지 않은가? 내일 28일에는 무슨 소식이 있겠지 하고 기다리면서 27일 밤을 보냈는데 별안간 몸에 이상함이 느껴지더니 28일 아침에 순산 득남하신 것이었다. 애양원 앞에서는 우선 산후 바라지를 몰래 몰래해서 내보냈다.

그러나 순산 득남을 하신 사모님은 또 다른 각도에서 눈물을 금할 수 없었다. 오신다는 손 목사님이 만일 어제나 그저께 돌아오셨더라면 동인이 동신이 대신 아들을 주셨다고 오늘의 기쁨을 함께 나눌 것인데!

이 기쁨, 이 즐거움을 과연 살아오셔서 함께 누릴 것인가? 그렇게 안 될 것인가? 그렇게 안 되면 어떻게 이 소식을 알려드릴 것인가? 나오셔서 이 애기를 보시고 기뻐하실 것은 말할 것도 없거니와 아니 말만 들으셔도 얼마나 기뻐하실까?

그러나 이 소식을 어떻게 전하여야 좋을지 모르니 이 역시 딱한 노릇이었다. 개가 짖기만 해도 멀리서 누가 오는 듯싶었고 나뭇잎이 떨어지는 소리가 들려도 목사님이 들어오시는 발자국 소리 같았다. 애들이 밖에서 소리만 크게 질러도 '아버지' 하고 부르는 소리 같았다. 애기는 출생한 후에 조금 울더니 하루종일을 별로 울지 않는다. 순한 애기, 착한 애기. 목사님이 보시면 기뻐할 애기를 내려다 보시는 순간만이 사모님에게는 세상걱정을 잊는 순간이었다. 그러나 바로 그 눈에는 눈물이 고이지 않는가!

제9장

말 없 는 세 무 덤

"누구요?"

"……"

"그 누구요?"

"……"

대답이 없으나 분명히 사람이 이편으로 오지 않는가?

"그 누구냐?"

"……"

"도적이야!"

"……"

'도적이야!' 소리를 질러도 역시 달아나지도 않고 이리로 오는 것은 분명히 사람이다. 사실은 도적이야 질렀댔자 쫓아 나올 사람들도 없다. 인민군이나 민청원 같으면 몰라도 그 외에는 대낮이나 한밤중이나를 불구하고 마음놓고 나다니지 못하는 때인데 도적이야 소리쯤에 설령 남자들이 있다고 해도 쫓아 나올 리가 없다. 그래서 비록 도적일지라도 안심하고 오는지도 모른다.

"성배냐?"

"……"

"성배 아니냐?"

"……"

성배라는 오십이 가까운 정신 이상 들린 사람이 있었다. 그는 순천으로부터 여수까지는 무시로 어디든지 가고 싶은 대로 가는 사람이었다. 또 어디로 가든지 밥은 먹을 수 있는 안 미친 사람 같은 미친 사람이었는데 그 성배인가 하고 물어도 역시 대답이 없다.

새벽 날이 밝기 전에 조용한 뒤뜰에 나가서 기도하려던 차 목사 부인은 손 목사님 댁에 얼마 동안 신세를 지고 있는 분이었다. 기울어져가는 달빛에 어스름하게 비치는 울타리 너머로 움직이는 이상한 그림자에 놀란 차 목사 부인은 뒷뜰로 가려던 발을 멈추고 방으로 도로 들어가 버리고 말았다.

이 정체 모를 새벽 손님은 구사에 일생을 얻어 사지에서 살아나와 손 목사님 댁을 찾아 온 김창수라는 학생이었다. 그는 온 전신에 흙을 묻히고 입은 옷이란 겨우 팬츠뿐이었다. 어제 아침에 몸을 풀으신 사모님은 이 학생이 온 것을 아시자 얼른 자기 있는 방으로 불러 들였는데 들어서자마자 학생은 입을 열었다.

"아이고 사모님 얼른 미평(美坪)으로 손 목사님을 ……. 아이 추워, 무서워 얼른……."

이렇게 순서 없는 말을 하고는 그만 방에 쓰러지고 말았다. 그러는 순간 무슨 말인지 눈치를 차린 사모님은 '아 그런가? 우리 목사님은 성공하셨구나!' 하는 말을 혼자 속으로 하신다는 것이 입밖으로까지 나오고 말았다.

"어떻게 된 셈이요? 학생" 하고 갓난아이를 눈물에 젖은 눈으로 내려다 보시면서 사모님은 힘이 하나도 없이 물으셨다.

"네" 하기는 했으나 정신을 차리지 못함인지 듣고 싶은 말을 안 하고 있는 것이 물은 사모님에게는 심히 궁금하고 답답한 일이었다.

"여보 학생 정신 났소?"

"……"

날이 환히 밝기도 전에 뛰어들자 인사불성이 된 학생에게 미음을 끓여서 먹게 하고 또 자리를 깔아서 자게 한 후에 '사모님 얼른 미평으로 손 목사님을 …' 하였으니 도대체 어찌된 셈인가? '우리 목사님이 성공하셨구나!' 했지만 그 말을 한 자기로도 확실히 무슨 뜻이었다고 다시 말할 수도 없는 말이었다.

따라서 학생의 말을 좀 더 자세히 듣고 싶었다. '미평으로 손 목사님을' 이렇게 한 말은 미평까지 손 목사님과 함께 왔다는 말인지, 아니면 미평으로 손 목사님을 모시러 가라는 말인지, 그렇지 않으면 미평에서 무슨 일을 당하셨다는 말인지 좌우간 얼른 그 진상을 알아야 연락도 하겠으므로 그 학생이 정신이 들기를 일각이 여삼추로 기다렸는데, 정신이 들자 "네" 하고 한 마디 했을 뿐 아무런 말을 못한다. 그러다가 거의 아침 먹을 때쯤 해서 정신이 났는지 일어나서 주위를 둘러 보더니 입을 뗀다.

"얼른 미평으로 사람을 보내 보십시오. 나는 목사님과 같은 감방에 긴혀 있다가 어제 밤중에 함께 사형장까지 갔었는데 기회를 엿보다가 뛰어 도망해 왔습니다." 하고 자초지종을 다음과 같이 이야기하는 것이었다.

"어제 새벽 여섯시경에 이북에서 왔다는 소위 정지 공작내는 무장을 하기 시작하더니 평복을 입었던 간수들까지도 무장을 했습니다. 그러더니 아침 교양을 받을 시간에 우리들에게 말하기를 '오늘은 우리 간부들이 결의하고 여러 동무들을 전부 석방시키기로 했으니 그리 알고 지시대로 행동하기를 바란다' 하더니 그렇게 안 주던 물도 떠다가 주고 담배도 피우게 하여서 그야말로 자유 행동을 하게 하는 것같이 보였습니다. 그러나 나는 그렇게 쉽게 석방될 것 같지 않아서 목사님에게 '어떻게 될까요?' 하고 물으니 '석방이 문제가 아니라 최후의 승리가 문제이지. 그러니 기도 많이 하여 영혼 멸망 받지 않기 위해서' 라고 대답을 하시었습니다. 곁에 있던 최씨라는 이는 손 목사님과 같은 날 붙잡혀 온 이동네 사람이라는데 석방시켜준다는 말을 듣자 기뻐서 '손 목사님 우리집에 돌아갈 때는 제가 목사님 보따리까지 갖다 드리지요.' 라고까지 하니 '그래 고맙구먼, 어젯밤 꿈에 동인이, 동신이를 보았는데 그렇게 될까?' 하시었습니다.

그러더니 웬걸 저녁때가 되니 저녁이라고 주겠다고, 하나 둘 하고 세서 한 방인가 준 다음인데 별안간 '밥 들이지 말라, 밥 들이는 것을 중지해라.' 하는 고함소리가 났습니다. 그런 뒤에 두런 두런하고 어수선하기에 밥 받는 구멍으로 내다보니 무장한 폭도들이 각 방문 앞에 다가서는 것 같더니 조금 있다가 문을 열어 제치는 것이었습니다. 그리고 말하기를 '모두들 자기들의 소지품을 들고 나와' 하며 행장을 차리라고 하고는 차례 차례 줄로 묶는 것이었습니다. 나는 이때 어찌 할 줄을 모르고 있었는데 아까 그 최씨라는 이가 손 목사님에게 '아마 인제는 죽이려는가 봅니다.' 했습니다. 그러니 '글쎄 그러려는가 보지. 죽여, 죽여, 기도 많이 하여' 하고 아무렇지도 않은 듯이 간단하게 대답을 하시더니 일어서셔서 저 사람들이 하라는 대로 오바를 입고 묶이시는 것이었습니다.

저놈들이 다 묶은 다음에 넓은 강당에다 우리들을 몰아넣었습니다. 그리고는 일장 연설을 하기를 '동무들을 죽일려면 이 자리에서라도 다 죽일 수 있을 것이로되 우리들은 동무들을 죽이지 않을 뿐만 아니라 동무들을 저 미국놈들의 종이 되지 않게 하기 위해서 순

천까지 데리고 갈 것이니 안심하고 우리와 같이 행동을 해야 한다.'
하고 권총을 차고 일본도(日本刀; 일본 칼)를 든 사람이 위엄성 있게
둘러다 보면서 말을 했습니다. 묶인 사람들은 약 백오륙십여 명의
애국 투사들이었습니다. 또 그는 말하기를 '동무들 중에 잘 순종하
는 이는 순천까지 간 후에 잘 교양시켜서 석방시킬 것이요. 좀 더
교양이 필요한 사람은 순천 간 후 우리보다 훌륭한 사람에게 교양
을 받게 하여 인민을 만들 것이다. 만일 도중에 입을 열어 말을 한다
거나 옆을 본다거나 도주를 한다거나 하면 이 총으로 사정없이 쏠
테니 그리 알기 바란다.' 하고 위협을 하였습니다.

그이 뿐 아니라 주위에 호위하고 있는 무장 폭도들은 일본도, 단
도, 따발총 권총들을 들고 있어서 삼엄하기 짝이 없었습니다."

그 무시무시하던 광경을 눈에 다시 보는 듯이 김 군은 몸을 움츠
렸다.

때는 9월 28일, 전세는 자꾸 인민군에게 불리해졌다. 9월 15일에
연합군이 인천 월미도에 상륙한 후 16일에는 전 전선이 총공격 태
세를 취하게 되었다. 영등포에 돌입, 김포 비행장 점령, 서울시에 돌
입, 이처럼 파죽지세로 나아가 9월 28일에는 완전히 수도 서울을 탈
환했다. 동시에 각지의 전세도 전부가 연합군이나 국군에 유리하
게 되어 인민군은 후퇴를 안 할 수 없게 되었다.

그러나 그대로 후퇴를 해 버리기에는 너무도 전공(前功; 전쟁에서
의 공로)이 가석(可惜; 안타까움)할 뿐 아니라 다시 반격을 취하게 될
때에 주체스러운 존재들이 될 것이니 미리 없애버리는 것이 현명
하겠다고 하여 투옥했던 애국 투사들을 납치해서 데리고 가거나
그렇지 않으면 처치를 해 버리는 것이었다. 여수에서도 이 예를 면
치 못했던 것이다. 여수에서도 다른 데처럼 상업가, 선박, 기관장,
대한 청년단장과 단원, 전직 경찰관, 토목국 소장, 교회 목사와 전도

사, 학교 교장과 직원, 대농가, 한청 감찰원, 면장, 우편국장, 서신 배달부, 노동자 등 백 오륙십 명이 검속당해 있었던 것이다. 김 군의 말은 다시 계속되었다.

"이렇게 모아 놓고 일장 훈시를 한 다음에 우리를 데리고 여수를 떠날 때는 열시도 넘은 때였습니다. 추석날이라 달이 환하게 밝으니 공습이 무섭다고 몇 차례 도중에 쉬게 했습니다. 나는 감방에서 묶인 채 손 목사님과 함께 묶이고 싶었으나 그렇게 못 되고 손 목사님은 강대섭 씨라는 사찰계 형사 지내던 키 큰 분과 묶이시고 나는 그 다음에 다른 이와 묶였습니다. 길을 갈 적에는 줄을 지어서 갔는데 손 목사님 다음에 어떤 부인이 있었고 그 다음에 내가 따라갔습니다. 그런데 어떻게 된 셈인지 손 목사님은 신발도 못 신으신 것 같았습니다. 호송하던 폭도가 손 목사님에게 희롱삼아 물었습니다.

'동무는 직업이 무엇이지?'

'직업이라고 생각지는 않습니다마는 목사올시다.'

'목사? 그러면 동무가 감방에서 전도 많이 했다는 사람인가?'

'네, 했습니다.'

'왜 그렇게 전도하는 것이여?'

'예수 믿고 천당가자고 전도하지요.'

'그래 동무는 천당이 꼭 있는 줄 아나?'

'예. 있고 말고요.'

'정신 없는 소리, 있기는 무엇이 있소?'

'꼭 있습니다. 성경을 보면.'

'아 하하하하 천당, 그래 동무는 천당에 가서 잘 사시오, 우리는 지상에다가 천국 이루고서 잘 살 것이니…'

'그러지 말고 선생도 예수 믿으십시오.'

'시끄럽다. 건방지게 나에게도 전도야?'

'누구에게든지 전도…'

이때 별안간 총감독하던 이가 쫓아와서는 무슨 이야기하였느냐고 말시킨 폭도는 내버려두고 손 목사님만 총대로 구타하는 것이었습니다. 목사님께서는 맞을 때도 아무 말씀도 하지 않았습니다. 도중에 가끔 뒤에서 총소리가 나면 '어떤 놈의 개새끼가 도망하다가 총 맞는구나!' 하면서 우리들도 달아나면 그렇게 된다는 듯이 위협을 하였습니다.

약 두어 시간이나 되어서 미평(美坪) 지서 앞에 도착하자 그 앞에다가 죽- 앉혀놓더니 고개를 모두 푹 숙이라는 것이었습니다. 그러고나서 몇 놈이 한 쪽에 모여서 무슨 공론을 하더니 말하기를 '공습이 심해져서 2백 명 이상이나 되는 집단이 함께 행동한다는 것은 위험한 일이다.' 하고 분대로 나누었습니다. 다 나눈 다음에 제1분대를 먼저 출발시켰는데 한 10분 후에 M1 총 소리가 요란하게 들렸습니다. 모두들 깜짝 놀라니 우리들을 지키던 폭도들은 '나쁜 놈의 개새끼들 또 도망질치는구나! 그놈의 개새끼들 그래서 총을 맞지' 하면서 변명처럼 욕을 한바탕 했습니다. 다음에 제2분대가 출발하였는데 손 목사님께서는 이 분대에 끼어 계셨습니다. 나는 그때 3분대였으므로 손 목사님의 떠나신 후에도 남아 있었습니다. 그러더니 역시 10분 후에 또 총소리가 나고 멀리서 소리지르는 소리가 달 밝은 밤에 산에 울리는 것 같았습니다.

그러니까 또 같은 말로 폭도들은 우리를 속이려고 하였으나 암만해도 무슨 일이 있는 것 같아서 최후인가 싶으니 죽는 것도 무섭지만 죄가 무서웠습니다. 기왕 죽는다면 꼭 천당에 가야 할 터인데 하고 기도가 저절로 나왔습니다. 그러자 '제3분대 출발' 하였습니다. 나는 일어나서 가는데 지서에서 조금 떨어진 숙바위 고개 옆 어

떤 과수원으로 끌고 들어갔습니다. 들어서기도 전에 들리는 소리
는 비명과 신음하는 소리 또 그러한 속에서도 찬송을 부르는 것 같
은 소리가 들렸고 들어서자 코에 미치는 냄새는 화약 냄새에 섞인
피비린내였고, 눈에 띄는 것은 이편 과실나무 밑에서 꿈틀거리는
사람들이었습니다.

얼른 내 눈에 띈 것은 일곱 놈이 저편 나무 밑에 숨어 섰다가 우리
가 선 다음에 총을 쏘려고 벌써 총을 겨누고 있는 것이었습니다. 순
간 어찌된 셈인지 내 손이 끌러져 있는 것을 알게 되었고 이것을 알
자 뛰고 싶은 생각이 왈칵 나면서 총을 겨누고 있는 놈의 쪽으로 확
대들면서 곁으로 뛰었습니다.

그 다음에는 어떻게 해서 어디로 뛰었는지 모르나 몇 번 총소리
가 나고 분명히 내 곁으로도 총알이 지나가는 소리가 들렸습니다.
얼마를 왔는지 어디로 왔는지 정신을 차리고 보니 어떤 바위 밑이
어서 그 바위 위로 기어 올라가서 우선 엎드려 기도를 드렸습니다.
기도하는 중에 손 목사님 생각이 나면서 '어떻게 되셨는지? 나처럼
혹 피하실 수 있었는지? 그렇지 않으면 총살을 당하셨는지? 알고
싶고 또 알리고 싶어서 소로로 여기에 겨우 온 것입니다. 오는 도중
에 앞 뒤에 인민군 같은 것이 있어서 콩밭에 몇 번 숨기까지 했었습
니다.'

이렇게 긴 이야기를 한창수 군의 눈에는 눈물이 고여있었다. 고
생으로 일관한 남편 잃은 아내, 하루를 사이에 두고 세상에 나온 아
버지 못 본 아기라는 눈앞에 뚜렷한 기막힌 현실이 눈물을 자아내
게 하였는지도 모른다. 어느 틈에 들어 왔는지 집안 식구는 거의 다
모여 있었다. 그들이 눈물을 흘리고 있는 것은 말할 것도 없었다. 사
모님은 애양원 안으로 대강 이야기를 전했다.

"김 집사 애기 가서 봤어?"

"아직 못 가 봤어"

"누가 가 봤나?"

"박 장로 부인이 가 봤대여. 그런데 꼭 손 목사님 닮았대여" 하면서 벌써 눈물이 두 눈에 어리었다.

"글쎄 그렇대여. 그런 것을 손 목사님은 보시지도 못하고……" 하면서 한숨 섞인 대답을 하는 것을

"아이 나가 봐, 왔나" 하고 별안간 독촉하는 이는 성 권찰이었다.

"아직 안 왔을 것이여. 오면 알려준다고 했어." 하고 안 나갈려는 이는 다리가 부실한 김 집사였다.

"그래도 나가봐, 누가 아는가 그동안에라도 왔는지."

"글쎄 오면 알려준다고 했다니까. 자꾸 나가만 보면 무엇하나" 하면서 마지못해서 나가는 것이었다.

손 목사님이 체포 당한 후에 애양원은 애양원대로 가지각색의 곤경을 다 치렀다. 인민공화국을 반대했느니, 무전기를 숨겼느니, 국군과 순경을 감추었느니, 적기(敵機; 유엔기를 가리킴)에게 무슨 신호를 했느냐느니 해서 이런 트집 저런 말썽을 걸어가지고 가끔 와서 괴롭히는 것이었다.

그런데 이상하게도 공습 온 비행기가 애양원도 한 번쯤은 폭격을 했어야 할 것인데, 그 부근 다른 곳은 폭탄을 투하해도 애양원에만은 절대로 없는 것이었으니 그런 구실거리를 가지고 와서 괴롭히는 것도 무리는 아니었다. 그래서 때로는 제식을 다 찾기도 하고, 때로는 6부장들만 찾기도 하고, 또 어떤 때는 장로들을 찾아서 괴롭히는데, 그런 중에도 박 장로는 반동분자의 괴수라고, 인민 재판을 한다고 사람들을 모아놓고 그의 비행을 묻기도 하고, 사형을 한다고 강변에 데리고 가서 헛총을 놓기까지 했다. 그리고 보니 하루 한

때를 맘 놓지 못하고 지냈다.

　사모님께서 득남하셨다는 9월 28일, 그날 밤에도 애양원 위안관(慰安館) 앞 광장에다가 장로와 집사를 모아놓고는 한바탕 위협을 하며 모두 죽일 것같이 서둘렀었다. 그러나 아무리 서둘러도 근거 없는 말들이라 하는 수 없었던지, 그러면 내일 아침에 다시 올 테니 다들 잘 생각해서 바른대로 말하라 하고는 가버린 것이었다. 이들은 여수에서 후퇴하는 인민군이나 민청원들의 일부였는지도 모른다. 좌우간 무서운 밤 공포의 밤을 겨우 보냈는데, 아침 일찍이 손 목사님께서 사형장으로 어제 밤에 끌려 가셨다는 말이 애양원 안에 무전보다도 빨리 떠돌았다. 그것은 사형장까지 함께 끌려갔다가 도망해서 살아온 어떤 학생의 말이라는 것이었다. 동시에 애양원 안은 확 뒤집혀졌다. 그 누구를 불문하고 놀라면서 울지 않는 이가 없었다.

　그래서 바로 제직회를 모여 정달수(鄭達洙), 홍순복(洪淳福), 김원태(金元台) 3인을 현장으로 보냈는데 아무리 생각해도 손 목사님께서는 돌아가시지 않았을 것만 같이 생각되는 것이었다. 그런 중에도 김 집사나 성 권찰에게는 더욱 그랬다. 그것은 신사참배 문제로 풍비백산했던 지난 날의 일이 생각나는 것이었다. 일제 시대에 체포당해 가신 목사님께서는 신앙을 변절할 리 없는지라, 천당에서나 만나 뵈올 줄 알고 문자 그대로 신앙 사수의 방랑생활 구걸생활을 했다. 이외에도 8.15 해방이 되고 그 손 목사님이 자기들이 살던 옥종면 북방리로 황 선생과 동신이를 데리고 찾아오시지 않았던가! 이처럼 기적적으로 하나님께서 살려두셨다가 만나게 하셨던 것처럼, 이번에도 비록 사형장까지 가셨지만 그야말로 특별한 기적이 없으란 법도 없으니 살아서 걸어 오실 것만 같기도 하였다. 더구나 새벽에 왔다는 학생도 사형장까지 끌려갔다가 살아왔다고 하지 않는가! 성 권찰은 마침 결핵성 관절염으로 꼼짝 못하였으나 정신은 있는지라 누워서 김 집사더러만 자꾸 소식을 알아오라는 것이었다.

세 사람이 떠난 때는 오전 열시경이었으니 빨리 갔다가 온다고 해도 오후 네시경은 될 것인데 열두시가 못 되어서부터 자꾸 기다려지는 것이었다. 그러자 오후 두시경에 손 목사님의 시체를 보았다는 사람의 말이 떠돌았다. 미평 괴악산 밑에 있는 그전 부면장네 과수원 안에 있는데 몸에는 그리 상한 곳이 없는 것 같더라는 말이었다. 그래서 원내에서는 빨리빨리 서둘러 병원에서 단가(들것)를 꺼내고 홑이불을 가지고 행여나 기절하신 정도일까 싶어서 응급 치료에 쓸 약품을 준비시켜 가지고 길을 떠나 보냈다는 것이다. 그러고보니 더욱 더 궁금증이 나서 자꾸 자꾸 내다보는 것이었다. 이것은 이 방뿐이 아니었다. 건너집, 뒷집, 앞집, 옆집 할 것 없이 모두가 이러는 것이었다.

그러나 아무리 내다보고 바라보아도 나중 간 이들은 물론, 먼저 간 이들도 돌아오지 않는 것이었다. 그럴수록 모든 사람들의 생각에는 여러 가지 억측이 갖가지로 일어나는 것이었다. 목사님이 조금만 다치셨다가 기운을 얻어서 일어나시어 어떤 이 집에 가서 치료 받으시는 것을 찾지 못해서 헤매느라 이렇게 늦는 것이나 아닐까? 살기는 사셨는데 걸음을 잘 걷지 못하시어 겨우겨우 걸어 오시느라고 이렇게 늦는 것이나 아닐까?

그때 별안간 "오나봐요, 김 집사" 하는 외마디 소리가 들리는 것이었다. 이 소리에 여자부에 있는 여성도들은 모조리 방에서 뛰쳐나왔다. 이들은 어디냐고 물을 것도 없이 정문쪽으로 달렸다. 그러다가 한참 달리던 그들은 저편에서 이리로 몰려오던 몇 사람과 마주쳤다. 정문이 아니라는 것이다. 원둑 저쪽에서 온다는 것이다. 멀리서 이리로 오는 단가(들것)를 든 사람들 같은 것이 그 일행인가 싶다는 것이다. 일동은 모두들 그렇다고 보면서 얼른 가까워지기를 기다리는 것이었다. 벌써 몇 사람은 그리로 들어오는 샛길 문 쪽에서 바싹 가깝게 서서 바라보는 이도 있었다. 그러나 그것은 아직도 40분은 와야 할 멀리 보이는 거리였다. 그 40분이 한 일년은 되는 것 같았다. 그 동안에 애양원에 있는 사람들은 모조리 나와서 이리로 몰려 와 있었다. 그들은 한 가지 생각에만 붙들려서 한 군데만 바라보고 있었다.

지금부터 6년전 8.15 해방 후 청주 구금소에서 석방이 되신 손 목사님께서 돌아오실 때에도 이 길로 해서 애양원으로 들어오신 일이 있었는데, 그때 맞이하던 기쁨에 비해서 지금의 슬픔은 정반대로 비교할 수도 없는 것이었다. 16일 전에 분명히 애양원에서 걸어나가신 손 목사님이 들것에 실려서 돌아오시다니, 16일 전에 분명히 생존해 계시던 손 목사님을 시체로 모시고 애양원으로 돌아오다니, 6년 전에 살아서 돌아오시던 길이 신앙 투쟁의 승리였다면, 오늘 죽어서 돌아오시는 이 길은 천국을 전취(戰取; 싸워서 목적한 바를 얻음)한 개선 장군의 귀성식이라고 할까! 늙은이, 젊은이, 남자, 여자, 건강한 사람은 물론 중환자로 꼼짝 못할 사람 이외에는 눈먼 맹인 환자까지도 남에게 부축 받아가면서 이곳으로 모인 것이었다. 지금까지 김 집사에게만 나가 보라고 하던 성 권찰까지도 관절염으로 아픈 증세를 잊은 듯이 다리를 끌고 나온 것은 물론이었다. 이러한 가운데를 들것에 들린 손 목사님의 시체는 샛문을 통해서 여자부 뒷길을 지나 예배당 마당으로 들려 들어왔다. 마치 천군 천사에게 환영을 받으면서 천국문으로 들어가는 성도의 영혼처럼!

그러나 그 다음 아! 덮었던 이불을 들어 보는 순간! 약간 흙이 묻은 얼굴은 창백해졌는데 총대로 맞았다는 입술은 으스러져 하얀

이가 보이고 그러면서도 고요히 잠이 드신 것 같은 얼굴! 기적을 기다리던 소망의 바람은 슬픔의 태풍으로 돌변하여 눈물의 소나기가 쏟아지기 시작했다. 더구나 두 손바닥을 총알이 관통하였는지 함께 뚫려져 있는 것을 보아 합장 기도를 올리시다가 총탄을 맞으신 것 같았다. 또 어깨의 총탄 맞은 것 같은 자리에 피가 많이 응고된 것을 보아 그 자리에서 출혈이 많이 되어서 운명하신 것 같아서 장시간 고생을 하셨을 듯 싶지 않은가! 가슴을 치고 제 옷을 찢으며 시체를 부둥켜안고 얼굴을 맞대고 비비면서 울고 불고 통곡하는 나환자들의 정상은 무엇이라고 형용하기 어려웠다.

어떻게 아셨는지 누구에게 들으셨는지 순산하신 지 하루밖에 안되는 무거운 몸으로 사모님은 이곳을 향하여 걸어오시지 않는가! 저 멀리 수평선 너머로 사라져 가는 낙조(落照; 저녁 햇빛)만이 고요한 저녁 하늘을 지키고 있었다.

10월도 13일 오전 아홉시
순교당하신 지 보름이 지난 금요일
빼앗겼던 수도 서울을 탈환한 위에
못 찾던 적도(赤都; 공산주의 국가의 수도) 평양까지도 점령했다고
각처에서 성대한 경축 행사를 행할 때려만
한바탕 난리를 치른 여수 애양원에서는
이런 기쁨과는 정반대로 슬픔에 잠긴
1천백 명의 나환 신도들이 있었으니
남편노 되고, 아내도 되고, 아버지도 되고, 아들도 되며, 주인도 되고,
종도 되는 손 목사님을 영결하는 장례식을 거행하는 것이었다.

때는 가까운 옛날 반세기 전 1902년

고요한 산촌 칠원(漆原) 한 동네에
빈한한 농부의 맏아들로 태어났으나
주의 복음은 그를 불러 일으켜
나환자의 친구로 옥중 성도로
사랑의 사도로 순교의 제물로
살고 걷고 마치게 한 그의 일생!

성스런 나환자의 친구가 취미였다면
고난의 옥중 6년간이 평범하였다면
절치부심한 원수 사랑이 용이하였다면
장렬한 순교의 최후는 소원이었으리니
십자가 상에서 흘리신 속죄의 피로 씻은
그 은총 그 능력 그 섭리를 누가 알았으리요

눈썹 없는 얼굴에서 성미(聖美; 거룩한 아름다움)를 바라보고
오그라진 손가락에서 영생을 만져보며
썩어져 가는 살 속에서 천국을 찾아보던
몽매간에도 잊지 못하던 그 애양원

금보다 귀한 믿음을 말로만 가르칠 뿐 아니라
신사참배 채찍에서 그 털을 만져주고
무자비 투쟁에서 그 몸을 가려주려
일천백 명 양떼들을 사수하던 그 교회

지금으로부터 3년 전 같은 달 10월
모리아산 꼭대기의 아브라함처럼

순교의 두 제물을 기쁨으로 바치면서
아홉 가지 감사를 부르짖던 그 마당

이제부터 한 달 전 같은 날 13일
로마를 사수하던 베드로처럼
숨을 장소 피할 기회 다 물리치시고
20세기 네로에게 끌려가시던 그 자리

구름 없는 하늘은 여전히 높고
물결 없는 바다는 마음껏 넓어
그 끝간 데를 모를 조용한 아침 아홉시

6백여장 가지각색의 만장(輓章; 죽은 사람을 애도하기 위해 만든 깃발)
이 둘리운 밑에
　몇 날을 두고 곱고 아름답게 꾸민 상여를 앞에 놓고
　성대하고 비장한 영결식은
　원근 각지에서 모여온 귀빈 조객들과
　애양원 신도 1천백 명 눈물 속에서
　다음과 같은 순서로 진행되는 것이었다.

　개회사　사회자 오종덕 목사
　찬송　247장 일 동
　기도　정규오 목사
　성경낭독　마태복음 23 : 29−36 사회자
　특별찬송　애양원성가대
　설교　순교에 대하여 박윤선 목사

약력보고　허영선 집사

특별찬송　이중창 고려신학교 학생

조사　애양원 대표 이현철 집사

조사노회　대표 나덕환 목사

조사　기독신문사 대표 김봉서 선생

찬송　252장 일 동

폐회

목사님의 시체를 모셔온 후 울고 불고 만지고 비비는 사람을 겨우 떼어놓았다. 우선 피를 닦고 옷을 갈아 입히고 침대에다 뉘어서 학교 교실에 안치했다가 입관을 시킨 후에 목사님 댁으로 옮겨갔다.

3일을 보내고 나서 가매장을 시켜 놓았다가 다시 파내서 영결식을 하는 것이었다. 그러는 동안에 사모님이 처음 시체를 대하실 때 기도 먼저 하시고 우시던 모양이라든지, 어머니 따라 온 동련이가 목사님 시체를 무섭다고 안 보려고 할 때에 "동련아, 너를 업어 주시던 아버지시다. 너를 사랑하시던 아버지시다." 하시던 말씀이라든지, 시체를 거두어 염을 할 때 덜 감아진 눈을 쓸어 덮으시면서 사모님이 "애양원 걱정 그만 잊고 눈을 감고 가소. 눈을 감고 가소." 하시던 말씀이라든지, 침대에다 시체를 모시고 갓난아기를 안고 사모님이 사진을 찍었는데 눈 감으신 목사님과 잠든 갓난아기의 꼭 같은 얼굴 모습이라든지, 입관을 시킨 후에 사모님이 유리 붙인 데로 들여다 보시면서 "정을 떼고 가소. 정을 떼고 가소. 26년간 깊이 든 정을 떼고 가소. 그런데, 왜 이리 정이 떨어지지 않는가?" 하시면서 그 곁을 안 떠나려고 하시던 것이라든지를 모두 일일이 지필로 기록하지 못하겠거니와, 그런 중에도 신성포(新城浦)에 있던 재선군이 쫓아 들어와 시체를 부둥켜안고 "죽을 나를 살려놓고 아버지 먼저 돌아가시다니 이 웬 말입니까?" 하면서 울던 모양은 산천 초목까지도 다 서러워할만 하였다. 그러고 나서는 두건을 쓰고 삼베 두루마기를 입고는 꼭 맏상제 노릇을 하는 것이었다.

재선 군은 손 목사님이 체포당하시기 전에 애양원으로 찾아 가서 피신하시도록 서둘러 보았으나 듣지 않으셨다. 그래서 손 목사님과 함께 애양원 사수를 각오하고 있으려고 했으나, 손 목사님이 또한 이를 반대하시면서 꼭 신성포로 돌아가서 거기 있는 생가 부모를 돌보아 드리라는 것이었다. 큰형은 국군으로 징집이 되고 둘째, 셋째 형들은 서울에서 공부하던 중 6.25 이후에 돌아오지 않아 소식 들을 길이 없으니 실로 그 집안에서도 재선 군을 학수고대하는 것이었다. 그래서 몇 날을 그대로 애양원에서 지내다가 신성포 집일이 궁금해서 다니러 갔다가 인민군이 들어오고마니 꼼짝 못하는 몸이 되고 말았다.

인민군이 들어오자 여러 가지 시키는 일 중의 하나가 소위 의용군 모집하는 일이었다. 재선 군의 나이도 해당되는지라 맘놓고 나다닐 수 없어서 집안에 숨어 버리고 말았다. 그러나 애양원 일이 궁금해서 신성포 교회 여집사 한 분을 보내서 그곳 정보를 늘 들었던 것이다. 그러는 동안에 손 목사님이 여수로 체포당해서 가셨다는 소식을 들었다. 이런 소식을 들었을 때에 재선 군의 마음은 무엇이라 표현하기 어려웠고 그의 처신은 더욱 난처했다. 나도 손 목사님처럼 차라리 잡혀가기나 했으면 하였다. 그러나 잡으러 다니는 민청원들은 보기도 싫었다. 여수로 가서 내 과거 지낸 이야기를 하고 손 목사님의 석방 운동을 했으면 싶었다. 그러나 자기의 과거를 말한다고 해서 잘했다고 칭찬해줄 것 같지 않았다. 그렇다고 그대로 들어 앉았을 수 없어서 생가 부모에게 상의도 해보았으나 신통한 결론을 못 얻었다. 이럭 저럭 하는 동안에 세월만 갔다.

임신 중이었던 사모님과 그 가족을 위해서 식량도 보내고 생선도 보냈으나 그것으로 만족치 못했다. 그러다가 9월 30일인가 해서 인민군이 후퇴했다는 소문이 들리매 손 목사님의 소식이 알고 싶어서 여집사를 보내서 소식을 듣고는 부리나케 쫓아 온 것이었다. 그래서 영결식 마칠 때까지 동희, 동장이, 동수, 동련이, 동길이들보다 앞서서 끝까지 맏아들 노릇을 하느라고 애를 썼다.

식을 마친 후 시체는 앞서 보낸 동인 동신 군이 묻힌 동도 섬 두 무덤 뒤에다가 장사를 지냈다.

그렇게 한 지 며칠이 지난 후 어떤 날 새벽 아직 먼동이 뜨기 전, 바다 물결 찰싹거리는 동도, 짠 냄새 풍기는 바다 바람을 쏘이며 세 무덤 사이에 고요히 엎드려 간절히 기도하는 부인이 있었으니, 그는 장독대 같은 두 아들은 앞세우고 사랑하는 남편은 먼저 보내고 철 없는 어린 자식들을 데리고 살아야 할, 세상에서는 가장 불행하다고 할 수 있는 사모님이시었다.

장례식이라고 해서 끝을 마쳤으나 방이라고 들어앉아 있기가 싫어졌다. 신사참배 문제로 손 목사님께서 체포당하셨을 때 놀라기 시작한 가슴이 동인이 동신이 순교당한 소식을 들었을 때 더해졌다. 내무서원에게 손 목사님이 붙들려 가셨을 때 찢어지는 것 같던 가슴이 순교당하셨다는 소식을 들었을 때 더 심해졌는데, 이제는 그 일을 생각만 해도 몸에서 열이 나고 무엇을 어떻게 하여야 할지 모를 정도였다. 더구나 몸 풀은(解産; 해산) 다음 날부터 장례식 마칠 때까지 무리를 했더니 그동안은 몰랐었는데 긴장이 풀리고나니 온 몸이 얻어 맞은 것처럼 무겁고 마음이 괴로웠다. 밥을 먹어도 옷을 보아도 아기가 울어도 누가 무슨 말을 조금 이상하게만 해도 뻗치는 것이란 소위 신경질뿐이다. 눈을 뜬 때만 아니라 눈을 감으면 더

하다. 동인이가, 동신이가, 그리고 목사님이 눈에 아물아물 보일 듯 보일 듯 하지 않는가! 무슨 소리가 들리는 듯 싶고 무슨 말이 하고 싶지 않은가! 잠이 잘 올 리가 없고 깊은 잠이 잘 들 리가 없다. 이 구석 저 구석에서 모두들 걸어 나오는 것 같고 이 문 저 문 밖에서 부르는 것만 같다.

세상은 두 아들을 순교자라고 칭찬을 하고 사람들은 남편을 성자라고 부러워한다. 그러나 순교자의 어머니 성자의 아내가 그렇게 좋은 것 같지 않다. 순교자의 어머니가 안 되어도 두 아들이 살아 있으면 좋겠고 성자의 아내가 못 되어도 남편이 살아있는 것이 든든할 것만 같다. 순교자 되어 하늘 나라에 간 것도 좋고 성자가 되어 천국에 있는 것도 좋겠지만 그 때문에 모조리 겪은 내 고생을 그 누가 알며 그 누구에게 하소연 하랴! 자라나는 어린 것들은 어떻게 하며 인연 맺은 믿음과 사랑의 아들 재선이는 누가 지도하겠느냐?

도대체 공부한다고 서울 가서 아직도 안 돌아오는 동희는 어떻게 되었느냐? 보통 신앙이 아닌 황 선생과 함께 있었으니 딴 실수는 없겠으나 믿음 때문에 꼭 무슨 일을 당했을 것만 같다. 그 언젠가 황 선생과 동희가 살아있는 꿈을 꾸었다고 말씀하시며 기다리시던 손 목사님도 이제는 돌아가셨으니 꿈에 살아 있었다고 꼭 살아 있으란 법이 어디 있겠느냐! 재선이가 생시긴 소식을 알려 간다고 떠났지만 간 후 아직도 소식이 없으니 이 역시 시원치 않다. 평온한 때 같으면 안 선생이 서울에 있으니 잘 돌보겠지만 난리가 났으니 서로 어떻게 되었는지 알 수가 없다. 살아있다면 손 목사님 순교 당하신 소식을 들었을까 못 들었을까? 듣고서 어떻게 이때까지 소식이 없으랴! 우리 국군이 자꾸 이겨서 적군을 대동강 넘어까지 몰아냈다고 이 집사가 라디오에서 들었다는데 그렇다면야, 안 선생이나 황 선생이나 동희가 살아 있다면 벌써 왔을 텐데……

이렇게 이 생각 저 염려가 순서도 없이, 그러나 그칠 사이 없이, 머리를 시끄럽게 할 때 세상 모르고 잠자는 갓난아기를 내려다 보는 것도 위로는 되지만, 아빠 못 본 자식, 막내둥이 못 보고 죽은 아버지를 생각하면 이 역시 가슴 아픈 조건의 하나이다. 이 역시 세상 근심을 잊어버리는 길은 못 되었다.

　(에라 밖으로 바람이나 쏘이러 나가자!) 하고 나선 것이 미리 생각한 것도 아니건만 발길은 애양원 삼 부자 묻혀 있는 곳으로 향하여진다. 넘다 남은 으스름 달빛을 통해 저 멀리서 부르는 소리가 들리는 것 같고, 이리로 걸어오는 모양이 보이는 것 같아서 애양원 정문으로 들어와 여자부 독신료 앞을 지나서 예배당 곁을 지날 때, 철야기도 하는 성도들의 기도소리가 왕왕 들려오니, 강대상 위에서 설교하시던 목사님의 모습이 보이는 듯 사라지고, 외치시던 설교소리가 들리는 듯 없어지지 않는가! 이름 모를 뫼뚱을 지나고 원둑을 건너서 동도섬을 찾아들 때 세 무덤 속에서 세 사람이 "여보시오.""어머니." 하고 나오는 것 같았으나 지나가는 바람이 다박솔을 흔드는 것이었다. '동신이 여기 누웠구나, 동인이 거기 누웠구나, 목사님 그 편에 누으셨구려, 나도 눕기나 할까?'

　이곳은 벌써 무덤이 아니라 사랑하는 남편, 보고 싶은 아들들이 누운 넓은 안방 같았고 이곳은 벌써 땅 위의 무덤이 아니라 가고 싶은 천국, 살고 싶은 낙원 같지 않은가! '여보! 동인아! 동신아! 동신아! 동인아! 목사님, 동신아, 동인아, 동인아, 목사님……'

　앞으로 뒤로 곁으로 앞으로 곁으로 뒤로 고개를 돌리면서 몸을 비틀면서 맘속으로 부르던 소리가 입 밖으로 나오고 가만히 부르던 소리가 커져서 울음 소리로 변하여 사모님은 엉엉하고 울고 싶은 것을 '주여 나를 어찌 하시려나이까! 오 주여!' 하는 한마디 눈물 섞인 기도와 함께 무덤 사이에 엎드리고 말았다.

그러나 말 없는 세 무덤!
불러도 말 없는 세 무덤!
물어도 말 없는 세 무덤!
울어도 말 없는 세 무덤!
웃어도 말 없는 세 무덤!
천사장 나팔이 불 때는 그 어느 때인고?

제10장

노천(露天) 추모의 날

"고모!" 하고 외마디 소리를 치면서 곁에 누운 황 선생을 깨우니

"왜" 하고 깜짝 놀라면서 마주 일어나는데

"아버지 안 돌아가셨어" 하고 동희가 기뻐하는지라

"어떻게 알어?" 하고 다시 물으니

"어젯밤 꿈에……" 하고 대답이 급하다.

"나도 안 돌아가셨다" 하고 손뼉을 치면서 황 선생도 말이 쑥 나왔다.

"꿈 꾸었수? 말해 보우."

"고모 먼저 말해 보우."

"너 먼저 말해라."

"고모 그러지 말고 먼저 말하우."

서로 상대편의 꿈을 듣고 싶어하는 것이었다.

이들은 갑자기 닥쳐온 6.25 사변 중에도 서울에 남아 있었으나 특별한 이상 없이 구사일생으로 9.28 서울 수복까지 맞이하게 되었던 것이다. 그러나 교통이 즉시 복구가 안 되니 여수로 갈 수가 없었다.

통신도 안 되어서 여수 애양원으로 소식을 전할 수도 없고 그곳 소식을 들을 길도 없는지라, 이 두 사람은 누구보다도 날마다 무슨 연락이 있기를 기다리는 것이었다. 누가 부산서 돌아왔다고 하면 행여나 여수 소식을 들었나 하고 아침밥도 먹지 않은 채 만나보러 가고, 밤중이 되어도 시간 가는 줄 모르고 찾아다니는 것이었다.

그 동안에 벌써 서울 시내에서만 희생 혹은 납치된 분이 장로교, 감리교, 성결교, 구세군의 목사님과 장로님만 해도 사십 오륙 명이나 된다고 하지 않는가. 그중에는 늘 출석하던 서소문 교회 김동철 목사님도 계셔서 그 집에 위문하러 가보면 평시에도 곤란하게 사시던 바인데, 6.25 사변을 치른 뒤에는 말할 것도 없이 더 어렵게 지내시는지라. 만일에 손 목사님께서도 순교하셨다고 하면 애양원은 어떻게 되었으며 손 목사님의 남은 가족은 어떻게 되었을까 해서 밤이 되어도 잠이 잘 안 올 지경이었다.

10월 8일인가 서울 영락교회에 가서, 남하하였다가 돌아오신 한 목사님에게 물어 보니 손 목사님이 부산에 오셨다는 말을 못 들으셨다는 것이었다. 10월 14일엔가 어떤 목사님을 만났는데, 손 목사님은 애양원에서 순교하셨다는 것이었다. 그러나 그날 또 들으니 어떤 미해군이 배를 가지고 와서 손 목사님을 여수에서 일본인가 미국으로 모시어 갔다는 말도 들려왔다. 그 디음날 다시 들으니 박재봉 목사, 이성봉 목사님과 함께 세 분이 제주도로 가셨다는 소식도 들려왔다.

그러니 어떤 말이 정말인지 어떤 말이 거짓말인지 몰라서 하는 수 없이 황 선생과 동희는 서로 약속하기를, 하나님께 손 목사님의 안부를 되어진 그대로 꿈에서라도 가르쳐 주시라고 기도하자고 의논했다. 첫날 밤도 아무 꿈이 없었다. 그러자 사흘 되던 날 밤에 동희는 꿈을 꾸었다. 머리도 안 깎으시고 파리해진 얼굴로 계시느는데 왜 그러고 계시냐고 하니 금식 기도하시면서 굴 속에 숨어있느라고 머리도 못 깎으셨다는 것이었다. 이 꿈을 꾼 동희는 안 돌아가셨다는 꿈으로 단정을 하고는 얼른 그것을 알리려고 곁에 누운 황 선생을 깨웠다.,

황 선생은 황 선생대로 정해금(丁海金) 선생과 함께 손 목사님이 눈같이 빛나는 흰 옷을 입고 빛나는 얼굴로 성경책을 들고 들어오시더니, "너희들 나 기다렸지? 나 죽은 줄 알고 궁금해서 혼났지? 나 안 죽었어!" 하시는 꿈을 꾸었는지라. 꿈이란 반대라는데 그렇다면 돌아가셨다는 뜻일까? 그러나 되어진 그대로 보여 주시라고 기도했는데, "나는 안 죽었어!" 하셨으니 안 돌아가셨다는 뜻일까? 어떤 편일까? 하고 잠은 깼으나 해몽을 하느라고 자리 속에 누운 채 가만히 있는데, 동희의 수선스런 소리에 놀라 일어나 안 돌아가셨다는 결론을 먼저 짓고 서로 위로를 받으며 꿈 이야기를 자랑삼아 하는 것이었다. 꿈을 꾸는 인간의 행복이란 이런 때가 아닐까?

"어머니, 저기 벽보가 붙었는데 손 목사님께서 순교하셨대요."

"무어?" 하고 깜짝 놀란 박 부인은 들고 있던 바느질감을 자기도 모르게 내려놓았다.

"언제 순교하셨다드냐?"

"언제 하셨는지 몰라두 추모회가 이달 이십구일 주일 오후 두시에 있다구 해요."

"어디서"

"저 남대문교회에서요."

이렇게 아들과 문답을 하는 박 부인은 벌써 눈물을 머금었다.

작년 6월엔가 서울 신당동 중앙교회에서 부흥집회를 인도하실 적에 누구보다도 자기는 많은 은혜를 받았다. 그때에 믿지 않던 자기 남편에게 세계의 성자가 부흥 집회를 하니 꼭 가자고 권하여 간 것이 동기가 되어 자기 남편도 교회 출석을 시작하게 되매 따라서 과거 팔년 간 당하던 직접 간접의 핍박과 곤란이 일소되어 버렸다. 그래서 그 후에는 서울 부근 어디서든지 손 목사님이 인도하시는 집회라면 제 백사하고 따라다니면서 은혜를 받았다. 그리고 돈암교회 집회까지도 가 보았는데 그때가 금년 4월 10일이었다. 다음은 어디서 손 목사님의 집회가 또 있을까 하던 중에 6.25 사변이 났는데 다행히 자기 집안에는 아무런 연고가 없어서 하나님께 감사했으나 손 목사님이 순교하셨다는 말은 무슨 소리보다도 놀랍고 슬픈 소리였다.

어디서 어떻게 순교하셨는지 이것을 누구에게 물어야 좋을지 몰랐다. 본 교회 안길선 목사님도 납치를 당하셨고 남하했던 다른 이들은 아직 돌아오지 않았으니 물어볼 길이 없었다. 그러다가 문득 생각에 혹시 건넛집 조 집사 부인이 알까 해서 박 부인은 하던 일을 걷어치우고 그리로 물어보러 갔다. 그러나 조 집사 부인 역시 금시 초문이라고 하지 않는가? 하는 수 없이 조 집사 부인과 박 부인은 함께 그 벽보가 붙어 있다는 곳을 물어서 가 보았다.

길가 타다가 남은 담장에

> 사랑의 시도　순교 추모회
> 손양원 목사
>
> 　　　　10월 29일 오후 2시
> 　　　　장로교 남대문교회

물어야 대답 없는 백지에다 먹으로 쓴 벽보는 그의 아들이 말한 대로 분명히 쓰여 있지 않은가!

'그는 정말 가셨나?'

조 집사 부인은 박 부인을 보았고, 박 부인은 조 집사 부인을 보았다. 서로 상대편의 눈물 어림을 보았다. 그 어느 날인가

'목사님 생신이 어느 날이시며, 주소는 어디십니까?' 하고 적어 달라고 하니

'나의 주소는 내 주님의 품속이며 나의 생일은 중생된 그날이오나 중생한 일자는 미상합니다. 고로 땅 위에 사는 나는 장막 생활이며, 나의 생일의 기쁜 잔치는 천당에 들어가는 그날 뿐이외다.' 라고 적어 주시더니 지금 쯤은 천당에서 생일 잔치를 하시겠지! 하는 생각이 슬쩍 지나가는데, 벽보를 보던 사람 중에 "에이! 쩨쩨쩨쩨 또 큰 인물 한 분 없어졌구나!" 하고 군소리처럼 하면서 지나가는 것을 보았다.

그날 저녁때 밖으로 나갔던 박 부인 남편이 집에 돌아오는 길에 연합신문을 무심코 샀다가 거기에서 다음과 같은 기사를 읽으면서 빨리빨리 집으로 돌아오는 것이었다.

[주의 계시를 사수

손양원 목사의 거룩한 순교

일제 시대 신사참배 거부로 육년간 옥중생활을 하다가 8.15 해방을 맞았으나, 재작년 여순사건 시에 적구들에게 두 아들을 순교의 제물로 드리고 그 살해 죄로 사형 당하려는 자를 구출하여 신앙의 아들로 삼은 사랑의 사도 손양원 목사는, 6.25 공비 남침 이래에도 이십오년 간을 함께 지내던 나병환자 신도들의 여수 애양원 교회를 끝끝내 사수하다가 국군 총공격에 패주하는 괴뢰군에게 지난 9월 29일 새벽에 사십 구세를 일기로 무참히도 피살 순교했다고 한다. 손 목사의 순교를 추모하기 위하여 오는 시월 이십구일 하오 2시에 서울 남대문 교회에서 추모 예배를 거행키로 되었다고 한다.]

"오늘 사랑의 사도 고 손양원 목사의 순교 추모회를 우리가 갖게 되었습니다. 사람이 세상을 떠나면 으레 추도회를 갖게 되는 것이 통례인데, 추도회란 애도의 뜻을 표하는 모임일 것입니다. 그러나 슬픔이 있을 리 없는 죽음이 손양원 목사님의 죽음일진대, 추도회라 하지 않고 추모회라고 부름이 진실로 적당한 부름일까 합니다."

이렇게 개회사를 하는 분은 칠십세의 고령으로 손 목사님의 선배이신 동시에 신앙의 동지 격인 채정민(蔡廷敏) 목사님이시었으니, 낙산 푸른 언덕을 동편에 두고, 인왕산 수암(秀岩) 골짜기를 서편에 보며, 청송 남산을 등에다 지고, 저 멀리 북한산 연봉을 고요히 바라보면서, 말씀하시는 노(老) 사도의 얼굴은 감개 무량함을 금치 못하는 것 같았다.

바로 금년 2월인가 해방촌에 있는 자기가 맡아보던 산성교회에 와서 부흥회를 인도하실 때에 은혜받던 그 일이 생각나는 동시에, 한국 교계의 산 역사격이며 다시 없을 주의 큰 일꾼이 없어졌음을 비장하게 여기심인지!

이조 오백년이 일장춘몽이라면, 왜정 삼십 육년이 고달픈 한여름 졸음이라면, 적치(赤治; 공산주의에 의한 통치) 삼개월은 꿈 속의 또 꿈이었으리니,

6.25 이후에 **빼앗겼던** 수도,

9.28 진격에 다시 찾은 서울,

흘러간 옛 일을 소리없이 말해주는 남대문 네거리, 기둥까지 없어진 폐허가 된 교회 터 위에서 국화 두 송이 단촐하게 장식하고, 1950년 10월 29일 하오 2시, 순교하신 지 만 일개월 되는 손 목사님을, 서울 장안에 있는 수많은 교인들은 모여서 추모하는 것이었다.

노(老) 사도의 말씀은 계속되었다.

"나는 「사랑의 원자탄」에다 아들들은 성자의 일을 했고, 아버지

는 성부의 일을 했고, 지은이는 성령의 역사를 하였다고 제자(題字)를 하고 싶었습니다. 아들 형제를 죽인 원수를 살려서 자기 아들을 삼은 그이언만 그 아버지 손양원 목사까지 순교하고 말았습니다. 순교 순교 하지만은 여기에도 분간이 있어야 할 것입니다. 예수 믿다가 죽었다고 다 순교가 아닐 것입니다. 악한 원수들을 자꾸 욕하다가 붙잡혀 죽은 사람도 순교자라고 할 것이나 손 목사님의 순교는 전혀 다른 것입니다. 마귀가 예수를 죽이고 나면 꼭 저희가 이길 줄로 생각했던 것같이 저들이 손 목사님 삼 부자를 죽이고 나면 이 나라의 기독교가 없어질 것으로 생각했는지 모르나, 그것은 마귀의 큰 실수였습니다. 원컨대 우리들은 모두 다 손 목사님같이 되었으면 합니다. …… 운운”의 말씀을 마치셨다.

「내 평생 소원 이것 뿐 주의 일 하다가 이 세상 이별하는 날 주께로 가리라.」 155장 찬송을 부르는 동안 몇 차례인가 서울에서 집회하시던 손 목사님의 가지가지의 모습이 본 그대로 또 여러 가지 모양으로 모인 사람들의 머리 속을 스쳐가는 것이었다.

새벽, 오전, 그리고 밤, 정해놓은 집회에서 가르쳐 주실 때, 진리의 말씀 하시던 그 모습은 말할 것도 없거니와, 때로는 여순사건을 들어 골육 상살을 하지 말자고 권하시던 그 모습, 때로는 국가 패망의 원인의 하나인 우상숭배와 국기 배례 문제로 해서 울면서 밤새워 기도하시던 모양, 때로는 감옥을 찾아가서 ‘나도 여러분과 꼭 같은 죄인이올시다.’ 하고 위로해 주시던 모양, 그런 중에도 여자 오바를 입기도 하고 또는 여우 목도리를 두르시고도 아무렇지도 않은 것처럼 큰 거리를 활보하시던 어린아이 같던 그 모습 등등 추모되는 것이었다.

이학인 목사님의 기도가 순서를 따라 드리게 되었다.

"생사화복을 주장하시는 아버지, 국가 흥망을 지배하시는 아버지, 주의 종이 피를 쏟았다 하오니 당신의 섭리를 깨닫지 못하겠나이다. 주님만을 위하여서 이 땅 위에서 살던 그 종입니다. 어떤 때는 병자를 위하여 울고 병자와 더불어 먹으며, 어떤 때는 주를 위하여 핍박을 받고 마지막에는 주님을 위하여 그 목숨까지 바쳤나이다. 그러나 그 종의 음성을 통하여 듣던 주님의 복음을 이제는 들을 길이 없사오니, 할 일 많은 이 강산에서 그 일을 누구에게 하라고 그 종을 불러가셨나이까? 이미 제2차 해방까지 주셨으니 좀 더 주의 종을 남겨 두셨더라면 얼마나 이 땅 위에서 더 많은 역사를 하겠습니까? 그를 불러가신 주의 섭리를 저는 깨닫지 못하겠나이다. 다만 주여, 신앙의 열매를 맺지 못하고 생명을 바치지 못한 흐리터분한 과거의 신앙생활을 우리들로 하여금 회개하게 하시고, 주님의 종처럼 이 몸과 마음을 온전히 주님 위해서 바칠 수 있는 저희들 되게 하여 주옵시기를 간구합니다.

주의 종을 부르심으로 영광받으신 주여, 주의 종과 같이 순교의 제물이 될 수 있도록 저희들에게도 은혜를 주시고 능력을 주시옵소서. 무서운 환난을 당한 이 강산에 주의 종이 흘린 피가 반드시 값이 있을 것이오니, 주의 종의 피가 한 알의 밀알이 되게 하시고, 우리는 그 밀알의 많은 열매 되어서 주께 큰 영광 돌릴 수 있도록 복 주시옵기를 간절히 기도합니다.

오늘 이 집회도 주관하여 주시옵시고, 그 종의 유가족에게 큰 위로 나려 주시옵소서. 의인의 자손은 굶어 죽지 않는다 하셨사오니 그들에게 일용할 양식도 풍성히 주시옵소서. 사랑이 많으신 예수 그리스도의 이름으로 기도합니다. 아멘"

그 뒤를 이어, 성경봉독, 고인 약력 보고가 있었고, 6.25 사변 이후에 남하했다가 애양원까지도 방문했던 김홍복 집사의 순교 전후 보고가 있었다. 말하기를 "이 성스럽고 오묘한 사실 앞에서 조금도 가감없이 솔직히 말씀드리겠습니다." 해놓고는 애양원을 방문하였을 때에 보고 들은 이야기, 애양원을 떠난 후에 애양원과 여수에서 되어졌다고 들은 이야기를 아는 대로 상세히 보고를 하였다. 그의 한 마디가, 모인 사람들의 눈물을 짜내는 것이었다. 특히 순교당하시던 전날 9월 28일 아침에 사모님께서는 순산 득남 하셨다는 말이라든지, 나환자들은 '자기들을 낳아준 부모들까지도 내버려두고 양식이나 대어 주는 처지인데, 손 목사님께서는 입으로 우리 종처를 빨아 주시기까지 해주셨는데 이제는 누구를 믿고 사느냐' 하며 울부짖던 모양의 이야기라든지, 신앙과 사랑으로 맺어진 안재선 군이 손 목사님 순교 후 앞서간, 동인, 동신 군을 대신해서 맏상제 노릇을 했는데, 시체 앞에서 '나를 살려놓고, 아버지께서는 왜 먼저 돌아가셨습니까? 하고 슬퍼하던 모양에는 실로 산천초목도 다 슬퍼하는 것 같았답니다.' 하는 보고에는 일동은 소리를 내어 우는 것이었다.

순서를 따라 남대문 교회 담임 목사이신 김치선 목사님의 「설교」가 있었다.

"오늘 손 목사님의 추모회에 여러분께서 많이 참석하여 주신 것을 감사합니다. 서울 장안에는 좋은 교회가 많이 남아 있음에도 불구하고 불타서 터만 남은 우리 남대문교회에서 이런 성스러운 집회를 하게 된 영광을 하나님께 감사드립니다. 또 더구나 불초한 이 몸이 손 목사님의 추모회에서 설교를 하게 된 것을 무한한 영광으로 생각합니다." 하는 인사를 위시하여, 요한계시록 2장10절, 「죽도록 충성하라」 하신 말씀을 가지고, 구약시대에 충성으로 일관한

[요셉]과 손 목사님을 대조하여 말씀하셨다.

1. 요셉이 악에 대적하여 충성한 것처럼, 손 목사님도 일생을 통해서 악에 대적하여 충성하셨다.

2. 요셉이 하나님 묵시에 충성한 것처럼, 손 목사님도 하나님의 묵시를 일점도 틀리지 않게 증거하셨다.

3. 요셉이 자기 의무에 대해서 충성했던 것같이, 손 목사님도 애양원을 위하여 충성하셨다.

4. 요셉이 어려운 시험 중에서 충성했던 것같이, 손 목사님도 한국 교회를 위해서 육년간 옥고를 불사하셨다.

5. 요셉이 높이 있을 때에도 충성했던 것같이, 손 목사님도 칭송을 무수히 받으셔도 조금도 자긍하는 일이 절대로 없이 충성하셨다.

이 다섯 번째를 말씀하실 때에는 지금은 타버린 남대문교회에서 손 목사님을 모셔다가 부흥회를 할 때에 광고판에다가 「세계적 성자 손양원 목사」라는 말을 썼더니 그 「세계적 성자」라는 문구를 지워버리라고 하여 얼른 안 지웠더니 끝끝내 지우라고 안 지우면 설교 않겠다고 해서 기어이 지워버렸던 생각이 여러 교인들 머리에 떠올랐으리라.

6. 요셉이 죽도록 충성했던 것같이, 손 목사님도 순교의 자리까지 충성하였다. 따라서 이 두 분이 죽기까지 만사에 충성한 근거가 어디 있느냐 하면 첫째, 믿음에 있고 둘째, 사랑에 있고 셋째, 소망에 있다고 말씀하신 다음에,

결론으로

"손양원 목사님의 순교로 말미암아 이 나라가 기독교 나라가 될 것이니 이는 손 목사님의 순교의 값은 참으로 큰 바가 있습니다. 사도 바울이 말씀하신 대로 달려갈 길을 다 가되 죽도록 달려가야 할

것입니다. 우리 한국 기독교는 손 목사님의 순교를 모범 삼아 그와 같이 하늘에 소망을 둔 사람이 뒤를 이어 많이 나오게 될 것이라고 믿습니다." 하고 설교를 마치셨다.

한국 교회와 손 목사, 한국 민족과 손 목사에 대해서 확신과 소망을 주는 열렬한 설교가 끝났다.

그 다음에 사회자의 소개에 따라 강단에 올라 선 박형룡(朴亨龍) 박사님은 먼저 비장한 표정을 지으며 일동을 내려다 보시더니 「추모사」를 펼쳐 드시고 읽기 시작하셨다.

"우리 한국 교회의 유일한 자랑이요, 최대 최애의 표준인 손양원 목사님은 우리들을 떠나 다른 세계로 가시었다.… 그는 일부러 우리들을 떠나려 하신 것도 아니언만, 흉적의 흉탄을 받아 돌연히 참담하게 별세하신 지 벌써 일개월이다. 그는 이미 생존 세계를 벗어나 역사상의 인물로 되었으니 우리는 다시 더 그를 대면하여 교훈을 듣거나 눈을 들어 그의 행동을 보거나 할 수 없고 오직 우리의 마음의 신령한 안목을 열어 그의 과거 생활의 성스러운 언행을 추모할 수 있을 뿐이다. 한국 교회의 신도 우리들은 우리 교회의 유일한 자랑이요, 최대 최애의 대상인 손양원 목사님을 성심성의로 영구히 추모하여야 할 것이다. 왜냐하면 그는 우리 교회의 역사상에 다시 나타나기 어려운 위대한 존재인 때문이다. 아니 그는 세계 기독교 사상에도 유(類) 드문 위인됨에 틀림없다.

오호라 손 목사님의 가심이여! 한국 교회는 그 역사상에 다시 나타나기 어려운 위인을 보내었고 세계 교회도 그 역사상에 유가 드문 위인을 잃은 것이다. 손 목사님의 위대하심을 무슨 말로써 형용할는지 나 역시 말할 바 모르나 간단한 몇 가지로 그의 생애의 특성을 지명할까 한다." 하고 장내를 한번 둘러 보신 다음에 계속한다.

"첫째로, 손 목사님은 위대한 경건한 사람이었다. 그의 일생은 기도로 호흡을 삼고 성경으로 양식을 삼아 영적 만족과 감사 충만함으로 빈한이 도골(到骨; 골수에 사무침)하되 개의치 않고 찬송을 끊지 않은 희세(稀世; 세상에 보기 드뭄)의 경건인이었다. 그는 옥고 육년간에 자신이 수척하여 피골이 상접하고 가정에서는 애자 동인 군이 공장에서 일하여 이십삼원 월급을 받아 자기는 삼원 쓰고, 이십원을 본가 생활비로 보냈었으며, 황 모라는 여성도와 다른 몇몇 성도가 동냥을 하거나 또는 애양원에서 몰래몰래 십일조를 떼어 모아놓은 양식을 가져다가 가족을 먹이는 등 참담한 빈궁 중에도 옥중에서 자기 부친, 애처, 애자에게 보내는 편지에는 '항상 만족해라, 참아라, 감사해라' 하는 말뿐이었고, 연전에 두 아들이 순교의 죽음을 당한 후 시체들을 관에서 옮겨올 때에도 그 관 뒤에서 「고생과 수고 다 지나간 후/ 광명한 천당에 편히 쉴 때/ 인애한 주 모시고 서는 것/ 영원히 내 영광 되리로다」라는 찬송 248장을 하셨다 하며, 애자 형제의 장례식 끝에 답사하면서, 아홉 가지 감사 조건을 꼽았다 한다. 세상에 경건한 신앙 생활자가 천이요, 만이 있다 하되 손 목사님과 비견할 자는 매우 드물 것이다. 우리는 이 위대한 경건인 손 목사님을 성심 성의껏 영구히 추모해야 한다."

일동은 다음 말씀을 기다리는 것이었다. 무슨 종류의 추모인가 하고…….

"둘째로, 손 목사님은 위대한 전도자였다. 그는 교역 수십 년에 열심으로 전도하여 여러 교회를 설립하고 또 목회하신 것은 물론이요, 전국 여러 교회에 청빙을 받아 순회하면서 부흥사경회를 통하여 죄악에 묻힌 가련한 영혼들에게 생기를 불어 넣어 살리신 것이 불가승수(不可勝數; 너무 많아 셀 수 없음)이다. 그는 작년 4월 우리 신학교 사경회에 오신 것이 해방 후 제51차로 자기가 인도하는 사경회라 하셨으니 그의 일생을 통한 부흥사경 전도의 성적은 얼마나 다대하였을까? 그는 신사참배 불복으로 투옥되어 일본 법관에게 취조를 받을 때에도 관공리에게 전도할 호기회로 알고 경관에게 기독교 국가관, 신관, 기독관, 성서관, 죄관, 말세관 등을 다 설명하였기 때문에 조서가 오백여 면에 달하였다 한다. 그의 설교는 성경 진리를 토대로 하고 신앙 체험을 개진하는 위에 성령의 능력 충만한 언론이어서 청중의 심령을 크게 움직이셨다. 우리는 위대한 전도자 손 목사님을 성심 성의로 영구히 추모해야 한다."

일동은 그의 경향 각지를 다니시면서 하시던 대부흥회를 상상하는 것이었다. 추모사는 다시 계속되었다.

"셋째로, 손 목사님은 위대한 신앙의 용사였다. 일정 말기 대핍박 중에 하나님의 계명을 지키어 절조를 보전하기에 육년의 옥고를 견인하여 마침내 승리하시었다. 그는 오랫동안 미결수로 수고하고 광주 형무소에서 일년 반의 징역을 살고도 그의 신앙적 용기에 추호의 자상(沮喪; 기운을 잃음)이 없기 때문에 만기된 후에도 출옥을 못하고 구금소로 끌려가서 경성, 청주 등지에서 다시 수년의 옥고를 당하셨으니 당시에 신앙을 보수하기 위하여 수난한 옥중 성도가 다수한 중에도 손 목사님은, 그 으뜸의 용사로 나타나신 것이다. 우리는 이 위대한 신앙 용사 손 목사님을 성심성의로 영구히 추모해야 한다."

일동은 눈시울이 뜨거워짐을 느끼게 되었다. 그러한 중에서도 이 말씀을 들을 때, 특히 손 목사님의 신앙 인격을 추모하며 자기의 불급한 과거의 죄를 참회하면서 흐느껴 우는 이가 있었으니, 오십이 가까운 김 모라는 사람이었다. 그는 가정 생활이 구차하여 부득이 일제시대의 광주형무소에서 근무했다. 그때에는 불신자였을 뿐 아니라 어느 정도 친일파 행세를 해야 승급도 되고 출세도 되는 때였다. 그래서 신사참배를 않겠다고 해서 징역 사는 손 목사라는 이를 자기는 그렇게 잘하는 일이라고 생각할 수가 없었다. 그리하여 기회 있는 대로 손 목사의 고집을 꺾으려고 서로들 제재를 가한 일이 많았는데 그런 때는 자기도 한 몫 끼어서 거들었었다. 특히 주일이 되면 작업도 않고, 목욕도 않고, 때로는 그 적은 밥이나마 금식기도 한다고 단식을 하면서, 예배본다고 꼼짝 안 하기 때문에 주던 형벌, 이렇게 옥중의 옥중 생활을 시키던 일을 생각하니 그때의 자기가 여간 미워지는 것이 아니었다.

8.15 해방 후에 그 직업을 그만두고는 서울로 와서 자기 처가의 전도를 받아 지금은 신자인데, 그때 그 일이 큰 죄 같아서 무엇이라고 말로 다 할 수 없었다. 특히 자기로서 죄송한 것은 해방되기 2년 전 1943년 정월인가 한참 추울 때 손 목사 아버지라고 칠십이 넘은 할아버지가 손 목사님을 면회하러 오셨던 일이 있었다. 늙은 아버지로서 구금 중의 아들을 향하여 조금도 나무라지 않고 건강과 가정 일에 관해서만 문답을 하시고는 돌아서시던 부자간의 그 모습이 자기 머리 속에 길이 남아있는데, 그때 좀더 그들에게 시간을 줄 것을 그렇게 못한 것이 후회가 되는 것이었다. 언제 한 번 손 목사님을 만나서 모든 잘못을 고백하고 청산된 생활을 이야기하리라 했는데, 서울에 있으면서도 차마 발이 안 내키어서 차일 피일 미루다가 영영 자복할 기회를 잃은지라, 추모회에 참석해서 눈물을 흘릴 수밖에 없었던 것이다.

박 박사는 다시 힘을 들여 말씀한다.

"넷째로, 손 목사님은 한센환자의 위대한 친구였다. 그는 교역을 시작할 때에 부산 나병원 전도사로 시작하였고, 목사가 되어 목회도 여수 애양원 한센환자 교회에서였다. 그는 중간에 건강인들의 교회 일을 본 경험도 약간 있으나 그의 교역 일생의 대부분, 이십 오년간을 한센환자들의 친구 목사로 헌신하고 종신하여 지금 그 삼부자가 한센환자 교회 애양원 안에 매장 되었으니, 세상에 한센환자의 친구가 있다 하여도 이렇게 진실한 친구는 없을 것이다. 우리가 만일 성 프란시스가 노상에서 한센환자를 보고 말에서 내려 입맞춘 사실을 위대하게 보아 교회 역사상에 기록하여 칭송한다면 한센환자 가운데서 일생을 바친 이 손 목사님은 얼마나 더 위대한 한센환자의 친구로 칭송해야 할 것인가? 우리는 이 위대한 한센환자의 친구 손 목사님을 성심성의로 영구히 추모해야 한다.”

이 위대한 한센환자의 친구 손양원 목사님이 소개될 동안 모인 회중보다 조금 떨어진 나무 그늘 아래 밀짚모자를 깊숙이 눌러쓰고 남루한 옷을 입고 혼자 앉아서 유달리 흐느껴 우는 한 사람이 있었다. 남들은 다 벗었고 또 벗는 것이 예의인 줄로 알면서도 벗지 못하고 누구보다도 식장에 가까이 가서 순교의 사실을 듣고 싶어도 다가 앉지 못하는 그이는 두말할 것 없이 한센환자였다.

손 목사님은 진주나 대전이나 또 다른 어느 곳에 가서든지 걸인들 특히 한센환자들이 모여 사는 다리 밑이나 산기슭을 일부러 물어 찾아가 보는 것이었다. 그래서 그들과 예배를 보아서 전도도 하시고 또 특히 민족이나 국가의 기생충 되지 말고, 비록 불구의 몸이나 기도의 공장이 되어 이 민족, 이 국가 위해서 이바지하라고 권면하는 것이었다.

8.15 해방 후 석방된 손 목사님은 파리해진 몸으로 애양원에 가시는 길에, 옥종면 북방리에 들려가시려고 가시다가 진주 남강 긴 다리 밑에서 걸인을 모아놓고 전도하실 적에 섞여 있던 무명의 한 한센환자가 그럭저럭 구걸을 하면서 돌아다니다가 서울 부근으로 오게 되었다. 그래서 신당동 중앙교회의 안길선(安吉善) 목사님이 관계해서 지도하시는 한센환자 임시 수용소인 망우리 공동묘지 안에

있는 집단소에서 지냈다. 작년에 수용소에 손 목사님이 안 목사님의 인도로 오셨을 때에 만나 뵈었고 또 함께 예배를 본 일이 있었던 것이었다. 그후에도 안 목사님을 통해서 늘 손 목사님의 소식을 들었으나 6.25 사변 이후에는 그 소식을 듣지 못하던 중 우연히 어제 저녁 때에 구걸을 하러 돌아다니다가 벽보를 보고 손 목사님의 순교하심을 알게 되었던 것이다.

어떻게 된 셈인지 알지 못하겠는지라 안 목사 계시던 신당동 중앙교회를 찾아 갔으나 교회당도 다 불타버리고 또 안 목사님도 납치 되시어서 물어볼 길이 없었다. 안타까이 남대문 거리 불타고 남은 어떤 집에서 밤을 보내고 이 집회에 참석은 했으나 남다른 몸이라 조심을 하면서 누구보다도 진심으로 존경하는 손 목사님을 추모하는 것이었다.

아까 어떤 부인 집사님이 애양원 환자들이 말하기를 이제는 누구를 믿고 살겠느냐고 울었다고 할 때에 자기도 그 말을 하고 싶었는데 이제 추모사를 듣노라니 손 목사님을 몰랐던바 아니로되 다시 한 번 그의 위대하심에 놀라지 아니할 수 없었던 것이다. 동시에 이제부터는 한센환자들의 낙심이 클 것을 생각하니 참으로 눈물밖에 흐르는 것이 없는 것 같았다. 들고 있던 성경책을 펼쳐서 책 속에 사인해 받은 「눅 17장 11－19절」을 다시 한 번 보았다. 손 목사님의 필적이 분명하지 않으냐!

"다섯째로" 해 놓고는 박 박사는 얼른 말씀이 안 나오는 것이었다.

"에－다섯째로, 손 목사님은 원수를 사랑한 위대한 사람이었다. 여순 반란사건 중에 자기의 두 사랑하는 아들을 살해한 학도가 국군에게 체포되어 사형을 받게 된 때에 자기의 딸과 나덕환(羅德煥) 목사님을 보내어 백방으로 교섭해서 구출하고 자기의 자식을 삼아…" 하고는 눈물 섞인 소리로 계속한다.

"신앙으로 교육을 하며 성경학교에 보내어 장래의 자기의 후계 교역자로 양성하고 있다고 하니 세상에 원수를 사랑한 사람이 있다면 손 목사님의 이 행동은 그 최대한의 예일 것이다. 이 소문이 세상에 들리매 손 목사님의 이름이 천하에 퍼진 것은 우리 한국 교회의 무상한 영광이요, 자랑이다. 우리는 이 원수를 사랑한 위대한 손양원 목사님을 성심성의로 영구히 추모해야 한다."

저녁 가을 햇빛은 그리 더운 줄 모른다. 별안간 저편에서 비행기 하나가 오더니 무슨 삐라 같은 것을 뿌리면서 지나간다. 일동은 그 다음이 듣고 싶어서 그 비행기 소리가 듣기 싫을 지경이었다.

"여섯째로, 손 목사님은 영광스러운 면류관을 쓰신 위대한 순교자이시다. 그는 사랑하는 두 아들 동인, 동신을 어린 순교자로 앞서 보내신 지 3년인 금추 9월 28일 밤중에 여수서 퇴각하는 괴뢰군의 총탄을 받아 미평 과수원에서 순교하시었다."

일동의 흑흑 흐느끼는 울음 소리는 더 한층 높아졌다. 읽으시는 박 박사의 음성도 눈물 섞인 음성이었다.

"그는 괴뢰군이 오기 전에 피난할 수 있는 길과 기회도 수차 있었으나 애양원의 한센환자들, 참혹 가련한 양떼를 차마 버리고 가지 못하고 교회를 사수하다가 그렇게 체포 참살을 당하였으니 그야말로 양떼를 위하여 생명을 버린 선한 목자시다." 하시는 그 목소리는 그 자리에 참석한 다른 목자를 위시하여 자기 책임을 다하지 못한 모든 각 교회 제직에게 그 무엇을 주는 것 같았다.

박 박사는 힘을 더 들여 외치신다. "그가 하늘에 올라 영광스러운 의의 면류관을 쓰셨다는 것을 뉘 능히 의심할 것인가? 우리는 이 위대한 순교자 손 목사님을 성심성의로 영구히 추모해야 한다."

이렇게 여섯 가지나 열거하신 박 박사님은 잠깐 쉬시는 듯 말씀을 뚝 그치더니 다시 말을 이어간다.

"우리는 이렇게 위대한 경건인, 전도자, 신앙의 용사, 한센환자의 친구, 원수 사랑자, 그리고 순교자를 가리켜 일언으로 명명할 명사가 무엇인지를 잘 모르나 아마 「성자」라는 존호를 써야 될 것이다. 광주 형무소에 있던 일본인 간수도 손 목사님의 언행에 감동을 받아 그를 성자라고 불렀다 하거늘, 그의 위대한 언행 생활의 여러 방면을 아는 우리들과 세계는 그에게 이 존호를 아니 쓰지 못할 것이다."

힘 있는 목소리로 눈물 머금은 채 계속한다.

"생각컨대 우리 한국 교회 역사에는 이런 성자가 일찍이 나타나지 못하였고, 세계 기독교 사상에서도 이렇게 다방면인 성자는 보기 어렵다. 우리는 성 안토니의 경건생활을 추모하여 그를 성자라 하나 그에게는 전도자, 신앙 용사, 한센환자의 친구, 원수 사랑자, 순교자의 행적이 없는 듯하고, 성 어거스틴과 성 프란시스*를 성자로 숭배하나 그들에게는 가정 식구와 함께 경건 생활을 하다가 함께 순교한 영예가 없다. 유스티노와 허스와 위클립은 신앙을 지키기 위하여 생명을 던져 순교했으나 그들에게는 한센환자의 친구, 원수 사랑자 등의 영예가 결여되어 있다."

이렇게 외치며 과거 성자를 열거하여 비교한 다음에 눈물어린 얼굴을 들고 원고 든 손을 번쩍 들며 외치신다.

"이렇게 비교하여 볼 때에 우리 손 목사님은 세계 기독교 사상에서도 그 유(類)가 드문 성자인 것이 분명하다. 아! 손 목사님은 우리 한국 교회의 70년 역사가 낳은 유일의 성자시요, 세계 교회 사상에

-성 프란시스(St. Francis, 1181-1226): 성프란체스코(San Francesco d'Assisi)라고 불린다. 이탈리아 가톨릭교회의 성인(聖人)이다. 13세기 초에 프란체스코회(프란체스코 수도회) 설립으로 세속화된 로마 가톨릭교회의 개혁운동을 이끈 교회개혁가이기도 하다. 청빈주의를 기본으로 수도 생활의 이상을 실현하였다. 우리에게는 〈성 프란체스코의 기도문〉으로 잘 알려져 있다.

도 유가 드문 성자인 것을 세계는 아는가! 모르는가!"

"대한 교회의 경건한 아들과 딸들아! 가장 위대한 성자 손 목사님의 가심을 인하여 통곡하며 비가(悲歌; 슬픔의 노래)를 불러라. 그리고 위적(偉蹟; 위대한 업적)을 성심성의로 영구히 추모하자! 그리하여 우리도 그의 가신 자취를 만에 하나라도 따라보자. 그리하면 전 세계의 신도들도 우리를 모방하여 이 위대한 성자를 추모하며 그 걸어가신 자취를 따라 가게 되리라.

1950년 10월 29일 하오 2시

서울 남대문 교회 터에서

박형룡"

일동의 흐느끼는 울음 소리를 들으시며 박 박사님은 가만가만히 하단하셨다.

1. 삼팔선도 무너져서
할 일 많은 이 땅위에
삼천만을 남겨두고
어이 홀로 홀로 가셨나

(후 렴)
평생소원 순교제물
평생소원 순교제물
두 아들을 앞세우고
예수 따라 따라가셨나

2. 병자 위해 25년

옥중생활 또 여섯 해

두 아들도 바쳤으니

그의 할 일 할 일 다했나

3. 칼과 총은 기쁨으로

매와 채찍 웃음으로

원수에게 사랑으로

그의 갈 길 갈 길 다갔나

4. 겟세마네 동산 넘어

골고다의 골짝 건너

갈보리 산상으로

예수따라 따라가셨나

황순덕 선생이 부르는 애련한 「예수 나를 오라 하네」 곡조의 추모가에 일동은 다시 한 번 그 일생을 주마등같이 머리 속에 그리면서 울었다.

특히 황 선생 자신은 노래가 눈물이 되어 나오는 것을 억지로 참아 가면서 부르는 것이었다. 누구보다도 손 목사님의 일생을 잘 알았고 옥중 육년 동안에 차라리 순교하셨던들 그 처참한 여순사건이나, 그 안타까운 교권 싸움이나, 이 말세적인 사상의 골육전을 보시지나 않았을 것을……. 또 차라리 이렇게 될 줄 알았더라면 순교하신 것도 모르고 꿈에 보여 주시라고 애쓰지 말고 6.25 사변 직후에 동희를 데리고 도보로라도 여수로 갔었을 것을 그랬나 싶기도 해서 후회됨이 많았다. 더구나 순교하시던 전날 아침에 득남하셨다고 하니 사모님의 건강이 어떠하며 어린 아기가 어떻게 자라는

가 싶어 날개라도 있다면 날아서라도 가보고 싶지 않을 리가 있겠는가!

　다음 순서로 이인재 조사의 추모사가 있었다. 이 조사는 재작년에 동인, 동신 군의 장례식을 애양원에서 함께 치렀었는데 그때에 이미 바치려던 한 제물을 육년간 드렸어도 받지 않으시고 속세에 물들지 않은 천진하고 귀한 두 제물을 한꺼번에 받으신 하나님의 섭리를 함께 감사했다는 말과, 자신이 순교하기까지 불철주야하고 전도하셨다는 말을 한 후 계속 이어진다.
　"손 목사님은 나의 동향지우로서 내가 아는 대로 한 마디 말로 한다면 그는 일찍부터 죄를 무서워하는 사람이었습니다. 그의 신앙 생활 가운데 자신에게 죄를 근절해 버리려고 많은 입산기도와 금식기도가 있었고 심지어 한때는 자신의 정욕을 죽여 성결 생애에 들어가기 위하여 내시가 되려고 결심하고 부산 철도병원까지 찾아가서 이것을 단행하려고 하였습니다. 그때 병원 원장이 허락지 않아서 못했으나 이 한 가지로 보아서도 그가 얼마나 죄와 더불어 싸웠는가를 알 수가 있습니다."
　일동은 다시 한 번 놀랐다. '그렇게 죄와 싸운 그이를……' 하면서.
　한 번은 이런 일도 있었다. 작년 가을인가 서울 충무로 교회에서 부흥회를 할 때에 특별히 청년들을 모아놓고 집회하기로 해서 오후 2시까지 모였는데, 강단에까지 올라서셨으나 어쩐지 성령의 역사가 없다고 "아마 나나 여러분이 회개 안한 무슨 죄가 있나 보다"고 하시며 설교를 안 하시고 서로 통성기도만 한 일이 있었는데 과연 죄와 그렇게 싸우신 이라고 일동 중에는 느끼는 것이었다.
　추모사는 계속되었다.
　"또한 일정시대에 광주 감옥에서 1년 반 복역을 하고도 그만 집으로 돌아갈 것이지만 신사참배가 무서운 죄인 줄 아는 그는 기어코 반대를 하고 다시 청주 구금소로 종신 징역살이를 자청해서 간 것도 이 역시 죄를 무서워한 일에서 된 일일 것입니다. 오―근대에 우리 한국 교회가 낳은 희유의 성자입니다. 그야말로 참된 주의 제자였습니다. 우리 주님은 세상 죄를 지고 가신 어린양인 동시에 일방 유대지파의 사자라고 하셨더니, 이 주님을 배운 손 목사님도 일면 어린양 같이 온유 겸비한 사랑의 사도인 동시에 죄를 이기는 데와 진리를 파수하는 데에는 사자같이 강하였습니다. 그는 누구나 보기에도 사석에서 대할 때는 순한 어린양 같고 강단에서는 사자같이 무서웠다는 인상을 다 가지게 된 것입니다. 우리는 이렇게 죄를 두려워하고 죄와 싸우시던 손 목사님을 추모하게 되었습니다."

어디서 날아왔는지 비둘기 몇 마리가 이상하게도 회장 위로 왔다갔다 하며 날아 다니는데 슬픔에 잠긴 일동에게 큰 위로를 주는 것이었다.

끝으로 순서에 따라 「사례사」 차례가 되니 지금까지 고개를 숙이고 눈물만 흘리고 있던 동희, 두 오빠 순교 당한 후에 더 귀여워해 주시던 아버지가 순교하신 것도 모르고 서울에서 마음 졸이면서 적치 삼개월을 보내고 나서 아버님 안부를 꿈에라도 보여 주시라고 기도하던 학생 머리에 소복차림을 한 동희는 조용히 강단으로 올라갔다. 일동은 그 딸의 모습에 먼저 눈물을 다시 흘렸다. 강단에 올라 선 동희는 침울한 표정으로 앞만 내려다 보다가,

"오늘 여러 목사님들께서 이같이 성대한" 하고는 말이 뚝 그쳤다. 그러나 조금 끊어졌다가

"추모회를 가지게 하여 주셔서 감사합니다. 여러 어머님들과 아버님들께 무엇이라고 감사한 말씀을 드려야 할지 모르겠습니다."

또 잠깐 끊어졌다가,

"그러나 여러 목사님들을 뵈오니……." 하고는 눈물섞인 소리로

"돌아가신 아버님을 뵙는 것만 같습니다. 삼 년 전 오빠들이 순교당했을 때나" 말이 또 조금 끊어졌다가,

"지금 아버님께서 순교당하셨다는 때나……." 하고는 뒷 말이 무슨 말인지 모르게 눈물로 말을 대신하고 말았다.

일동은 눈물로 그 눈물을 화답하는 것 같았다. 순서를 다 마치고 폐회를 한 때는 오후 5시경이었다. 그러나 누구 하나 떠날 줄을 모르고 한참 동안 침묵이 계속되었다.

그 날 뜻하지 않았던 비행기가 날면서 뿌려준 유엔기를 그린 삐라 몇 장이 회장에 떨어졌다. 그 삐라에는 이런 문구가 쓰여 있었다.

「통일 한국에 대한 희망의 상징」

「공산주의가 완전히 패배할 날은 가까웠다. 북한은 거의 다 해방되었으며 유엔은 자주 민주 한국의 통일 정부를 수립하기 위하여 속히 실시할 계획을 바쁘게 하고 있다. 또한 이 계획은 전화(戰禍; 전쟁의 피해)를 입은 한국을 구제하는 동시에 공산 괴뢰군이 파괴한 한국의 경제를 부흥시키기 위하여 국제적 원조를 제공하려는 것이다. 애국적인 모든 한국 사람들은 강하고 자유로운 한국을 건설하기 위하여 유엔이 제공하는 원조에 기대를 가지고 있다.」

유엔기를 그린 삐라가 주는 희망이 순교의 피를 흘린 밀알 속에서 움돋겠다고 함인지?

순교의 개선가

신사참배 강요

붉은 옷
푸른 옷

손은 한데 묶이우고
발은 얼어 부풀어졌다.
창백해진 그 얼굴이나마
용수 속에서 보이지 않으니
그이는 죄인 아닌 죄인
기어코 그이는 피를 쏟고야 말았다지요?
주 예수 그리스도를 위해서

무자비투쟁
약탈 공갈
방화 파괴
저주 살인

따발총 끝에 쓰러진 영이 그 몇이며
청룡도 날에 사라진 넋이 그 수 얼마이냐?
마침내 삼천리 금수강산은 피바다가 되었다지요.
그 중에는 십자기의 뒤를 이을 피도 섞였으니
그 누가 그 피를 땅 속에 파묻어 버릴 수 있었겠으리요!

일만 이천봉이 이 강신의 자랑이라면
반 만년 역사가 이 민족의 상아탑이라면
무수한 순교자들은 대한의 면류관이리니

산은 그 모양을 변할 수도 있겠고
역사는 그 줄기를 바꿀 수도 있겠으나
순교의 피는 날이 갈수록 그 빛을 발하나니
아!
순교자여!
납치 행방불명된 선한 목자여
그 이름 천상 천하 천추 만대에 영원히 빛나리라
스데반처럼
에녹처럼

그렇지만
8.15 해방 밝아지려던 아침에
삼팔선 난데없는 검은 구름이 일어나
대구 사건 제주도 사건 여순 사건 모진 바람이 불고
신의주 학생 사건, 초도 사건 비바람이 불어
6.25 사변 뇌성 벽력이 나고
11월 27일 소나기가 쏟아져
피의 바다를 이룬 삼천리 금수강산에 있는
무너진 삼천여 주의 제단을 어찌하리요.

압록강 두만강 얼음을 건너
사람 바다 물결을 이룬
20세기 바로의 군대들에게 쫓기어 와서
끊어진 홍해 다리 - 대동강 한강을 넋 없이 바라다 보며
기적 없는 물결에게 하소연하는
모세 없는 백만 신도를 어찌하리요.

♥　　♥　　♥

모든 사건의 나머지
집 태운 가족
부모 잃은 고아
처자 죽은 노인
가산 없앤 거지떼
선한 사마리아 사람이 오기를 기다리는
여리고 도상의 삼천만 민족을 어찌하리요.

그렇지만 그렇지만
추운날 저무는 저녁에
젖먹이를 가슴에 안고
주의 복음 외치시던 옛 모습 그리면서
옥중의 목사님을 위해
눈물기도 그치지 않던 사모님들을 어찌하리요.

괴뢰군에게 끌려간 후에
근거 없는 소문만 듣고
거친 산 험한 골짜기로
시체라도 찾으려 헤매는 아들 딸들을 어찌하리요.

♥　　♥　　♥

비바람 부는 밤중에
거리에 봇짐을 놓고

갈 곳을 물을 사람조차 없어서 헤매는
어머니 등에 업힌 어린 동생들을 이 어이하리요.
그러나 이 길이
팔순 노모를 주께 맡기고 옥중으로 향하던 주기철 목사님과
항복하고 출옥하면 이혼한다고 격려하던
그의 부인 오정모 여사의 가신 길일진대

그러나 이 길이
'예수천당'의 권능 있는 전도자 최봉석 목사님이나
'우상의 나라 일본 제국은 반드시 멸망하리라.' 외치신
20세기 엘리야인 박관준 장로님이 가신 길일진대

그러나 이 길이
'너희들은 그러지 말고 예수를 믿으라
우리 동족끼리 서로 싸우지 말자
예수 정신으로 살아야 우리 민족이 복을 받겠다'고
외치다가 쓰러진 어린 두 마리 양 동인 동신 군의 간 길일진대

그러나 이 길이
원수를 사랑하되 두 아들 죽인 자를 용서해서
내 아들 삼기까지 하고 또 자기도 순교의 제물이 된
손양원 목사님의 걸어가신 길일진대

그러나 이 길이
하나님의 명령이라면 일점 일획이라도 타협하지 않겠다고
안식일을 사수 순교한 배추달 신도의 가신 길일진대

이처럼 이 길이
구약 신약 역사의 줄을 이어
구름같이 둘러선 허다한 간증자들의 걸어가신 길일진대

아니 그보다도 이 길이
여우도 굴이 있고
공중 나는 새도 깃들일 곳이 있으되
인자는 머리 둘 곳이 없느니라 하신
우리 주님 예수 그리스도의 걸어가신 길일진대

♥   ♥   ♥

이 어찌
한숨 쉬고 눈물 지며 원망하고 탄식할 일이리요.

그렇다면
신사참배 강요
이는 20세기 야곱 베드로 바울을 내게 했으니
붉은 옷 푸른 옷이 변해서 천사의 흰옷이 되고
한데 묶인 두 손은 십자가를 소유케 되고
부풀어진 두 발은 천성을 향하였으니
창백해진 얼굴에 높이 씌워진 용수가 변해서
빛나는 얼굴에 금면류관이 될 줄이야!

그렇다면
무자비 투쟁

이는 20세기 스데반 베드로 바울을 내게 했으니
따발총 끝에 꽃이 피고
청룡도 날에 열매가 맺혀
일만 이천봉을 정의의 불로 빛내게 하고
반 만년 역사 사랑의 강물을 흐르게 하여
삼천리 금수강산을 주의 보금자리로 삼을 줄이야!

아!
순교자여!
납치 행방불명 된 선한 목자여!
그 이름은 천상 천하 천추 만대에 영원히 빛나리니
유가족들은 그 뒤를 따르리로다.
젊은이들은 그 피의 후계자로 나서리로다.
천신(天辛)의 언덕을 넘어!
만고(萬苦)의 골짝을 건너!

(1951년 3월 23일 제1회 전국 순교자 급 납치
행방불명 교역자 유가족 위안 사경회 추모회에서)

제11장

되어진 배신

정신없이 장례식을 치렀다고 할는지! 장례식이나마 오래 하였으면 좋을 뻔했다고 할는지 모르나, 하여간 장례식을 마치고 난 후에 애양원 안에는 이상한 소문이 떠돌았다. 손 목사님을 잡아 준 사람은 바로 애양원에 있는 사람이라는 말이다. 그러니 이 말에 안 놀란 사람이 그 누구이겠으며, 한편 긍정하고 싶은 사람이 그 몇이나 되겠느냐? 천부당 만부당한 소리다. 유언비어도 유만부동이지, 손 목사님을 민청원이나 내무서원이 체포해 갔다는 것은 있었던 일이요, 또 있었음직한 일이다. 그러나 애지중지하던 애양원 식구가 손 목사님을 잡혀가시도록 해주었다고 해서야 될 말이냐! 더구나 장례식을 마친 후에 10일간이나, 장례식에 참석차 부산에서 왔던 박인순 선생을 모시고, 부흥회를 하는 중에 많은 은혜를 받았는데, 만일 그런 일이 있었다면 벌써 자복이라도 했을 것이 아니냐. 그러고 보니, 원내 행정 부문의 책임자들인 6부장들이나, 신앙 청년들은 말할 것 없지만 유년주일학교 학생들에게까지도 큰 문제거리였다.

"얘 복순아, 성심 어머니가 그러는데 우리 손 목사님을 잡아 준

이가 우리 원내에 있다는데 누가 그랬는지 아니?" 하고 묻는 말에

"알기는 누가 알아, 공연히 사회 사람들이 우리 원내 사람들이 미워서 지어낸 소리지, 얘 아무렇기로서니 우리 손 목사님을 잡아 줄 사람이 어디 있겠니?" 하면서 복순이는 불만에 싸여 얼굴을 찡그렸다.

사실 사회라는 곳은 무서운 곳이었다. 애양원에 찾아 온 환자들이, 각각 자기 집에 있을 때에는 그 식구나 그 친척이 업신여기는 것은 말할 것도 없다. 그런데 격리된 이곳에 있는 것도 어떤 면에서는 무섭게 느껴질 정도로 환자의 집단체인 애양원을 미워하는 것이었다. 그것은 이 집단을 일종의 인간 기생충으로 생각하는 까닭이었다. 또 환자들이 무엇을 한다고, 신앙 생활을 하느니 어쩌느니 해서, 젠 체하는 것이 같잖아서 오는 점도 있었다. 오죽해야 인공시대에는 모조리 살해시키려고 죽창까지 깎으라고 했을까?

"장로님 우리가 이런 억울한 소리를 듣고 가만히 있을 수 있겠습니까?"

이렇게 다소 흥분해서 질문하는 사람은 애양원 청년 중의 한 사람이었다.

"그러니 어떻게 하면 좋겠소? 우리도 그 누명을 벗고 싶기는 하나 그 일을 알지 못해서 이러는 것이 아니오?"

사정이 딱하다는 듯이 반문의 대답을 하는 장로님의 얼굴에도 고민의 빛이 보일 정도였다.

"그러면 밖에서 소문낸 사람을 찾아내기 위해서 위원장 이하 몇 간부를 데려다가 좀 문초해 볼 필요가 있지 않을까요?"

"글쎄, 그러나 잘못하면 공연히 서로 감정만 상할 터이니 확실한 증거가 없는 이상 들려오는 말로 짐작만 하고 문초할 수는 없지 않은가. 감정 상하지 않고 하는 수는 없을 것 같고……"

"그렇다고 그대로 있을 수 있습니까? 증거될 만한 것이 있다면야 문초 여부가 없지 않겠습니까. 사실로 원내에 있는 이가 했다면 찾아내서 누구인지 회개시킬 필요도 있다고 봅니다."

"그러면 말일세. 우리 제직이나 6부장들에게만 말하지 말고, 공동회의를 열어서 그 회의에서 가결되는 대로 일을 진행시키도록 하세."

"그렇게 하도록 하는 것이 좋겠습니다."

그래서 공동회의를 열고 만장일치로 이 사실을 규명하기로 하여 즉시 위원장이었던 사람과 서기장이었던 사람들 외 몇 사람을 구금시켜 놓고 문초하기 시작했다. 그러나 위원장이었던 사람이나 서기장이었다는 사람은 그 사람들대로 또한 불평이 있었다. 누가 그 위원회를 조직하고 싶어서 조직했으며 그 누가 위원장이나 서기장 노릇을 하고 싶어서 한 일이 아니지 않는가. 그때 형편으로 대외 접촉을 하기 위하여 이중 행정을 할 필요를 느껴서 우리에게 억지로 그 책임을 맡겨 주었던 것이 아니냐. 특히 식량 배급을 받기 위해서 그랬던 것이 아니냐. 그래서 마지못해 위원장이니 서기장이니 되었던 것이고, 따라서 아무것도 대내적으로 한 일이 없을 뿐 아니라 대외적으로도 아무 특별한 일이 없지 않았는가! 그랬던 것을 이제 와서 무슨 주책없는 소문에 움직여서 구금을 시켜놓고 이 야단을 하니 억울하기 짝이 없는 노릇이었다.

"여보 김선생 얼른 바른대로 한 일을 말하시오."

"무슨 말을 하란 말이오?"

"무슨 말이라니?"

"무슨 뜻인지 모르니 묻는 말 아니오."

"다 아는 일 아니요. 손 목사님을 잡아 준 사람에 대한 일 말이오."

"글쎄 나도 기가 막힐 일로 알고 그 누구인지 알기만 하면 나라도 잡아내어서 무슨 결판을 내고 싶은 터인데 나에게 물으니 모르는 것을 어떻게 대답하라는 말이요.”

“그러나 당신 아니고서야 알 사람이 어디 있단 말이오. 그래도 당신은 위원장 노릇도 했고 저편과 통하는 점도 있었으니 말이오.”

“무엇이오? 통해요? 통하다니 내가 통한 것을 무엇을 보아 안단 말이요?”

김 선생이라는 이는 오히려 노발대발이다.

문초를 시작한 청년측도 이에는 내어 놓을 조목이 없었다. 보통 다른 사회 같으면 고문을 해서라도 취조하겠으나 손 목사님 계시던 애양원에서 그렇게 할 수도 없고, 그렇다고 자백은 안 하니 열길 물 속은 알아도 한 길 사람의 마음속은 모른다는 말처럼 그 한 길 마음속을 알 수 없음이 안타까운 일이었다. 하는 수 없이 한참 문초하다가 청년들은 혐의자를 다시 구금 장소에 넣었다. 그리고 감식(減食: 먹을 것을 줄임)으로 그들을 괴롭히어 자백하도록 하는 수밖에 별 도리가 없었다.

한편 아무리 해본다고 한들 모르는 일을 모른다고 할 수밖에 없다. 그렇다고 함부로 말할 수도 없어서 될대로 되어라 하고 구금당한 이들도 기도하면서 때를 기다리는 수밖에 없었다.

“동무들이 누구요?”

“네- 우리들은 애양원에서 왔습니다.”

“애양원이라니?”

“저 한센환자들 수용하고 있는 곳입니다.”

문답하는 소리를 9월 12일에 율촌 분주소에 와서 유치장에서 몇 날을 보내며 석방되기를 기다리고 있던 우익 청년 한 사람이 의외로 듣게 되었다. 무심코 앉았던 이 청년은 이 소리에 전 신경이 쏠려졌다. 문답은 계속되었다.

“아-저 신풍에 있는 것 말이지요. 아, 알겠습니다. 그런데 무슨 일로들 오셨지요?”

“다름이 아니라, 우리 애양원에도 식량 배급을 좀 해주시라고 청하러 왔습니다.”

“여보시오 식량을 배급해주겠다고 벌써부터 면 인민위원회에서 기별하지 않았습니까?”

“네, 그런 기별도 있었습니다마는……”

말 뒤를 잊지 못하는 데는 까닭이 있었다.

애양원은 8.15 해방 후 사회부를 통해서 일정한 배급을 받아 가지고 1천백 명이 생계를 유지하여 왔으니 인민공화국이 되어도 역시 정부기관의 배급을 받아야 살 것만은 사실이었다. 그런데 도에서는 군 인민위원회를 통해서 식량배급을 한다는 공문까지 보냈으나 문제는 그것을 받기 위해서 애양원 인민위원회를 조직해야 할 터인데 이것이 절대로 성립 안 되는 것이었다. 그래서 애양원 직원 일부에서 하는 수 없이 율촌면 인민위원회에 특청을 해서 250가마니의 쌀을 배당해 받기로 했으나 이 또한 손 목사님 이하 중요한 간부들은 반대하는 것이었다.

그러고 보니 가정료나 여자 독신료도 그렇지만 남자 독신료에서는 식량문제로 차차 굶게끔 되니까 하는 수 없이 외출해서 걸식하러 나가는 이들도 생기게 되었다. 그러나 이 역시 용이한 일이 아니었으니 구걸을 나가도 평화시대처럼 구걸 오는 이에게 밥을 잘 주지 않는 것이었다. 그런데 저들 말이 신앙에 대해서는 절대로 자유라고 하는데 왜 쓸데 없는 고집을 부리는지 알 수 없는 것처럼 느낀 몇 사람이 하는 수 없이 6부장에게 진정서를 낼까 하다가 중간에 그만두어 버렸다. 그러던 중에 이런 생각이 났다. 분주소에 찾아가서 식량배급을 받도록 주선해 보자는 것이었다. 그리하여 오기는 했는데 막상 말을 하려고 하니 말이 막히는 것이었다.

"기별이 있었는데 왜 안 찾아갑니까?" 하고 묻는데 이때 아침에 나갔던 다른 서원이 들어오는 모양이었다. 다른 음성으로

"이 동무들은 누구요?" 하고 묻는다.

"네 저…… 애양원에서 온 동무들입니다."

"애양원?" 하더니

"그런데 웬 일로들 오셨소? 동무들이!" 하고 다시 묻는다.

"식량배급해 달라고 왔답니다." 하고 먼저 서원이 대신 대답을 해주니

"식량배급 말요? 들으니 애양원에서는 주어도 안 찾아 간다는구먼!"

"……"

이 말에는 아무 할 말이 없었는지 잠깐 침묵이 계속되더니 그 말을 들은 먼저부터 있던 서원이 "그것은 무슨 까닭입니까?" 하고 묻는다. 그러나 무엇이라 대답할 말이 없음인지 한참 망서리는 듯 싶었다.

"저희들 생각에는 오셔서 애양원 위원회를 조직해 주시기 바랍니다." 하고 동문서답격인 말을 하니

"아 – 동무 알아 듣겠소. 내일 우리가 곧 가겠소." 하더니

"가자면 그 내용을 좀 알아야 할 텐데……." 하고

"그 전에 있던 사람들은 다 있소?"

"네. 식량 관계로 약간은 귀성(歸省)한 이가 있으나 대개는 그대로 있습니다."

"그 참 6부장들 다 있소?"

"네!"

"또 교회 장로들도 다들 있고"

"네!"

"손 목사도?"

"네!"

무심코 네－소리를 내놓고 아차 했다. 그러나 다시 생각하니 '설마 손 목사님이야 어떻게 하겠느냐? 원수를 용서해주어서 당신 아들까지 삼은 성자를' 하고 위로를 받았다.

"차 과장도?"

"차 과장님은 안 계십니다."

"아－알겠소. 동무들 그러면 내일 우리가 위원회를 조직시키러 갈 터이니 그리 아시오."

"네, 와 주십시오."

이러한 문답이 있은 후 애양원에서 온 사람들은 가는 것 같았고 남은 그 동무들은 내일 될 성과에 흥이 났던지 적기가를 큰 소리로 부르는 것이었다.

잠을 잤다고 할는지 까무러쳤다고 할는지 차라리 죽었다고나 할는지 분명히 총도 맞았고 쓰러지기도 했는데 눈을 떠보니 달빛은 여전히 비치고 별도 또한 반짝거리는 확실한 밤이었다. (내가 지금 살아 있나? 죽어 저승엘 왔나?) 분명히 눈에 보이는 것이 있는 것을 보아 죽지 않은 것 같아서 청년은 자기 몸을 가만히 움직여 보았다. 움직여진다. 피비린내와 화약 냄새가 코를 쿡 찌르는 것 같았다. 자기 몸이 몇 시체 사이에 섞이어 있지 않은가! 그럴 것이다. 6명이 끌려가서 7명에게 총알을 받았으니 시체 속에 있는 것도 무리가 아니었다. 그래서 숨을 죽이고 동정을 살피어 달아날까 하는 순간적 충동에 몸을 일으켜 보려 했으나 다리가 억눌려서 움직일 수가 없었다. 혈맥이 통하지 않아서 그런 듯 싶어 좀 진정을 해서 다리를 움직여 볼까 하는 순간에 소리가 들린다.

"우리가 다시 검시(檢屍; 시체를 검사)해 볼까?"

"그래 봅시다."

몇이 걸어 가는 소리가 났다. 검시란 무엇? 또 어떻게 하는 것이냐? 조금 있더니 소리가 다시 들린다.

"이 놈은 아주 죽었다."

"이 놈은 좀 숨이 남은 것 같은데?"

"그러나 피를 이렇게 쏟았으니 살기는?"

"그래도" 하더니 별안간 '아야 아야 아이고 이놈아' 하는 비명이 들린다.

부지 중에 청년은 눈을 떠서 그 비명이 들리는 곳을 바라보니 달빛에 비치어 번쩍 하는 장검, 소위 일본도 같은 것이 보인다. 확실한 수는 모르나 3,4인이 보이는데 그야말로 야차(夜叉; 사나운 귀신의 하나)와 같다. 큰 칼로 시체를 차례 차례 찔러 보면서 검시를 하는 것이었다. 이를 본 청년은 본능적으로 일어나 달아날까 했으나 아직도 다리가 움직여지지 않는다. 아― 이제는 죽었나 싶어서 다시 다리를 들어 보았으나 안된다. 그자들은 점점 가까이 다가온다. 어떻게 할까 하다가 고개를 다시 다른 시체 속에 파묻고 숨을 죽이고 있었다. 그자들은 기어코 자기 곁에 오고야 말았다. 칼이 몸을 푹 찌르는 것 같았다. 죽어라 하고 아파도 소리를 안 지르리라 이를 깨물었다. 칼이 어디인지 푹 찌르는 데도 참고 소리를 안 질렀다.

깜박 실신을 했다가 정신을 차리고 보니 역시 고요한 밤이다. 피비린내가 코를 찌른다. 고개를 드니 움직여진다. 아까 어디를 찔리웠나 하고 보니 아픈 데가 없다. 이상해서 팔을 들어 보았다. 조금 들다가 탁 걸리는 것은 묶이운 줄이었다. 여전히 두 손이 묶인 채 있으나 하나는 거의 풀려 있다. 줄을 끄르기 전에 다리를 움직여 보고 발목을 흔들어 보았다. 그리고 무릎을 구부려 보았다. 다 된다. 상한 데는 어디냐? 없는 듯 싶다. 손에서 줄을 끌러서 몸을 머리로부터 만져보았다. 여전히 상한 데가 없다. 물컹하고 손에 느껴지는 것은 곁에 있는 시체에서 쏟아져 나온 피가 자기 가슴 옆으로 흘러 응고가 된 것이었다. 얼른 몸을 일으켜 보았다. '아! 된다.' 일어서자 다시 주저 앉았다. 좌우를 둘러보았다. 행여나 누가 있는가 하고. 아무도 없다. 달아나자 기어서 기어서. '나 좀 끌러 주어!' 하는 소리가 어떤 시체를 기어 넘을 때에 들리는 듯 싶었다. 그러나 그 소리에 머무를 사이가 없었다. 쿡쿡 가끔 머리와 어깨에 부딪치는 것이 있는데 무슨 나무다. 소나무는 아닌데 무슨 과수나무 같았다. 그러나 그것을 판단해 볼 마음의 여유가 있을 리 없다. 한참 가다가 꾹 찔리는데 자세히 보니 가시 철망이다. 과수원 철망이니 그리 힘 들지 않았다. 감쪽같이 철망 사이로 지나서 나왔다.

이렇게 해서 살아 돌아온 그 청년은 그 후에 손 목사님의 시체를 찾아 왔다는 이야기 또 장례식을 행한다는 이야기를 듣자 손 목사님이 잡혀 들어오던 전날에 내무서에서 주고 받던 이야기, 손 목사님 모시고 유치장 속에서 지나던 이야기 등을 말하게 되니, 손 목사님은 애양원의 몇몇 사람이 말을 안 했더라면 안 잡힐 뻔했다는 말을 하게 되었다. 그 말이 누구 입을 통해서 전해졌는지 손 목사님을 잡아 준 이가 애양원에 있다는 말로 와전되고 밀았던 것이다.

고의로 손 목사님을 잡아가도록 밀고를 한 것이 아니니 정말 밀고한 사람이 혹시 있는가 싶어서 자기들의 식량 교섭하러 갔던 사실은 범죄라고 생각지는 않았지만 이 일이 날이 갈수록 악화 일로를 밟게 되면서 원내에서는 상당한 물의가 일어나니 그때 식량 교섭하러 몰래 갔던 사람들은 자연히 드러나게 되었고, 또 회개를 하는 것이었다.

그러나 이구동성으로 사모님을 위시해서 잘못을 깨닫고 회개한 그들을 오히려 보호해주고 어떻게 알았는지 율촌 주재소와 또 씨아이 씨(CIC)*에서까지 애양원에 찾아와서 당자들을 붙들어 처리하려고 할 적에 모두들 변명을 해주어서 무사하게 되었다는 것이다. 모든 행동의 초점이 '만일에 손 목사님께서 살아계셨다면 그들을 어떻게 처리하셨겠느냐?' 라는 점이었다.

손 목사님에게 있어서 이런 일이 있었다는 것이다.

1946년 해방된 다음 해 어떤 봄날이었다. 광주행 열차에 몸을 실은 손 목사님은 광주에 도착하였다. 이번이 해방 후 첫번 가는 광주다. 먼저 1940년에 애양원에서 피검당한 후에 여수 경찰서에서 10개월을 보내고 나서 기소되어 광주로 압송당하던 때와는 달라 감개무량함을 느끼는 것이었다. 기차에 손님은 이루 말할 수 없이 많았다. 더구나 일본에서 여수를 거쳐서 귀환하는 동포들로 해서 대혼잡을 이루는 것이었다. '그때는 이렇게 복잡하지는 않았으나 내 몸은 묶이었고, 지금은 자유의 몸이나 주위가 복잡하여 몸을 움직이기까지 어렵구나!' 하면서 이상한 감회를 느끼면서 광주역에서 내리셨다.

오후의 광주는 좀 복잡하였다. 하늘은 무등산 위로 높이 맑게 개어서 구름 한 점 없는 날씨이나 아래로 시가지는 상당히 복잡하였다. 모든 사람들 틈에 끼어서 한참 서쪽으로 가다가 재판소 가는 쪽으로 꺾인 큰 길로 들어섰다. 그때에도 손이 묶이어서 형사 3인에게 압송 당할 때에 이 길을 지나서 광주 구금소로 가던 일이 생각이 났다. 천감만상(千感萬想; 온갖 느낌과 생각)이 떠오르는 길이다. 여기를 지나 가는 사람은 이를 아는지 모르는지!

---

* ―주한미군방첩대(駐韓美軍防諜隊, Counter Intelligence Corps): 8·15 해방 이후 남한 주둔 미군의 전투부대인 24군단에 소속되어 첩보활동 등을 담당한 정보기관을 말한다.

한참 걸어가다가 재판소 정문 앞에 가까워지자 발걸음을 멈칫했다. 해방된 오늘에도 여전히 이 재판소에는 많은 사람들이 들락날락하는 것을 볼 때에 감개 무량함을 느끼게 되는 때문이었다. 도대체 죄란 언제까지 있으며 죄인이란 언제나 없어지는 것인지! 내가 이곳에 와서 1년 반 형(刑)언도를 받던 곳이로구나! 그때 있던 집은 여전하건만 그때 검사 판사는 어디로 갔느냐! 그때 보던 정원(庭園)은 여전하건만 그동안 꽃은 몇 번이나 피었다 졌으랴! 형사의 심문을 받으시던 제5호 법정까지 가볼까 하다가 손 목사님은 그만두셨다. 들어가 본들 무엇하리.

그리고 재판소 정문을 지나서 바삐 전라남도 도청을 향하여 가셨다. 도청문에 막 들어서자 갑자기 저편에서 굽실거리며 오는 중년 신사가 있었다. 그가 고개를 들 때 손 목사님은 깜짝 놀랐다. 그는 틀림없이 킨죠 히사오(金城久雄)라는 전(前) 형사가 아닌가! 자기를 1년 반 아니, 6년간 철장 생활을 하도록 만든 원수같은 사람이 아닌가! 그러나 더 놀란 것은 그의 얼굴 빛이다. 샛노란 얼굴 빛이 아닌가. 그러면서 말한다.

"아이구 목사님 여기 오십니까? 아 언제 오셨습니까? 진작 인사라도 드리러 가야 했을 터인데. 아- 목사님 용서해주십시오. 그저 죽을 때가 되어서 그랬습니다."

굽실굽실 복지사죄의 태도였다. 손 목사님은 그를 보고 그 태도를 보자 얼른 두말할 것 없이 대답하신다.

"아이 김 선생 그 무슨 말이오. 워 별말씀 다 하시오."

더구나 손을 내밀어 악수를 청하면서 말씀하신다.

"김 선생 안심하시오. 내가 두 가지를 이해합니다. 첫째 그 시대가 나빴습니다. 한참 일본이 망해가려고 덤빌 때 어떻게든지 전쟁을 이기려고 하나 여의하게 안 되어 자꾸 한국인을 일본인으로 만들어서 이용하려고 할 그 시대가 아니었습니까? 둘째로 김 선생의 직업이 나빴습니다. 허구많은 직업 중에 그때 형사의 직업을 가졌으니 누구인들 그 시대의 그 직업 가지고 그렇게 않고 어떻게 잘 살았겠습니까? 나와 김 선생이 무슨 원수이기로 나를 그렇게 했겠습니까? 다만 그 시대와 그 직업이 김 선생으로 하여금 나를 그렇게 하도록 한 것이지요. 그러나 나로서는 그때 그 시험이 가장 큰 시험이었습니다. 내가 하나님 앞에서 죽느냐, 사느냐 하는 큰 문제를 놓고 시험당할 때였습니다. 그러나 하나님이 힘 주시어서 그 시험을 이길 수 있게 되었으니 나는 아무 걱정이 없게 되었습니다. 그러니 그때 그 일은 내가 잊어버렸으니 김 선생도 안심하시오. 내게 무슨 용서할 것이 있겠습니까? 그저 김 선생도 예수 믿으시오."

이렇게 안심을 시키면서 전도를 했다.

"아이구 감사합니다. 믿구 말구요. 아 믿겠습니다."

그는 안심하면서 미안한 태도로 손 목사님과 작별하였다는 것이다.

이러한 손 목사님이 부지중에 범죄한 그들에겐들 어떻게 하셨겠는가? 말할 것도 없이 용서가 있었을 뿐이었으리라. 이래서 이 사건은 별 탈 없이 무사히 일단락 짓고 말았다.

제12장

흘러간 옛 꿈

8.15 해방!

이는 우리에게 무상의 기쁨과 희망을 갖다 주었으나

38선 !

이는 우리들을 무한한 불안과 공포의 줄로 묶었으니

8.15 해방 밝아지려는 아침 하늘에

난데없는 38선 검은 구름이 일어나

대구, 제주도, 여순 사건 모진 바람이 불고

신의주 학생 사건, 초도 사건 맞바람이 불어

6.25 사변 뇌성 벽력이 나고

11.27 소낙비가 쏟아져

삼천리 금수강산은 피의 홍수가 나고

반 만년 역사 산맥에 시체의 언덕을 이룰 줄이야.

내 조국 내 강산에 복음의 씨가 떨어져

내 민족 내 백성 속에서 싹이 트고 꽃이 피어

영멸에서 영생으로 가는 열매 맺히고자

불철주야 기도하던 손 장로님은 만리이역 「할빈」에서
장래를 준비하던 두 아들은 순천 경찰서 뒷마당에서
동분서주 양떼를 지키던 남편 손 목사님은 미평 과수원에서
주 앞으로 불리움을 받을 줄이야
예수께서 제자이던 유다에게 배반당하심이
하나님의 크신 경륜이시라면
성웅 간디가 같은 교도에게 암살 당함이 있을 수 있는 일이라면
애국 투사 백범 선생이 동족에게 피살당함이
혁명가의 아름다운 최후라면

동창 학우에게 순교를 당함도 우연한 일이 아니오.
지키던 양떼 중에서 부지 중의 실수로 체포당하게 되었다는 것도
절대로 우연한 일이 아닐 것이니
주의 섭리를 알 자 그 누구냐?
하물며 순교당하던 그날 선물을 주실 줄이야!

사모님은 씨 아이 씨(CIC)사람들에게 불리워 심문을 당할 때에
울렁거리던 가슴이 다시 뛰고 대답할 때에 나오려던 눈물이 다시
스미여 세상 모르고 젖만 빠는 동길이를 안고 앉아 하염없이 애양
원 쪽을 바라보면서 3부자의 무덤을 머리 속에 그리는 것이었다.
　'내가 과연 행복한 사람일까? 불행한 중에도 더욱 불행한 사람일
까? 소위 세칭 성자라는 남편의 아내도 되었고, 소위 말하는 어린
두 순교자의 어머니도 되었으니 세상 사람이나 보통 교인이 갖지
못한 놀라운 축복이요, 다른 나라 다른 민족이 빼앗지 못할 축복이
아닌가. 그러나 장독 같은 두 아들을 앞세우고, 아직도 늙지 않은 남
편은 죽어 이별하고 철 모르는 다섯 어린것들의 어머니라는 더 무

거운 짐을 진다는 것은 어쩌면 저주받은 존재나 아닐까? 슬픔의 눈물이 솟고 걱정의 한숨이 날 때 웃는 얼굴로 위로해주던 두 아들! 마음이 설레며 마귀의 유혹이 닥쳐올 때 신앙으로 격려해주던 남편! 지금은 모두 한줌 흙으로 돌아갔으니 인간적으로 나처럼 불행한 여인이 또 어디 있겠느냐.'

이렇게 생각이 드는 중에 '그때 부산으로 갔던들 내가 지금 이렇게 되지 않았을 것을……' 하는 생각이 슬쩍 머리 속에 떠오르는 것이었으니 이는 다음과 같은 일이었다.

8.15 해방 이후에 부산 초량 교회(草梁敎會)에서 손 목사님을 청빙한 일이 있었다. 손 목사님은 처음에는 거절했으나 단 2년만이라도 잠깐 돌보아달라고 원했다. 8.15 해방 직후의 한국 교회의 형편을 생각할 때에 그동안만이라도 돕는 것이 하나님께 영광이 되고 한국 교회에 덕이 될까 하여서 거절은 안 했으나 허락도 안하시고 기도해 보기로 하셨다. 그러나 이 말을 들은 애양원 1천백명 환자들은 두 다리를 뻗어 붙이고 울면서 하나님께 기도했던 것이다. '다만 2년간이라 하더라도 손 목사님 떠나시지 못하게 하여 주시라고' 그때 미국에서 해방 후에 다니러 온 윌손 박사까지도 '이 불쌍한 이들을 버리지 마시오.' 하고 권했다는 것이다. 이러고 보니 손 목사님은 역시 애양원 교회를 삼시라도 떠나실 수 없음을 알고 초량교회로 옮기시는 것을 단념하셨던 것이다. 그때 만일 부산 초량교회로 옮기셨더라면 동인이, 동신이도 무사했을는지도 모르겠고 또 손 목사님도 아직 생존해 계셨을는지도 알 수 없다는 안타까운 한 토막의 회상이 있었던 것이다. '그러나 이것도 다 하나님의 뜻이요 십자가의 길이 아닐까?' 하니 자기도 모르게 찬송이 나왔다.

"내 주의 지신 십자가 세인은 안질까.

십자가 각기 있으니 내게도 있도다.

내 몫에 태인 십자가 늘 지고 가리라.

그 면류관 쓰려고 저 천당 가겠네."

찬송을 마치고 내려다보니 젖꼭지를 물었던 동길이는 어느 틈에 잠이 들었다. 사모님은 가만히 동길이를 방 아랫목 쪽에 누이고 일어나 건넌방으로 얼른 가시었다. 잠깐 후에 들고 나오시는 것은 성경과 찬송가를 넣어 가지고 다니시는 가방이었다. 행여나 동길이가 깰까 봐 가만히 주섬주섬 가방 속에서 꺼내시는 것은 몇 장의 편지였다. 이 편지는 사모님이 성경 다음으로 귀중히 간직하여 두고 가끔 꺼내서 읽으시는 것이었으니, 10년 전 혹은 15년 전에 남편되는 손목님에게서 받았던 편지들이었다.

지나간 옛날

흘러간 옛 꿈

분명히 편지는 그이의 그 편지요.

틀림없이 글씨도 그이의 글씨언만

그이는 지금 어디서

나는 지금 무엇을 ……?

약간 떨리는 손에 들려진 편지 위로 손 목사님의 싱긋 웃는 얼굴이 슬쩍 지나가는 것 같았다.

「양순씨에게

첫날에 드린 편지는 잘 보았을 줄 압니다. 늙으신 아버님 모시고 많은 어린 것들 데리시고 곤궁한 살림에 고생하시기에 매우 고단도 하시고 여간 어려울 줄을 짐작합니다. 동생의 편지로써 집안이 다 평안하시다는 소식은 들었습니다. 나도 하나님의 보호하여 주신 은혜와 당신의 지성껏 빌어 주신 기도로써 몸도 건강하고 공부도 무사히 잘 하고 있습니다. 그런데 우리집 추수가 총합계 한 섬의 추수로써 여섯 식구가 산다는 것은 대단히 막연한 것 같나이다. 그러나

(1) 과거로 오늘까지 살려 주신 하나님께서 앞으로도 살려 주실 것이요.

(2) 우리가 다 하나님을 위하여 일하는 일꾼이니 당신의 일꾼을 굶기고 일을 시키시지 않으실 것이요.

(3) 쌀로써 살지 않고 하나님의 말씀으로 살게 되는 인간이니 곡식 없어 죽지는 않겠고,

(4) 의인이 굶어 죽지 않는다 했으니 기독자가 굶어 죽지 않을 것이요, 우리가 매일 드리게 되는 주기도문에도 '일용할 양식을 주옵소서'라고 날마다 간구하니 굶어죽지 않을 것은 사실이 아니겠습니까.

그러나 문제는

(1) 우리에게 이런 믿음이 있는가가 문제요,

(2) 우리에게 맡기신 책임을 잘 감당할 것뿐이외다.

아버님께 두 번 드린 돈을 맡은 것은 다 잘 쓰신 줄 압니다. 나는 지금 내복 한 벌도 못 사입고 책 한 권도 못 사읽고 흉년 당한 아버님과 아내와 자식들이 굶을까 염려하여 학비에서 떼어서 보낸 것이외다. 돈은 적게 보내고 쓸 곳은 많고 하여 경험 많으신 아버지와 살림에 예산 잘하는 동생을 통해서 돈을 쓰게 한 것이니, 그리 짐작하소서. 일후에 혹시 공돈이 생겨지면 아버님 생신시에 당신 이름으로 5원 보낼 터이니 2원은 고기 사고 3원은 당신 뜻대로 가용에 쓰소서. 나는 학비 곤란을 당하면서 같이 고생하오니 당신도 한 몸인 부부이오니 어쩔 수 있습니까? 고생을 달게 받읍시다. 우리의 고생은 주를 위한 고생이고 소망 있는 고생이니 기쁘지 않습니까? 짜증도 내지 마시고 구소리도 하지 마시고 누구를 원망도 마시고 주를 위하는 마음으로 달게 당합시다. 우리는 굶어도 같이 기쁘게 굶고 먹

어도 같이 한 자리에서 먹고 고생을 하여도 같이 기쁨으로 하고 울어도 같이 앉아 울어 잠깐 꿈 같은 세상에서 기쁨으로 뜻 맞게 의논 좋게 삽시다……」

사모님의 입에서는 "잠깐 꿈 같은 세상… 그렇지 참 꿈같은 세상이야!" 소리와 함께 편지는 바뀌어졌다.

「전략…… 하늘에 있는 천사도 땅에 와서 못살 것인데 하물며 하나님의 자녀가 어찌 세상과 더불어 살게 될까요. 오직 우리 나라는 하늘에 있으니 우리는 하늘 법대로 살고 하나님 위하여서만 살아 땅에서부터 영생자와 같이 되사이다. 물질을 상대해서 살아 보려고 조금 마음을 내면 곧 무슨 불평의 일이 생기고 생기고 하는 것 보니 우리는 아무래도 세상 사람이 아닌 것을 아시겠지요…」

편지는 또 다시 바뀌었다.

「오래간만에 기다리고 사모하던 당신의 편지를 보게 되오니 그 반갑고 고마운 마음은 비할 데 없사오나 당신 편지에 추워서 못살겠다는 내용을 보오니 잠이 오지 않고 밥맛이 없고 어떻게 가슴이 아픈지 공부도 못하겠습니다. 참다 못하여 돈 2원을 보내드리오니 이것 가지시고 지혜롭게 춥지 않도록 무엇을 구해보소서. 내 목수건이라도 보내면 좋겠사오나 나도 어려울 뿐 아니라 인편도 없으니 못 보내나이다. 약소하지만 내 정성껏 구해 보내드리는 것이오니 지혜있게 꼭 덥게 할 것만 구해보소서. 우리가 지금은 이같이 고생하나 주님 위해 당하게 되는 것이니 우리 마음은 기쁘며 내세 복이 있겠사오며 또는 우리도 앞으로 잘 살게 될는지 누가 알겠소……」

다음에는 이런 편지도 있었다.

「전략…… 한 해만 가리워 있는 내년이면 벌써 나도 이 학교를 졸업하게 되겠나이다. 2년도 지났는데 1년이야 다 된 것이지요. 利가 논 산 것 보고는 부러워 하지도 마시고 본체도 맙시다. 참으로 나는 利가 논 사는 것이 나의 신앙의 눈으로 볼 때 대단히 염려됩니다. 차라리 남들 같으면 예사로 볼는지 모르겠으나 그렇지 못하고 참 마음으로 권고하고도 싶으나 혹은 시기로 여길는지 또는 나의 신앙의 오해라 할는지 몰라서 권면치도 못하여 하나님께서 자연히 깨닫게 해주십사고 기도만 합니다. 교역자란 주님의 사도는 주의 종 되는 자요, 옛날 선지자처럼 있는 것도 버리고 나오는 것이 교역자인데 도리어 모으려고 애쓰며 쩌금이나 논과 밭을 사게 됨은 참으로 위험한 일이 아닐까요? 나는 내년에 졸업하여도 절대로 쩌금이나 논과 밭을 살 계획은 안 하겠습니다. 부모와 형제 돕기와 구제하기도 부족하지 않을까요? 내가 지금 아무리 학비에 이같이 궁색을 당해서 집안의 아버지와 자식이 굶주려도 하나님의 진리를 어기면서 잘 먹고 잘 입고 잘 살 계획 차리지는 않겠습니다.……

그렇다고 일부러 걸인이 되거나 돈을 함부로 예산 없이 쓰거나 하는 것이 아니라 아버지께 맡기고 주의 뜻대로만 살면… 당신도 내년부터는 손 목사님의 부인이시니 미리 기도 많이 하시고 준비하시고 잘 각오하소서.……

세상의 부귀 영화 누리고 죄악과 불평으로 사는 것보다 하루를 살더라도 이러한 진리의 기쁜 생활하는 가정이 되면 얼마나 기쁘겠소. 이러하면 내세에 더욱 많은 복이 우리의 것이 되겠지요. 가령 이 세상에서와 내세에 복이 없다 할지라도 하나님의 뜻대로 사람답게 살아야 마땅하지 않을까요…」

이런 편지도 있었다.

「전략…… 또는 동인이는 신사참배 하는 날은 꼭 학교에 보내지 말며 신당 앞에서도 절하지 말게 하며 나중에 학교에서 알게 되어 퇴학시킨다거든 퇴학을 당하였지 신당에는 절할 수 없으니 꼭 절하지 말라고 동인이에게 부탁하소서. 제 둘째 계명이오니 반드시 못할 일이외다. 아버님께도 잘 이야기 해 드리십시오. …운운.」

가만 가만 읽는 편지 소리는 자기도 모르게 눈물 섞인 소리로 변해서 읽게 되었다. 그 소리에 놀라 깨었는지 모르나 샛별 같은 맑은 눈을 뜨고 동길이는 어머니를 바라다보고 있지 않은가! (엄마 왜 울지? 읽는 것이 무어야?) 하는 듯이.

'저것이 후에 커서 아버지 어디 있우? 하면 하늘을 가리킬 것이냐, 동도 무덤이 있는 곳을 가리킬 것이냐?' 사모님에게는 한 가지 숙제가 생겼다.

'또 저것의 생일날이면 생일 축하식을 할 것이냐, 아버지 추모회를 할 것이냐?' 또 다른 한 가지 숙제가 생겼다.

'그래라. 땅 위에서는 네 생일이요, 천국에서는 네 아버지 생일이라고 하자.'

필자는 이와 같은 신앙적 과거를 회고하는 의미에서 독자에게 편지 한 장을 더 소개하고 싶다.

「아버님과 어머님과 동인 모까지 보아주소서.

모든 징조들은 예수님의 재림이 가까움을 증거하고 또는 우리의 신앙이 점점 약하여 가는 것을 보든지 각 교회의 형편을 보아도 아무래도 주님의 재림이 가까워 옴이 꼭 다 된 것을 깨닫겠습니다. 주님의 뜻을 좇아 그리스도를 사모하는 자들에게는 기쁜 때가 오고 예수를 믿지 않고 세상만을 아는 자에게는 두려운 심판날이 되겠습니다. 이 땅 위에 의를 위하여 주를 위하여 진리로만 사는 자는 주님의 오심이 얼마나 기쁘오리까!

아버지 어머님이시여, 기왕 우리가 천심 전력 전 재산 심지어 자녀들까지 주님께 바치고 진리대로 살게 되었사오니 원망없이 기쁨과 즐거운 마음으로 지내면 더욱 좋지 않겠습니까? 옛날에 아무 죄 없이 하나님의 뜻대로 산 욥같은 의인에게도 큰 곤란과 재화와 고통까지 주셨음은 죄가 있어서 벌이 아니라 더욱 큰 은혜 주시려고 하신 것이 아닙니까?

우리도 잠깐동안 이 땅 위에서 진리를 위하여 주를 위하여 참고 견디는 마음으로 지내면 얼마나 복되겠습니까? 우리가 참된 믿음으로 시험을 참아 이기는 생활을 하게 되면 겉사람은 후패하나 속사람은 날로 새롭다고 하셨사오니 아무리 물질에 곤란이 되고 몸에 고통이 심하다 할지라도 우리의 마음속에는 하나님의 위로와 장래에 받게 될 복과 천국 영생을 소망하여 기쁨과 즐거움이 있지 않겠습니까?

우리의 믿음이란 평안할 때와 좋을 때에만 잘 믿는다면 누구는 못 믿겠으며 참 믿음이라고 하겠습니까? 어려운 가운데서 참는 믿음과 괴로움을 당할 때에 우리의 들어 갈 천국을 생각지 않을 수 있겠습니까?

저는 부모님과 아내를 위하여 기도할 때에 먼저는 몸이 건강하도록 기도하며 또는 마음에 위로를 받도록 위하여 기도하며, 다음에는 육체의 고통과 물질의 곤란으로 말미암아 신앙에 타격을 받지 않게 되기 위하여 간절히 빕니다. 기왕 당하게 되는 고통이니 진리로 취급하며 믿음으로 살기 위하여 간절히 기도할 것이외다. 저는 참으로 간절히 눈물을 흘리면서 주께 구하기는 부모님의 육체의 고통 당하심보다도 행여나 이 고통으로 인하여 믿음에 손상이나 없을까 하며 기왕 당하게 되는 고생으로 우리의 장래에 받게 될 큰 복을 조금이라도 감하게 될까봐 큰 걱정이올시다. 우리의 재산은 다 빼앗길지라도 우리의 믿음은 안 빼앗겨야 되겠으며, 우리의 건강은 다 빼앗길지라도 우리의 기도하는 힘만은 안 빼앗겨야 되지 않겠습니까?

우리는 기왕 주님 앞에 다 바쳐 놓았으니 주님께서 처리하시지 않겠습니까? 하나님께서 말씀하시기를 나를 위하여 부모나 처자나 형제나 자녀나 모든 것을 다 바친 자는 금세에 있어 복을 받고 내세에 영생을 유업으로 받겠다 하시며 복을 받되 핍박을 겸하여 받겠다 하셨사오니 핍박이나 고난을 주를 위하여 받게 되는 것을 바로 복이라 하셨사오니 우리도 주를 위하여 받는 고통인 줄 알고 기뻐합시다.

신자가 기뻐하고 즐거워한다는 것은 세상 사람이 기뻐하는 것과는 다르다고 주님께서 말씀하셨지요. 세상 사람은 돈이 있으면 기뻐하고 몸이 평안하면 기뻐하고 집안이 잘 되어가면 기쁘다. 하나 기독교의 가르치는 기쁨은 무조건의 기쁨입니다. 범사가 다 기뻐할 일이겠습니다. 아파도, 곤란해도, 핍박을 당해도 괴로움을 당해도, 기뻐하지요.

아버님 편지와 동인 모의 편지를 보니 외롭고 서러워하시며 슬픔의 눈물로 세월을 보내신다 하니 인정상 도리로서는 듣기에 매우 가슴이 아프고 동정의 마음과 죄송한 마음을 금치 못하겠사오나 영생의 소망을 가진 우리 신자의 생활과 소위 믿음이 있다고 소문난 손 장로님의 가정이 삼형제를 주님의 사자로 내보내어 놓고 가정의 고통을 참고 견디지 못하고 믿음으로 위로를 받고 살지 못한다면 우리의 예수를 믿어 복되다는 것이 무엇이며 우리가 나가서 믿음 없는 자에게 향하여 예수님을 믿으면 금생과 내생에 복된 생활됨과 어떤 환경에서라도 평강한 마음의 은혜를 받게 된다고 강단에서 어떻게 외치며 길 거리에서 어떻게 가르치게 될까요?

우리가 물질에는 가난해도 신령한 은혜로는 풍부해야 되겠고 겉사람은 후패하고 괴로워도 속사람은 기쁘고 날로 새로워야 되지 않겠습니까? 그러나 아버지 어머님이시여, 책망은 아니외다. 육체를 가진 사람은 어려움을 당할 때 잠깐 약하게 되기는 합니다마는 그래도 곧 깨닫고 다시 주께 기도하여 위로를 얻으시기를 바라오며 우리의 바라는 소망의 나라를 바라보아 위로를 다시 새로이 받으사이다.

우리 삼형제가 불량하고 허랑방탕하여 재산을 없애고 부모를 고생시킨다 할지라도 부모님은 믿음으로 위로를 받으실 터인데 우리는 주를 위한 자요, 남을 위하여 모든 것을 버리고 나선 자이오니 특별히 부모님과 아내 된 자도 잘 너그러이 이해하시고 믿음으로 취급하셔야 되겠습니다. 도리어 기뻐하며 즐거워하며 우리에게 신앙의 위로를 주셔야 되지 않겠습니까? 주를 위하여 조국을 위하여 나선 자가 잠깐 동안은 괴로운 것 같으나 마음속에 기쁨과 내세의 복락은 한량 없겠지요.

옛날 모세도 왕궁의 영광을 버리고 쓸쓸한 광야로 갔사오며, 바울도 세상 부귀영화를 버리고 얼마나 고생을 달게 여겼더니이까? 이것은 너무도 큰 복인고로 보통 사람은 이런 복을 깨닫지 못하고 예사로이 여기는 자가 많으며 또는 조그마한 잠깐의 작은 고생 받기를 무서워 하며 괴롭게 여겨 못 참는 자도 많더이다. 이는 너무도 큰 복인고로 예사 사람은 감히 못 받게 되는 것 같나이다. 우리같이 마음도 약하고 몸도 약한 사람에게 이렇게도 중대한 책임과 복을 허락하셨사오니 이 얼마나 감사하온지 감히 눈물이 납니다.

제가 가만히 생각하니 우리 가정에 점점 어려운 일이 심해져가고 시험과 연단이 많아져가는 것 보니 하나님께서 우리의 믿음에 부족함을 아시고 심히도 연단케 하시는 모양이 확실하오니 우리의 집안은 각각 깨닫고 우리의 믿음을 살펴보고 주께 더 나아가야 되겠습니다. 저도 우리의 부모님을 돕고 아내의 고생을 덜기 위하여 교회 일이라도 보려고 하나 주께서 허락지 않는 것 보니 참으로 이상하외다.

우리는 깊이 각오하여야 금생과 내생에 다 복이 될 줄로 깨닫게 됩니다. 하나님께서 우리 가정에 물질로 도와야 할 필요가 있는 줄 아실 때에는 곧 허락하실 것을 반드시 믿습니다. 그런고로 물질의 도우심이 약하다고 걱정하지 마시고 몸에 고통이 있다고 염려치 마시고 우리의 신앙생활이 어떠하며 어떻게 하여야 진리의 생활에 합당할까 만을 생각하시고 기도하는 중에 깨달으시기를 바랍니다. 지금은 확실히 주님이 오실 기약이 다 되었사오니 꼭 이 몸으로 주를 맞이하도록 준비하십시다.

가정예배는 꼭 보시기를 바라오며 될 수 있는 대로 몸이 곤하셔도 기도하시는 일과 교회 출석하시는 일과 성경 보시는 일에는 전력하사이다. 우리는 함께 모든 염려를 주께 맡기고 믿음으로만 생활하사이다. 믿음으로 사는 자는 만사가 합동하여 유익하게 되며 또는 믿음으로 사는 자는 하늘 위로를 받게 됩니다.

주 안에 안강을 빌면서 불비상.

1936년 4월 2일

손양원 상

(추신) 동인 모에게 윤병훈이가 평양에서 내리라는 말이 아니라 어느 날 몇 시에 무슨 차 탈 것만 알리면 내가 평양역에 입장권 타 가지고 차간에 갈 것이란 말이오니 가는 차 시간만 알게 해달라는 말이외다.

제13장

그가 만일 오늘날 살어 있었다면?

나는 손 목사님의 신앙생활을 전면적으로 넓게 또 부분적으로 깊게 연구해 본 나머지 민족은 민족대로 그 갈 바를 잡지 못하고, 교회는 교회대로 그 죄에 대한 인식이 박약해져서, 그 가졌던 정체를 나날이 폭로시켜 이중 삼중의 죄과를 맺어 가는 오늘날 그가 만일 살아 있었더라다면 어떻게 하셨겠는가? 이런 생각을 해 보았다.

첫째로, 그는 이 민족과 교회를 위해서 밤마다 날마다 울다가 굶어 시들어 죽었으리라고 말할 수 있을 것 같다.

그는 그 기도 생활에 있어서 기쁘면 기뻐서 감사의 눈물이요, 슬프면 슬퍼서 간구하던 눈물의 생활이었다. 옛날 멸망당할 자기 민족의 장래를 위하여 눈물을 끊이지 않던 '예레미야'를 우리가 생각할 때에 오늘날 이 민족 이 교회의 현실을 보고 울지 않을 이 어디 있으리요.

나는 이 글을 쓰는 도중에 「조국애의 눈물」이라는 제(題)로 성결교회 부총회장 김창근 목사님의 지상 설교를 읽게 되었다. 『눈물은 감정의 고귀한 결정이요, 마음의 심각한 표현이다. 뜻 없는 심정에서 지어낼 수 없는 것이 눈물이요, 북받치는 열정에서 막아 낼 수 없는 것도 눈물이다.··· 인자(人子; 사람의 아들)이신 예수는 조국과 동포를 위하여 감람산에서 통곡하시었다. 그 통곡하신 이유를 찾아 본다면

1. 조국의 장래를 생각하시고 우시었다. 하나님의 법도를 배반하고 패역의 길을 걷는 유대민족의 앞에는 점점 멸망의 그림자가 가까워오고 있었다. 과연 기원 70년 9월 8일 성성(聖城; 거룩한 성) 예루살렘이 멸망 당할 때에 4개월간 로마 군대에게 포위 당하여 굶어죽은 자가 부지기수요, 마침내 그 자녀를 잡아 먹는 참상까지 있었고, 예루살렘 함락 당일 죽은 자가 70만이요, 포로가 9만 7천여 명이었다. 예수께서는 미구에 임할 이 민족적 참화를 내다 보시고 통곡하셨다.

2. 동포의 과거를 통곡하셨다(마 23:37). 이 무서운 저주와 비참한 말로가 하고(何故)로 하처(何處)로 좇아 왔는가? 이는 선지자를 죽이고, 그 보내신 자들을 돌로 치고 거역한 결과이다. 종두득두(種豆得豆)하고 종과득과(種果得果)*의 인과의 법칙으로 된 것이니 죄 값은 사망이다. 이러한 민족 역사의 과거를 생각하시고 우셨다.

3. 죄 중에 춤추는 민족의 현재를 보시고 우셨다. 강대한 로마제국 침략의 마수는 뻗쳐 있고, 국운은 날로 기울어지며 민중은 도탄에 빠졌고, 도의심은 땅에 떨어졌으며, 국가 민족의 운명이 백척간두에 있음에도 불구하고 종교가는 의식화하고 지도자와 권력가들은 지위와 기회를 악용하여 가진 불의를 감행하며, 부호층들은 치부와 향락을 일삼으며 죄악의 현실에 도취하였으니 마치 물 속에

---

* −종두득두(種豆得豆)하고 종과득과(種果得果)의 인과의 법칙: 콩 심은 데 콩 나고, 과일 심은 데 과일 난다는 말로, 모든 일에는 원인과 결과가 있게 마련이라는 뜻이다.

있는 고기가 어부의 그물을 보지 못하고 약육강식하며, 목전의 참화를 깨닫지 못하고 뛰고 노는 것과 다름없는 한심한 상태이면서도 진리의 소리, 정의의 경고를 저들은 듣지 않았었다. 운운』

나는 이 설교에서 받은바 은혜가 많음을 느꼈다. 주께서 그때 그 현실의 원인과 결과와 또 장래를 보시고 우셨을진대 오늘날 우리 한국 민족과 또 한국 민족의 심장이 되어야 할 교회의 현상을 보시고는 우실 것인가 웃으실 것인가? 따라서 주의 뜻대로 살려고 하는 주의 종 손 목사님이 또한 울지 않고 어찌 이 현실을 대하실 수 있으리요.

사실에 있어서 1950년 3월과 4월경에 국기 배례 문제와 장로교 제36회 총회에서 있을 경남노회 문제가 정히 악화된다면 손 목사님은 자기는 그 일 때문에 목숨을 내놓고 최후까지 싸우겠으니 무사히 돌아올 것으로 생각지 말라고 그 부인께 유언 비슷한 말씀을 하시고 서울로 향하셨다 하니 그때 그만한 형편에도 그렇게 심각하게 생각하셨거든 하물며 오늘과 같은 이 처참한 현실에 있어서리요.

한국 민족의 말로, 한국교회의 참상! 전쟁에서 민주진영이 패배를 당한다고 가정한다면 그 다음에 되어질 일은 명약관화 하거니와 전쟁에서 민주진영이 승리를 얻는다고 해도 이 민족의 현실로 보아서는 수백년간 영국에게 갖은 착취와 입박을 받던 인도민족의 운명을 면치 못할 것만 같고, 무진장한 보고를 송두리째 빼앗기고도 영원히 돌이킬 수 없도록 된 아메리칸 인디언의 운명을 다시 밟을 것만 같다. 이는 이민족이 강해서 어떤 침략을 당한다기 보다도 내 민족 내 백성이 자진 자멸의 길을 자처하는 까닭이리라. 손 목사님께서 '이대로 가다가는 삼천리 강산이 소돔 고모라처럼 되어지고 말 것입니다. 만일 또 이대로 가다가는 더 큰 매질을 하실 것이니 대한 민족이 땅 위에서 도말을 당할 날이 있기 쉬우리다.' 고 하신 말씀이 과연 두려운 예언같이 느껴지는 것이다.

그러니 밤이면 밤, 낮이면 낮 할 것 없이 울다가 울다가 눈물마저 말라서 쓰러져 버리지 않으셨을까.

둘째로, 생각할 수 있는 것은 교회에 대한 태도이다.

"손 목사만 같으면 저렇게 안 했고 이렇게 했으리라." 하고 자기 측에 유리하도록 자기입장을 변명하고 지지하는 이들의 말을 종종 듣는다. 노회 문제에서도 교회 문제에서도 신학교 문제에서도.

"주기철 목사님이나 손양원 목사님 같으면 저렇게 안 하고 이렇게 하셨을 것이다." 하고 자기 입장에 유리하도록 해석하는 소리를 많이 듣는다. 그리고 대개는 비상시국 또 전시하라는 것을 내세워서 모든 것을 해결지우려고 한다. 그러니 이런 현실 하에서 손 목사님이 오늘날 살아있었다면 어느 편이 되셨겠느냐? 내가 생각하기로는 이편도 저편도 되기 전에 여전히 예수편이 되셨으리라.

나는 이 제목을 써놓고 대단히 염려를 했다. 왜냐하면 내 주관적 어떤 비판이 될 것 같아서이다. 그러나 이 속편을 쓰는 중에 그를 취급하던 형사나 검사 앞에서 거침 없이 거짓 없이 그의 소신을 확신 있게 진술한 소위 일년 반 징역 판결 언도 원문을 전부 입수하게 되었다. 나는 하늘의 별을 딴 것처럼 기뻤다. 그를 알고 그를 소개하는 데 유일한 증거가 되는 문헌이기 때문이다. 나는 판결 언도문을 제3장 『옥중 육년간』 속에 소개했지만 그 기록에 대한 것은 소개하지 않았다.

그 기록의 내용을 먼저 말하면

의견서, 범죄문지보고(犯罪聞知報告), 범죄인지보고(犯罪認知報告), 수색조서, 차압조서, 차압목록, 피의자 심문조서(제1회 – 제3회), 사실 조회에 관한 건, 증인 심문조서(김경호, 신길수, 허옥, 정완

선, 정기재), 피의자 소행조서 (이상은 <여수 경찰서원과 전라남도 경찰부의 형사가 취급한 서류>임).

　<광주 지방법원 검사국>

　피의자 심문 조서(제1회 – 제4회), 수사 보고서(증인 심문조서 2통;木村道夫, 粟某), 증인 심문조서(김경호, 허옥, 신길수), 공판 청구서.

　<광주 지방법원 형사부>

　변호인 선정계, 동 통지서, 출소 청구서, 공판 조서(2회), 판결, 상고 신립서.

　대개 이상과 같다. 나는 이 문답의 기록을 밤을 새우면서 또 한편 엄숙한 기분으로 읽었다. 과연 손 목사님의 언행록이었다. 나는 이 전문(全文)을 이 책에 소개할 수는 없다. 다른 기회에 전문을 세상에 소개할 수도 있으리라고 믿는다. 다만 형사와 함께 문답한 조서 일부를 소개하겠다.

피의자 심문조서 (제1회)

　피의자 대촌 양원

　우(右) 치안 유지법 위반죄 피의 사건에 대해서 소화 15년 10월 22일 여수 경찰서에서 사법 경찰이 조선 총독부 전라남도 순사 금성구웅(金城久雄)의 입회 하에 피의자에 대해서 심문하기를 좌와 여히 함.

문 "씨멍과 언링은?"
답 "대촌 양원이며 39세입니다."
문 "신분과 직업은?"
답 "신분은 상민이요, 기독교회 조사올시다."
문 "주거와 본적은?"

답 "주거는 여수군 율촌면 신풍리 애양원이요, 본적은 경남 함안군
　　칠원면 구성리 685번지올시다."
문 "훈장 기장(記章)이 있어 연금 은급을 받거나 또 공무원이 아닌
　　가?"
답 "없습니다."
문 "지금까지 형사처분, 기소유예, 또는 훈계 방면을 받아본 일이
　　없는가?"
답 "없습니다."
문 "피의사건에 대해서 사실대로를 진술할 것인가?"
답 "심문에 대해서 정직하게 대답하겠습니다."
문 "학력은?"
답 (약「略」)
문 "직업 경력은?"
답 (약)
문 "애양원에 취직하게 된 것은 누구의 소개였던가?"
답 (약)
문 "건강 상태는?"
답 "별로 병은 없습니다."
문 "가정 상황은"
답 (약)
문 "재산은?"
답 (약)
문 "구명(舊名)은?"
답 "손양원이라고 하고 연준(燕俊)이라는 어렸을 때 이름이 있습니
　　다."
문 "기독교 입교 상황과 신앙 경력은?"

답(약)

문 "성경에 대해서 여하한 관념을 가지고 있는가?"

답 "성경에는 구약성경과 신약성경이 있습니다. 구약성경에는 주
   로 예수 그리스도의 강림하심에 대한 예언과 예수 그리스도 강
   림까지의 일체 의식이 기재되어 있고 신약성경의 예수 그리스
   도에 대한 예언의 증명과 신앙에 의한 영원한 생명을 얻는 것과
   또 현세에서 하나님의 뜻을 따르는 일체 인생의 길을 행하는 교
   리와 또 말세에 있어서의 부활 교리 등이 기재되어 있어서 신구
   약 성경을 통해서 창세기부터 요한계시록까지 66권으로 되어
   있습니다. 성경에 기록되어 있는 것은 '여호와' 하나님의 말씀
   이어서 나에게 있어서는 생명으로도 바꿀 수 없는 절대적의 기
   록입니다. 나는 교리를 굳게 믿고 인생의 영원한 생명을 얻는
   것을 신조로 하고 있는 것입니다. 여호와 하나님이란 예수 그리
   스도의 아버지 되는 신이시요, 예수 그리스도는 신자들의 아버
   지 되는 신이십니다. 앞서도 말한 바와 같이 인생의 영원한 생
   명이란 육체는 죽으면 흙으로 돌아가지만, 영혼은 예수 그리스
   도의 십자가 대속의 은혜로 지옥을 면하고 천국으로 올라가 무
   한한 생명을 누릴 수 있는 것입니다. 예수 그리스도가 재림하시
   면 신자들은 육체와 영혼이 합쳐서 부활하고 예수 그리스도와
   함께 영원한 생명을 누릴 것입니다. 고로 성경은 나의 유일의
   신조요, 신앙의 목표입니다. 성경 중에 기록된 것은 전부 그대
   로 굳게 믿고 전부가 실현될 것으로 믿어 마지 않습니다."

문 "기독 신자들에게 있어서 하나님이란 어떤 것을 말함인가?"

답 "하나님을 가리켜 다음과 같이 말합니다.

   1. 하나님은 사랑이시다.

   2. 하나님은 의이시다.

3. 하나님은 빛이시다.

4. 하나님은 영이시다.

5. 하나님은 만물 창조주이시다.

6. 하나님은 주재자이시다.

7. 하나님은 말세에 있어서 만민의 심판관이시다라고 해석합니다.

개별적으로 이상의 것을 설명하여 보면

① 하나님이 사랑이라 함은, 죄로 해서 죽을 수밖에 없는 만민을 위해서 구주이신 독생자 예수 그리스도를 현 세상에 강림하시게 하여 십자가를 지워 만민을 구원하고자 하심을 말함입니다. 예수께서는 만민이 받을 죄값을 대신 받으셔서 예수 자신이 받으시고자 십자가에 달리신 것입니다.

② 하나님이 의이시라 함은, 만민의 의(義), 불의를 밝혀 의에 대해서는 상을 주시고 불의에 대해서는 이를 벌하십니다. 그러면 의라 함이 무엇이냐 하면 의란 '바른' 것입니다. 그 표준은 전부 성경에서 찾습니다. 성경에 하나님의 말씀으로 표시되어 있는 것은 전부가 의요, 성경 이외의 것은 아무리 훌륭한 사람이 기록한 것이라도 불의한 것입니다."

문 "그러면 교육칙어(教育勅語; 일본의 국민교육 헌장)는 어떻게 생각하는가?"

답 "교육칙어라도 성경에 쓰여 있는 취지에 합치하면 의로울 것이로되 합치하지 않는 것은 불의일 것입니다.

③ 하나님이 빛이시라 함은, 우선 죄를 깨닫지 못하는 인간에게 죄를 가르치십니다. 즉 죄에 대해서 자각을 주시는 것입니다. 다음에 즉 말세에 있어서 받을 천국과 지옥을 가르치십니다. 그래서 참 신이란 무엇인가를 명확하게 일러서 깨닫게 하

십니다. 즉 만민에게 빛을 주시는 것입니다.

④ 하나님이 영이시라 함은, 하나님은 눈으로는 볼 수 없지마는 심중에도 계십니다. 이를 무소부재, 무소불능이라고 합니다. 무소부재란 아니 계신 곳이 없다는 말이요, 무소불능이란 못할 것이 없으시다는 말입니다.

⑤ 하나님이 만물의 창조주이시라 함은, 천지 만물은 모든 것이 '여호와' 하나님의 창조하신 물건입니다. 구약 성경 창세기 1장 1절에 '태초에 하나님이 천지를 창조하시다' 라고 기록되어 있고 또 신약성경 사도행전 17장 24절에도 '우주와 그 가운데 있는 만유를 지으신 신께서는 천지의 주재시니 손으로 지은 전에 계시지 아니하시고' 라고 기록되어 있습니다. 우리 대일본 제국은 물론, 세계 각국은 전부 '여호와' 하나님의 창조하신 바입니다. 고로 세계 각국은 '여호와' 하나님의 뜻대로 지도되어 운전되는 것입니다. 천조 대신은 아국 선조의 신이라고 하나 실제는 '여호와' 하나님의 명령 지배 지휘에 의해서 일본국에 강림한 것입니다. 고로 세계 인류의 시조는 '여호와' 하나님이실 뿐 아니라, 천조 대신도 '여호와' 하나님 지배 하에서 행동해 온 것입니다.

⑥ 하나님이 수재자이시라 함은, '여호와' 하나님은 일, 월, 성 (日月星) 즉 삼광(三光)을 운전하시는 신이십니다. 연, 월, 일의 운행도 '여호와' 하나님의 장중에 있는 것이요, 인생의 생사도 사람의 운명도 '여호와' 하나님의 지배 하에 있는 것입니다. 일본 천황폐하는 사람입니다. 고로 사도행전 17장 25절에 '또 무엇이 부족한 것처럼 사람의 손으로 섬김을 받으시는 것이 아니니 이는 만민에게 생명과 호흡과 만물을 친히 주시는 자이심이라' 함과 같이 천황도 '여호와' 하나님께로부터 생명과 호흡

또 만물 즉 국토, 국민, 재산 일본을 통치할 천황의 지위, 급 통치할 권력을 받은 것입니다.

⑦ 하나님이 말세에 만민의 심판관이시라 함은, 성경은 창세기부터 요한계시록까지 66권인바 말세라 함은 요한계시록에 기록된 물질세계의 종말에 대해서 보여준 하나님의 뜻입니다. 이를 말세론이라고 합니다.

(중간 약)

말세라 함은 예수의 초림부터 재림까지의 일을 말합니다. 금년은 서력 1940년인데 이 재림은 오늘 있을는지 몇 해 후에 올는지 모르나 절박해진 것만은 사실입니다. 그 증거로는 근년 세계 각처에서 발생하는 전쟁, 한재, 수해, 악병의 유행 등 인류에 불행을 끼치는 것들을 보아 이를 말세의 현상이라 하겠습니다.

우리 기독 신자들은 매일 예수 그리스도의 재림을 고대하면서 예수 그리스도를 맞을 준비를 하고 있는데 이것이 신앙입니다. 그래서 재림 때에는 모든 물질계 즉 현세, 국가, 사람, 권력, 지위 기타 모든 것은 파괴될 것입니다. 그리고 신령한 세계로 될 것입니다. 신령한 세계라 함은 현세와 같이 죄가 있는 세계와는 달라서 죄 없는 세계를 말합니다. 여기에서 현세에 있어서 신앙이 없던 이는 예수의 진노하심을 입어 벌을 받고 신앙이 깊은 자는 예수님과 함께 혼인잔치에 참석할 것입니다. 혼인잔치라 함은, 인생의 가장 환희에 충만한 결혼 당시와 같은 의미로의 비유로 예수님과 함께 누릴 수 있는 환희의 절정을 표시하는 것으로 그 기한이 7년간이라고 합니다.

혼인 잔치 다음에 천년왕국이 올 것입니다. 천년왕국에서 예수께서는 만왕의 왕이 되시어 신앙이 가장 깊은 신도는 분봉왕(分封王)으로 되고 그 외의 사람들 즉 신앙이 얕은 또 신앙이 없는 이는 분봉왕의 백성이 됩니다. 현세에 있는 국왕도 신앙이 깊으면 분봉왕이 되려니와 신앙이 없는 경우에는 분봉왕 밑에서 백성이 되는 것입니다. 물론 일본 친황도 이 일은 면치 못할 것입니다. 천년왕국의 기한은 천년간입니다.

그 다음에 무궁 세계가 옵니다. 무궁 세계라 함은 보통 천국이라 하는 바 이는 성경 요한계시록 21장과 22장에 분명히 표시되어 있습니다. 이 세계가 되기만 하면 우선 (가) 물질의 변화, (나) 육체의 부활이 되고, 천국에는 열두 보석으로 꾸며진 성곽과 열두 진주문이 있습니다. ㉠ 눈물이 없고, ㉡ 괴롬도 없고, ㉢ 병도 없고, ㉣ 죽음도 없는, 참으로 행복한 세계가 영원히 계속되어 사람도 이 행복을 영원히 누릴 수 있습니다. 그러나 무궁세계에서 예수 그리스도의 최후의 심판이 행하여지게 되는 것입니다. 전천년 왕국시대에 있어서는 분봉왕 아래에 신앙 박약한 자와 불신앙자가 백성으로 되어 있었지만 이 무궁세계에 있어서는 이 불신자들에 대해서는 예수에게 준엄한 벌을 받아 지옥으로 추방을 당하고 진실한 신도만이 이 세계에 남게 됩니다. 이상이 기독교의 하나님에게 대한 교리의 개요입니다."

문 "그러면 우리 대일본제국의 즉 천황 정치에 대한 비판은 여하한가?"

답 "로마서 13장 1절에서 7절까지 보면 '모든 사람은 권세 있는 사람에게 굴복하라 권세는 하나님께로 나지 않음이 없나니 권세 있는 것은 다 하나님의 정하신 바라. 그런고로 권세를 거스리면 하나님의 명을 거스림이니, 거스리는 자들은 자기에게 죄 정함을 받으리라. 대개 권세 있는 자는 선행하는 자를 두렵게 함이 아니라 오직 악행하는 자를 두렵게 하나니, 네가 권세 있는 자를 두려워 하지 아니 하려느냐. 선을 행하라 그러한즉 그에게 칭찬을 얻으리라 그는 하나님의 부리는 자니 너를 유익하게 할지라 그러나 네가 악행을 하는 자여든 두려워할지어다. 대개 그가 공연히 칼을 가지지 아니하고 하나님의 부리는 자가 되어 악을 행하는 자에게 노함으로 형벌하느니라. 그런고로 마땅히 굴복하되 노함만 면하려고 하지 말고 오직 양심을 위하여 하라. 너희가 이를 인하여 세를 바치나니 그 권세가 있는 자는 하나님의 일꾼이 되어 항상 이 일을 다스리느니라. 모든 사람에게 줄 것을 주되 전(田)세를 바칠 자에게 전세를 바치고, 잡세를 바칠 자에게 잡세를 바치고 두려워할 자에게 두려워하고 공경할 자를 공경하라.' 고 하였습니다. 권세라 함은, 각각 사회 계급에 따라서 '여호와' 하나님에게 받은 권력이어서, 천황이 일본 제국을 다스리는 권력, 조선 총독이 조선을 다스리는 권력, 도지사가 도내를 다스리는 권력, 군수가 군내를, 면장이 면내를 다스리는 권력 등은 모두가 '여호와' 하나님에게서 받은 권세 즉 권력입니다.

이상과 같이 세계 각국의 국왕은 각각 그 국가를 통치하는 권력을 '여호와' 하나님에게서 부여해 받은 것입니다. 먼저도 말한 바와 같이 우주의 삼라만상은 여호와 하나님의 창조하시고 주재하시는 바입니다. 천왕도 '여호와' 하나님의 주재하시는 바요, 지배하셔서 우리 국토를 기탁보존하여 왔기 때문에 '여호와' 하나님의 지시에 의해서 우리 국토를 천왕의 손에서 빼앗아 다른 이에게 돌릴 수도 있는 것입니다. 즉 일본의 흥망은 '여호와' 하나님의 생각하시는 대로 좌우되는 것입니다. 또한 사도행전 17장 26절에서 27절에 보면 '각 나라 백성을 한 혈맥으로 만드사 온 땅에 거하게 하시고 저희의 연대를 정하시고 거하는 지경을 한하셨으니 하나님을 찾을지니라. 혹 더듬어 얻을 것이니 우리 각 사람에게 떠나 계시기가 머지 아니하시니라' 라고 있는 바, '연대를 정하시고' 라고 함은 각국의 존속 기한을 가리킴이요, '거하는 지경을 한하셨다' 함은 국경은 물론 도계, 면계, 리계 등을 가리키는 것입니다. 즉 국가의 존속 기한도 국가의 경계(境界) 모두가 '여호와' 하나님의 정하신 바입니다. 이는 요한복음 1장 3절의 말씀 '만물이 그로 말미암아 지은 바 되었으니 지은 것이 하나도 그가 없이는 된 것이 없느니라.' 라고 한 말씀으로 증명할 수 있는 것입니다."

문 "그러면 현대 국가의 전부, 즉 세계 각국도 역시 '여호와' 하나님 이 마음대로 관할하고 있는 것인가?"

답 "그렇습니다. 현대에 있어서 구주 전쟁이나 지나 사변도 '여호와' 하나님께서 주재하셔서 전쟁하게 되는 고로 하나님의 뜻을 거역하는 이들은 멸망할 것입니다. 구주 전쟁에서 독일과 영국이 싸우고 지나 사변에서 지나와 일본이 싸우고 있는데, 어떤 편이 이기고 어떤 편이 지느냐는 '여호와' 하나님의 뜻대로 될 것입니다. 온 세계는 전쟁, 수해, 한발, 지진이 각지에 발생하여서 근년에는 더욱 심한 것이 말세 현상인 것 같은데 이 말세 현상도 하나님의 뜻일 것입니다. 얼마 후에 예수 그리스도께서 재림하실 때까지 말세현상은 그치지 않을 것입니다. 무궁 세계가 이 땅에 건설되지 않으면 인류의 행복은 바랄 수가 없는 고로 우리 기독교도들은 예수 그리스도의 재림하실 날을 고대하며 또 될 수 있으면 재림 전에라도 무궁 세계가 지상에 건설되기를 우리는 희망하는 바입니다."

문 "사유재산 제도에 대한 비판은 여하?"

답 "기독교적으로 소유권을 비판한다면 현대 사유재산 제도는 불합리합니다. 물질을 소유한다는 것은 소유주가 셋이라고 할 수 있는 것입니다. 즉

(1) 하나님이 창조물을 주재하는 것이므로 하나님의 소유권을

말할 수 있고

(2) 현세에서는 국가의 소유권을 말할 수 있습니다. 국가가 그 소유물을 안전하게 보관해주는 까닭입니다.

(3) 다음에 개인의 소유권이 있습니다. 노력의 결과로 얻는 까닭입니다.

그런데 이 세 가지 소유는 그 힘에 있어서 강약이 있는 것이 아니라 똑 같습니다. 그래서 개인적으로 자기들 맘대로 물건을 소비하는 것은 하나님의 뜻이 아닙니다. 또 국가가 단독으로 생각해서 전쟁하기 위해서 백성의 돈으로 무기를 만들게 하는 것도 하나님의 뜻에 반대되는 것입니다. 고로 현재의 소유권 즉 사유재산 제도라는 것은 근본적으로 하나님의 뜻에 반대되는 것이요, 이 세상에서 구축해야 할 제도입니다. 총괄해서 말하면 현재 우리나라 국체나 사유 재산 제도는 예수의 초림부터 재림까지 소위 말세기에 있을 잠정적 가정적(假定的) 제도로서 예수가 재림하시면 전부 파괴 소멸되고 무궁 세계가 실현되는 것입니다.”

문 “기독교 궁극 목적은 무엇인가?”

답 “예수 그리스도 재림에 따라서 현세는 소멸되고 예수를 지배자로 하는 무궁세계가 건설되어 독신자들이 정치를 행하게 되는 것을 목적으로 신도에게 교리를 잘 가르치는 것입니다.”

문 “재림 장소는?”

답 “예수께서 인간의 몸으로 재림하실 것이니, 인간계인 것 같으나 장소가 지정되어 있지 않으니 모르겠습니다.”

답 “먼저 말한 대로 현세는 말세로서 특히 최근처럼 흉년, 전쟁 등은 재림이 가까워짐을 말하는 것으로 생각합니다. 혹 명일일지도 모르나 그 시기는 알 수 없습니다.”

문 “대일본 제국의 천황 정치를 파괴하고 무궁세계라는 예수 그리

스도를 수반으로 하는 국가를 건설한다는 것은 국민으로서 대단
히 불충한 일이 아닐까?"

답 "일본 제국을 위해서는 불충일지라도 먼저 말한 대로 성경에 하
나님의 말씀으로 분명히 기록되어 있는 이상, 기독교들은 무궁
세계에 있어서 오히려 지금보다 행복한 생애를 얻는다 하였으니
하나님의 뜻을 따라서 일하는 것이 신도의 의무일 것입니다."

문 "그러면 그대는 현 일본 국가에 대해서 불편 불만한 점이 무엇인가?"

답 "가까운 예를 들어 말하자면 신사참배 강요입니다. 신사란 황실
의 선조인 천황조 대신과 역대 천황, 위국 충신을 제사하는 곳인
데 나는 일종의 우상이라고 생각합니다. 우상을 예배하는 것은
교리상 허락되지 못합니다. 기독 신자는 하나님의 아들들이지
천조대신의 아들들은 아닙니다. 기독교에서는 신자가 자기들의
선조에게 제사하는 일도 불의로 알고 있습니다. 성경 신명기 5장
7절, 출애굽기 20장 3절에 나 외에 다른 신을 위하지 말라 하셨습
니다.

이 말씀의 뜻은 (1) 여호와 하나님을 제외하고 다른 신을 믿지 말
라는 것, (2) 여호와 하나님과 함께 다른 신을 믿지 말라는 것의
두 가지요, 신명기 5장 8절부터 10절, 출애굽기 20장 4절부터 10
절에 '우상을 만들지 말지니 위로 하늘에 있는 것이나 아래로 땅
에 있는 것이나 땅 아래 물 속에 있는 것의 무슨 형상이든지 만들
지 말고 절하여 섬기지 말라. 나 여호와 너의 하나님은 진노하는
신이니 나를 미워하는 자에게는 아비의 죄를 자손 삼사 대까지
보응하고 나를 사랑하며 내 계명을 지키는 자에게는 은혜를 수
천 대까지 베풀리라'고 명시되어 있습니다. 이처럼 기독교도들
의 불의로 생각하는 이신불사(二神不仕)의 계명을 범하도록 강요하
는 정부 방침은 여호와 하나님의 뜻에 위반되는 최대의 것으로 하나

님의 심판을 받을 때는 제일 중한 심판을 받을 것입니다."

문 "천왕을 현인신(現人神)이라고 높여 보는 것은?"

답 "성경 이사야서 45장 5절 6절에 '나는 여호와라 나 외에 다른 이가 없고 나 밖에 신이 없으니 너는 나를 알지 못하였으나 나는 네 띠를 묶고 해 뜨는 곳으로부터 서편까지 나 밖에 다른 이가 없는 줄을 사람으로 하여금 알게 하리니 나는 여호와라 다른 이가 없느니라.' 한 말씀에 근거하여 천황을 현인신이라고 할 수 없습니다."

문 "그러면 지금까지 그대의 활동해 온 포교 전도는 일본 국가를 멸망시키는 의도처럼 인정할 수 있는데 어떠한가?"

답 "예수 그리스도의 재림으로 당연히 일본 국가뿐 아니라 세계 각 국가는 멸망될 것입니다. 일본 국가만 의뢰하고 있다가 언제인가 멸망당한다고 한다면 영원의 생명을 바라보는 신도로서는 불안해서 일본 국가만을 의뢰할 수는 없을 것입니다. 또 한 걸음 더 나아가 높은 입장에서 생각한다면 세상에 생존한 인간을 사랑한다는 점에서라도 그리스도를 믿음으로 구원을 얻는 것이니 신자를 한 사람이라도 더 많게 하여 될 수 있는 대로 다대수의 인간이 무궁세계에서 영원한 생명을 누릴 수 있도록 하기 위하여 매일 일상 전도하여야 할 것입니다. 일본 국내에 기독교도가 많아지면 저절로 국가 제도를 변경할 수 있고 신사참배 강요하는 악한 법도 없어질 것이고 기독교리를 근본원리로 한 국가가 될 것이니 나는 교역자로서 무궁세계 실현의 준비를 위해서 믿음을 확장하는 즉 포교 전도를 하고 있었던 것입니다."

문 "현대와 같은 군비정비된 일본에 가령 예수 그리스도의 재림이 있다손 치더라도 다만 재림만으로 멸망시킬 수는 없을 것이라고 믿는데 그대의 생각하는 방법 수단은 여하?"

답 "옳습니다. 예수님께서는 인간의 몸으로 재림하시어도 대포나
　총을 가지고 재림하시지는 않습니다. 또 대포나 총이란 모두 인
　간들의 쓰는 것으로 쓰는 인간이 없으면 쓸 데가 없을 것입니다.
　기독신자가 많아져서 인간의 거의 전부가 하나님의 아들이 된다
　면 결코 무기로 대항하지 않더라도 현재 우리나라 제도를 개변
　시켜서 기독교 국가 건설이 되는 것입니다."
문 "그대의 전도포교는 우리 국체 변혁 목적 수행을 위한 수단이라
　고 인정되는데 여하?"
답 "직접 무력을 가지고 반항할 의사는 없습니다마는 인민들이 기
　독신자로 되면 일본도 현 제도를 보존할 수는 없게 되는 고로 결
　과로 보아서 국체 변혁 수단으로 될는지 모릅니다."
문 "동지는 누구 누군가?"
답 "별로 동지라고는 없습니다."
문 "포교전도 장소는?"
답 (약)
문 "신사 불참배를 선동한 사실은?"
답 "신사참배 문제에 대해서는 소화 13년 이래 전선적 큰 문제였기
　때문에 이 문제를 논의한 일은 일일이 기억하지 못합니다마는
　(1) 율촌 애양원 환자들에게는 2, 3회
　(2) 남경 양산군 (이하 약)
　(3) 경남 물금 역전(이하 약)에서 신사참배가 교리에 위반되는 이
　론을 설명하고 거부해야 할 것을 이야기 한 일이 있습니다."
문 "무슨 할 말 더 없는가?"
답 "없습니다."

　이상의 문답을 보고 그가 만일 살아 있었더라면 하고 생각할 때

에 과연 그때에 걸으시던 그 길을 여전히 걸으시면서 예수편으로 있었으리라 믿는다.

조서(調書) 중에 어느 누구 개인을 원망한 일도 없고 어느 누구를 걸어서 함께 어떤 고난을 당하게 하려고도 안 하셨다. 성경을 기준으로 한 소신을 생명을 내놓고 믿고 전하는 생활이요 또 고백이었다. 그 이외에는 단순하였다. 오히려 증인 신문 조서 중에 특히 이 모(李某)나 금 모(琴某)의 조서를 보면 자기들의 입장을 세우기 위해서 손 목사님의 행동을 극구 비난한 점을 볼 수가 있다.

문 "손양원에게서 설교를 들은 사실이 있는가?"

답 "있습니다. 손양원은 먼저도 말한 대로 조선 예수교 장로회 부산 지방 시찰회 전도사가 되어서 시찰구 부산부, 양산군, 김해군, 함안군내 각 교회를 순회 전도했는데, 쇼와 13년 11월 하순경… 설교를 했습니다. 설교후 동 교회 사무실에서 나하고 금 모(琴某)에게 신사참배 문제에 관한 설명을 해주었는데 그 의견이 나와는 합치되지 않아서 나는 그 상황을 부산 지방 시찰 회장에게 보고한 사실이 있습니다. 운운"의 진술을 하고, 또…….

문 "그날 밤 신자 이십명에게 대해서 교회 내에서 믿을 필요가 없다고 설교한 의미는 여하?"

답 "네, 그 의미는 나로서는 잘 모르겠으나 교회 내에서 신앙생활을 하면 그 신자는 경찰서의 적극적 지도에 의해서 자연히 우상이라고 생각하는 신사에 참배하게 되는 고로 교회 밖에서 신앙생활을 하면 경찰서 지도를 강제로 받지 않게 되어 신사참배를 당하지 않게 된다는 의미인 줄 압니다."라고만 했으면 될 터인데 더 계속해서 덧붙였다.

"또 손양원의 주장하는 교리는 목하 부산서에서 취조 중에 있는 예수교 사건 관계자 목사 최상림, 한상동, 주남선, 윤술용 등의 주장하는 교리론과 동일한 신앙심으로서 당시 부산 시찰회 구역 각 교회를 순회 포교한 줄 생각합니다." 하는 답까지 부언을 했고, 또 끝으로

문 "더 할 말 없는가?"

답 "네 별로 없습니다마는 손양원과 같은 비국민적 교리론으로 설교하는 신자는 단호히 처벌해야 한다고 생각합니다." 하고 종지부를 강하게 찍었다.

한편 또 다른 수난 신도들의 기록을 입수한 바 21명의 목사님 장로님들이 일시에 검속되어 취조를 당한 후에 기록된 모 노회 사건의 수사 상황서를 보니 이 또한 기막힌 기록이었다.

'여호와 신과 천조대신의 칭호는 이명 동일신(異名同一神; 이름은 다르지만 같은 신)인고로 신사참배 해도 교리 위반이 아니라.' 는 등 또 '천조대신은 일본의 창조신이요, 여호와 하나님은 천지만물의 창조신이다. 천조대신에게 참배하는 것은 교리 위반이나 여호와 하나님께 참배하는 기분으로 참배한다.' 라는 등.

'천지만물 전 우주를 창조한 이는 여호와 하나님이다. 그러나 일본에 있어서는 천조대신을 일본 국토 급 인민을 수호하는 신이라고 최고 신으로 신사에 모셔놓고 참배한다. 그러므로 여호와 하나님의 창조와 천조대신의 창조는 범위 광협(廣狹; 넓고 좁음)의 차이뿐이요, 창조한 일 자체는 똑같다. 고로 여호와 신을 일본식으로 볼때에 즉 일본인의 입장에서 여호와 신을 볼 때는 천조대신이라고 한다. 그 본체는 여호와 신을 가리키는 것이다. 교회에서 여호와 하나님을 예배하는 기분이나 신사에서 천조대신을 참배하는 기분이다 같은 신을 예배하는 것이니 기독교에서 엄금한 이신불사(二神不仕)의 신념에 위반되는 것이 아니다.' 라는 말들을 해서 신사참배를

긍정했다. 그러나 일본인 측에서는 이것을 불경신관이라 취급해서 말하기를 '이는 일본 국민 신념인 황조신(皇祖神; 천황의 조상신)과 천황의 존엄을 모독한 것이다.' 하여 불경죄로 몰렸던 것이다.

그 목사님들이 지금도 살아계셔서 목회를 여전히 하시니 지금도 똑같은 생각이신지 회개를 하셨는지는 사람으로는 모르나 현 민족과 현 교회의 외부에 나타나는 모든 일들을 보아서 어느 정도 짐작할 수는 있는가 싶다. 급할 때는 여호와 하나님 대신 바꾸어놓고 여호와 하나님처럼 섬기는 버릇, 이는 시대 사조에 순응하는 변화무쌍한 재주를 부리는 것이다.

그 시대와 장소를 따라 바꿔도 좋은 것은 얼마든지 있다. 단군도 있고 스탈린도 있고 트루맨도 있고 달러(美貨; 미화)도 있고 원자탄도 있고 상대편을 넘어뜨리는 공작운동도 있다. 그러나 어리석은 손 목사님은 아무것도 바꿔 놓을 줄도 모르고 남을 비난하는 저주조차 그에게는 없었으니, 시대가 아무리 변하고 인심이 아무리 바뀌어도 그는 여전히 성경말씀 그대로 믿고 생활하고 또 전하면서 지내는 예수편으로 있었으리라고 믿는다.

혹 그는 총회파의 편이 되었을는지도 모른다. 8.15 해방 후에 소위 재건파 최덕지 선생에게 권면을 받으신 일이 있었다.

"속화된 현실 교회에 소속 안 될 것은 말할 것도 없거니와 설교도 가서 하지 말고 우리 재건파에 굳게 서서 전도하시면 한국 교회가 바로 잡힐 것입니다. 운운" 했는데 이 때에 손 목사님의 대답은 "주님도 나 같은 죄인이 사는 이 땅 위에 오셨는데 내 어찌 세상을 버리며, 사마리아 여인을 찾아가신 주님이신데 내 어찌 현실 교회를 마귀당이라 하여 절연하겠습니까? 예수님께서는 예루살렘 성전이 더러워질 때도 성전에 들어가셔서 깨끗케 하셨는데 내 어찌 주의 뒤를 안 따르리오. 세리와 죄인의 친구이신 주님의 하신 대로 나도 해 보고자 합니다. …운운"의 대답을 하셨다는 것이다. 그렇다고 해서 다대수요 대한 예수교 장로회 총회이기 때문에 무조건 하고 가담하시지는 않았으리라.

1950년 4월 21일부터 25일까지 대구에서 열린 제36회 총회에서 새벽마다 외치신 설교를 들은 이는 그를 알았으리라 싶다.

첫째날은 「법궤를 찾자.」

둘째날은 「십자가의 원수가 누구냐?」

셋째날은 「성령 세례를 받자」

넷째날은 「기독자의 승전법」

다섯째날은 「생활의 대상」을 보아도 알 수 있으니 그때에도 진정한 회개를 외치신 것이다. 한편 손 목사님의 유고 중 「너는 누구를 위하여 일하는 자냐?」라는 제(題)에서 "나는 하나님의 만세 전 예정자로 신국을 위하여 난 자며 죽을 자로서 피택된 자가 아닌가. 그러나 소위 나의 신앙생활 – 교역자 생활의 내면을 살펴 보니 꼭 내 중심에서 나 위하여 살고 있는 자 같다. 나의 날마다 마음에 사무치게 원하고 활약하는 것을 보니

① 나의 배 위하여

② 나의 명예 위하여

③ 나의 주위 위하여 일하는 것 같다.

나는 다만 주께서 자기의 일로 인하여 모든 일을 내 손에 붙여서 양을 위하여 행하게 하심인데

① 양의 털을 깎아서 내 옷을 해 입고

② 양의 젖을 짜서 내 배를 채우고

③ 양의 두목으로 나서서 날뛰면서도

조금도 양을 위하여 진심과 전력을 다하지 않으니 나에게 화가 있으리라!" 하였다.

이런 것을 보아 그가 얼마나 자기 자신의 끊임없이 회개해야 할 조건을 발견하면서 주의 맡기신 일에 충성하려고 했다는 것을 엿볼 수 있으니 이 점에 있어서 현대 교회 지도자들에게도 그 무엇을 주는 것이 있는 줄 믿는다.

　그는 또한 고신파였을는지도 모른다. 그는 과연 고려신학교 이사회의 총무였기도 하다. 그러나 그가 신사 불참배 문제로 옥중에서 고생하였다고 해서 고신파가 되지는 않았을 것이다. 또 법통노회의 노회원이었기 때문에 고신파가 되지도 않았을 것이다. 사실 그는 순교 직전에 총회파인 순천노회로 이명해 가신 일이 있었다. 그것은 옥중 성도였다고 해서 그 개인이 완전한 인간이 다 되어진 것도 아니요, 고신파라고 해서 모두가 절대 불가패의 완전한 성도가 되어진 것도 아닌 까닭이다. 아니 도대체 「파」자를 붙이는 그 파 속에 들기를 원치 않으셨을 것이다. 다만 그 깊은 진리를 생활로 체험하면서 주께 가까이 나아가 보려고 회개하고 노력하는 이들이 있다면 그들이 개인이든 단체이든 불구하고 그들과 통했을 것이다. 그것은 주께서 연락시켜주시는 것이니 끊을래야 끊을 수 없는 신앙의 동지가 되어질 것이기 때문이다. 만일 시국이니 전시 하이니 해서 외부의 어떤 세력을 가지고 편을 만들려고 하면 동상이몽의 세계일지니 신앙의 동지가 되어질 수가 없을 것은 불변의 원칙일 것이다. 어찌 그 「편」되기를 쉽게 약속할 수 있었으리요. 혹 사회 단체나, 학교, 군대나, 다른 집단 같으면 이는 가능할지 모르나 신앙 양심으로 생활한다는 소위 종교 단체 특히 기독교계에서 내부 외화(內腐外華; 겉은 화려하지만 속은 부패함)의 길을 감연히 밟을 수 있었으리요. 하물며 성경 유오설을 승인한다거나 신 신학적으로 그 학설을 바꾼다거나 따라서 시대와 환경에 순응하려는 편이라면 두 번 다시 생각할 여지도 없는 것이다.

손 목사님은 결코 한국인이기 때문에 신사참배를 반대한 것은 아니다. 만일 그렇다면 해방 후 단군 신사 문제나 국가배례 문제가 났을 때에 아무 관심이 없었을 것이 아니냐. 왜냐하면 한국인들이 하는 일이기 때문에……. 손 목사님은 또 일본 천황이기 때문에 미워서 불신(不信)하면 지옥간다고 외친 것은 아닐 것이다. 그렇다면 해방 후에 동분서주, 주의 복음을 짊어지고 남한 일대를 돌아다니실 필요가 없었을 것이 아니냐? 왜냐하면 그들 역시 믿지 않은 동포들이기 때문에……. 그러나 그는 해방 전이나, 해방 후나, 일본인에게나, 한국인에게나 꼭 같은 태도 즉 하나님의 사람으로서 할 일만을 했고 걸을 길만을 걸었을 뿐이다. 일제시대에 '손양원과 같은 비국민적 교리론으로 설교하는 신자는 단호히 처벌해야 한다고 생각합니다.' 하던 소위 일제 애국 신자가 변해진 오늘에 와서는 한국 관헌에게는 무엇이라고 하면서 애국 신자 노릇을 할 것인가? '손양원 같은 비현실적 교리론으로 설교하는 신자는 단호히 현 시국 하에 처벌해야 한다고 생각합니다.' 하고 애국 신자노릇을 할 수 있을는지 모른다. 그러니 요는 교만해진 신앙의 고집이냐, 다수가결로 정해진 총회 노회의 법이냐가 문제가 아니라 진정한 과거의 청산이냐, 중생한 심령의 재출발이냐가 문제일 것이다. 이런 의미에서 손 목사님은 이편도 저편도 되기 전에 예수편의 사람이었으리라고 나는 단언할 수 있는 것이요, 따라서 이편이든 저편이든 성경을 절대 불가침의 표준으로 하고 예수편에 가깝게 살려는 사람이라면 손 목사님 또한 그 편이 되었으리라고 믿는다. 그리고 현하 교회와 민족을 향하여 회개를 더욱 심각하게 외쳤을 것이라고 믿는다.

끝으로 다시 그가 만일 오늘날 살아 있었더라면, 앞날을 위하여 또 앞으로 갈 곳을 위하여 여전히 충실하게 준비하셨으리라고 나는 말하고 싶다.

앞을 위하여 또 앞으로 갈 곳을 위하여 여전히 충실하게 준비하셨으리라는 말은 무슨 뜻이냐? 형사와 문답한 기록에서도 엿볼 수 있지만 자기 개인의 어떤 의견을 말하지 않고 성경에 가르친 대로 소신을 진술하되 그 앞에는 조금도 서슴지 않고 굽히지 않는 말씀을 하셨다. 다시 한 번 조서를 들추어 보기로 하자.

문 "그러면 현대 국가의 전부 즉 세계 각국도 역시 여호와 하나님이 마음대로 관할하고 있는 것인가?"

답 "그렇습니다, 현대에 있어서 구주 전쟁이나 지나 사변도 여호와 하나님께서 주재하셔서 전쟁을 하게 되는 고로 하나님의 뜻을 거역하는 이들은 멸망할 것입니다. 구주 전쟁에서 독일과 영국이 싸우고 지나 사변에서 지나와 일본이 싸우고 있는데 어떤 편이 이기고 어떤 편이 지느냐는 여호와 하나님의 뜻대로 될 것입니다. 온 세계는 전쟁, 수해, 한발, 지진이 각지에 발생하여서 근년에는 더욱 심한 것이 말세현상인 것 같은데 이 말세 현상도 하나님의 뜻일 것입니다. 얼마 후에 예수 그리스도께서 재림하실 때까지 말세 현상은 그치지 않을 것입니다. 무궁 세계가 이 땅에 건설되지 않으면 인류의 행복을 바랄 수가 없는 고로 우리 기독교도들은 예수 그리스도의 재림하실 날을 고대하며 또 될 수 있으면 재림 전에라도 무궁 세계가 지상에 건설되기를 우리는 희망하는 바입니다."

문 "대일본 제국의 천황 정치를 파괴하고 무궁세계라는 예수 그리스도를 수반으로 하는 국가를 건설한다는 것은 국민으로서 대단히 불충한 일이 아닐까?"

답 "일본 제국을 위해서는 불충일지라도 먼저 말한 대로 성경에 하나님의 말씀으로 분명히 기록되어 있는 이상 기독교도들은 무궁

세계에 있어서 오히려 지금보다 행복한 생애를 얻는다 하였으니 하나님의 뜻을 따라서 일하는 것이 신도의 의무일 것입니다."

이렇게 서슴지 않고 굳세게 외치셨다. 현실을 무시하고 장래를 기다리는 그 소망. 그러나 닥쳐오는 모든 문제를 하나 하나 처리하되 하나님의 영광을 위하여 그 뜻을 이루는 데 유익하게 되도록만 노력하고 또 그 문제를 충실하게 지켜간 것을 엿볼 수 있으니 자기 입장에 오해가 오고 불리하다 해도 이는 그에게 아무 상관이 없었다. 그렇기 때문에 신사참배 문제가 올 때에도 그대로 걸었고, 또한 해방 이후에도 그대로 걸었고, 여순사건 때도 그대로 걸었고, 6.25 사변에 있어서도 같은 길을 걸으셨을 따름이다. 신사문제가 올 때 어디로의 은퇴를 생각도 안 했고, 해방이 되었다고 득세한 것처럼 떠들지도 않았고, 여순사건 때 동인 동신의 순교를 그다지 슬퍼하지도 않았고, 6.25 사변 때에도 일신이나 일가족의 행 불행을 생각지 않고 양떼들을 사수하면서 순교를 자취(自取)하셨다. 현실을 무시하면서 그러나 자기의 의무를 등한시 안 한 것을 모든 사실을 통해서 알아낼 수 있었으니, 그가 만일 신사참배 문제 때에 은퇴를 했더라면, 그가 만일 6.25사변 때에 부산으로 피신을 해서 자기 안전이라기보다도 후일을 위해서라는 핑계로 그의 생명을 연장시켰더라면 오늘날 그를 어떻게 볼 것인지!

그의 일기에서도 볼 수 있고 그의 설교집에서도 볼 수 있다.

「오늘이 내 날이다.」라는 제목으로 「어제는 지났으니 호불호간 내게 무관이요, 내일은 미래의 날이니 어찌 될지 모르니 오늘만이 다만 내 날이다. 인간은 과거에 잘한 것에 교만하게 되어 실패하니 과거에 속기 쉽고, 미래로 미루다가 일생을 속아 살기 쉽다. 한 날의 만족, 한 날의 감사, 의무, 충성, 한 날의 진리를 찾아 사는 것이 기독자다. 운운」의 기록을 보면 아니 기록뿐 아니라 그의 생활을 보면 실로 주위가 어떻게 되는 환경이 어떻게 변하든 그 날 그날에 있어서 앞날을 위하여 갈 곳을 위하여 여전히 준비하기를 마지 않으셨다.

금년(1951년) 정월 십오일 부산에서 필자는 한 가지 잊지 못할 일을 당하고 감격의 눈물을 흘렸다. 그것은 미국에 있으리라고 생각하고 있던 친구 전영창(全永昌) 군이 비행기로 귀국한 것이었다. 때는 한참 중공군에 밀려서 이번에는 부산까지도 함락시킬 가능성이 많은 때였다. 유엔군은 한국을 포기한다고까지 말이 떠돌며 자꾸 후퇴가 계속될 때다. 부산까지 밀려온 피난민은 물론 원주민들까지 배를 준비해서 될 수 있는 대로 한 발자국이라도 더 멀리 한국땅에서 떨어져 가고 싶은 때다. 외국 사람들은 말할 것도 없이 한국 사람까지도 미국, 일본, 대만이나 못 가면 제주도나 거제도에라도 그의 일신 일가를 옮겨서 생명의 안전을 취하려고 할 때다. 정부나 다른 어떤 중요한 단체나 기관에서도 벌써 그들의 후퇴 자리를 물색했고, 심지어 양떼를 먹인다는 교회에서까지도 일부이겠지만, 목자는 목자대로, 양떼는 양떼대로 원망하면서 서로 속속들이 살 길을 찾아서 가려 하던 때이다. 사실에 있어서 수단 좋고 돈 있는 이들은 일본이나 미국 같은 데 식구를 옮겨놓고 있을 때이다.

이때에 가장 안전하다고 생각하고 그렇게 된 것이 부러울만한 자리에 있던 그가 미국에서 무슨 생각을 하고 왔는지 모르나 14일에 비행기로 수영 비행장에 도착했던 것이다. 그는 말하기를 "흥망의 기로에 놓인 조국에 돌아와 동족과 함께 고락을 나누다가 주께서 살려 두시면 살고 불러 가시면 죽으려고 급히 왔습니다. 한 주일만 지나면 졸업식까지 볼 것이나, 그때에는 비행기가 동경까지 밖에 못 오게 될지 모른다는 말을 듣고 졸업장도 졸업식도 다 싫다고 떨치고 나왔습니다." 하지 않는가?

나는 그의 등을 치면서 기뻐했다. 하나님의 축복이신지 중공군은 그후부터 다시 몰리기 시작했으나 중공군의 진퇴가 문제 아니다. 전(全) 군의 취한 태도가 나는 귀하다는 것이다. 무시해야 할 현실이라 하고 무책임하게 하는 신앙생활! 이는 있을 수 없는 모순된 신앙생활이다. 현실을 무시하되 그 자리에서 충실하게 살려는 신앙생활, 이것이 진정한 신앙생활이다.

이런 사실을 손 목사님의 생활에서 볼 수 있었고, 6.25사변 중에 재건파 교회에 소속된 지도자들 속에서 많이 볼 수 있었고, 거창(居昌)지방 교역자들 중에서 많이 볼 수 있었고, 몇 몇 신앙 동지에게서 볼 수 있었다. 이 현실을 부정하되 현실에 무책임하지 않고 맡은 분야에서 충실하는 신앙 생활은 실로 현하 한국 교회의 진로인가 한다. '고신파가 어쩌니 나는 싫다, 총회파가 한 것이니 나는 못 하겠다, 다른 교파에서 한 것이니 나는 못 하겠다, 아무개가 하는 것이니 나는 싫다.' 이러한 관념은 뿌리부터 뽑히기를 나는 바란다.

실제 문제에 있어서 내가 당하고 있는 등한시 못할 현실 문제의 하나를 나는 기록하고 싶다. 나는 8.15 해방 이후 한국 교회가 마땅히 해야 할 것 중에 하나라고 생각하던 것인데, 어찌된 셈인지 하지 않고 있던 중요한 일의 하나를 늘 마음에 섭섭하게 생각하고 있었다. 그것은 한국 교회가 일제 시대에 실패한 과거를 회복시킬 수도 있고, 동시에 하나님께 영광이 될 50여 순교자들의 유가족들에 대한 한국 교회 신도들의 태도이다.

순교자들은 역사상의 인물이 되었으나 그들을 생각할 때에 그들이 순교하기까지 신앙의 싸움을 하는 동안, 직접 간접으로 같은 고난을 당한 그들의 유가족들에 대한 대책이다. 주기철 목사님이 순교하신 후 산정현 교회 교인의 일부가 그의 가족에게 어떤 대책을 세워보려고 했다는 외에, 어떤 노회에서나 총회에서 무슨 대책을 세워보았다는 말을 들어보지 못했다.

38선 까닭에 남북의 진상이 서로 차이가 있었으나 대체적으로 아무런 계획이 없었던 것은 사실인 것 같다. 그러는 동안에 6.25 사변이 났다. 적치(赤治) 3개월간 나는 다행인지 불행인지 서울에 숨어서 무사히 지냈다. 9.28 탈환이 되자 다른 곳은 몰라도 서울 부근에서만 대략 500여 명의 각 교파의 교역자가 직접 순교 혹은 납치되어서 그 행방을 모르게 되었다. 나는 전부터 가지고 있던 그 유가족들에 대한 관심이 더 커졌다. 그래서 9.28 이후에 몇몇 신앙 동지와 함께 그들의 가정을 심방해서 위로도 해주고 또 앞으로 어떤 대책이 세워지도록 힘써 보려고 했다. 그러다가 다시 중공군 남하로 해서 그 뜻을 서울에서 이루지 못하고 부산으로 내려오고 말았다. 부산에 와서도 역시 같은 생각에 붙잡힌 나는 역시 같은 방면으로 노력을 해서 경비를 얻게 되자 제1회 전국 순교자 급 행방불명 교역자 유가족 위안 사경회를 열게 되었다.

그때 50여 세대의 190명 가량의 각 교파 유가족들을 중심으로 하여 모여서 서로 많은 은혜를 나누게 되었다. 그런 중에 자기 남편의 뒤를 따라서 혹은 자기 아버지의 뒤를 이어서 다시 복음 전선에서 신앙의 싸움을 싸우겠다고 결심하는 이도 많았다. 순교 혹은 납치 때문에 받게 되는 물심양면의 타격으로 해서 오는 여러 가지 시험으로 신앙열이 식어져 가다가 회복의 기쁨을 자백한 이도 한 둘이 아니었다.

이 집회가 끝난 후 한달 후인가 싶다. 유가족에 대한 어떤 조직체의 필요를 느껴서 대한 기독교 순교자 유가족 원호회를 구성시켜서 소규모나마 7조목의 목적을 세우고 원호사업을 시작한 중에 제일 급한 것이 유가족 아동의 교육원호 문제였다.

그래서 부산 시내에서 할 수 있는 대로 빨리 서둘러서 교육원호에 대한 원호회원을 교회적으로 혹은 개인적으로 모집하기에 착수하고 또 한편 원호대책을 세워 보려고 했다. 그러는 동안에 얼른 응해주는 교회, 개인도 있었으나 얼른 응하지 않는 교회 혹은 개인도 있었다. 응하지 않은 제일 큰 원인은 소위 총회파와 고신파의 대립으로 오는 교세 확장에 대한 문제때문이었다. 먼저 호응한 교회가 고신파 계통이니 우리는 할 수 없다는 것이다. 이 사업 자체는 좋으나 이도 고신파의 평화 공세 전술이니 우리가 거기에 가담을 하면 교세를 잃게 되고 자기들의 지반이 흔들릴 것 같으니 협력할 수 없다는 것 같았다. 나는 부산시내 어떤 교회를 근 5,6차 방문을 해서 결코 어떤 교파나 어떤 파쟁에 이를 가담시켜서 하려고 하는 것이 아니라 실제로 주의 영광 때문에 주의 이름 때문에 살다가 희생이 된 그 가족들의 절박한 문제를 해결시키고자 함이니, 그러면 원호회원이 안 되더라도 개별적으로 몇 학생씩 맡아서 그들의 앞날을 위하여 수고해 달라고 해도 그도 못하겠다는 것이었다. 왜냐하면 이는 내 파가 아니요 내 입장에 맞지 않기 때문이라고 하는 것이었다.

현재 80명 가량의 아동은 부산 시내 부근의 장로교 성결교 14처 교회의 지지를 얻어 학비조달을 받고 있으나 아직도 많은 수의 청원에 응하지 못하고 있는 중이다. 이 사실을 통해서 나는 이런 사업이 한국 교회에서 성공 되리라고 쉽게 생각했던 것이 어리석었음을 깨달았다. 현실 교회가 그 생명력에 있어서 어느 방향을 향하여 가고 있느냐를 재어 보는 척도가 되는 사업이니, 현하 한국 교회에서 이런 일이 쉽게 이루어지리요! 이 사업의 실패가 당연한 결과일 것 같아서 나는 다시 한 번 생각할 수밖에 없었던 것이다.

그렇게 해놓고 나서 무슨 낯으로 순교 정신을 강조하고 무슨 입으로 주의 십자가 운운하리요. 겨우 인본주의적, 세계주의적, 외교적, 사교적, 향락적, 이용 가치 있는 정도의 설교나 해두도록 될 것이지 싶은 생각이 났다.

그러나 이번에 나는 여수 애양원으로 9월 28일을 기해서 손양원 목사님의 일주년 기념 추모회가 있으리라 생각하고 참석차 갔었다. 그러나 의외에도 그 교회에서 일주년 기념 추모회를 그만두기로 가결하였다는 것이다.

나는 부산에서 손 목사님 추모회를 하고 싶었으나 모든 형편이 여의치 못해서 그만두었는데 이곳에서도 그만두기로 했다고 하여 나는 그 이유를 물었다. 그 이유는 다음과 같다.

① 8.15 해방 이후에 순교자 추모예배가 와전(訛傳; 잘못 전해짐)이 되어 불신자의 제식(祭式; 제사 형식)으로 화하는 경향이 있다.

② 손 목사님이 생존해 계시다면 이런 시국에 금하셨을 것 같다.

③ 손 목사님의 가정에서 추모예배를 그리 중요시 안 했다.

④ 성경에 추모회를 가르친 곳이 없다.

⑤ 교회 역사상에 추모회에 대한 기록이 없다.

이런 조건이었다. 물론 여기에 검토해 볼 여지는 있을 줄 아나 이러한 이유로 그만 두었다고 해서 무의미하게 그대로 보낸 것은 아니었다. 이 기회에 정규오(丁奎五) 목사님을 모셔다가 부흥회를 하고 마지막 날 그 유가족을 위해서 생활 대책을 강구하고자 특별연보를 한 것이었다. 그날 밤에 특별 연보를 한 결과 350만 원의 많은 헌금이 되어서 그 유가족의 앞날을 계획 세워준 것이다. 과연 한때 잔치 기분의 추모회보다는 십배 백배의 진정한 추모회임을 느낄 수 있었다. 형식 없는 추모회라고 할는지! 그래도 한국 교회의 생명이 그 어디엔가 살아있음을 느끼면서 위로를 받았다. 이처럼 유가족들에 대한 한국 교회들의 태도와 애양원 교회의 유가족에 대한 태도는 실로 하늘과 땅의 차이인 것 같았다.

나는 이런 의미에서 한국 교회도 법과 권력을 이용해서 교회당을 빼앗거나 간판을 못 달게 해서 성공했다는 쾌재를 부르고 개선장군들처럼 느끼는 그런 천박한 신앙생활에서 떠나서 이 민족의 진정한 앞날을 위하고 개인 개인의 갈 곳을 위해서 꾸준히 값 있는 준비가 있기를 바란다.

주기철 목사님처럼 손양원 목사님처럼 앞서 간 진정한 성도들처럼 걷기를 바란다. 잘못하다가는 한국 민족을 이민족의 노예로 만드는 길잡이가 될까 두렵다. 천번 만번 생각하고 조심해서 매국, 매족, 매양(賣羊), 매신(賣神)의 누명을 쓰지 않게 되어야겠다. 즉 제정 러시아의 희랍정교 지도자들의 길을 밟지 않도록 되기를 눈물을 머금고 권하고 싶다.

나는 기가 막힐 때면 작년 12월 초순에 서울 신문엔가에 조영암 (趙靈巖)이라는 문인이 쓴 수필 「원자야의 소요」라는 글을 내어놓고 혼자 읽으면서 한숨을 쉰다. 그 일부는 이러하다.

「생략…… 그러나 유엔군의 북한 철수가 다못 철수에 그친다면 우리의 배짱은 안한(安閒; 평안하고 한가로움)할 것이다. 평안남북도와 함경남북도의 애국 의거 동포들의 생명은 누가 보장할 것인가? 생각하면 눈앞이 캄캄한 노릇이다. 신은 우리에게 무심하지 않을 것을 우리는 알고 있고 또 믿고 있다. 히로시마나 나가사끼의 십배 강한 원자 폭탄이 치열할 시간적 공간적 조건을 우리 민족이 가장 많이 갖고 있다는 슬픈 운명은 운명대로 어쩔 수 없는 것이 아닌가? 40리 직경이 직격권 내에 들던 나가사끼 원자탄이 지금엔 그의 10배라니 4백리 쯤 되는 들판이 단 한 방에 없어질 것이 아닌가? 4

백리라, 그러면 열 개 정도면 삼천리 강산은 지구 위에서 말살될 것이다. 열 개만 우리의 두상에 떨구라! 그리하여 죄 많고 복 없는 이 나라 이 민족으로 하여금 차라리 한 사람도 남게 하지 말라… 소련의 앞잡이 중공이나 북한 공적놈들도 이 광고의 불벼락 앞엔 한줌의 잿가루로 화해버릴 것이다. 그 다음 그 허허 망망한 강렬한 방사능이 풍기는 원자들엔 우리의 위대한 망령들이 즐거히 소요 저회(低廻; 공중에 낮게 떠서 빙빙 돎)할 것이다.

이 원자야(原子野)를 후세의 역사가들은 이름하여 무궁화 원자야라 할 것이다. 무궁화 원자야에는 또다시 모략이나 중상이 없는, 시기와 질투가 없는, 게으름과 어리석음이 없는, 그러한 민족이 발생할 것이다. 우리로 하여금 하루바삐 이 아름다운 원자의 들판을 소요 망상케 하라! 거기 들국화 한 포기 피어나지 않았다 하기로니 우리들은 그때 벌써 시를 포기했을 것이매 조금도 서러울 리 없을 것이요, 다못 영구히 이루지 못한 사랑을 위하여, 한 사람의 사랑을 위하여 길이 호곡하리라.」

바라기는 이 글이 한갓 한 문인의 붓(筆) 끝에서 그려지는 산문으로 그치고 말기를!

심판

앗!
천둥, 번개, 구름, 천사, 천만 성도, 나팔소리 …… 심판!
이는 주께서 약속하신 순간적 최후의 심판이려니와

알곡이 되기까지
쭉정이로 남기까지의 심판은

성장의 심판일 것이니

오른편의 양과
왼편의 염소는
부지 중에 받는 자작의 심판이랄까요?

'선생님이여 안녕하시옵니까?'
이는 일확천금을 한 가룟 유다의 목매달려 죽을 전주곡이요
'그러면 그리스도라 하는 예수를 내가 어떻게 하랴?'
이는 재판하는 빌라도의 재판받는 비명이요,

'십자가에 못박게 하소서. 십자가에 못박게 하소서.'
이는 천재일우의 기회를 얻은 개선가 같은
유대 민족의 자멸 선언이나

'그 뜻과 일이 사람에게로서 났으면 무너질 것이요,
만일 하나님께로서 났으면 너희가 능히 무너뜨리지 못하고
도리어 하나님을 대적할까 하노라.'
이는 바리새 교인 가말리엘의 천추 만대의 지혜로운 예언이었나니

인류가 지구에다 그 터를 닦은 후에
역사가 시간 위에 그 자리를 잡은 후에
영웅이 일어나 그 국가를 세운 후에
민족이 일어나 그 강토를 넓힌 후에

재물은 쌓여지되 그 남김이 없고

권세는 쓰여지되 그 자취가 없고
무력은 정복을 하되 그 뒤가 없고
인위(人爲)는 승리를 하되 그 얻음이 없으나
생명은 눌리우되 그 힘을 잃지 않고
진리는 가리우되 그 영광이 변치 않음이여!

눈 바람은 말구유의 갓난 몸을 엄습했고
권세는 떠는 아기를 애굽으로 내어 쫓고
생활고는 젊은 청춘을 목수로 살게 했고
사회상은 하나님의 아들을 미친 사람으로 만들었고
종교가는 메시야를 사형 선고에 처했고
국법은 무죄한 이를 십자가에 못 박았고
마귀는 대사업을 영원히 매장하려 하였으되
생명은 이 모든 것을 물리쳐 버리고
진리는 이 모든 것을 부활시켰으니

부귀와 영화 명예나 지위를 아니
온 천하를 주고도 바꿀 수 없는 생명이여!
환난과 핍박 저주와 학살이 아니
온 우주가 눌러도 덮을 수 없는 진리여!

삼천리 금수 강산이 이 민족의 보금자리라면
반만년 역사가 이 민족의 자랑이라면
삼천만 동포가 한 조상의 후예라면
백만 성도가 이 민족의 심장이라면
삼천여 제단이 이 민족의 지성소라면

배달 민족은 이 강산의 주인공이 되어야 할 터이요
백의 민족은 이 역사의 상아탑이 되어야 할 터이요
남북 민족은 이 조상의 후계자가 되어야 할 터이요
백만 성도는 이 심장의 피의 소유자가 되어야 할 터이요
주의 성단은 영생 복락의 근원지가 되어야 할 터인데

강산은 양단이 되어 다른 민족의 싸움터가 되고
강토는 초토가 되어 그 역사가 불타버리고
민족은 민족을 팔아 자멸의 무덤을 파고
양떼는 방향을 잃어 그 혈로를 찾지 못하고
성단은 난장판이 되어 저주의 전당이 되었으니
이 어찜이뇨?

국가의 심판은 그 시대 그 민족의 총결산이요
민족의 심판은 그 시대 지도자의 바벨탑이요
지도자의 심판은 그 시대 종교가들의 그림자이리니
종교가의 쌍견(雙肩; 양 어깨)은 총심판의 저울일진대
어찌 피의 싸움터
불의 수라장
삶의 생지옥
굳어진 백혈구
사탄의 대행소의
책임을 그 누가 면할 수 있으리요.
감람열매는 감람나무에서
포도송이는 포도넝쿨에서

무화과 과실은 무화과 잎사귀 밑에서

엉겅퀴는 엉겅퀴에서

가시는 가시나무에서라니

삼판선 자승자박은 일제 말엽의 총 수확이요

절망의 인간―상이군인은 영웅 호걸 야욕의 선물이요

산 송장―제 이 국민 제대병들은 향락 고관의 거울이요

세계의 무덤―피의 강산은 세기 사조의 청사진이요

봉두혈순(蓬頭血盾)의 유엔 공주는 동족 상살 치욕의 꽃이요

물가고의 민생고는 모리 치부의 비명이요

거리 거리의 어린 거지떼들은 신생 대한의 얼굴이요

성령 떠난 강단 쟁탈은 종교 모리의 총결산이리니

심판할 때는 그 언제이냐?

심판할 곳은 그 어디이냐?

심판할 일은 그 어떤 것이냐?

심판받을 사람은 그 어디 사람이냐?를 묻지 마라

최후의 심판도 주께서 오셔서 하실 것이요

알곡과 쭉정이도 주께서 거두실 것이요

양과 염소도 주께서 가리실 것임이여!

조선의 심판은 평양 서문밖교회에서

신사참배 가결 때 받았고

남한의 심판은 서울 새문안교회에서

전권위원 파송 때 받았고

적군 남하의 심판은 대구 제일교회에서

특별위원 선정 때 받았고

한국 장래의 심판은 부산 중앙교회에서
법통 경남노회 매장 때에 받았으나

최후의 승리는 생명에 있고
최종의 개선은 진리에 있으리니
청송은 험한 봉(峰; 봉우리)에서 그 빛이 푸르르고
절죽은 북풍에 쪼들려 그 대가 굳어지고
매화는 찬 눈 속에서 그 향기 아름답다던가

'선생님이여 안녕하시옵니까?
이는 일확천금을 한 가룻 유다의 목매달려 죽을 전주곡이요

'그러면 그리스도라 하는 예수를 내가 어떻게 하랴!'
이는 재판하는 빌라도의 재판받는 비명이요

♥   ♥   ♥

'십자가에 못박게 하소서. 십자가에 못박게 하소서.'
이는 천재일우의 기회를 얻은 개선가 같은
유대 민족의 자멸 선언이나

'그 뜻과 일이 사람에게로서 났으면 무너질 것이요,
만일 하나님께로서 났으면 너희가 능히 무너뜨리지 못하고
도리어 하나님을 대적할까 하노라.'
이는 바리새 교인 가말리엘의 천추만대의 지혜로운 예언이었느니라.

▪붓을 놓고 나서

「사랑의 원자탄」을 기록할 때에 그것이 이렇게 짧은 시일 내에 전편(前篇)이 되고 속편이 계속 기록될 줄은 꿈에도 몰랐다. 그러나 이 속편을 기록하도록 되었으니 과연 전편 18장 「산 순교자의 기도」에서 기도로 드린 말씀이 그대로 응하여진 것 같아서 한편 죄송함과 두려움을 느끼었다.

이 책을 기고한 지 1년 반 만에 제2회째 순교 추모일을 맞이하면서 출판을 하게 된 것은 실로 감개무량하다. 그러나 이 역시 만전을 기하지 못한 채 세상에 내어놓는 것이 어쩐지 앞서 간 종에게 미안한 것만 같다. 그 동안에 맹장염을 두 번씩이나 앓고 금년 사월부터 의외로 상공부의 모 직을 갖게 된 까닭에 늦어지기도 했고 또 도움이 되기도 했다. 모든 일이 합동해서 유익하게 된 줄 믿으며 이 책이 전쟁이 그치지 않고 재앙이 그 뒤를 따르는 우리나라 민족에게 어느 면에서든지 유익이 된다면 다행이요 또 하나님께 감사할 뿐이다.

내가 이 글을 써서 내는 동안에 고려신학교나, 대한 기독교 경남 구제위원회나, 대한 기독교 순교자 유가족 원호회에 대해서 해야 할 책임을 다 못한 것이 많았음은 실로 미안 천만이었다. 내가 해야

할, 주위에서 요구하는 의무에 비해서 나의 무능력한 존재를 이처럼 느껴본 때가 없었다.

이 속편을 쓰는 데 손의원 목사님께서 주신 자료가 많은 도움이 된 것은 말할 것도 없거니와 소위 1년 반 징역 언도를 받도록 된 조서 원문을 전부 입수하게 된 것은 시대가 바뀌고 전란을 치른 우리나라에서 기적이 아닐 수 없었다. 이 일에 협력해주신 광주 지방 검찰청장 원택연(元澤淵) 장로님의 호의를 충심으로 감사하는 바이다.

이 책 출판에 많은 수고를 해준 손창섭 형과 김병보 형과 고려인쇄소 오준일 형에게 사의를 표하여 마지않는 바이다.

오식 낙자가 많은 것은 미안함을 불금이나 사업 진행상의 제반 조건과 환경 불비 및 시일 촉박이 가져온 결과이니 양해해주기 바란다.

끝으로 하고 싶은 말이 있다면 나는 이 책이 속되게 많이 팔리기를 원치 않는다. 차라리 수지에 결손이 날지언정 현실에 부화뇌동하고 아첨하는 책이 되지 않기를 바란다. 나는 이런 의미에서 어떤 교회나 개인을 막론하고 자기 개인의 향락이나 자기 교파의 번영이 아니고 사회나 국가나 민족이나 교회를 위한다기보다도 하나님의 영광과 예수 그리스도의 승리를 위해서 그 일생을 보내려는 이에게는 땅 위에서는 최후의 선물이 십자가라는 것을 다시 느끼는 바이다. 이교파시(異敎派視) 당하는 세칭 고신파(孤信派)라는 것이 따로 있는 것이 아닌가 싶다. 고신파(高神派)라고 함이 가할는지!

종교가 바리새 교인들에게는 종교 모독자로, 정복자 로마인에게는 정치범으로, 동족 유대백성들에게는 민족 반역자 취급을 당하신 이가 인자 예수님일진대, 하물며 말세가 되어 주의 재림이 가까워져 가는 오늘날에 있어서 의롭게 살려는 사람에게 있어서리요!

1952년 9월 28일
(손양원 목사 순교 2주년 추모일)

사랑의 원자탄

초 판 1쇄 1949년 12월 24일
        15쇄 1980년 11월 10일

재 판(개정판) 1쇄 2009년 12월 10일

지은이 안용준
펴낸이 이승하
펴낸곳 **성광문화사**

수 소 서울 마포구 아현동 710-1
전 화 (02) 312-2926, 312-8110, 363-1435
팩 스 (02) 312-3323
E-mail Sk1435@chollian.net
http://www.skpublishing.co.kr

출판등록번호 제 10-45호
출판등록일 1975. 7. 2
책번호 878

정가 17,000원

ISBN 978-89-7252-453-3 03230